南海百年风云人物　张良福　主编

广东水师提督李准

何正华　著

海洋出版社

2018年·北京

图书在版编目(CIP)数据

广东水师提督李准 / 何正华著. — 北京 : 海洋出版社, 2017.10
（南海百年风云人物 / 张良福主编）
ISBN 978-7-5027-9920-5

Ⅰ. ①广… Ⅱ. ①何… Ⅲ. ①李准－传记 Ⅳ. ①K827=52

中国版本图书馆CIP数据核字(2017)第222758号

责任编辑：高朝君　王　滢
责任印制：赵麟苏

海洋出版社 出版发行
http://www.oceanpress.com.cn
北京市海淀区大慧寺路 8 号　邮编：100081
北京画中画印刷有限公司印刷　新华书店北京发行所经销
2018年1月第1版　2018年1月第1次印刷
开本：787mm × 1092mm　1 / 16　印张：27
字数：460千字　定价：78.00 元

发行部：62132549　邮购部：68038093
总编室：62114335　编辑室：62100038

水陆提督兼闽粤南澳镇总兵李准军装照（台湾《国魂》杂志刊登、李准重孙李静海提供、何正华藏）

李准神像（香港观塘湾天后宫供奉、李准重孙李静海拍）

李准全家福：右起如琇、李准、相度、如璧、阎夫人、如璋（1929年摄于天津、李准表侄王华昌捐、邻水县文管所藏）

李准巡海抵港 英总督迎于码头（李静海提供、何正华藏）

民国《语美画刊》《悼李直绳先生》文图

李准被民国政府封上将衔

李准制颁水师银质双龙奖牌，是唯一出现的中国近代机制银币之王，原挂有一老虎牙

《广东水师国防要塞图说》为李准巡视西沙后1910年著成，现为证明我国对南海行使主权和管辖的重要证据材料之一

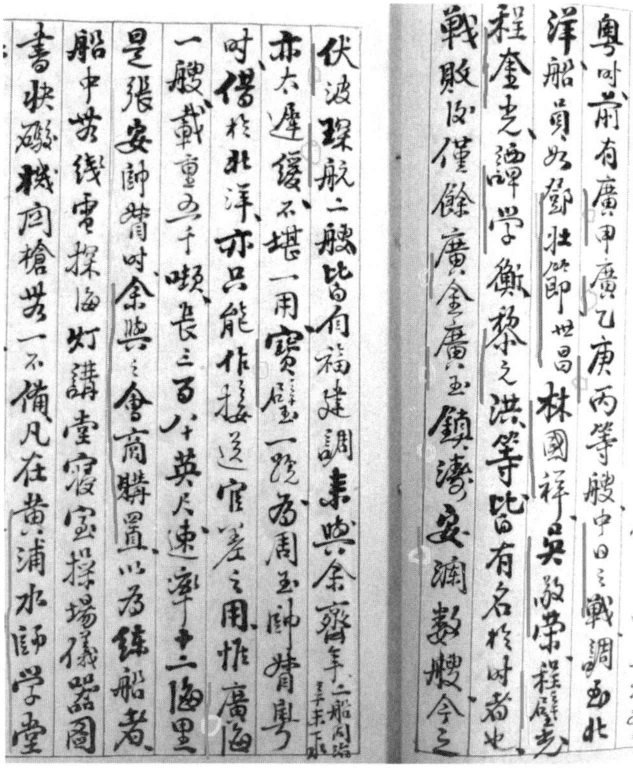
粤时前有廣甲廣乙廣丙等艘中日之戰調至北
洋船員如鄧壯節世昌林國祥吳敬榮程璧光
程奎光謂学衡黎元洪等皆有名於时者也
戰敗後僅餘廣金廣玉鎮濤安瀾數艘今之
伏波琛航二艘皆自福建調來與余齊等二船
亦太遲緩不堪一用寶璧一號為周玉帥督粤
时借於北洋亦只能作接送官差之用非廣海
一艘載重五千噸長三百八十英尺速率十二海里
是張安帥督时余與之會商購置以為練船者
船中若綫電探海灯講堂寢室操場儀器圖
書快礮機關槍炮無一不備凡在黃浦水師学堂

李准《清末遗闻》手稿，记有广东水师邓世昌、黎元洪、程璧光（后任民国海军司令）、林国祥、吴敬荣率广东水师的战舰参加甲午海战

此也内河又有湘武舢板三百餘號曰廣安水軍兩
營每營哨船三十二艘分防廣府之港汊内曰惠
安水軍三營分防东江自新塘至老隆五百餘里
曰韶安水軍三營分防北江曰肇安水軍山[illegible]營分
防西江一切悉與彭楊創設水師於長江时之例

李准《清末遗闻》手稿，记有1902年创建“广安”水军

李准派部将林国祥、吴敬荣、王仁棠至东沙岛查处日本占岛

水师官兵从军舰改小舢板登东沙岛查处日本人

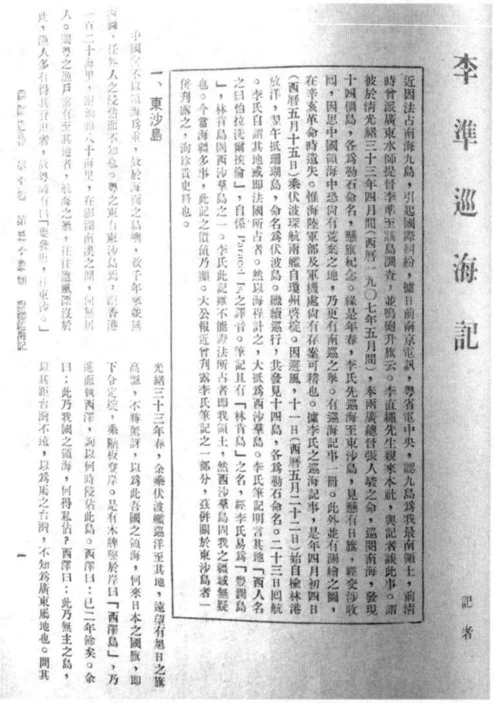

李準巡海記

記者

近因法占南海九島，引起國際糾紛，據日前南京電訊，粵省電中央，認九島爲我最南領土，前清時曾派廣東水師提督李準至該島調查，並鳴砲升旗云。李直繩先生親來本社，與記者談此事。謂彼於清光緒三十三年四月間（西曆一九〇七年五月間），奉兩廣總督張人駿之命，巡閱南海，發現十四個島，各爲勒石命名，懸旗紀念。緣是年春，李氏先巡海至東沙島，見懸有日旗，經交涉收回，因思中國領海中恐尚有荒棄之地，乃更有南巡之舉。有巡海記事一冊。此外並有測繪之圖，在辛亥革命時遺失。惟海陸軍部及軍機處尚有存案可稽也。據李氏之巡海記事，是年四月初四日（西曆五月十五日）乘伏波琛航兩艦自瓊州啓椗。因避風，十一日（西曆五月二十二日）始自榆林港放洋，翌午抵珊瑚島，命名爲伏波島。繼續巡行，共發見十四島，各爲勒石命名。二十三日回航。李氏自謂其地或即法國所占者。然以海程計之，大抵爲西沙羣島。李氏筆記明言其地「西人名之曰怕拉洗爾挨崙」，自係 Paracel Is.之譯音。筆記且有「林肯島」之名，經李氏易爲「豐潤島」，林肯島固西沙羣島之一。李氏此記雖不能證法所古者即我領土，然西沙羣島固我之疆域無疑也。今當海疆多事，此記之價値乃顯。大公報近曾刊露李氏筆記之一部分，茲併關於東沙島者一併刊露之，洵珍貴史料也。

一、東沙島

中國向不以領海爲重，故於海面之島嶼，數千年來並無圖，任外人之侵佔而不知也。粵之東有東沙島焉，距香港一百二十海里，距汕頭八十海里，在澎湖南澳之間，向無居人。閩粵之漁戶常有至其地者，積海之貨，往往遇風漂沒於此，漁人多有得其貨用者，故粵諺有曰「要發財，往東沙。」

光緒三十三年春，余乘伏波艦巡洋至其地，遠望有旭日之旗高飄，不禁駭訝，以爲此吾國之領海，何來日本之國旗，即下令定椗，乘舢板登岸。是有木牌豎於岸曰「西澤島」，乃進而執西澤，詢以何時侵佔此島。西澤曰：已二年餘矣。余曰：此乃我國之領海，何得私佔？西澤曰：此乃無主之島，以其距台灣不遠，以爲屬之台灣，不知爲廣東屬地也。問其

國聞周報 第十卷 第三十三期 李準巡海記

一

1933年，法国从越南出兵占南沙九岛，《国闻周报》第10卷第三十三期发表《李准巡海记》

李准为总督张人骏篆书《归去来兮辞》四条屏，落款为“安帅年伯大人训正甲寅冬任李准学”（张人骏的曾孙张守中藏）

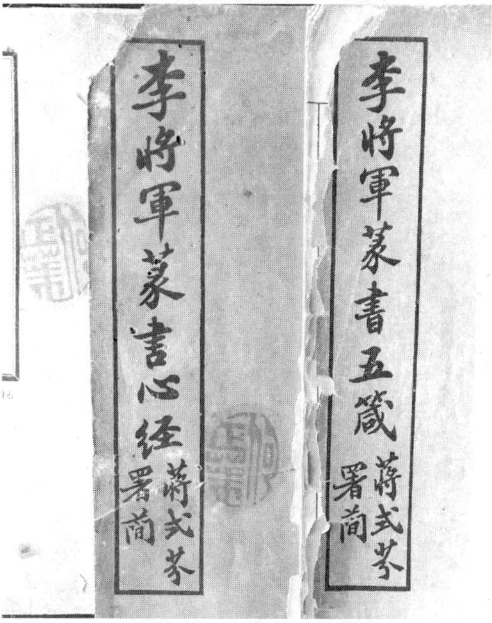

李准编《妙峰山》剧本及字帖原件，题书名蒋式芬系李准原部属广东按察使（何正华藏）

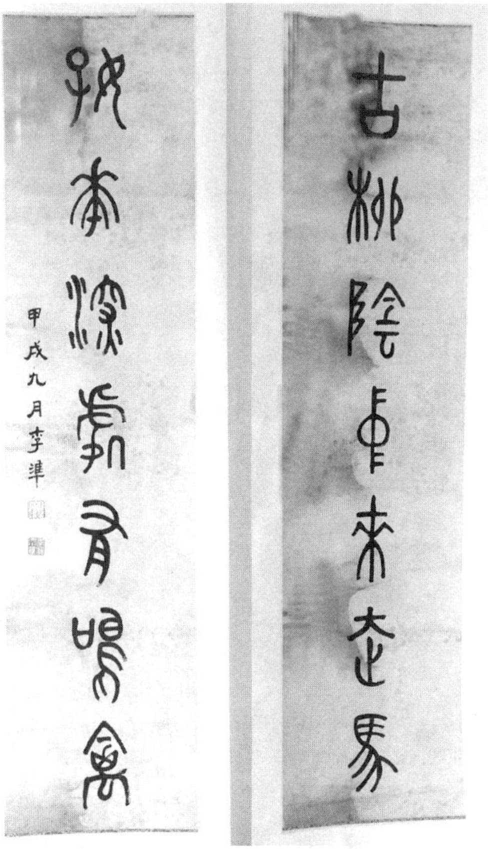

李准辞世前两年（1934年）书大篆对联原件：古柳荫中来走马，好花深处有鸣禽（何正华藏）

书法落款之李准自刻钤印：平公六十二后所书

李准大小篆

李准提督官印满汉文：提督广东水师总兵官印（嘉庆十六年铸）

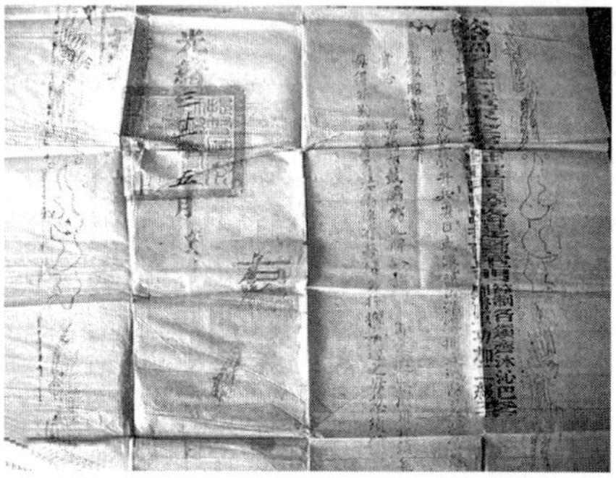

李准颁军功状：钦命调署提督广东全省水师军门陆路提督军门节制各镇齐沐沁巴图鲁军功加二级李准；小字：奖励事照得水师各营弁兵勇目或跟随出洋缉捕或巡防……光绪三十一年五月；汉满印文：提督广东水师总兵官印

李准自费兴建提督府“东园”之红楼，现广州市东园路、东园横路、东园后街因此得名

四川邻水李公馆有上万平方米建筑，共有108扇门，辛亥时被大竹党人李绍伊火烧，民国政府拨款修复，2002年拆毁

李公馆二级文物徽雕漆金檀木屏风，系李准年轻时募银数百万救灾八省时安徽巡抚所送（邻水文管所）

李公馆官帽椅（何正华收藏）

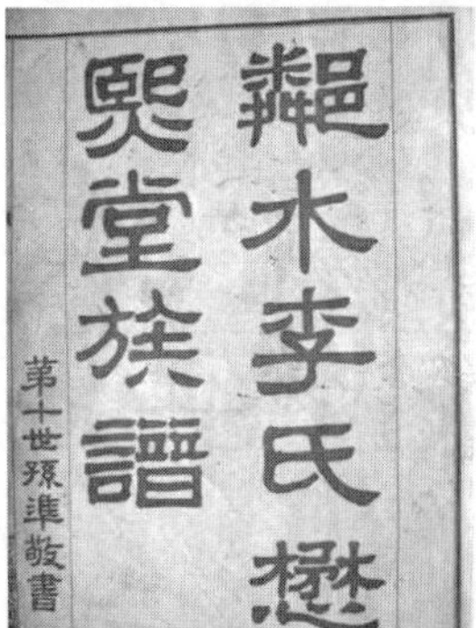

李准于1909年在广州编印族谱封面（河北大学图书馆藏）

御制李准祖父神道碑文：圣旨诰封光禄大夫讳逢春李公□□道，落款：赐进士及第翰林院修撰夏同龢敬题

李准老家官斗石如魁星点斗，似朝天官印，故李准晚年取笔名“斗山山人”

2012年7月24日，海南省三沙市地名碑在西沙永兴岛设立，上刻李准功绩：**清末李准率师巡航 踏勘诸岛宣我主张**

序

收到何正华先生撰写的《广东水师提督李准》书稿后，第一时间就认真阅读，一口气把书稿看完，感觉这是迄今关于李准与南海问题研究最有价值的成果，也是迄今我国第一部李准全传。

一百多年前的1909年，广东水师提督李准奉两广总督张人骏之命率舰队巡视西沙群岛，登岛考察、刻碑命名、鸣炮升旗，向世界庄严宣告西沙群岛等南海岛礁属于中国，在南海历史上书写了浓重的一笔。李准对西沙群岛进行巡视，是清政府行使对南海岛礁领土主权管辖的行为；李准在南海鸣炮升旗、勒石命名，是开中国官方命名、实地核定南海诸岛地名之先河。

这一坚定捍卫中国南海诸岛领土主权和海洋权益的重大历史事件，一直被后人传颂。为了铭记李准的历史功绩，1947年，中国政府在命名和核定南海诸岛地名时，将西沙群岛中的部分岛屿以李准巡视西沙时的军舰"广金""琛航""伏波"号来命名，如广金岛、琛航岛、伏波岛（即今天西沙的晋卿岛），并将南沙群岛西部的一个暗滩命名为"李准滩"，另一个暗滩以两广总督张人骏的名字命名为"人骏滩"。这些地名一直沿用至今。1974年《人民日报》《红旗》杂志发表文章，高度评价李准于1909年巡视西沙群岛的历史性贡献。在今天的西沙永兴岛上，矗立着"中华人民共和国海南省三沙市地名碑"，碑文镌刻着"……清末李准率师巡航踏勘诸岛宣我主张……"，李准的功名将流芳百世，永垂青史。

何正华先生撰写的《广东水师提督李准》一书，正是浓墨重彩再现李准巡视命名西沙群岛这一伟大的历史性事件，塑造李准这位在坚定捍卫中国南海岛礁领土主权和海洋权益方面，做出伟大贡献的历史人物形象，以确凿的史实资料、物证人证等，向国际社会再次证明，南海诸岛自古以来就是中国的，是老祖宗留下来的。何先生在书中深情表达了后人对历史上像李准这样为维护南海诸岛领土主权做出过历史性贡献的仁人志士的敬意。此书的出版，必将增加国人对我国南海诸岛，特别是西沙、东沙群岛的认识和了解，激发和激励国人维护南海诸岛领土主权之志，增强我国政府和人民继续坚持和维护我国神圣领土主权的信心和勇气，引导后人为维护我国南海诸岛领土主权和海洋权益鼓与呼，言而行。

多年来，何先生潜心研究李准，广为搜集相关史料，几乎收齐了所有现今存世的李准自著，包括在各大图书馆古籍善本库沉睡百年、至今尚未刊印露面的珍稀手稿、清宫档案馆有关李准与南海的折子、百多年前报刊的原始报道等资料。他用独家拥有的众多第一手资料，全面客观地还原了一个真实的李准，将其文韬武略屡建奇功的一生，放在中国近现代史的大背景下展示。这种表现手法高屋建瓴，提升了本书的历史价值，增加了本书的现实意义，又使本书更具可读性。如叙述李准驱日“岛主”收复东沙、巡视命名西沙，不仅再现中国政府持续不懈、坚定不移维护南海主权的历史，还再现了李准捕扣日本军火船、引爆中国首次抵制日货运动的场景。本书还首次披露鲜为人知的李准暗中保护黄花岗起义者，又与孙中山、黄兴和胡汉民联手，率广东起义的重要史实，揭秘了李准与孙中山研究的语焉不详，填补了李准与辛亥革命研究的空白。

何正华是李准家乡作家，中国戏剧文学学会、中国当代文学研究会会员，四川省作家协会、电影家协会、戏剧家协会会员，任创作办公室主任十多年。在打造家乡名人文化方面取得了系列成就，创作了全国道德模范、捐肾救父的《孝女曹于亚》系列作品，和中国最小道德模范、八岁妹妹六年如一日背残疾姐姐上学的《留守姐妹花》剧本并在舞台银屏上传播，捧回国家、省、市三级奖项。在研究宣传李准方面更是卓有成效，可说是打造李准文化第一人。他本着维护南海主权的政治责任感，带着李准故里人的历史使命感，自费至北京、天津等地搜集资料并研究撰稿，用自己绵薄的工资编印李准书籍，广为送发，扩大影响。他编剧的剧本《南海亮剑》，是迄今为止我国第一部以影视和舞台剧本形式再现我国对南海诸岛行使领土主权管辖史实的文艺作品，获全国电影剧本评选第四名、四川省文化厅一等奖；《南海有个“邻水岛”》获四川省广播电视节目奖。何先生还用多种形式抢救、收藏保护与李准有关的文物史料，创建“李准与南海研究会”并担任会长。电视纪录片《南海纵横》摄制组、央视国际频道《见证南海》摄制组，都慕名专程赴邻水采访拍摄何先生，请其以李准与南海研究专家身份，介绍李准巡视命名西沙的史实，展示李准手迹《任庵自编年谱》《广东水师国防要塞图说》等南海主权铁证；《深圳晚报》《华西都市报》等媒体，以整版系列报道何先生的研究成果。

功夫不负有心人。在南海局势举世关注，维护南海主权的决心举国高涨的今天，打造李准与南海文化更是李准家乡各界的共识。剧本《南海亮剑》屡获大奖的成绩，写进邻水县委书记和县长的工作报告，并计划搬上舞台；广安市委市政府正积极谋划以影视剧的形式，再现李准维护南海主权的百年壮举。相信《广东水师提督李准》一书的出版，将推动国家有关部门对南海主权历史性依据的深入发掘和研究，更将助力李准家乡把李准文化打造成一个在全国有影响的品牌。

我与何先生本不相识，迄今仍未谋面，但关注南海、研究南海的共同爱好，维护国家领土主权和海洋权益的责任感和使命感，使我们相识相知，成为志趣相投的好友。我研究南海问题多年，十分关注李准巡视命名西沙群岛这一彪炳史册的重大历史事件。2012年，我在新浪网发现“编剧何正华博客”，被他发表的李准史料和作品深深吸引，感觉何先生对家乡名人李准满怀自豪感，研究非常全面深入。我们便相互探讨李准与南海的史实，彼此分享研究成果。他把写李准的书寄送我，我把我研究南海问题的拙作寄赠他。他邀我做李准与南海研究的学术顾问，我欣然应允。

期待着有机会拜谒李准故里，与何先生面叙，更期待何先生继续努力打造李准与南海文化，结出更多硕果，把李准维护南海主权的历史功绩广为宣传，发扬光大！

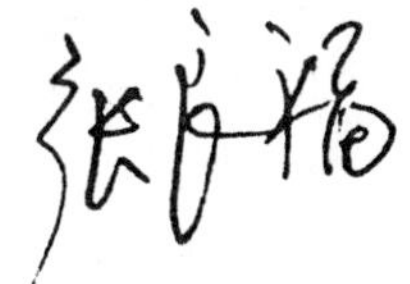

2017年10月24日于北京芳星园

目　录

引子　“邻水岛”设三沙市　地名碑上刻李准……001

第一章　神奇邻水育奇才　诗书传家山水源……006

一、母亲奇梦生李准　祖梦寇准取孙名……006

二、母爱如山家教严　黄荆棍下出好人……014

三、白鹭乌鸦七岁对　从小背读孔孟经……017

四、官父诗书传家风　苦读励志习字文……018

五、开发矿业富乡梓　父母化险匪乱平……021

第二章　八省督抚争能人　募银千万救灾民……026

六、十七随父广东行　上京科试累不应……026

七、慈母德配堪千古　千里扶柩回乡邻……030

八、募捐筹银逾千万　八省督抚争相请……033

九、救民水灾修黄河　鸿章之洞荐奇俊……036

十、八国联军索巨款　国家无力找李准……038

第三章　钱局厘金大改革　海防统巡挑五职……042

十一、首职钱局大改革　再兼海防善后局……042

十二、总办厘金挑三担　广安水军护官银……044

十三、父亲义葬六君子　矿务大臣督四川……047

十四、千里送父归故土　忠孝两全父子心……054

十五、铁路总办兼五职　统领三江巡防营……056

第四章　御封果勇巴图鲁　南海大盗三连平……061
十六、李准奇遇得三怪　文官逼成武将军……061
十七、南海大盗数区新　一战成名朝野惊……067
十八、敢将匪首变将才　逼降巨匪李北海……072
十九、江洋大盗林瓜四　立堂树旗斗官军……078
二十、追逃行动赴澳门　引渡归案终受审……081

第五章　慈禧破格提数级　水陆提督担大任……089
二十一、慈禧召对显才华　水陆提督担大任……089
二十二、黄埔军校练水师　加强海防百废兴……098
二十三、添军舰大清巩固　无线电现代用兵……104
二十四、长治久安民自卫　治安联防官卫民……108
二十五、黄冈钦廉平大乱　朝廷权斗贬总兵……110
二十六、人骏伯乐保李准　十万大山安百姓……119

第六章　西江主权争夺战　逼逐英舰出南海……131
二十七、各国商船屡遭劫　英舰趁机侵西江……131
二十八、满河华船挂洋旗　拨乱反正龙旗升……137
二十九、官民同仇逐外夷　事关国权商亦争……143
三十、逼退英舰出南海　领事提督夸李准……146

第七章　捕扣日本军火船　首爆抵制日货潮……149
三十一、捕扣日船吓葡警　军火大案日葡惊……149
三十二、恐日惧美朝廷软　谢罪赔偿国耻新……154
三十三、抵制日货怒火烧　重创日本英美笑……162
三十四、首相内阁烧倒台　日本认输脸丢尽……170

第八章　东沙亮剑驱“岛主”　一锤定音永无争……174
三十五、南海惊现“西泽岛”　英国“点水”是东沙……174

三十六、怒下日旗驱岛主　拍照取证逮现行……178
三十七、毁尸灭迹祖宗海　渔民护岛抗入侵……185
三十八、内外史书加血证　日媒逼政要“公平”……187
三十九、亮剑及时主权定　一锤定音永无争……198

第九章　巡视命名勘西沙　确立主权百年证……204
四十、甲午败将破木船　巡视西沙生死行……204
四十一、考察海口榆林港　三亚湾上赦黎人……214
四十二、鸣炮升旗伏波岛　巡阅至此刻碑铭……222
四十三、“琛航”“广金”海军梦　三舰南海百年证……230
四十四、珊瑚岛上珊瑚多　甘泉岛上甘泉井……233
四十五、确立主权世公认　邻水岛扬家乡名……236
四十六、国家命名李准滩　南海维权第一人……245

第十章　广东起义功为最　辛亥革命树伟功……263
四十七、老虎变成活菩萨　新军起义弹压平……263
四十八、总督忌才削兵权　险救恶督全家命……273
四十九、黄花冤魂谁之过　起义内幕大揭秘……279
五十、正反史料新发现　敢死队长吐实情……292
五十一、英雄相惜林觉民　冒险义释但懋辛……301
五十二、次次暗杀皆幸免　大难不死谋重生……307
五十三、广东起义功为最　辛亥革命树伟功……320

第十一章　编剧书法成名家　著书留史泽今人……333
五十四、热心民国助汉民　中山难挽退隐心……333
五十五、民国顾问上将军　南北调停平纷争……339
五十六、著书立说泽后世　编剧书法两成名……345
五十七、法占南沙九小岛　李准怒发巡海记……359
五十八、晚年生计卖字画　贫病交加将星陨……362

尾声　邻水岛铸千年证　李准滩留万世名……367

附录一　李准大事年表……372
附录二　李准主要著作及现存状况……389
附录三　何正华：李准故里遗迹探奇……392

后　记……408

主要参考文献资料……413

引　子

“邻水岛”设三沙市　地名碑上刻李准

1933年4月，天津《大公报》一则关于南海的新闻震惊世界！

大街小巷，报童奔走呼号：特大新闻——法国从越南出兵占我南沙九岛，已划归越南巴地省管辖！

正值我军民在北方长城一带抗击日军侵略，消息传来，国人群情激愤！

南海是块宝地，列强垂涎三尺。多年以来，日本以台湾、法国以越南、美国以菲律宾、英国以香港之宗主国为由，觊觎之。

法国此前已向中国驻法公使发出照会，称越南对西沙群岛拥有主权，理由有二：一是安南王公曾派人在岛上建碑；二是历史上有英舰与中国渔船冲撞而沉没，清政府称此岛非中国领土，故不负此类。中国政府则提出，一是1909年广东水师提督李准巡视西沙群岛，二是前年法国安南气象台长还向中国请求在西沙群岛设气象台。法国见铁证如山，只好放弃西沙，转而争夺南沙。

港英总督知道多年前李准巡视东沙、西沙事，1918年就明确表态“该岛领权属诸中国”，这次英国政府又宣布不介入。

美属菲律宾总督也称：“据海岸测量处人员报告，该岛位置在巴黎条约所规定美属菲律宾领海界限之外二百里。”

唯独日本政府表示对南沙九岛拥有主权，还酝酿向法提抗议：“日本驻巴黎代办奉政府训令，于19日向法政府提出说帖（照会），反对法占领介于越南菲律滨间之九小岛。”

日本政府甚至叫嚣要援法占南沙九岛之例，对西沙群岛实施占领。1938年7月18日，美国《时代》杂志报道法国占领了西沙群岛，日本提出了“抗议”。

岂有此理！中国的南海，成了八竿子打不着的法国和日本之争，就是没有主人家的席！

这就是史称“南沙九小岛事件”。

《大公报》一面痛斥日本“这真是个国际侵略罪的连续犯”，一面提醒民国当局加强对西沙群岛的防备：“我们希望广东负责的人们，别一味地鼓舞北方内战（南京中央政府与察哈尔抗日同盟军的争斗），赶快把闽粤两省的国防充实充实，至小限度，也得把西沙群岛保守牢了，谨防出意外之变！”

《大公报》还指出了一个根本的解决办法——“今日问题焦点，惟在中国如何举证以明其地之属我版图耳。”

此时，一位隐居天津，抓紧在生命旅程最后一程埋头著述的老人，愤然出山，找出已经发黄的手稿，抱到国内影响很大的天津《大公报》和《国闻周报》（见彩页），发表他二十多年前亲身经历——驱逐日本“岛主”收复东沙岛、率舰巡视西沙、命名“邻水岛”等岛屿，一一刻石勒碑，岛岛升旗鸣炮，确立主权得到国际公认！

他就是李准——清末民初的政治家、军事家和书法家、剧作家。

《李准巡海记》一文铁证如山，立刻引起轰动，被《申报》、加拿大《大汉公报》等国内外华人报刊广泛转载，极大地振奋了全国军民抗击日法侵略者的决心！

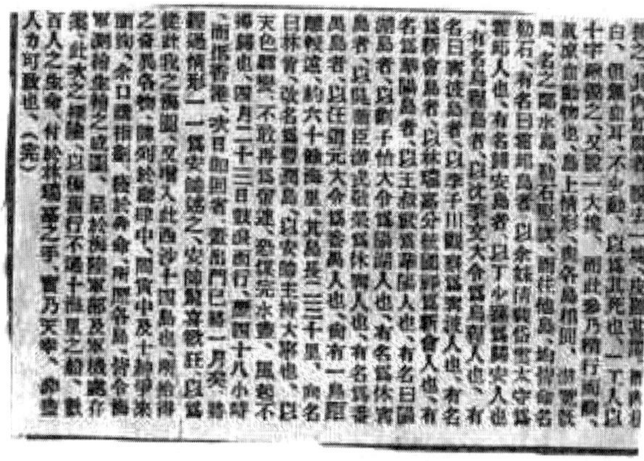

民间保存的《大公报》之李准巡海记原件剪报

加拿大《大汉公报》1933年9月19日转载《李准重翻航海记》

2012年6月，香港《大公报》又一则关于南海的新闻——“中国设立三沙市”再次吸引世界目光。

7月24日，共和国最年轻的地级市——三沙市，在西沙永兴岛成立。

这是南海又一具有崭新历史意义的里程碑！

永兴岛这天早上还是阴云笼罩，迷雾朦胧。到了上午揭牌那一刻，阳光却像一柄巨大的利剑，突然穿破云层，南海刹那间变得光明起来！

阳光所到之处，天空湛蓝，白云悠悠，南海波光粼粼。三沙市成立大会在政府广场隆重举行，中华人民共和国海南省三沙市地名碑揭碑仪式在码头庄严进行。

地名碑系用重达60多吨的整块黄蜡石雕刻而成，正面刻着“中华人民共和国海南省三沙市”字样和南海地图；背面隶书铭刻着《三沙设市记》，全文如下：

三沙设市记

浩瀚南海　岛礁列布　秦谓涨海　汉曰七洲洋

唐始开辖制　长沙石塘隶于琼州

千年建制沿革　一统绵延

渔民耕海　更路成簿　南海诸岛成先民生存之地

汉通海上丝绸之路　元郭守敬四海测验

明郑和七下西洋　南海岛礁赫然史册

清末李准率师巡航　踏勘诸岛宣我主张

明清乃成南海疆域　民国终定南海版图

新中国盛　海南建省　承辖西南中沙

今三沙设市　立府永兴　睦邻四方　固我海疆

和平发展　共享安康　镌石记之　以为永志

中共海南省委海南省人民政府

2012年7月24日

碑文字字珠玑，博大精深，从秦汉到唐宋，从元明清到新中国，我国对南海数千年建制沿革、官方与民间在南海的活动等，都浓缩在短短169字中，既总括了南海诸岛纳入中国行政建制的千年沿革，又再现了中国民间和政府开发利用南海的历史，还阐明了设立三沙市固我海疆的重大目的和深远意义。

这块承载了厚重历史意义的三沙地名碑，屹立在永兴岛码头，宣示着主权。让每个上岛的人，在踏上永兴岛那一刻，首先目睹三沙地名碑的风采，留下第一个深刻印象。

在描述中国政府对南海行使行政管辖的历史中，一行大字赫然在目——**清末李准率师巡航，踏勘诸岛宣我主张！**

1909年，当列强觊觎南海之际，李准南海亮剑，代表中国政府在“邻水岛”上刻石勒碑、鸣炮升旗，一锤定音，从此国际社会公认南海主权属我！

2012年7月24日，三沙市成立大会在西沙永兴岛举行

海南省立三沙市地名碑刻上李准历史功绩：清末李准率师巡航 踏勘诸岛宣我主张

2012年，中国政府再次亮剑，一锤定音，在李准命名的“邻水岛”，即今天的永兴岛上设立三沙市政府，从此谱写南海维权开发新篇章！

这是南海的盛事，也是中华民族的大事，更是以李准为代表的历代仁人志士，百年海洋强国梦的新起点！

2015年10月18日，国家主席习近平在回答路透社记者南海提问时，掷地有声地指出："南海诸岛自古以来就是中国领土，这是老祖宗留下的。任何人要侵犯中国的主权和相关权益，中国人民都不会答应。"

习主席的强硬表态，是我们国家维护南海主权的坚定决心，也是中国人民世代维护南海主权的坚决行动！

南海百年风云人物、清末广东水师提督李准，就是坚定维护南海主权的老祖宗代表。

2014年6月26日，《人民日报》撰文指出："许多爱国使臣和志士为维护南海主权作出了贡献，他们的名字也以地名的形式竖立在南海的石碑上。清宣统元年，为阻止日本的侵扰，广东水师提督李准奉命率官兵及相关技术人员170余人，分乘'琛航''广金''伏波'三舰，历时22天，对西沙群岛进行逐岛测绘、查勘、调查、逐一命名。这是对西沙群岛实质性的行政管辖，效应巨大，意义不凡。"

李准无疑是南海英雄、国家功臣。

一个出生在四川邻水内陆的山里人，怎会在清末民初风云变幻动荡时代，驰骋广东政坛军界二十多年，成为叱咤南海建功立业的风云人物？

李准到底有着怎样神秘而传奇的一生？

本书"让历史说话，用史实发言"，以李准生平大事为经线，以清末民初重大政治军事社会事件为纬线，经纬交织，描绘出波澜壮阔、惊心动魄的历史画卷；用不久前才惊现于世的李准自传手稿，辅以清宫档案和百年前报刊书籍等原始资料，揭开笼罩在李准身上那段历史的百年迷雾，让读者坐观波诡云谲的南海风云，洞穿刀光血影的辛亥革命，寻觅那段历史的答案，探秘李准神奇而真实的一生……

第一章
神奇邻水育奇才　诗书传家山水源

李准的传奇，从他还没出生就开始了。

在中国的天府之国四川，华蓥山中有一尊巨石，下圆上方，酷似巨型朝天官印。仿佛要印证地灵人杰的风水，这山旮旯果真就出了六代沐浴皇恩的李氏一族。

祖父的“寇准梦”，怎就真的成就了孙儿成为寇准一样的国之重臣？

母亲临盆前的“大水螃蟹梦”，又怎会巧合这个山里娃成为水陆提督的奇缘？

严母言传、慈父身教、祖父诗书传家、学子苦读励志，这才是李准的成才之根。

李准著《任庵六十自述》（简称《自述》）载：“长方四五岁，祖教识字丁。次年上学读，母促起五更。从此成习惯，到老亦相仍。吾母家法峻，教子义非轻。”

一、母亲奇梦生李准　祖梦寇准取孙名

李准还没出生就开始了传奇！

四川东部有座名山华蓥山，是川东和川中丘陵的界山。绵亘于邻水、广安、华蓥、大竹、重庆、泸州、宜宾等15个县市。主峰高登山及宝鼎为四川盆地内最高峰，为全国八大佛教圣地之一，自古有“西朝峨眉，东拜宝鼎”之说。佛教庙宇红墙黄瓦在绿树云雾中时隐时现，逢庙会方圆几州几县的信徒数万人日夜朝山。

应了“地灵人杰”的风水学说，博大精深的华蓥山雄奇而神秘，孕育了李准、邓小平等中国近现代叱咤风云的文臣武将、仁人志士。

邻水县位于华蓥山两大主峰之山麓，自然更是物华天宝。最令人称奇的是有一官斗山，山顶为避匪建一官斗寨，寨旁一方奇石独自兀立，与山顶分离，上方下圆，名唤“官斗石”。这天生奇石之形状，既似农家装米粮的大斗，又若官场上巨大的官印。尤其令人叫绝的是，巨石上部四四方方朝天，印面平平整整，而巨石下部却突然变小变圆，成大印之手柄。

官斗石看似古代哪位工匠的巧夺天工之作，却原来是大自然的鬼斧神工。

官斗石外形奇特，内涵更是丰富，含有三层意思：既喻农家大斗食之不尽民生无忧，又含魁星点斗文人辈出之意，更预兆此地将出执掌官印的朝廷大官！更奇的是，每逢天地人间发生大事之际，它会事先发出声响报警——当地人们都听到它提前几天呜呜作响。

神奇的官斗石，千百年来不知印证了多少沧桑岁月，孕育了多少达官贵人？

仅李准一家就六代被皇封进爵，文官武将或惠泽乡梓，或造福八方，都光宗耀祖，青史留名。难怪李准为其祖父墓亲笔隶书之对联称：**“环绕峰峦卜此地饮驼兆象；遥看城郭待他年化鹤归来。”**

清代乾隆中叶，李准高祖父李天贵选择官斗石河对岸的睏牛坪筑宅定居，至第四代李征庸官至四川矿务商务大臣，故其父李逢春、祖父李清典、曾祖父李天贵均被诰封光禄大夫、建威将军；李征庸之子李准，更是官至广东水陆提督，其长子李相枚皇封“一品荫生”，家族男女受封多达二十人。

李准童年时代经常爬到官斗石玩耍，直到老年还不时回味，所以他在晚年著述时多署笔名“斗山山人”。1926 年7月22日，《申报》发表梅花馆主《李准人物小志》就说：“李准号直绳，别署斗山山人，四川邻水人。幼有大志，壮游粤东，年未而立，官至两广水师提督兼两广陆军总督（笔者注：实为广东水师提督兼陆路提督）。”笔者有一本李准1927年著的《妙

李准老家风水官斗石

峰山新剧》破旧原本，署名“**斗山山人**”可证此说，已属文物级资料，十分珍贵。

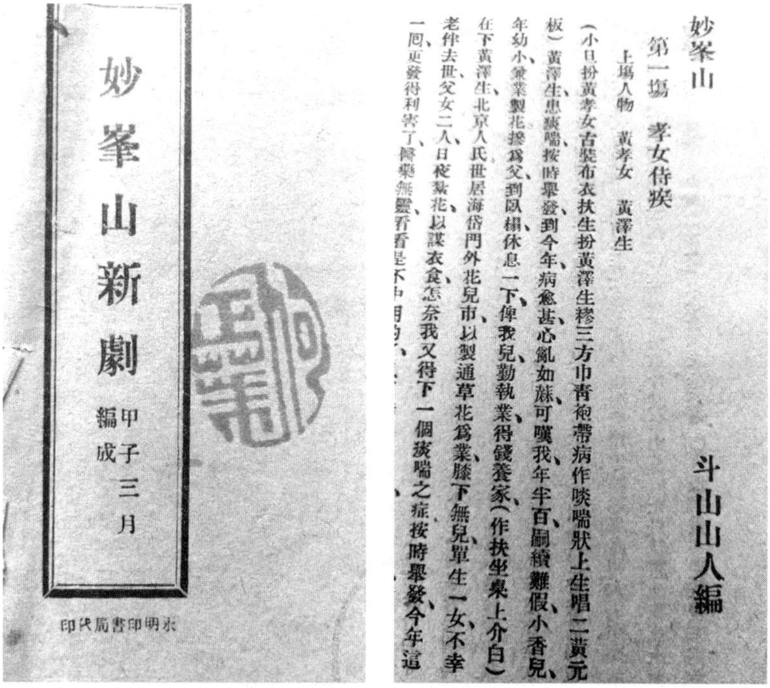

妙峯山新劇

甲子三月 編成

永明印書局代印

妙峯山

斗山山人編

第一場 孝女侍疾

上場人物 黄孝女 黄澤生

（小旦扮黄孝女古裝布衣扶生扮黄澤生穇三方巾靑袍帶病作喉喘狀上生唱二黄元板）黄澤生、患痰喘、按時舉發、到今年、病愈甚、心亂如蔴、可嘆我、年半百、嗣續難假、小香兒、年幼小、兼業製花、扶爲父、到臥榻、休息一下、俾我兒、勤執業、得錢養家、（作扶坐桌上介白）在下黄澤生、北京人氏、世居海岱門外花兒市、以製通草花爲業、膝下無兒、單生一女、不幸老伴去世、父女二人、日夜紮花、以謀衣食、怎奈我又得下一個痰喘之症、按時舉發、今年這一回、更發得利害了、醫藥無靈、看看是不中用的、

本书作者藏1927年著《妙峰山新剧》原本，署名“斗山山人”，系李准著

李准“**清同治十年（1871）辛未二月初六日子时，生于邻水县东之太安乡太安里活水沟里第**”，即今四川省广安市邻水县柑子镇桅子村老宅。

桅子塆背靠香炉山桅子峰，门前有一条小溪名为活水沟。右侧的鸭子洞泉水叮咚，由西向东似玉带绕桅子塆缓缓而过，似古代官员服饰上的腰间佩带。左侧有一个莲花滩，“九拱十八弯，滩滩出神仙，白象青狮把水口，千里难寻好河山”。当地老人说李征庸考上进士那年，滩中有莲花盛开，稻谷结双穗。

活水沟两岸耸立着顺天寨和官斗寨，两山夹一水，山形似两只巨大的蟾蜍，屁股都坐落在活水沟下游节孝牌坊和神道碑两边。

当年奉旨选这里建李准太祖母刘氏牌坊和李准祖父李逢春神道碑，风水师取关门之意，关住活水沟上面的官运财运，避免随水而下流走。

桅子塆左边一小山如大象鼻子伸进莲花滩里吸水。旁有二郎山壁立千仞，名穿心岩，隐藏着几个人工凿穿岩壁的太平硐，以供临时住人避匪患。

背靠顺天寨和深不可测的大溶洞，往里还有猫跳石、一线天、石棺材、古岩洞、回龙寺、颜子庵、鸡公岩等。往深山里去还有铜板沟。

小溪岸上一块风水宝地名为晒牛坪，有大宅门名桅子塆，坐南朝北，背靠顺天寨，对望官斗山。

李氏一脉系出陇西，原籍江南江宁府上元县（今南京），江南拔贡生授四川邻水县教谕，垦业于邻水县城东之太安乡太安里河堰坝，族繁人众，呼为李家坝，李家祠堂至今犹在。

2014年清明节期间，经邻水李准研究会包述安联系邀请，李准次子李相度之女李萱轩、李珠珠、李融融、李月月，率重外孙及女婿13人，从美国、菲律宾、港台等地，首次万里迢迢回邻水寻根问祖。李准研究会负责人何正华、范宜陪同，一一祭拜了李家祠堂、李准父母墓遗址、祖父母墓及神道碑，参观了李准出生老宅桅子塆及李公馆遗址，一了李准后裔四代人百年夙愿。

作者向美籍华人李准孙女赠送《李准故事》

李准自著《任庵自编年谱》载："溯我李氏，系出陇西。原籍江南江宁府上元县。明末有讳诣元公者，以江南拔贡生授四川邻水县教谕。明鼎革，遂垦业于邑东之太安乡太安里河堰坝。以族繁人众，遂呼为李家坝，是为我入川之始祖。六传至我懋德公讳天贵，于乾隆中叶迁来活水沟，耕读传家，经营实业。主持乡事，整理有法，为乡党州闾所矜式，是为准之高祖考，诰赠光禄大夫。"

李准研究会向李准后裔赠送书法作品

《任庵自编年谱》（简称《自谱》，本书有双引号未标出处者多引自其语）系李准自著手稿本，晚年隐居天津时亲笔手书，按年逐月记载了从1871年出生，到1936年去世前的主要生平大事。“任庵”为李准自号，意为“凡事均负责任”。

稿本为毛笔行草手书，字字珠玑，洋洋七万多字，记载详细，言辞精练，行文优美，内涵丰富，既清楚地再现了李准波澜壮阔的传奇人生，又可窥见清末民初的政权迭变，洞穿整个国家的政治军事和社会民众的风云变幻，特别是关于巡视南海的史实记载是极其珍贵的历史资料。

1988年7月17日的《人民日报》发表新华社上海电，报道了一则出人意料的新闻——《退休教师李如璧捐献重要史料，清末水师提督曾巡视南海诸岛》。文中称：“上海市退休教师李如璧，出于爱国热情，最近主动将其父亲李准生前所著《任庵自编年谱》捐献给国家。李准，清末广东水师提督，曾奉命率师巡视南海诸岛。《任庵自编年谱》中记载了当时的有关情况。对于我国历史上对于南海诸岛的行政管辖是一个有力的证明，具有重要的史料价值。”

《任庵自编年谱》五十多年后惊现于世！原来一直珍藏在李准八女手中，从此被外交部收藏，还特地给李如璧致信感谢。

笔者为李准家乡作家，家乡情结让我们有条件与李准后裔四代人有联系来往，因此手中幸拥一卷李准本人手书《任庵自编年谱》之复印版，还有一份李准九女婿陆庆兆先生手抄《任庵自编年谱》翻录之电子文本。

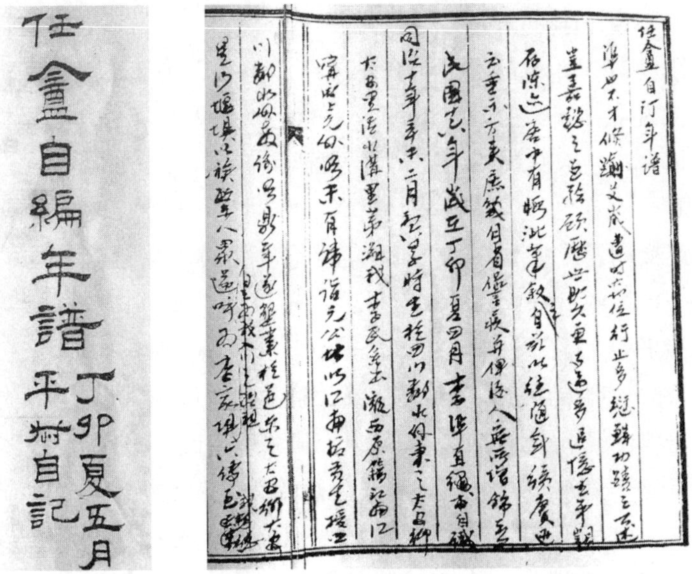

李准年谱手稿，从1927年写至1936年去世前（李准八女1988年捐献，藏外交部）

经过研究这本第一手资料，笔者惊讶地发现一个重要问题——几十年来，因缺乏完整系统的原始资料，众多学者所发表的李准研究文献多有谬误。笔者根据《自谱》得天独厚的资料，加上李准另一部自传《任庵六十自述》，同时参阅清宫档案和其他史料，特作李准传记，以期正本清源。

李准老家桅子塝经逐代扩建，到李准出生之时，已是一座近百人的大宅门。李铁船和李准成为朝廷重臣之后，大门联更挂出了“往来朝廷高贵客，出入龙虎榜上人”。

桅子是川东一带大户人家大门前高高耸立的石柱，类似现在大单位门前的旗杆，是有钱有势人家的标志。2009—2012年，笔者数次到李准出生地桅子塝考察，只看见两个桅子的基座，让人想象当年桅子高高矗立直插云天的气势。2013年再到却看见一个基座已被打烂，一个被当成水缸！

李天贵之子李清典为李准曾祖，后诰赠光禄大夫、建威将军。遗孀“**曾祖母刘氏青年守志，刺目为誓，抚孤有成，享寿八旬有二**”。其长子即李准祖父李舒锦，号逢春，孝友慈祥，和蔼可亲，为一乡之仰。

清同治十年二月初六（1871年3月26日）子时，李逢春的儿媳妇王秀香即将临盆。李逢春的儿子李征庸此时还在京城应试谋官。婆母张氏夫人、祖母刘太夫人守在产房外寸步不离，祖父李逢春、大伯父李佑弼、二伯父李佑卿、四叔李佑哲等都在堂屋焦急等待。

王氏的叫声让李逢春皱紧了眉头。

王氏刚满22岁，被折腾了半夜，已筋疲力尽，刚迷迷糊糊闭上眼睛，忽然看见大水漫灌，一只金黄色的糠筛大的螃蟹从天而降，落在屋里，雄赳赳地举着两只大螯，威武地在地上爬了两圈！

李逢春一直在堂屋坐立不安地等着，这时也很疲倦，坐在椅子上打起瞌睡来。迷迷糊糊看见堂屋外面，宋代名臣寇准匆匆朝他走来！

王氏一声惊叫：好大的螃蟹呀！

随后传来婴儿的第一声啼哭，让李逢春从“寇准梦”中惊醒过来！

中国人对梦都很讲究，有专著《周公解梦》流传几百年。现在的专家称这毫无科学道理，但事实上却常常看到人们津津乐道自己的梦怎么应验了。

李逢春这“寇准梦”好解，老先生遂给孙子起学名李准，字志莱，寓意孙子像寇准一样有大志，期望他长大后像寇准一样成为国之重臣。

可儿媳临盆前这个“大水螃蟹梦”又是什么预兆呢？老先生难以琢磨通透。

他不由想起当年夫人临盆前那个“铁船梦”。那天晚上也像今天这样，李逢春在这堂屋坐立不安时，突然传来一声尖叫：“哎呀，铁船落到脚盆里了！”接着传来婴儿的哭声！

原来李夫人疲惫不堪中，看见一只大铁船从天而降！铁船落呀落，一直落到她正在洗脚的脚盆里，她大叫一声惊醒过来！这时娃儿呱呱坠地。这便是李准的父亲李征庸，号“铁船”。

那个时候都是木船，连广东水师的战舰都是木壳船，一般人很难看到铁船。李逢春觉得这个“铁船梦”肯定大有深意，但是直到今天也没看到这个铁船梦的解。因为儿子李铁船今年24岁了，正在京城应礼部试，还没有看到迹象印证与“铁船”有什么关系。

李逢春老先生这次感觉儿媳妇的“螃蟹梦”也蹊跷难解。门前清凉的活水沟里，螃蟹倒多的是，到了热天晚上，一路一路爬上岸来歇凉。他只是觉得螃蟹水陆两栖，浑身甲胄，大螯雄举，乃威武不屈之相，对这个白白胖胖显得英气的孙儿今后必是好兆头。

可惜李舒锦老先生年岁已高，没有亲眼看到夫人当年的“铁船梦”，八年后在儿子身上应验了——李铁船历官广东南海、河源、香山、揭阳、海阳等知县；更没有看到他这“寇准梦”和儿媳妇的“螃蟹梦”，后来在李准身上应验——文武双全、水陆提督。

李准17岁到广东，从开始工作直到退休，都与水和船有奇缘，而水陆提督文臣武将，又似乎也与浑身甲胄、水陆两栖的螃蟹有点相像。

这奇怪神秘的梦境，可不是来自道听途说，也非取自野史遗闻，更不是笔者虚构想象，而是李准的亲笔自述和李氏族谱的记载，后来梦境的应验更是人物亲身发生的史实。

《自谱》载：“是夜，先王父舒锦公梦宋臣寇莱公来见，正惶惧间，即闻准产生，故名曰‘继武’，盖继武前贤之意也。稍长即名曰准，字志莱，别字直绳，号任庵，又号平叔。”

“直绳”源于南朝诗人鲍照《代白头吟》名句“直如朱丝绳，清如玉壶冰”，寓意做正直纯洁之人。“任庵”则系李准担当水师提督大任后，为自勉而自号，含义为“余亦不敢负如此伟大之责任心矣。故余别号任庵，盖凡事均负责任，无游移两可之事也”。

李准说，儿时“准虽乏乳，吾母以米糊喂养，亦极肥壮。弥月即襁负于背，与妯娌同事操作，躬亲井臼”“饕餮殊甚，好食肉，然农家不常有肉食供。先曾王母每食必有酒肉，故仍饲其余也”。

李氏一门诗书传家、孝道传家。李舒锦母亲即李准曾祖母健在时，李准母亲每日必先烹调好羹食，李舒锦老先生亲自服侍喂食，然后以余羹饲李准。

曾祖母对小李准宠爱有加。1873年的一天，80岁的老祖母把3岁曾孙“抱之于怀而不肯释，抚准之顶，与先王父言曰：此子顶平额宽，声如洪钟，长大必贵胜于其父。吾闻苦节之后必有兴者，**兴必及于此子耶！**先王父曰：须善教，勿令自废弃也”。

李准曾祖母刘氏系大竹处士永宽公之长女，从26岁起苦节冰霜，“青年守志，刺目为誓，抚孤有成”，子孙繁衍，光耀门庭。82岁寿终正寝，李准在57岁时著有《刘太夫人苦节记》述其生平。

曾祖母金口玉言，“兴必及于此子”后来真就应验了，曾祖母得到了至高无上的回报——“经同乡京官工科给事中（进宫谏诤之言官，职掌抄发题本审核奏章——笔者注）赵树吉专折奏请，特旨‘旌表节孝’，诰赠一品太夫人，并给银两建坊于本乡之新桥头”。

曾祖母在天之灵或许并不知道，她预言“兴必及于此子”的李准，17岁从邻水家乡华蓥山走出去，到了广东，不但兴旺了邻水懋熙堂李氏家门，还振兴了广东水师，守卫着中国南海。

二、母爱如山家教严　黄荆棍下出好人

问渠那得清如许？为有源头活水来。

要让曾祖母的预言变为现实，当然不是靠梦，主要还是靠祖父说的那样“须善教，勿令自废弃也”。

纵观李准一生的诸多优秀品质，首先源于从小受到母亲严格的家教和后来为官之父的言传身教。

父亲李征庸，号铁船，是同治七年戊辰（1868）举人，24岁上京应礼部试未中，留京数年边求职边求学，家里重担自然落在母亲柔弱的肩上。

母亲王氏名秀香，是邻水县太和乡河水坝兴隆湾花房子人，中医王宗玉的三女，庚戌岁正月十一戌时生于太和场河水坝药铺。王秀香知书达理，聪颖贤淑，尊老爱幼，乐善好施。外要忙碌农活，内要操持家务，上要孝敬老人，下要管教李准。

母亲信奉“黄荆棍下出好人”的中国式传统教育理念，对李准既当妈又当爹，要求十分严格，教育李准要律己严、待人宽。

祖父常带李准出去看农民干农活，王氏就用“业精于勤荒于嬉”来教育李准。

“先母教子以严。每日除随先王父、先王母出外课农观稼外，从不许外行一步。如口出一恶言，必责之，衣履不整洁，亦责之。”

“一日，偶于过厅之门限上坐，从兄锡之从后扳之，仰跌于地，后脑墳起如鸡卵，痛极而泣，奔告之先母。曰：‘门限为人所出入之地，谁教汝坐门限上？宜有此跌。’决不责及锡之，反痛责准之不是。”

“是年正月初旬，本场柑子铺开市（四川谓新年第一个赶场日为开市），随族叔祖名桂元者，赴场上看热闹，吾乡谓之赶场。族叔祖给制钱二十枚，携至文武宫庙前之卖糖人者，一文钱即可一转。所得有龙、有鱼、有瓜果，小人之类甚多，插于草制蜡饼之上，捧之而归，以白先母。先母令准跪下，责之曰：‘据尔所说，乃赌博之性。小孩子竟敢如此，长大何事不可为？’责打数十而止。余每受责不敢号，号则更责之，盖恐惊动两重老人也。”

李准7岁那年冬天，偶随从小由李准母亲养大的堂兄李绍基，赴四五里外的柑子铺太白楼中闲玩。“天晚不能独归，饥欲得食。绍基买猪肉四两作汆汤及小炒，及煎豆腐两味，同食便饭。先母怒曰：‘小孩子家，动辄就在

街上打平伙（吾乡土话，以数人合食酒饭曰打平伙），开奢靡之渐，长大尚堪问乎？’责令跪而打之。先母曰：‘似此妄费钱财，非严责不足以儆将来。’鞭笞交下，绍基兄以身蔽之曰：‘事诚在我，与弟无涉。母无责弟，责儿可也。’先母乃止，令同起。”

“有嫡堂叔名佑文者，得唱本一卷以给准，准不知好歹，正念至‘大舜耕田。老生上，唱……’，为先母所见，大怒，即责曰‘小孩子初经识字即看唱本，长大尚堪问乎？’责打数十，长跪橱下灶君前，犹必令誓不看闲书，乃已。准非敢自矜聪慧，实不敢忘先人之教诲，以示后世之子孙而已。”

李准去60里外的邻水县城小试，向母亲请求坐轿子去。母亲说：“你父亲上府（重庆）应郡试，三四百里还步行，你考个县生员，就不能走路去吗？如果你能考上县生员，去府城考试就准你坐轿子去。”

孟子曰：天将降大任于斯人也，必先苦其心志，劳其筋骨，饿其体肤。李准明白母亲对自己的良苦用心，听从母亲的教导，和老师同学一起走路到邻水县城，结果考了全县第十三名。

李准母亲的严教，在今天一些年轻母亲和孩子看来，太苛刻不近人情。其实这才是长辈对孩子真正的爱。爱生严，严生安，严与爱是辩证的统一。严责并非就事论事，针对小错小题大做，目的是像李准母亲说的那样“非严责不足以儆将来”。

后来的事实证明，母亲的严格要求，不仅对李准青少年时期健康成长起了决定性作用，而且对李准一生形成良好品格都起了正能量作用。李准说母亲“常曰黄荆棍下出好人”，这是过去绝大多数中国父母都信奉的中国式传统教育理念。李准数十年后已是文武双全蜚声中外的大名人，还对这种中国式教育方法的作用大加赞赏：“自入学读书以来，每日五更，先母即令起床，提灯笼赴学堂读书，从无俟天明始起者。准至少至壮至老，皆不俟黎明即起者，实自幼习惯而成自然也”；还说“至今梦寝间，犹常受先母之责，惊泣而醒”；又说“饭桌上及碗内先母必令食尽，不许有一粒之剩。故至今每食遗粒，乃自幼之习惯也”。

李准在《自谱》中立家训告诫子孙：吾家后世之为母者，当视此。

2013年11期《中华家教》发表《李准的母亲：王氏教育李准要简朴清廉》一文，称赞：“王氏只有李准这一个独生子，骨子里肯定很爱他的，但为了对他负责，培养其成才，所以对儿子进行严格的管教。李准也没有辜负其教育，一生颇有建树：先后赈捐、惩盗、治黄、起义、弃袁、拒伪，收复

东沙，巡视西沙，勒石立碑，卫国固边，为解决海疆争端提供了有力的铁证。归隐后著述良多，难能可贵的是，他为官清廉，晚年生计赖字画，位高两袖不藏金。”

母亲当年说“如不教，将独儿不孝，独狗上灶”的告诫，和对李准严格教育的经验，值得今天独生家庭的父母和子女双双借鉴。

当然，母亲的教育方法不是只有严，更有爱，一方面严管苛求，另一方面疼爱有加，两个方面相辅相成，合二为一。父亲进京求取功名数年未归，母亲刚满月就内持家务外忙农活，连上山下地都背负着李准，日夜不离怀抱，有好吃的也让李准多食。“吾家偶有肉食，先母辄不自食，概以饲准。准更肥壮，以饕餮之故，常患积食之疾，先母以饭或米炒焦，煮水饮之，食积消而疾愈矣。”

王氏父亲本是中医世家，耳濡目染就懂些医术，常用小单方治伤疗疾。四川有句俗话，“小小单方医大病”，以前人们只有得了大病才找医生，小毛病一般都是自己采用民间单方验方，李准就多次受益。

“准坐地上玩石子，为蚂蚁啮，及下阴肿大如卵而泣，先母以甘草梢、金银花，煎水洗之而愈。先母项上患癣疾。农家多不延医，按单方以鲜核桃之极嫩者，菜刀剖而为二，挤其油搽。菜刀用毕置于方凳上，准赤足往前视疾，手扶方凳，菜刀落地，将准右足四五两趾削去大半，鲜血淋漓。先母急抱余至灶君前，于香炉内撮香灰一握，以手把伤处而血止，以布裹之，不旬日而伤愈矣。盖先母本精越仁术（称医者为仁术）。偶有肚痛牙痛等，即以灯草渍油内，燃火灸之立愈。准患牙痛两腮尽肿，先母灸两腮及耳后，痛极而号，然从此肿消而牙患愈矣。”

母亲的关爱使李准受益终生，即使后来高官厚禄，偶有小恙也自己多用土方土法收效。

“准以饕餮之故，食河邑（广东河源县）所产鸡蛋卷过多，屙红白痢日数十次，不能进食，谓之‘禁口痢’，月余未愈，已枯瘦如柴矣。先母忧之无以为计。有刑幕闽人刘崧生出单方治之，数日而愈。方以大橘饼一个，入红花五分于饼内，加楂肉、陈茶叶各五钱于饼上，冲入开水大半碗，在饭面蒸透。初起者一二服即愈，重者三五服无不全愈，真神效方也。”

此验方药食同源，屡试不爽，对今天的人有实用价值，对于消化不良性腹泻，比抗菌素效果还好，没有副作用。笔者也自幼懂得一些中医药常识，在研习李准《自谱》中，更深地理解到中医等中华传统文化博大精深，是中国人数千年实践经验的总结，应该传承，不能摒弃。

三、白鹭乌鸦七岁对　从小背读孔孟经

李准自幼受母亲严管，更受到祖父传统文化熏陶，从小得到天赋慧根，奠定了他成为文武双全人才的文化基础。

祖父李逢春饱读诗书，满腹经纶，教子有方。除了耕读劳作，把精力都投入培养孩子，已成功教养三个儿子成才，尤以幺儿李铁船为贵。

“先王父事亲之外兼督耕稼，常襁负准于背，头顶一书，持旱烟筒，牵牛往野外观稼，每于肩头教之识一二字。到野外坐树下观书，亦教之识字知解。”

“先王母每日扶杖往菜畦观诸媳耘菜，准常携竹编小提篮，牵先王母围裙后飘带随行于畦，见有南瓜所开不结籽之空花命摘之。归时已盈一筐，或煮或炒以饲准，准以为自摘之花喜而食之，至今犹有余味也。”

从这些描述看出，李准在辞官退隐后的老年，还津津乐道于美好的童年回忆，真是诗情画意，一幅乡村才有的天伦之乐图。

李准5岁起，祖父又每天教他读《三字经》《百家姓》《千字文》，读孔子、孟子、老子、庄子“四子书”。“夜间临睡，先母必令背诵一遍，始令就寝。”

李准7岁时已能棋善对。祖父喜欢下象棋，近朱者赤，近墨者黑，小李准也成了象棋高手。

“一日，偶与先大伯父佑弼公对弈而胜。先大伯父曰：七岁小儿即能下棋，长大当称国手。”

有一天，祖父买书回来想订成簿子，用刀切书边时划破手皮。祖父说“粗皮”，李准即对“精核”。祖父见屋外李子花开得正艳，出“李白”二字，李准见地坝边有李花也有桃花，马上对“桃朱”。祖父又不说话，只是双手在胸前相合，李准也双手合拢胸前再向左右分开。祖孙二人哈哈大笑，原来这是一副精彩的哑对，意为“合掌”“分心”。

山风山雨将红豆树和紫荆花纷纷吹落。祖父即景生情：风吹红豆树。李准对答：雨打紫荆花。

“受先王父训读，能作七八字之对。时读《千家诗》，先王父以‘一行白鹭上青天’，准对曰‘几个乌鸦过小桥’。似此之类极多，先王父必以小本录之，不知遗于何处矣。”

李准6岁那年过年，跟小伙伴们到门前田中玩冰。田埂上堆着大小石块，李准穿着新鞋从石块中走过去，脚被石缝夹住取不出来。小朋友笑着跑去向他母亲告状。李准急中生智，先将鞋带解开，脱鞋将脚取出，然后找来竹棍撬开石块，取出鞋子。

“先母责准不应随群儿玩冰，跪，不令起。为先王父所见，呼令起！曰：此儿有智，长大必有成就。因举司马光儿时，石击水缸救小儿事喻之，先慈乃已。”

李准从生下来到8岁，一直由母亲养育，祖父教读。遗憾的是李准8岁这年（光绪四年二月中旬），李舒锦老先生“偶沾微恙，竟至不起，十五日亥时卒于里第，享寿六十三岁，葬活水沟宅后。呜呼痛哉！准仰承先王父教育，数年来孜孜不倦，方能略解大意。不幸天不假年，遽归道山，而准亦失学，为不文之人矣！”

四、官父诗书传家风　苦读励志习字文

李准是个“官二代”。

父亲李征庸在京应试数年，终得及第。

“再应会试，榜发，果中式第二百八名贡士，钦点主事，签分刑部贵州司。先王父母闻之喜曰：吾母苦节数十年，恨不亲见吾子成进士也。因寄书先大夫曰：吾虽老而强健，尔第居京，勤所司，勿遽归也。”

李逢春写信给儿子，说自己身体康健，要儿子在京城勤学苦干，不要回来。谁知不到一年便生离死别，李征庸仓皇奔丧返回故里。

李准父子这才得以第一次见面。

“准年八龄，尚未见过有父。儿童相见不相识，笑问客从何处来？正为我咏也。”

根据地理风水学，李征庸将父亲择地葬于宅后畑牛坪上顺天寨下，未山丑向石墓，中轴正对官斗石。

李准祖父李舒锦墓始建于1878年，现存墓面系李准为官后奉旨修缮，御制墓葬。左棺正中直刻《诰封光禄大夫显考李公舒锦老大人之墓》，右棺直刻《诰封一品夫人显妣李母张老太夫人之墓》，下刻祀子祀孙曾孙名，李准在此碑上名“新业”。

墓顶刻九龙奉圣图和“圣旨”二字，第二层和第三层刻李准手书篆字

“仙李蟠根”和隶书“辉流乡国”。墓门两侧隶书对联“环绕峰峦卜此地饮驼兆象，遥看城郭待他年化鹤归来”，均为李准书法精品。今人评价：“其篆书之成就亦与古人名家相伯仲。所书其祖父李逢春之墓盖‘仙李蟠根’等及碑联，亦均足以说明其纯厚之气质。”

1878年建李准祖父圣旨墓

美籍华人、李准后裔学着邻水乡俗祭李准祖父墓

李准为官后也奉旨为祖父李舒锦（号逢春）立碑，称“李逢春神道碑”。位于老宅活水沟下游二里处。碑高一丈八，宽三尺七，立于石龟背上。顶部镂空雕刻九龙奉“圣旨”二字，至今巍然矗立，令人叹为观止。正中刻“诰封光禄大夫讳逢春李公□□道”正楷大字，入石三分，左下方刻“赐进士及第翰林院修撰夏同龢敬题”及“夏同龢印”“戊戌状元”两方石印。石碑至今巍然耸立，高山仰止，令人仰视。

李铁船居家丁忧守孝，服侍老母，兼教李准及诸兄弟读书。李铁船为弥补李准8年来失去的父爱，尽可能多地与他相处，给他讲一些他从未听过的故事。李准觉得父亲上知天文下知地理，非常了不起。

别人家都是严父慈母，而李准家正好相反。父亲的教育方法与母亲截然不同，一向主张宽大为怀，绝不轻易责备人，这种教育方法对于天赋高悟性好的人，很有效果，响鼓不用重锤嘛。

一天李准在走马转角楼上，沿着单木梯向上爬到一半时，非常危险，父亲在上面看见，并不责骂，反而说“好好上，不要慌”。

“准得从容而上至栏边，先大夫抱于怀中，以掌打后股数下而止。一生受先大夫之责，只此一次。先大夫曰：小孩上梯及半危险已极，倘一惊骇跌下，将不堪设想矣。”

李铁船于屋侧建五开间新屋，为学堂设馆授徒，教李准及子弟数十人，读《诗经》《唐诗》《四书朱注》及《尚书》等。

李铁船善写阴阳寸楷，教李准蒙帖，教握笔的方法，探究运腕的能力。李准在父亲的严格要求下，养成了终生读书、写字、作文的好习惯，至死不改。晚年贫病交加时，还全靠卖字为生。其篆书之成就可与古人名家媲美。行家评价："盖准于篆书、隶书石门颂体、甲骨钟鼎、大小二篆、两汉碑刻以及楷书，均有造诣，其作品珠圆玉润而古意不失，为社会人士及众亲友所喜爱。特别是暮年所书在天津一带尤为时人所重。"

清光绪十年（1884）李准14岁，父亲李征庸被聘几十里外的邻水县城之邻山书院主讲，任山长即校长。书院为清康熙四十三年（1704）福建建宁府浦城县人徐枝芳任邻水知县时倡议兴建。

李准在家从钟炳灵先生读于伍家山之翠竹山房，就在李家对面官斗山的那一面。

"从钟炳灵先生读于伍家山之翠竹山房，距吾家五六里，仅一山之隔。

钟先生名某某，府学优廪生，与先大夫为同学，设馆授徒多年，颇著声誉。从兄锡之及其弟新造，表弟王国相即二元，姨表弟彭天保，亦同往读。

准既入翠竹山房从钟先生，此乡间大书馆。同学大小约五六十人，分两三班教授。"

"学中仅伙夫二人，运煤、挑水，往各家运米、运菜、做饭，皆此二人为之。

有双连之油盐罐先提置于灶上，伙夫敲梆，各学生自持碗来取饭，及自作菜，以米之多少分得饭之多寡，灶前悬秤以称之。人虽多而炒菜者甚少，以读书不暇及此，每多现成之菜及咸菜之类，且有炒一次之菜而食至三五日者，如炒胡豆一大碗，以水激加盐拌之，虽三五日食之而有余。又如嫩辣椒，整个干锅炒熟之后加油盐，一大碗亦可食数日而不尽，亦常有无一味菜者。录此以示乡间俭朴之风焉。"

李准1884年读书之翠竹山房

央视《见证南海》拍摄何正华探访李准132年前李准私塾

从李准《自谱》的描述来看，他过的学生生活根本不像是“官二代”和“富二代”，倒像是今天邻水山里头的一些留守儿童，自带锅碗柴火，在操场边架三块石头热饭吃。笔者编剧的邻水全国道德模范电影剧本《孝女曹于亚》和《留守姐妹花》，剧情里就有这种真实的生活场景，十分感人。

这年过年，李准以学校无人为由，正月初八尚未去学堂。母训曰：“汝不读即当耕，三斤半的大锄，非尔所应持者乎？汝父幼读时，祖母不常是言训尔父乎？尔父居京秩，亦薄官耳。尔慎勿以少爷自居而废读也。语云：‘家无读书子，官从何处来？’准闻之，汗淋淋下，即日赴学。”

从记述可见，李准读书的条件无论是学校师资还是生活上，都不算好，甚至很差，后来却文武双全。看来只要自己胸怀大志，自己努力，同样可以学业有成，同样可以终成大器。

五、开发矿业富乡梓　父母化险匪乱平

李准父亲李征庸毕竟在京求学应试八年，出过远门，眼界宽阔，观念更新，思想也就不同凡响，思路自然高人一筹，境界更是高屋建瓴。追求的不只是自家光宗耀祖，更想为国为民建功立业，以青史留名，后在广东为官十几年，积劳成疾，英年早逝。

李征庸见华蓥山遍地是宝，就带头致富开发矿业，同时为家乡老百姓谋利，造福一方，惠及百姓。于回乡守礼讲学之暇，就乡间田园凿池养鱼、种桑养蚕、种植畜牧等事。研求种植之法大有所获，还就本地出产原料为乡人谋生计。

华蓥山绵亘百数十里多竹山，向无用处，皆作柴薪，而煤炭、石灰、碱水皆本山所出产，无一弃物。李铁船到外地聘造纸工人来乡，就学堂之旁设造纸厂，获利甚厚。还勘察附近山间煤铁矿产，集资开采，得舅祖张旭斋资助，大获成功，还将成功经验推广至邻水县属之蓝家沟、集福寺等处建厂矿，现在听说李准故里风景区铜板沟这些地方还可寻见遗迹。正是因为有这一段成功开发矿藏的经历，李铁船后被慈禧太后任命为督办四川矿务商务大臣。

于是李准成了“官二代”加“富二代”。

李准15岁那年，亲眼看见父母化险为夷，帮官府毫不费力地平息了一场匪乱，为邻水大竹附近州县民众避免了一场大匪难。

邻水大竹一带多山，有著名的华蓥山、铜锣山、明月山，多山则易多

匪。1885年，与邻水相邻的大竹县神合场，有个大匪首张豪仪，密谋几州几县聚众造反，邻水、大竹、广安、岳池等县远近数百里都有动静，而官方却茫然不知。李准《自谱》说："里人张豪仪，倡乱于大竹之神禾场（现神合场，与邻水县三古乡交界），扰及邻封州县者数百里。尚未起事之先，外间人言啧啧，而地方官茫然莫闻。有曾在余家为缝工之张牛儿名富品者，为运党供奔走于邻竹广岳之间，常过余家。先母诱而询之，竟得其起事日期、地点、攻城各计划以告。先大夫缄告邻封州县戒备之。及乱作而谋已早泄，致各鸟兽散。"

今查台北出版之百年前《中国方志丛书》第380册载有此事，与李准所记无异："神市武生张豪仪初因家产构讼，酿成命案，解省与詹老五越狱逃黔，复潜归，竹吏捉之，急谋袭邻水，事泄，为党所迫，遂于九月初十日在石滓滩竖旗举事，众约七八百人，夜多卷物而逃，次晨仅百余人。仪知无济，乃遁入黔，其党徐老道、石麻麻等伏诛。李徵庸夫妇于此事，多通告大竹、邻水等县县令，使事不得发。"

百年前的史志记载，印证了李准的记述，并非夸大自诩父母之功，也从侧面证实了《自谱》里所记的可信度。这里所说之"石滓滩"就是邻水县石滓乡。

李准家乡至今还流传着一个故事，说起事那天，张豪仪一支先遣队来到李准家后面的香炉山下，向一位放牛老人打听前面的路。老者答："前面是百步梯。"问："百步梯过了呢？""百步梯过了是灵牌山。""灵牌山前头呢？""灵牌山前头是望乡台，望乡台一过就到奈何桥了。"起事者一听，觉得兆头不好，这条路走不得，后面又有官军追来，遂人心大乱，便作鸟兽散了。

晚年李准辞官隐居，潜心著述，记录一生所见所闻。然因多为手稿孤本，未及刊印，而经辛亥革命及后来的战争，绝大多数没有得到保存，甚是可惜。而一篇《记张豪仪事》因在1926年6月27日《申报》发表，故得以幸存，录于下：

李准：《记张豪仪事》

张豪仪，蜀大竹神禾场人，少孤，与兄豪凤奉母居于乡，时年皆未冠，有张家尊者，其伯也，以豪富闻。家丁何么麻子怙势，鱼肉乡里，家尊知而弗禁。元旦日，豪凤来贺，以纤介之事与何忤，何掴其颊，号泣以归，母子三人视为奇辱，顾势弱，要亦无如之何。豪仪不能堪，誓必报。年长应试，皆获售。兄以文，而弟以武，乡党□焉。于是置酒张筵，宴宗族宾客，平日交游者皆往贺，惟家尊奚奴，则叱名而辱之。豪仪怒，他日遇诸途，划刃于其腹，奴死。豪仪自首于官，家尊讼其兄豪凤与谋，吏纳贿，谳定，兄弟皆论死，远近闻者，悉为不平。及解秋审，县中少年聚众要于途而劫焉，而其兄旋复见擒。豪仪复与众劫之，官兵杀豪凤，豪仪旋被执。囚于按察司狱中，人皆谓豪仪且死矣。其党有詹五者，杀人行首，亦系司监。于是豪仪置酒飨囚徒及狱吏、禁卒等，明日狱吏来求二人，于昨宵载食□中出矣。廉访如山惊惧，不知所为，则纵火焚狱，而以张豪仪、詹五已死上闻。

豪仪既出，义声动远近，邻水、广安、大竹三县慕而从者数万人，称孝义会，屡劫囹圄，脱其母及亲故之厄，所为不奸淫，不凌人。人莫不悲其遇，而惜其志，以故，屡得脱。声势既张，御史奏劾，总督丁文诚葆桢、臬司如山皆以罪获遣，然豪仪卒不可得。豪仪恃众，寖有异志，光绪乙酉谋大举，尅期重阳。

先大夫时守礼家居，遗书诫之曰，子以孝义号召，一时顾不轨于正，逞一朝之忿，忘其身以及其亲是焉，得为孝乎？今鲍爵师将与法人战，驻节夔门，招募戒士，欲立名于世者肩摩踵接而从之，子如往，吾当先容以子之才，奋身逢时成就，固不可量。近来，桂涵、罗思举皆起草泽，致身将帅，知名大用，子之所知也。曷幡然改图乎？不应。

先大夫廉知其将发也，致书邻水、广安、大竹三县令，告以警备。及期患果作，三县皆有备，不可攻。而豪仪申令东众，所遇秋毫无犯，众无所得，则相继散去，豪仪遁入华银山（即华蓥山）以免。于是丁文诚照会先大夫练乡团以卫闾阎，豪仪怨先大夫甚，谋报复。

一日，先大夫赴高家壩点验团练，其党张成述刺先大夫于舆中，伤足。凶人亦旋得，囚之囹圄，终其身。已而豪仪遁入贵州，不知所终，其余党至今犹有存者，至奸淫焚掠，靡所不至，是乃向者豪仪之所羞也。论曰：予读太史公游侠传，未尝不废书而叹也。今观张豪仪之行，其犹有朱家、郭解之遗风欤。嗟夫！豪暴欺凌，官吏骫法，有勇力者岂甘屈服。吾闻豪仪之起兵也，标其帜曰“官贪民反”，则其所以铤而走险者，盖有由，然虽不轨于正，而其志其遇，良可矜惜矣。为民上者，其亦知张豪仪之所以致此乎？

当时，李征庸为避此乱，率全家人暂住宅后穿心岩太平硐石屋中。

“吾乡避乱多于险要山头筑寨，俨如城池。吾家对门有官斗寨，已得地而屋尚未建完，后山有顺天寨亦然。惟距家四五里穿心硐极为险要，在峭壁悬崖之中凿通一道，以引水至崖中，山下即为煤厂。八月中旬，准随先大夫先母率全家咸避于此山之石硐中，粮食衣物悉藏于此，家中仅留工人看守。居此洞中约两旬，乱定始归。”

太平硐系人工凿穿石岩，两丈来宽，砌条石为门，门上方楷书阴刻“太平硐”三字。穿过石门至悬崖边，左侧石壁上刻着“嘉庆三年避王三槐乱修建”，还有数名石工姓名。千仞绝壁上一棵小松斜出。垂绳斜下两三米，有石屋数间，内有水沟、灶台、柴灰等，还有数间没有凿完工。清代嘉庆年间下江（湖北）白莲教首领王三槐等率部经过邻水，内外配合攻硐借枪，发生激战，李氏家丁弃硐而去。

笔者曾探险考察李准所说的穿心岩，原来系绝壁上半山腰隐藏着的太平硐群，系邻水和广安一带明清几代人，为避匪乱而逐年建成。一座大山从中间凿穿一个大窟窿，在高山上壁立千仞无依倚的一面石壁，硬生生打穿一个大洞，在峭壁悬崖之中垒石条为门，在临河一边的数丈悬崖上人工凿成若干石屋，引后山之水至石屋。洞中石刻可考，始建于清嘉庆三年（1798）。山下即为当年李铁船开创的煤厂。2013年3月3日，笔者在当地人潘才全带领下，沿活水沟上，在香炉山北边悬崖上，用弯刀砍出路至绝壁前，俯瞰万丈深渊，上望千仞绝壁。又手脚并用，援绳藤攀岩爬上悬崖，竟又新发现一个咸丰十一年开凿完工的硐。

硐里石壁上有珍贵史料石刻碑文，揭秘出一段已洞藏数百年的秘史：“咸丰三年二月，因楚匪作乱，贯世联、世辉、世列叔侄代裕、代厚、代朝修太平硐一口硐外仓地基一连三间。十一年三月十日立。用香钱一百六十二两。”

向导潘才全老父讲，山顶还有更大更险的“太平硐”，邻水柑子人叫“太平硐”，广安人称“二郎山”，他们可能比柑子人更了解“太平硐”的不为人知的秘密。

李准从出生到17岁，一直在家乡四川邻水接受传统文化教育，苦读励志，健康成长，为后来成为文臣武将打下了坚实的基础。

笔者依李准所记，攀千丈绝壁探奇，又新发现一石硐屋套间，图为大门堂屋即客厅

笔者发现碑文洞藏数百年之秘史：咸丰三年二月，因楚匪作乱，贾世联、世辉、世列叔侄代裕、代厚、代朝修太平硐一口硐外仓地基一连三间。十一年三月十日立。用香钱一百六十二两

第二章 八省督抚争能人　募银千万救灾民

李准17岁随父赴粤后，连续几次上京应试，均落榜，还有其他出路吗？

累第不中者何以刚实战就一鸣惊人？以至于八省总督争用奇才，张之洞、李鸿章等争向朝廷举荐！

李准借父亲为官多年取信于民之威德，募银劝捐逾千万银，赈灾救民于水患，乃至于国家赔八国联军款也找李准要钱！

《自述》："丙申奉鄂委，捐赈救灾民。潮民感先德，应募筹巨金。直皖川秦晋，淮济争委承。联军不敢撄，电责解赔款，如期交关称。经办赈捐局，数逾千万金。"

六、十七随父广东行　上京科试累不应

现藏于故宫的清乾隆十八年（1753）之《邻水县志》，说邻水人"邑俗尚俭朴，不事奢靡，但愚悍，喜争讼，好佛事。子弟多秀良而不嗜学"。

而70年后的清道光元年（1821）之《邻水县志》则说："旧志载其喜争讼，好佛事，今已渐革，不似初俗。子弟多秀良，向来多不嗜学。近日力学者颇多，文风亦渐兴起。各学使按临顺棚观风，考试每每称为八属之魁（广安南充八州县第一）。"

李征庸回乡守孝期间，开一方风气之先河，经营实业大获成功。

邻水奸官却上书朝廷状告弹劾他。

李征庸从京城回乡后一心发展经济，为民谋利，率先经营实业，率先开发华蓥山矿藏，率先带动一方百姓致富，当然自己也赚了钱。

邻水这些父母官领着朝廷厚禄，本该造福一方，却无所作为。李征庸带头致富，怎么还要告他状呢？

这些官员是拿钱买的官，小人得志就要为官一任捞钱一方，当然就对李征庸羡慕嫉妒恨了。

“先大夫以服阕既久，至经营商业，遭奸人之忌，地方官以先大夫‘舍官不作而与民争利’为言。先大夫愤然将各矿厂生意，概分给亲族中之非官者，仅留附近住宅之纸厂及种植畜牧等实业，令先绍基兄经理之。五月北上，入都供职。”

父亲告诉李准：“吾本不欲仕进，在家谋实业发展，为吾乡开风气，为人民谋利益，兼课尔读，继吾书香。徒以风气未开，官吏反有责言，不得不抛弃家乡实业，以图仕进。将来稍有发展，仍不逾此志也。”

1887年，李征庸将矿厂财产分给亲戚后进京，在吏部投供候选。

这才是，本不愿当官，却不得不当官，还当了头品顶带大官；邻水地方官不要他在邻水开发矿业，后来慈禧太后却任命他为督办四川矿务商务大臣。

父亲告诫李准，要眼光长远，胸怀大志，不要学邻水那些自私自利、不讲德行的小人奸官。

“临行谕准曰：‘汝在家读，与尔兄善事尔母。听母之教，立志上进，以远大为期。吾家世代忠厚，孝友不替。他人之以精刻自诩，自私自利，不讲内行，不恤人言，不愿汝曹效也。’”

据桅子塆当地老人讲，李铁船回来开纸厂、烧石灰、办煤厂铁厂，赚了大钱，迅速致富，不但引起官商眼红嫉妒，邻水土匪也打起了主意。一天晚上，一群土匪悄悄潜入桅子塆，点燃地坝上做纸的材料，趁人们扑火之机，把李家的财产洗劫一空，房屋也烧了许多。

时代变迁，桅子塆解放后做过大队小学。后来大部分遭拆除了，屋脊上拆下来的雕塑就有一人多高。现在仅存两间古砖砌的正房，还有一个好似石水缸的桅子基座。

李准出生老宅桅子塆现存部分（2016年摄）

2014年李准孙女李萱轩、珠珠、月月、融融从美国回李家老屋桅子塆，在桅子之基座前合影

1887年李准17岁时，父亲选授广东河源知县，来函命李准与指腹为婚的国学生黄笃之季女黄氏成婚。而后，母亲携李准等大小十一人赴广东。绕道而行，由广安州罗江渡沿渠河乘舟东下至重庆，再顺江而下。

“临行之日，四舅祖张旭斋先生，年近八旬，尚乘极快之马，追送数十里而回。须发皓然，精神矍铄，所乘之马亦极雄壮神骏之致。每上马即人立，足甫踏蹬，即开步快跑。旭斋不须人驭，跨马即行。亦自忘其为八旬老人也。临别，马上语准曰：尔到粤，如尔父问及我，尔即以‘我尚乘烈马送汝，行至桂花桥而归’告之（桂花桥属广安州，距吾家五十里）即知余之康健也。”

一位年近八十的大财主老富翁，独自一人上下高头大马，来回百里，还要翻越雄奇险峻的华蓥山，简直就是一位老英雄！后来朝廷命李准父亲为四川矿务大臣，回邻水办煤矿铁矿时，就是他老人家投的资，他才是这些矿业真正的“大股东”和“董事长”。

李准一行从家乡出发，翻越华蓥山，步行至广安，再乘船沿渠河至重庆，又从重庆搭船，沿长江顺流而下。至上海后，即搭怡和洋行至广州的轮船，为省费而坐底舱的三等客位，众人皆呕。母亲训李准：“州县为亲民之官，清廉为本，河源为瘠苦之区，我之刻苦省费，盖欲尔父为廉吏，造福于子孙耳。准闻而感悚。”

“及抵广州，先大夫已预派家丁川人谢兴，雇河头船来接（河头船之名，以新兴县之河头地方，人多操此业故名。又名老隆船，以隆川县属之老隆，亦有此种船也。略如川河排子船，盖专装官差之用也）。溯东江而上，九月中旬，抵河源任所。”

李准受母亲的言行举止影响，又亲身感受为官之父的言传身教，形成了为官一任，造福一方，一生清廉，两袖清风的官德。无论是后来募捐八省筹银千万，还是历任广东钱局提调、厘金局总办等肥缺，都不染铜臭，以至于晚年穷愁潦倒，靠卖字画和他人接济为生。鼎鼎大名之人花甲大庆竟是“各戚友咸聚硷金为寿，为宴客国民饭店一日耗去千余金，虽为各戚友之赠，亦太过费矣”。

李准17岁到河源县，亲眼看到父亲为官一任、造福一方：“随任到河邑（现河源市），吾父更劳形。次年遭水灾，救活数万人。”

父亲数年间辗转任职河源、南海、海阳、香山、揭阳等县令。公余之暇，亲为李准讲解、改文。每下乡于马上作文一篇以教李准，并要李准习书法小篆、唐碑，还每日抄《说文解字》，并读《史记》、前后《汉书》文选，及皇朝经世文编以为常课，又兼学绘画。这为李准成为书法篆刻名家打下了坚实基础。

南海县隶属省城广州，随时会有中央、省级高官“光临”。这本来是“近水楼台先得月”的美差，最容易得到上级的赏识提拔，现在很多官员就乐于此道。而李铁船却相反，叫苦不迭。只因他秉直奉公，勤于职守，亲理民事，同时又要终日应酬接待不暇，致劳顿不堪，遂请求调离南海县，好多点时间为民办事。

李征庸遂被朝廷调署香山县知县。新官上任三把火，初到任就明查暗访，革除弊政，惩治贪官污吏，推行新政，奖励耕织，发展生产，富民强县，倍受士农工商各界人士欢迎。

香山县是孙中山老家，现名中山市。史料记载，清光绪十五年（1889）左右，孙中山为改革乡政，向知县李征庸上书。光绪十六年，孙中山向退休的前驻美、日、秘公使郑藻如上书，就农业、禁烟、教育等问题提出建议。光绪二十年一二月间，孙中山趁广州东西药局营业失败，回翠亨家中起草上李鸿章书。上书失败后，孙中山下定决心从“医人”走上“医国”的道路，以地方武装革命手段去救国救民。

李征庸调署海阳知县期间，李准说他素喜篆刻，而海阳素产水晶，各式图章极便宜，一二毛即得一方。每日于读书之暇，以钢钻刻水晶章为乐，积至数百方之多。我们在李准的各种书法作品上，能清晰地看见李准盖上的各种自刻印鉴。可惜存世的原石作品现已不多见，我只看到唯一一套三枚印鉴，一看就让人爱不释手。

1892年，李准“学照相，从上海购照相器具药料归。不间寒暑，暇辄为之。又兼学绘事，花卉虫鸟之属，亦稍有研究”。

那时西方科技如照相机等洋玩意才开始传入中国，属极稀罕之物。揭阳县直到二十多年后的1920年才出现第一家照相馆，其主持人章寿年是民国初年在南洋新加坡学习照相术，归国在揭阳首创此行业，市人目为奇术，而李准早二十多年前就最先使用了。

七、慈母德配堪千古　千里扶柩回乡邻

李准母亲王氏到广东六年间，随侍丈夫李铁船辗转多地，终至感受暑热大病不起。后以大凉之剂治之而愈，然从此元气大伤。李铁船夫妻情重，不惜多费金钱广延名医，购买参茸大补之剂。李准也尽心侍候母亲，仍无起色。

王氏是典型的伟大的中国式母亲，呕心沥血几十年如一日，孝老、伺夫、育子，就是不注意照顾自己。加上随夫奔波，离开故乡水土不服，终至积劳成疾。

李准父子赶紧发电报，叫老家的老中医舅父和大伯父赶来，用家乡的医药或许起效。

但为时已晚。李准母亲王秀香“年仅四十有三，临终之日已语不成声，频频视先大夫不转眼。先大夫为之泣曰：夫人安心去，勿以儿女为念。旋又注视准及妹，准泣曰：母勿虑，儿必能遵母平日遗训，刻苦自励，立志上进，以彰母德，并善视弟与妹也。先母始瞑目而逝”。

待到大伯父李佑弼和舅父王兰亭，带着家乡四川邻水的中药材，一个多月后抵达揭阳县署时，深感不及医治为憾。

这是1892年，李准22岁。因日夜伺候母亲感受潮湿，也大病一场。

“准因寝苫枕块之际，感受潮湿亦大病，且两股生坐板疮，溃烂殆遍。经先大伯医治，内服归脾汤，以桐油、松香、斑蝥、花椒、磁石等熬成膏，趁热倾烤棚条号石板上，去裤坐于膏上，痒止而粘连皮肉不得脱。先大伯两手拉之而起，痛极欲号。回视石上，脓血全沾于膏上，股上全现凹形。以药末敷之，数日而愈。”

中国人有落叶归根、入土为安的传统习俗。次年二月，李准奉父命，扶母柩数千里归故里安葬。

百多年前没有现在便捷的交通工具，只有一路千山万水，一路千难万险！行至长江三峡上游云阳县属之庙基子，因江中泡漩极大，船身打坏丈余，搁浅于沙滩上。而江水正涨，沙滩亦随即淹没。又搬山上之东岳庙内一

宿。次日始雇他船上驶，由万县起旱，经梁山（今梁平县）、大竹回邻水。二月从广东揭阳出发，至七月才归达邻水，路途时间长达半年之久。

李准将先母安葬在“柑子铺新场碥本宅《光禄第》之右，坤山寅向”。

李准父亲李铁船为妻撰写墓联：“墓旁可万家，斯歌斯哭斯聚族；德配堪千古，此人此土此有财。”

后李准发迹，按朝廷抚恤制度，母诰封一品夫人，旌表乐善好施。

李准在《自述》中感慨：“七月初四日，春晖忽西倾。今生未能报，不孝辱家乘。次年扶柩归，船破险遭沉。葬母宅之右，千古此佳城。”

9年后李征庸病故广州时，李准仍遵父亲遗愿，又千里扶柩回故土，与母亲合葬。

国家图书馆出版社出版的《上海图书馆藏稀见方志丛刊》之光绪《邻水县续志》，对李征庸有记载：“他字铁船，同治丁卯举人，光绪丁丑进士，刑部主事，改官广东，历任河源、南海、香山、揭阳等县，大宪保荐贤良，嘉奖，军机处记名以道员补用江川，督保办川矿，赏戴花翎，加头品顶戴，三品卿衔，续奉充南洋赈务大臣，裨益饷款，惠济灾黎，旋以勤劳在差次病故。粤督请于朝，加赠内阁学士衔，赐全葬银三百两。”

李准亲葬父母墓，20世纪50年代看见过的人都说比祖父李舒锦墓更为宏大壮观。可惜在20世纪50年代被挖毁，建了区公所，现为镇政府。那时到处都是土地，不知道为什么非要挖毁阴宅，来建活人房屋？我一位朋友的老母亲，那时是年轻的区公所干部，亲眼看见墓中衣物等东西颜色如新，敞风后就化成粉了，还看见挖出金筷子等物件。

柑子中学退休教师、李准研究学者包述安撰文回忆，1958年上初中时，看见墓前剩有一对石人石马和两根高大的石桅杆。整个陵园面积约两三亩。当时传言墓内尸体衣物还是好好的，敞风之后就化了灰；金丝楠木棺材如新，迁坟后被人盗走了。墓四周有数棵高大的桂花树，在树下一块大石板上，有一匹雄壮的石马和一个石人。

1927年生的老人李名培回忆，石马两耳直竖，双目有神，像在等待主人的命令。石马前有两尊石人像，与真人一样大。石人头戴官帽、身着官服，一手执卷，一手半握拳于胸前，似观书沉思，或正在做一个重要决定。另一尊石人手执缰绳，遛马缓行，十分闲适。石像前的石梯两旁，矗立着两根巨石桅杆，高二丈五尺五寸九分，顶端各一只吼天狮子。可惜它们也不知何时烟消云散了。唯遗李准亲植的4株桂花树仍百世流芳，默默伫立，始终陪伴着主人的地下之灵。政府现已亡羊补牢，挂牌保护起来。早知今日何必当初！

电视纪录片《南海纵横》摄制组专访笔者，拍摄李准父母墓仅存之李准亲植百年桂花树

李准官比父亲级别高，为武职从一品，且有朝廷御赐安葬费白银三百两，所以李准所建父母墓，应比其父所建李舒锦墓的级别更高、更有文物价值。李舒锦墓现为广安市级文物保护单位，占地不过一分，父母墓占地三亩，大数十倍，如果不是被人为挖毁，应该评为国家级吧？

墓旁雄伟大气的李公馆，始建于清光绪十六年（1890）。前后两个四合院，有三重堂，6个天井，108扇门。一次摆过五百席寿宴，叫人想象其规模之宏大！可惜也在中华人民共和国成立后改为柑子中学，从1993年开始拆除，到2002年最后一批古建筑被拆完。

李公馆拆后遗存之中石梯

李公馆中殿

现在唯一仅存李公馆的一套八块徽雕檀木漆金屏风，系李准募捐赈助安徽水灾，安徽巡抚感恩送李准的礼物。包述安岳父等几家农民分别藏在棺材里，才逃过劫难。一个屏风，想来只是李公馆之九牛一毛，现被定为国家二级文物，藏在县文管所保护起来了。如李公馆和父母墓不是被人为毁灭，也

该是国家级“文保”了吧？不知该有多少件国家一二级文物。

中宣部立项之大型电视纪录片《南海纵横》和电视《见证南海》摄制组，专程拍摄了李准故里遗迹神道碑、祖父墓、檀木屏风等。笔者以李准与南海研究会学者身份出镜，用手中掌握的大量百年前第一手图文资料，讲述李准收复东沙岛、巡视西沙的史实，通过电视画面，将《任庵自编年谱》《广东水师国防要塞图说》、日本人侵占开发东沙岛之照片证据等珍贵原始资料，郑重向世界展示，有力地证明了习近平主席**“南海诸岛自古以来就是中国的，是老祖宗留下来的”**论断。

《南海纵横》摄制组拍摄李公馆仅存徽雕漆金檀木屏风，屏风局部三重镂空花雕

李准居家守孝半年，于学书法之暇，调查收集资料数月，在父亲编撰未成的族谱基础上，编《李氏懋熙堂族谱》。后于1909年在广东水师提督任上完成，排印数百本携归里中，以遗族人，现河北大学图书馆可查到宣统元年铅印本《李氏懋熙堂族谱》，本书作者也收藏到一部原件。

八、募捐筹银逾千万　八省督抚争相请

李准1893年二月送母回乡安葬后，居家守孝整整一年，1894年二月返回广东。

李准从19岁起，四次遵父命晋京应试，都不第而归。

李准已24岁，屡试不中，一事无成，还有其他出路吗？

人不能在一棵树上吊死。1895年李准25岁，李征庸决定不再令儿子去挤科举这条独木桥，便为他捐官“同知”，父亲想让他直接工作，看看能不能

同样成器。

“同知”是清代官名，某一知州知府办事的副职，并无实际工作做，李准也并未赴广西就职。

“捐官”又称捐纳，是封建社会时期为弥补财政困难，允许士民向国家捐纳钱物以取得爵位官职的一种方式。史书载“秦得天下，始令民纳粟，赐以爵”，到西汉时形成制度，唐、宋、元、明都有捐纳，到清朝最盛。捐纳制度在清朝是一个很重要的制度，它和科举制度互相补充——一部分人通过科举考试做官，一部分人通过捐纳制度做官。捐官有例捐，也有常捐，统一管理，明码标价，人们捐的是红顶、黄顶、蓝顶等官帽都是虚职，与通过科考进入仕途的实职官员有本质的不同。这属于“政府”行为，收入归国库。

“先大夫以准屡试不第，为捐同知，分指广西，益令专讲经世之学，练习公牍文字。”由此可见李准并未去广西，而是在家跟父亲实习为官之技能。

“黄植庭中丞由广西藩司升云南巡抚，调准赴滇。以道远，先大夫不令往。”从此说可知，李征庸官友调李准去云南做官，也未去。

这时，李征庸官友张之洞是湖广总督，朝廷重臣，他慧眼识才，启用李准委办湖北赈捐。

清末因国用不足，许人出钱捐官，其中用于赈灾所开的捐例称为赈捐，也泛指捐助以赈灾。此时湖北连年水灾旱灾，饥民已濒于死亡边缘，国库已空，官员束手无策了。

募捐理捐是件天下大难事，李准第一次工作就摊上这个难题。

可这个公认的难事在他手里却办得清清楚楚明明白白。

这是李准从政第一步，自当兢兢业业认认真真，加上无欲则刚，不想贪不想占，自然就会清清楚楚明明白白。

他的方法其实很简单，就是日夜考察各项捐例，各项大小花样，分门别类列表成折，一目了然。还石印数千本散给揽捐之人，让众人监督。只需这一招，捐家一目了然，劝捐就更有说服力了，捐款的人自然就多。

李准所办赈捐详列成表，每月底即造册邮寄津寓，连同京津所收之捐汇成一起，就近请直隶总督代咨，不误捐生在部换照之期，故而捐款更踊跃。

李准父亲阅之喜曰：“不闻举国视此捐例繁杂，莫能言其究竟者，尔竟能条分缕析，将新旧各事例录列为表，朗若列眉，使尽人皆知。尔一生之衣食，将于是乎！赖尔能用心若此，吾勿忧矣。”

李准赴香港、汕头、新加坡、泰国各处劝捐，得到的捐款多得出乎预料，这是借了父亲之威望。李铁船历任南海等地县令多年，为官一任，造福一方，**“素有德于广潮商民，闻准至，踊跃捐输，月余积款十万有奇”**！

李准初露锋芒，一炮打响！今查台湾“中央研究院”近代史研究所《中国近代史资料汇编》，里面竟有褒奖李征庸为官之德的宫廷折子：“光绪二十四年七月二十五日奉上谕：……**查李征庸籍隶四川，素为乡人所推重，前曾服官粤东，政声卓著。并闻其信行素着，知交最多，所有粤东出洋华商，莫不信服。此次劝办湖北赈务，捐集巨资，即其明效。**”

李准在南洋、广东等地募银高达二十多万两，解至湖北，救活万民于水灾。湖广总督张之洞甚觉惊奇。他高兴地发现李准这个有能力的青年人才，应该向朝廷举荐培养，以成大用，遂保举李准为知府补用。

现重翻1897年11月15日之《申报》，也载有张之洞奏折：“头品顶戴湖广总督张之洞、头品顶戴湖北巡抚臣谭洵跪奏。窃查湖北各属连年饥馑频仍，地广灾重。无论在本省外省，劝捐事机皆成弩末。**兹查有分省试用同知李准前经饬委，该员赴广东及南洋一带劝办湖北赈捐。该员不避艰险，远涉重洋，亲赴暹罗、新嘉坡及外埠，设法劝导华商，历时一年之久，已据陆续劝获捐款二十一万两。**本年春夏间，郧宜施三府灾荒奇紧，款项奇绌之时，**深赖此项巨款源源接济，全活灾民不下余万。**该员劝银至二十一万两之多，自应请奖，以示鼓励。俯念筹赈多艰，巨资难集，**准将分省试用同知李准以知府分省补用**，伏乞皇上圣鉴，谨奏。朱批：该部议奏，钦此。”

可是张之洞这次推荐却“被吏部驳回”。吏部是中央用官管官实际上买官卖官的部门，实权吃香，相当于现在的组织人事部门。只有推荐而没有去烧香拜佛跑官要官，一般来说都不会批准，除非这个人政绩特别突出，能力实在超群，并得到皇上钦点。

李准正是这样的人！他竟又续捐数十万银解鄂，张之洞越发惊叹其能！再专折奏保李准“**才具优良，志趣坚定，实心任事，历久不渝**，请仍以知府仍原省补用”。

这次奉旨允准，李准归知府班补用。有张之洞坚持推荐，加上李准成绩有目共睹，不得不让朝廷信服，吏部虽没收到好处费，也不得不任用。从这资料看李准能够得到朝廷重用，步步升为高官，全靠实际工作能力和成绩。

张之洞是慧眼识得李准这匹千里马的第一位伯乐。之所以能发现并坚持推荐李准这个人才，是因为他自己就是一个奇才。张之洞（1837—1909）字孝达，号

张之洞

香涛，时人呼“张香帅”。历任山西巡抚、两广总督、湖广总督、两江总督、军机大臣等要职。张之洞是清流派首领，洋务派代表人物。他创办了自强学堂、三江师范学堂、湖北农务学堂、慈恩学堂、广雅书院等。政治上主张“中学为体，西学为用”。工业上创办汉阳铁厂、大冶铁矿、湖北枪炮厂等，著有《张文襄公全集》。与曾国藩、李鸿章、左宗棠并称晚清“四大名臣”。

李准科举屡次不中，在实践中却才华大展，刚刚出道工作就一鸣惊人！

山东黄河工赈告灾，李准又受山东巡抚福少农委任替山东黄河工赈募捐。

在为黄河水灾募捐资金时，李准还参与水患的治理工作，出一奇招解了地方一大难题——黄河决口处水势凶猛，投入石块马上被冲走，无法合龙，当地官员和民众束手无策；李准用儿时在家乡四川邻水看到的方法，用黄竹织笼装好多石块，投入水中堵缺，果然合龙成功，据说当地铸铁牛记载此事。

山里娃李准出道第一步，就开始与水间接沾点缘分了。

九、救民水灾修黄河　鸿章之洞荐奇俊

李准这下在全国都出了大名。

人怕出名猪怕壮。各地都得知了广东出了个新毛头募捐奇人——邻水李准，各省总督都来争相委用，为其地方财政挣大钱！

1897年2月，四川总督鹿文端闻李准募捐奇能，也派专使持捐照委任状，千里迢迢去广东，聘请他兼办四川赈捐之事。当然这并不是要李准到四川去，而是在粤、港、澳及南洋一带募捐，然后将钱拿给四川地方政府，主要是用于救水灾。

3月，直隶总督王文勤又委任李准兼办顺直赈捐。

4月，安徽巡抚王灼棠中丞委任李准兼办安徽赈捐。

江苏徐淮海水灾，李准奉两江总督刘忠诚委劝，办理救灾事宜。

周馥也上奏，因黄河水灾，请李准劝捐助赈。

各省纷纷委任，真有应接不暇之势。李准是兵来将挡水来土掩，将捐得之款择其轻重缓急，而分济之。

光绪二十四年，李鸿章被命往山东查勘黄河工程。是年秋，“奉上谕：着盛宣怀、李征庸各筹垫五十万两，解交考查河工大臣李鸿章备用”。

盛宣怀是朝廷当时最有能力的一位国之重臣，却没能完成这个筹款任务。而李准父子名不见经传，却准时筹齐了50万两，如期电汇至天津，再派人解河工大臣李鸿章行辕交纳。

这下令盛宣怀惊异不已！盛宣怀是何等能人？当时中外闻名的官办商人、买办，洋务派代表人物，著名的政治家、企业家和慈善家，被誉为“中国实业之父”和“中国商父”。盛宣怀创造了11项“中国第一”：第一个民用股份制企业轮船招商局；第一个电报局——中国电报总局；第一个内河小火轮公司；第一家银行——中国通商银行；第一条铁路干线——京汉铁路；第一个钢铁联合企业——汉冶萍公司；第一所高等师范学堂——南洋公学（交通大学）；第一个勘矿公司；第一座公共图书馆；第一所近代大学——北洋大学堂（天津大学）；创办了第一个中国红十字会。他创造性地用以工代赈的方法疏浚了山东小清河。

见多识广的李鸿章，也不得不惊叹李准父子能力超群，说李准神通广大，称其为“小李广”。

《自谱》记载此事：“奉上谕：着盛宣怀、李征庸各筹垫五十万两解交考查河工大臣李鸿章备用。余遵旨筹垫如数，电汇天津，转解李文忠工次应用。盛宣怀惊异，卒未如数垫解。然余从此天下闻名矣。文忠据以奏闻，奉上谕：李征庸、李准着先行传旨嘉奖。然准从此渐知名于时。”

重用青年李准的伯乐朝廷重臣李鸿章

李准赐加三品衔，并佩戴花翎。这是1897年，光绪二十三年，李准27岁。

李准的第二位伯乐就是李鸿章了。李鸿章（1823—1901）也是晚清名臣，世人尊称李中堂，谥文忠，是淮军、北洋水师的创始人和统帅、洋务运动的领袖，官至直隶总督兼北洋通商大臣，著有《李文忠公全集》。日本首相伊藤博文视其为“大清帝国中唯一有能耐可和世界列强一争长短之人”，慈禧太后视其为“再造玄黄之人”。

李鸿章不但这次成功举荐了李准，后来又与袁世凯等联名，向慈禧太后成功保荐李准担当水师提督大任。

李准帮李鸿章募到白银五十万两，从此天下闻名！其他各地募捐官员“都颇以筹垫五十万两之速为奇能，咨询请教筹垫迅速之法”。李准答以“历年信用昭著，各票号分任其事”为经验。

陕西巡抚岑春煊、山西巡抚锡丞良奏请，改派李准父亲往南洋督办秦晋赈捐，朝廷允准。

李准父子遂回抵广州，就天平街原有之厘金局兼办秦晋赈捐。十余年后，这岑春煊调任两广总督，与在广东任职的李准再次有缘相逢，可是却演绎了一场场官场上的明争暗斗，这是后话，容下文再表。

李准的能力终于引起了朝廷军机处重视。《清光绪实录》载：“十一月初一，以报效军饷巨万，予广东候补道李准军机处存记，遇缺题奏。”

1902年7月25日，两江总督刘坤一上折，保举李准为广州府粮捕通判，朱批李准等官员择日引见。保奏原文：“李准随其父，已故三品卿衔督办四川矿务大臣李征庸劝办顺直、山陕、江西、湖北各省赈捐，先后筹集之款不下三四百万。上年十二月间，丁亲父忧，臣前以统巡各江水师需员，将该员奏留委办，凡各营官驾巡缉不力，均随时举发撤换，绝不稍事容隐，戎行为之一肃……俯准将二品衔军机处存记遇缺题奏道李准试用知府现署广州府粮捕通判。李准现在丁忧，应俟服满起复，再行给咨送部，合并声明。谨附片。陈请，伏乞圣鉴，谨奏。”

能够在朝廷军机处记存，这是李准仕途升迁的重要转折点。

十、八国联军索巨款　国家无力找李准

1900年的中国，发生了将中华民族推向苦难深渊的庚子事变兵灾，义和团之乱和八国联军入京，顺直地区难民成灾。

这年，李鸿章从广东总督调任直隶总督兼北洋大臣。其后他担任直隶总督兼北洋大臣达28年之久，专办清政府外交，兴办北洋海陆军，并在北方兼长江流域筹办轮船、电报、煤铁、纺织等企业，致使北洋大臣的地位不断提

高，职权不断扩大，势力远远超过本来地位与之对等的南洋大臣。

李鸿章奏请朝廷委任李准父亲督办顺直善后赈捐。

1901年3月30日《申报》载："昨奉直隶阁爵大臣督部堂李札开为札委事，照得顺直独受兵灾，孑遗实难存活。查江皖赣鄂广东等省业已先后饬派前分省补用道张士珩、前广西思恩府余诚格、直隶候补道洪恩、广东候补知府李准、直隶候补知府多龄分投设局劝捐。"

当时李准因父亲重病，刚从成都返粤。

"四月初八日，行抵广东省城，就天平街原有之局兼办秦晋赈捐。旋又准直隶总督北洋大臣李文忠奏请，先大夫移驻上海，督办顺直善后赈捐。二月二十四日，奉朱批'李征庸现办秦晋赈捐，着即咨行该大臣兼办分解。钦此。'因即兼办顺直善后赈捐，即归并粤局办理，统筹分解。先大夫虽在病中，仍饬准尽力劝筹，先后劝集赈款三四百万两，分别解济。先大夫心虽稍慰，而病势仍未稍减。准日侍汤药，遍延中西名医诊治，时好时愈，未见痊可。"

《自述》记载："庚子拳匪乱，联军不敢撄。文忠入议和，中外议沸腾。电责解赔款，如期交关称（文忠入京议和之后，各国赔款磅价多观望，未解交上海道，庆邸电署粤督德寿，令'将应解赔款四百余万两，必如期解到，否则于和局有碍，该督能当此重咎耶？'等语）。"

国难当头，李准父子临危受命，居然又筹到白银四百万两，解了国难。

庚子事变又称庚子国难、义和团运动。义和团以"扶清灭洋"为口号，拔电杆、毁铁路、烧教堂、杀洋人和教民。当时慈禧想废主张改革的光绪皇帝，屡遭各方面梗阻，尤恨外国之干预，遂有利用义和团反对外国之决策，且听信了义和团能够刀枪不入杀光洋人的奏报，遂于庚子年（1900）五月二十五日对八国宣战。义和团渐及京畿，英、美、法、俄、日等国兵士进入北京使馆区保护。各国联军与义和团开战，进抵廊坊。有人交洋人照会给荣禄，勒令慈禧归政光绪帝。慈禧召见群臣，宣布洋人照会，说："今日衅开自彼，国亡在目前，若意拱手让之，我死无面目见列圣，等亡也，一战而亡，不犹愈乎？我为江山社稷，不得已而宣战。"

清军及义和团围攻东交民巷各国使馆及西什库教堂，德国公使克林德在北京崇文门大街被杀。英、美、法、俄、德、日、意、奥八国组成联军攻陷天津，又由英国海军中将西摩尔率领，从天津租界出发攻打北京，火烧圆明园。

八国联军以日本军队人数最多，杀人最狂，抢劫最狠，造成的破坏最大，最后还张血盆大口索要赔款。

这时慈禧才发现，原来义和团不是刀枪不入救国救民的神兵天将，而是不堪一击祸国殃民的乌合之众。气得将信崇推荐邪术误国的奏劾大臣许景澄、袁昶、徐用仪等处死，并急调两广总督李鸿章为直隶总督，办理对外交涉。

李鸿章不得不与德、奥、比、西、美、法、英、义、日、荷、俄11国签订《辛丑条约》十二款：一、对德谢罪；二、惩办祸首；三、对日谢罪；四、于外国坟墓被掘处建碑；五、禁止军火运入；六、赔款；七、使馆驻军；八、削平大沽炮台；九、各国于北京山海关间驻兵；十、张贴禁止仇外之上谕；十一、修浚白河、黄浦江；十二、改总理衙门为外务部。

庚子赔款四亿五千万两白银，年息四分，本息合计九亿八千万两，39年还清，其中俄国最多，一亿三千万两。这项赔款使中国沦为半殖民社会。

李准父亲虽在重病中，但国难当头，仍令李准尽力劝筹。李准日夜操劳，晚上服侍父亲，白天奔波募捐，竟劝集赈款高达四百万两。

钱虽然筹到了，可是这么大一笔巨款，怎么解交到上海呢？

此前因为李准将京饷及赔款不交票号，改由汇丰银行直接电汇，因此得罪了各票号，它们都在等待时机报复李准。这次终于等来了机会，均以期迫难办，相约不接，然后等着看李准功败垂成，坐误国家大事而被撤职查办。

李准情急之下，藩库、运库、关库、厘金局库、善后局库五库通筹，拨出现金三百万两，用大号兵船自己运到香港，交汇丰银行，再电汇上海交纳，未误期限，反倒节省票号汇费二十余万两。

按《辛丑条约》，美国获赔三千二百多万两。后来美国会发现美国政府“浮报冒报”，实际损失并没这么多，决定将美所得半数退还中国。用此款办了清华留美预备学校，并每年派学生100人以上免费到美国留学，直到退款用完。这一举措为我中国培养了大量顶级人才，考取庚子赔款留美的中国学生，在后来几十年间，成了中国学术界泰斗或革命党人精英，胡适、梅贻琦、赵元任、竺可桢、林觉民都是庚款留学生。1924年美国会再次决议，将庚子赔款全部用于中国，成立“中国文教促进基金会”，建了清华大学。美国人还在中国建立了12所教会大学包括燕京大学（现址北京大学），还建了协和医院等。

在美国的带领下，英国国会也通过《退还中国庚子赔款议案》，所得赔款用于向英国选派留学生等教育项目；法国庚款退还余额总数为39万余法郎，用于办理中法间的教育及慈善事业。

各国纷纷退还赔款，唯有日本不但不少要一分，还穷追猛打硬逼强要。日本早已在甲午战争中逼中国割地赔款，发了第一笔战争横财，靠此一举进入世界列强行列，从此开始了对中国的欺辱和掠夺。

在八国联合侵华战争中，日本又像一只穷凶极恶的饿狼，派出2.2万日军参战。除大量杀戮中国人外，还在天津掠抢白银23万两，在通州抢12.9万两，在北京更是赶在列强之前，从户部银库抢走白银逾291万两，从缎匹库抢走难以数计的绫罗锦缎，还洗劫了内务府仓库所有仓米和全部银两，抢劫白银总数高达367万余两。

战后，日本庚子事变后第一个站出来索赔，政府赔偿要求逾4000万日元，民间赔偿要求为250万日元，折合海关银逾3500万两。

历史不应该忘记，历史中的罪恶和耻辱更不能忘记，忘记历史就等于背叛！可不知为什么，后来日本侵华战争对中国的赔款，那可是日本人对中国人杀光烧光抢光的血债呀，中国却主动放弃！

第三章
钱局厘金大改革　海防统巡挑五职

上面并无关系，新毛头刚工作为何就连兼财权兵权五要职？并无三头六臂又怎当好五种大官？

28岁任广东钱局提调，改革钱币经验全国学习；再总办厘金局财税激增百万金；海防善后局第三职，自建广安水军护官银；铁路总办兼四职，还统三江巡防营。

《自述》："委总粤厘务，年定四百万，咋舌惊同寅。差幸一年后，如数尚有增。各江任统巡，兼统粤义军。整饬缉捕队，水陆一色新。清乡捕盗贼，保商并安民。粤汉办铁路，奉派总工程。"

十一、首职钱局大改革　再兼海防善后局

1898年，光绪二十四年，戊戌，李准28岁。

广西巡抚黄中丞想委任李准署梧州知府。时逢新任两广总督鹿传霖也对李准极其青睐看重，想委李准以广东钱局提调重任。

别人为拿钱都买不到好官当而发愁，李准却是面对两个不请自来的好官位，左右为难。去广西还是在广东呢?

李准因父亲在广东多年为官，自己也对广东建立了深深的感情，决定推辞广西任，留任广东钱局提调。刚入仕途两年，就被重用为管钱的省厅级官员。

一边是梧州知府，相当于现在的市长，一边是广东钱局，就是造钱的机构，孰轻孰重，其实这并不是左右为难的选择。

"适定兴鹿文端公来抚粤，极承青睐，留粤委充钱局提调，乃改指广东。而桂抚黄中丞又委署梧州府知府，以改省不能赴任辞之。"

鹿传霖是第一个让李准担任实职从政的伯乐。鹿传霖于1895年调任四川总督时整顿吏制、创建文学馆和算学馆，1898年戊戌政变后，荣禄推荐他任广东巡抚，后为江苏巡抚兼署两江总督。八国联军入京后，鹿募兵三营赴山西，随护慈禧光绪到西安，被授两广总督，旋升军机大臣。1901年回京后兼督办政务大臣，1910年8月26日逝世，赠太保，谥文端。著有《筹瞻疏稿》等。

钱局是做什么的？怎样才能管理好钱局？

"钱局坐办为平湖薛梅溪直刺（薛名涪蓉，浙江平湖人，以知县解军火来粤，张文襄留粤办制造军械局及钱局，保升直隶州充坐办已十余年，办事认真，有条不紊，年近六十矣。后以积劳在局病故。李文忠为奏请给恤，奉旨追赠太仆寺卿，恩恤其子孙十年）、湖北熊三峰太守方伯亦局中坐办，极相契合。于梅溪则师事之，以其精细不苟，思虑周密，实心任事，足为师法者也。先大夫亦缄谕当以梅溪为师。到局后，考察局中利弊，时与梅溪商酌办理，尚无陨越之处。"

李准向薛梅溪虚心学习，了解钱局的工作。

中国近代铜元铸造开始在光绪二十六年，大学士李鸿章见香港仙士钱盛行，奏请自铸铜元以抵制之。因清朝后期对外贸易发展，外国货币俗称洋钱大量流入中国，造成我国财政恐慌。1887年，洋务代表人物、两广总督张之洞为了解决制钱短缺和抵制外国银元大量流入中国市场，上奏朝廷"惟铸币便民乃国家自有之权利"，于是开办广东钱局。

广东钱局位于广州大东门外黄华塘，设提调主持日常工作，自行大量铸造铜银币，在中国近代货币史上占有重要地位。

李准也争气，仿香港之铜元式，对铸币进行改革。改造三等铜元，并造小制钱，略如五铢，每千枚换一元，以辅银元、铜元之不足。又因向来用票务形式汇到京城，汇费很贵，李准又毅然改革，不交票号，改由汇丰银行直接电汇，每年可节省费用数十万两。

李准经营有方，从汇费到收厘、汇丰银行钞票买入等项的经营，李准都有独到的运作手段。

初次改革就大获成功，朝廷传谕各省仿效推广。

各省以为有利可图，均仿行之，却因其成色低，制造劣，多不成功。他们不知李准讲究质量取胜，九成紫铜，一成铝锡，熔铸成条，碾片后有裂者、有陀罗纹者及冲铜饼后察有缺边、沙眼、裂缝，一概均须重铸，故无各省之弊，而信用卓著于国中。

李准从政实职第一炮打响了，接着被任命充广东海防善后局提调，这个职务可就与海直接沾边了。

善后局是一个官署名，清朝后期在有战争的省份中，为处理特殊事务，多设有“善后局”一类的机构。善后局受命于各省督抚，拥有收支大权，为地方军事供需的重要财政管理机关，相当于现代军队的后勤部。

李准掌握的钱局和海防善后局这两个机关，都是清末地方脉搏，他在广东的政治资本此时开始慢慢积累。

“是年奉委兼充海防善后局提调，与洋浦陈省三观察姻丈同事（陈名望曾，台湾人，庚午举人，甲戌进士，内阁中书，改广东知府，后官至广东劝业道）。省三谨慎细密，一丝不苟。先大夫亦缄谕当师事之。善后局为筹放财源之区，每年收支至二千余万。凡承商、承赌之事咸归局管理。省三操考严谨，凡使商承饷之事，多主公开，无一丝之弊混。准得与共事后，虽有岑西林之严厉，亦不能指摘其一丝之弊，得以保全令名。准凡有应兴应举之事，多与省三商酌行之。时谭文勤去任，继之者为李文忠公，鹿文端公调江苏巡抚，继之者为汉军德静山中丞，谭去仕，德兼署粤督，藩司为平远丁慎五方伯（丁名仁常，贵州平远人，为丁文成公之长公子，由甘肃藩司调此，后官至广西巡抚），极承青睐准。”

同时，李准因仍然兼办筹捐，得张之洞、王灼棠、奎俊、刘坤一等保奏，以道员交军机处存记。

十二、总办厘金挑三担　广安水军护官银

1899年，李准29岁。

李准的伯乐李鸿章到任两广总督，发现广东厘金有大问题，于是要李准兼任厘金局总办。

《中国厘金史》载：“四月，清廷派刚毅前往江南一带查办事件。到广东后，其将广东全省厘金招商承办，以杜中饱而祛靡费，会集全省七十二行商人，议妥将通省行厘、坐厘，补抽半厘，台炮经费改为官督商办，每年认缴四百万两。结果一年仅收一百余万两。”

“厘金”是自清代至民国初年征收的一种商业税，因其初定税率为1厘（1%），故名厘金，又称厘捐、厘金税。最初是地方筹集饷需的方法，是无

法度可守的税制，是地方督抚的经济基础。创行于清咸丰三年（1853），实即值百抽一的商业税。在全国通行后，不仅课税对象广，税率也极不一致，且不限于百分之一，有的高达百分之二十以上。

“以前向收二三百万两，而上年刚子良相国来粤筹饷，以官不可靠，改归商办，包每年四百万两”，改革最后以失败告终。

李鸿章也决定改归官办，仍包四百万两，但是藩司丁慎五不敢承。藩司尊称方伯，系掌一省之行政、司全省财富之出纳，从二品。

李鸿章想到能人李准，不耻下问，李准便举广东厘金积弊告之。李鸿章觉得李准把得准脉，能对症下药，要李准接担。李准提出条件：“倘事权归一，改订新章，不掣我肘，无上司及京师阔人之人行强我用人，收不足数，赔偿参办可也。”

李准要的是办事权。责、权、利三者是统一的，有多大的责任就需有多大的权力，有多大的权力才有多大的办事能力。

李鸿章觉得李准虽然年轻，资历浅，但出道仅两年，募捐八省和管理钱局两件大事都令人刮目相看；又认为李准要求的条件是要办事权及用人权，合情合理。遂上奏朝廷，委李准兼任厘金局总办，把总办厘金的两省财政大事交给李准。

父亲知道李准接厘金局总办一职后，担心李准“资浅望轻，力小任重”，要李准推辞不受。

李鸿章却看准李准是个人才，复电李铁船评价：“令郎明颖诚笃，果敢有为，必有成效，勿劳远虑。”

李准分析状况找出原因，深悉其弊。一是以前各票号汇解京饷索费过多，其实是与在官人员朋分；二是征收随意，信用未建立，未能使人人据实报税；三是治安环境恶劣，东、西、北三江本多海盗，打单勒收行水保护费之事多，商船来往每多阻滞，导致税源减少。

李准仍让藩司丁方伯为主体，其亦推心置腹，和衷共济。二人雷厉风行大刀阔斧改革：一是择操守廉洁之吏为各厂总办，优给薪费，高薪养廉；二是厘定新章，建立征收信用，促使商家愿意如实申报；三是综合治理社会治安，以放水养鱼，增加税源。

新人新气象，改革必见效。李准“接收官办一年，不遗余力，信用昭著，商民知官不扰商，据实报税，故收数更多；又将各江盗贼肃清，商船畅行无阻，收数当更见畅旺”。

一时间河清海晏，肥水养鱼，厘金超收。竟收至430余万两，超出承包金额30多万两，第二年竟高达500多万两。人皆认为意外！

上交广东财政多余的款，李准用来改善办公条件，耗数万银将厘金局的破烂房屋改建成洋式大楼，就其余款增设水师巡船及小兵舰，以护商船之来往。

1900年，李准30岁时，已身兼三职。

为了增加源头活水，同时保护官银押运安全，李准同时采取了几项措施——就原有内河小兵舰力加整顿，并拨善后局之小轮船归厘金局差遣，又加造“广福”等小兵舰若干号，为各江护商提饷之用。

各江商船虽有小兵舰保护，还是常有匪徒在沿岸开枪射击商船之事。

李准向李鸿章提出非严办匪乡不足以寒贼胆，必须来个釜底抽薪。李鸿章便委派营务处交李准，调集防营分往各江之匪乡。

李准造舢板三百余号，建“广安水军”两营，专防省南港汊纷歧之地，水浅而兵舰不能畅行之处，专恃此舢板。

又建“惠安水军”三营、“肇安水军”二营、“韶安水军”三营。小兵轮亦整饰一新。

有这几招保护，商旅得以畅行，厘金更有起色。

李准从此开始有了小兵权。这是李准入水师，弃文就武之先声。

1901年2月，广州巡抚德寿应例考查地方官政绩，向朝廷奏报折中对李准多褒奖之词：“兹查有候补州府李准精明强干，历事枭敏。”

稍后两广总督李鸿章入京议和，李准总持广东财政权和兵权。

而孙中山发动的惠州、三州田及高州、钦廉等处之乱接踵而起，李准筹兵筹饷，日不暇给。

“准以各江商船来往，虽有小兵舰为之保护，而匪徒常有在沿岸开枪射击商船之事发生，非严办匪乡不足以寒贼胆，而收拔本塞源之效。文忠又委营务处会办，调集防营，分投往办各江之匪乡。

“又以广东原有水师扒船腐败无用，全行裁撤。另造湖南舢板三百余号，曰‘惠安水军’三营，专以防东江也；曰‘肇安水军’二营，专以防西江也；‘韶安水军’三营，专以防北江也；曰‘广安水军’两营，专以防省南港汊纷歧之地，以辅小兵舰之不足，其余水浅而兵舰不能畅行之处，则专恃此舢板矣（一切章制办法均详载《粤东从政录》中，不备录）。小兵轮亦整饰一新，此准入水师，弃文就武之先声也。”

治理江海治安，保商船及一方平安，并不是李准的正业，只是为了增收厘金而不得不为之的临时措施，还有点狗咬耗子多管闲事的味道。

可谁也没有想到，这阴差阳错的歪打正着，后来竟促成李准弃文就武，成为三平海盗屡建奇功的海军高级将领，成为百年不遇、赫赫有名的南海主权第一人！

十三、父亲义葬六君子　矿务大臣督四川

清光绪二十四年（1898），李征庸捐银二万两为四川同乡京官于北京四川同乡公所“观善堂”创办蜀学堂，供在京城之四川子弟读书，并承诺提供办学后续所需经费。

内阁侍读四川人杨锐等呈奏：“花翎二品顶戴记名道李征庸倡捐银二万两作为经常之款，并允续筹巨款接济。查李征庸系由进士出身，历官京外，现奉钦派办理四川商务矿务，平日关怀大局，见义必为。此次倡捐巨款至二万金之多，可否据情入奏，吁恳皇上特予恩施，非职等所敢擅请。”

管理大学堂大臣孙家鼐奏折：“候选道李征庸捐银二万两以为创始，见义勇为，深堪嘉尚，可否奖励之处，出自圣裁。”（《戊戌变法档案史料》）

上谕：“所有捐银二万两之二品顶戴记名道李征庸，关心时务，慨输巨款，洵属好义急公，着赏给头品顶戴。”

这年中国发生了一件惊天动地载入史册的大事件——戊戌变法，这是中国近代史上一次重要的政治改革。

李准父亲也做了一件被时人广为称道的大义之举——义葬“六君子”。

当时李准父子上京流连一月有余，住于芝麻街蜀中“先贤祠”，等待引见任职。四月李准出京回粤，而戊戌政变事起。

“百日维新”开始后，清政府中的守旧派不能容忍维新运动的发展，奕劻、李莲英跪请太后“垂帘听政”，上书慈禧要求杀康有为、梁启超；御史杨崇伊多次到天津与荣禄密谋，宫廷内外传言将废除光绪，另立皇帝。

光绪几次密诏维新派商议对策，但维新派既无实权，又束手无策，只得向光绪皇帝建议重用袁世凯对付荣禄。光绪遂两次召见袁世凯，授予侍郎。谭嗣同往法华寺密访袁世凯，劝袁杀荣禄，举兵救驾，可获重用。

关键时刻，袁世凯认为此举属犯上作乱，大逆不道，没有支持。

1898年9月21日凌晨，慈禧太后突然从颐和园赶回紫禁城，将光绪皇帝囚

禁于中南海瀛台，然后发布训政诏书，再次临朝“训政”，下令逮捕谭嗣同、杨锐、刘光第、杨深秀、林旭、康广仁、徐致靖、张荫桓等人。所有新政措施，除开办的京师大学堂外，全被废止，康有为和梁启超逃往法国和日本。

1898年6月11日至9月21日，“变法维新”只进行了103天，宣告失败。

六君子被捕后，许多此前与他们来往密切的京官噤若寒蝉，多所避忌，就连他们的亲友故旧也深恐株连自己，吓得多日闭门不出，血溅菜市口时，昔日知交好友无一人前往。

李征庸与六君子中的杨锐、刘光第是同朝为官的好友，又都是四川老乡。9月21日，李征庸在天津听到噩耗后，立即和御史四川华阳人乔树楠返回北京，打算去狱中为六君子料理打点。

不料，刚下车就听说六君子已经由狱中提出，从宣武门至菜市口去了，李征庸和乔树楠又马上赶到菜市口。

从清早开始，围观民众水泄不通，不少人怀里揣着馒头，准备蘸血，说是吃了人血馒头可以治病。

刽子手头系血红头巾，身穿粗麻红衣，半裸上身，举刀待命。近午时分，监斩官刚毅上监斩台入座。

六君子走上断头台，看客群鸦雀无声，义士身上的镣铐叮当作响。

第一个喋血的是31岁的康广仁，他本要向监斩官刚毅喊话，因喉绳紧勒无法作声。

第二个是33岁的“官二代”谭嗣同，他质问刚毅：“变法何罪？为何不审而斩？”高喊：“有心杀贼，无力回天；死得其所，快哉快哉!”

戊戌六君子之四川富顺人刘光第

第三个是23岁的林旭，是封疆大吏沈葆桢的孙女婿，故受优待，穿官服受刑，脸不变色。

第四个是杨深秀，时年50岁。

第五个是41岁的杨锐，李征庸的同乡，四川绵竹人，是湖广总督张之洞的学生与幕僚，居京向张报告朝廷政治动态。下囚车时，杨锐质问刚毅：“怎么不审问呢？糊里糊涂地死，真是死不瞑目！”冤愤之气，千秋凛然。

戊戌六君子之四川绵竹人杨锐

最后是39岁的四川富顺人刘光第，他在刑部任官多年，深明刑部典故。刑狱因狱词未具，欲审不能。刘光第提出抗议：“未讯而诛，何哉？”叹息说：“吾属死，正气尽！”临刑前再次提出质问：“祖制虽强盗临刑呼冤，当复讯。吾辈纵不足惜，如国体何？如祖制何？”监斩者无言以对。刽子手强按他跪下；他“神气冲夷，淡定如平日”。受刑后头被砍了，身躯还“挺立不化”。围观群众莫不为之惊心动魄。

北京菜市口六君子行刑老照片

李征庸看得泪流满面。

行刑前，六君子知交和同党无一人去送别，行刑后更不敢去收尸。

唯李征庸冒天下之大不韪前往送行，晚上又趁着月夜来到刑场，挨个叫六君子的名字，为他们合上双眼。报载谭嗣同死未瞑目，李征庸慰之曰：复生，头上有天耳。始瞑目。

站在同乡杨锐和刘光第面前，想着都是从四川出来的老乡，大家同朝为官，竟落得如此凄惨下场，百感交集。杨锐不久前还给光绪皇帝上折子，嘉奖李征庸头品顶戴呢！

李征庸、乔树楠特地为杨锐和刘光第买棺材收殓遗体，出资送家属扶柩回川，他们的义举颇为时人称道。

现天津南开大学图书馆藏有李准宣纸手稿孤本《清末遗闻》，记录晚清名公大臣以及维新志士遗闻逸事，其中《戊戌政变刘杨二君事略》一文，是很难一见的从清廷内部人的角度，披露戊戌政变内幕之史料：

刘裴村主政光第，蜀之富顺县人，光绪壬午举于乡，丰润张安圃（张人骏）尚书时以翰林为四川考官，极称其贤。杨林峤中翰锐，蜀之绵竹县人也。林峤本四川尊经书院之高才生，与先大夫极相契合。

自中日战败，德宗景皇帝亲政后，锐意推新，诏各疆吏荐举贤才，于是如粤督张文襄、湘抚陈右铭中丞、江督刘忠诚尚书、张文达百熙等交章迭荐，立擢刘光第、杨锐、谭嗣同、林旭为四军机，均赏四品卿衔，每日进宫讨论新政。刘杨二君以为恩出自上，竭尽智能，以酬主知，并不受康梁之援引。林峤或尚相识，至裴村则素未谋面。

忽奉孝钦皇太后懿旨以其为康梁之党，与林墩谷中书、谭太守嗣同、康君广仁、杨侍御深秀同弃于市，天乎，冤哉！

其时，人心疑惧，莫知所以。先大夫与林峤同居，被□之日，适已回津，及闻被□之信，立即遄返京师，为之料理狱中之事。方下车即闻已自狱中提出，由宣武门至菜市口。

林峤曰："不一审讯乎？"少时行刑，林峤曰："胡里胡涂的死，真不瞑目！"行刑之时，林峤项血上冲丈余，市人以为异事。裴村从容就义。临刑前，监斩官刚毅命跪听旨，光第不可，皂役用棍杖按之跪。光第倔强自若，并且责问刚毅："祖制，虽盗贼，临刑呼冤，当复讯，吾辈纵不足惜，如国体何？"

李征庸冒风险做的这件义举，被官场和社会传为佳话。

李准父子作为清廷高官，一个仗义收尸，一个为六君子"天乎冤哉"，足见人品高尚！

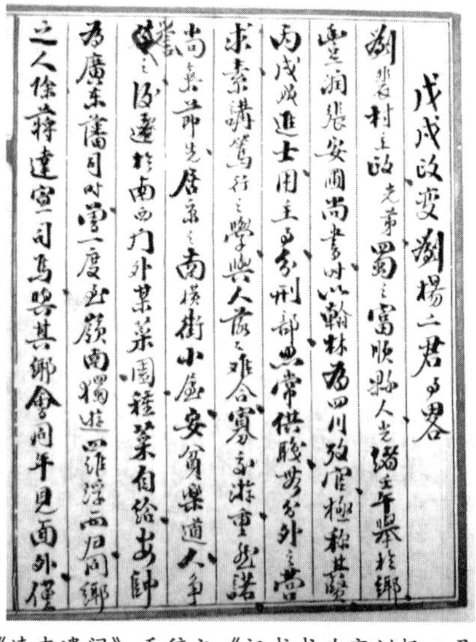
戊戌政变刘杨二君事略

李准著《清末遗闻》手稿之《记戊戌政变刘杨二君事略》，
述其父李征庸冒险为六君子收尸义葬

1899年，四川总督奎俊上书请派李征庸专充督办四川矿务商务大臣，并准其专折奏事：**“即派李征庸以三品卿衔专充督办四川矿务商务大臣。准其专折奏事**，必能感激奋发，以竟全功。并闻**其信行素著，知交最多，所有粤东出洋华商，莫不信服**。此次劝办湖北赈务，捐集巨资，即其明效。诚使督办川省矿务商务，行见西蜀殷商，海内富室，皆将鼓舞奋兴，踊跃从事。且系本省正绅，民情皆顺……”

台湾“中央研究院”近代史研究所《中国近代史资料汇编》载：“光绪二十四年七月二十五日奉上谕：四川产矿处所甚多，商务亦极繁盛。非大加兴办，不足以拓地利。着即派记名道李征庸等妥筹办理各等因，钦此。”

李准父亲奉旨督办四川矿务商务大臣，并享有直接向朝廷专折奏事的特权。

当时有多名大臣向朝廷推荐一个地方小官，能有这么高的评价，非常难得。

八月初二，李征庸出京赴沪，与英商摩根公司订立合同，办四川矿务。《申报》载有此事：**“有英人牟尔根者，与李铁船观察征庸订立合同，开设华益公司，呈由总督奏陈，奉旨举办四川矿政。”**

李征庸的思想是，对列强的矿权要求不能“深闭固拒”，如果非要等到“被迫挟”之后才答应其要求，其结果就将会失去“自主”权利，所以应该主动合作，以多争权利。李征庸出任四川矿务商务大臣后，提出及早与列强“分利平权”的主张，由“川省矿务局，召集华商，设一矿产总公司，并招殷实洋商，设一开矿总公司，华洋合办。华商购地，洋商包办，自立于不败之地，较为利多害少”。（张寄谦编《素磬集》，北京大学出版社）

李准请假随侍父亲，由上海溯江而上。“随侍先大夫至鄂，张文襄招待住于县局，晋谒文襄，奖励有加。”

张之洞意欲请李征庸接办湖北织布、织麻两局，李以有职在身婉辞。

1900年9月1日《申报》报道此事：“湖广总督张香涛制军，拟将鄂省织布、制麻两局，责成李铁船京卿办理，业经议有端倪，嗣因各局成本多过，即成织布一局言之，已多至一百数十万两，一时难于集股，且京卿刻已奉旨督办四川矿务，自须常驻蜀中，鄂蜀相距云遥，更恐鞭长莫及，因向制军再四婉辞，仍归官办。”

李铁船临别谕李准“要差可当，优差不可当。宁为红人，勿为私人”。

李准“奉命维谨，终身佩之，而不敢或忘也”。

李准从湖北回到广东，被李鸿章重用，正想放开手脚大显身手之际，却得父亲自成都来电，以病重催李准“速归省亲，迟归即不得见”。李准大惊，赶速料理完竣，即请假回川省亲。

至汉口，拜谒张之洞和四川华阳人王雪岑观察。因川河初次行轮船危险大，两人都叫李准不要乘坐，改走旱路。李准心急如焚，以“亲病在蜀，不能奋飞，何处遇险，仍可只身回川”。张之洞只得电令宜昌镇傅弼臣总戎，多拨江船，于险要滩口救护。

冬月初八日黎明抵长江三峡最为险峻之崆岭峡。“务空其岭，然后得过”，礁石著名者有“二十四珠”，“大珠”石梁突露水面，如猛虎卧伏江心，与邻近之“二珠”“三珠”，称三石联珠。

“青滩泄滩不算滩，崆岭才是鬼门关。”轮船“雇滩师许癞子为带水。滩上已有江船四号，炮船一艘，属其预备救人。及上滩，船上大副不听许癞子之言，致触二硃石上。准遇红船救生，仅以身免”。

原来峡中有一块突出水面的礁石，上刻大字“对我来”，船须直对着这块礁石冲过去，便可借着流水的回冲力，擦石而过。如果不敢面对它，反而会撞上它。带水人要德国商船大副将船对着礁石开去，这出到哪本书上找？不是拿鸡蛋往石头上撞吗？德国人哪里肯听你中国一个土里土气大老粗的指挥？只信教条不信有实践经验的人，迟早是要吃亏的！

幸好重病中的父亲早已托当地官友安排好地方船等着营救，李准得以死里逃生，随身行囊沉入江心。

父亲又电托夔州吴太守、汪鹤龄、邹荣春大令送衣物来接。到万州，又有王大令鸿钧、张少堂二尹备夫马来接。

谁言寸草心，报得三春晖？李准心里更加感激父亲：“呜呼！吾父病中，尚思虑周密若此，爱子之心，无所不至矣。”

李准在父亲无微不至的关爱呵护下，幸免于难，可父亲却因此雪上加霜。原来川督得电知轮船遇险，告知李征庸，“不知准之生死，惊惧之余，病益增剧，神智几不清矣”。

冬月十九日，李准由万县上岸，改乘马车陆行三日，经梁平、过大竹，“抵邻水原籍，乘夜拜扫先母之墓。次日黎明，至活水沟老宅后，拜扫先王父母之墓，并谒二先伯父母。二十三日，宿于广安戴市场（今代市镇）妹襟王迪吉之家。二十四日，赶行至岳池县宿。二十五日，宿顺庆府城。二十六日，赶行至太和镇宿。二十七日赶行至赵家渡宿。二十八日午，已抵成都，盖日行常二三百里也”。

这是李准17岁离开邻水至广东，1893年23岁时送母亲安葬故里后，第二次回家乡，但只是留此一夜。

至成都“即见先大夫，惊喜之余，几不能成声”。

父亲谕准曰：“尔幸生还，我可无忧。惟两宫蒙尘西幸，余恨不良于行，不能奔赴行在计，惟有毁家报效，以酬万一。”

李准父亲说不能奔赴行在，指慈禧太后和光绪皇帝巡行之地西安。

1900年8月八国联军进逼天津之际，慈禧接连5次召见军机大臣等，决定出京作暂避之计。王文韶当日记道：“仅有刚、赵二人同在，太后云：‘只剩你三人，务须随驾，其余之人各自回家，已丢我母子不顾矣。’除刚毅、王文韶、赵舒翘三人在值外，御前王大臣等均散值，各自回私宅。”

15日天未明时，载澜飞报夷兵已攻东华门。太后乃徒步涕泣而出，光绪、隆裕、瑾妃及大阿哥等一同登车，王公大臣或骑马或徒步，踉踉跄跄，出西直门，天忽细雨，从者皆未携雨具，悉被淋透，其状萧索凄苦。日暮，抵昌平。

“上及太后不食已一日矣。民或献蜀黍，以掬食之。太后泣，上亦泣。时天寒，求卧具不得，村妇以布被进，濯犹未干。夜燃豆萁，人相枕藉而卧。”

慈禧逃出京师连日奔走，一路下令各地督抚严厉镇压义和团，两个月到西安。

1901年9月，李鸿章、奕劻签订《辛丑条约》，两宫才还都，留京的王公大臣、文武大员又到马家堡车站跪接。慈禧遂下罪己诏，说“及乎拳祸猝起，两宫蒙尘，既内恐舆论之反侧，又外惧强邻之责言，乃取戊己两年初举之而复废之政，陆续施行，以表明国家实有维新之意”，想主动改革以重塑良好形象，消弭社会矛盾以维护统治。

时任甘肃布政使的岑春煊，在慈禧逃难时主动前来护驾，一路上精心伺候，通宵为慈禧站岗，博得慈禧感激赏识，被收为义子，从此官运亨通，第二年升任四川总督，1903年升任两广总督，最后任到邮部尚书、兵部尚书等职。连他当时送上的一道土菜“雉鸡（竹鸡）炒酱瓜丝”也连升三级，从山民饭桌直上御膳房，身价百倍。

慈禧落难之际，李准父亲自己在重病之中，没有像那些小人一样反复变态，而是“惟两宫蒙尘西幸，余恨不良于行，不能奔赴行在计，惟有毁家报效，以酬万一”，“乃倡捐二万两，合川省绅民凑成十万，派员解赴行在，蒙赏收备用，传谕嘉奖”。可见李准父子始终如一的忠臣品德。

李准父亲与李准“毁家报效”共计十万两白银，却丝毫没有想得回报的投机心理，因为李征庸已在生命最后的日子了。

李准千里舍命探父本是“孝”，此刻又从父亲身上领会到更深一层的“忠”。

李征庸以重病之身救助，儿子得以死里逃生，他们刚刚相聚，想到的不是自己，而是想到国家有难，朝廷有难，作为臣子急需尽忠。

忠、孝、义是中华民族个人修身齐家平天下的最高境界和最高品德。孝是对父母老人自当应尽的义务，义是对他人及社会的担当，忠则是对国家民族，对工作对上级的一种责任。纵观李准父子一生，堪称“忠、孝、义”三全也。

十四、千里送父归故土　忠孝两全父子心

李征庸见到李准后，病势渐轻。

清道光二十八年（1900年）十二月一日李征庸寿日，当能坐而观剧，并为李准弟李涛命字曰“次武”，以李准名“继武”故也。

朝廷命李征庸兼办秦晋赈捐。清道光二十九年（1901年）二月初八，李准父子由成都水道启程，经重庆，四月初八行抵广东省城。后又经直隶总督北洋大臣李鸿章奏请，移驻上海督办顺直善后赈捐。李铁船虽在重病中，仍命李准尽力劝筹赈款到400万两，分别解济。

李准日侍汤药，遍延中西名医诊治。每夜于父亲榻前地下铺席，和衣而卧。父亲“一转侧，一痰吐，均亲为侍候。饭食亦亲为进奉，便溺亦准亲为照料收拾。每日除侍亲之外，又料理赈捐之事。而往返捐厘局业务等事，仍经营擘画不遗余力，成效昭著。公事送寓所披阅，局员随时来寓所请示办理”。

“十二月初三日，忽感外邪，牵动旧疾，病势更行危焉。先大夫自知不起，召准于前，口授遗疏，大意命草。准含泪秉笔，遵先大夫口授而书之。已语不成声，泪淋淋下矣。十三日戌刻，卒于广东省城天平街差次，享年五十有四岁。”

粤督陶模“以遗书上闻。奉旨追赠内阁学士衔，照侍郎出差劳病故例，

从优赐恤，谕赐祭葬”。

李准父亲李征庸，谱名佑钧，号铁船，生于道光二十八年十二月初一日午时，卒于光绪二十七年十二月十二日戌时。光绪三年科二甲第十三名进士。

上海图书馆编《上海图书馆藏稀见方志丛刊》，国家图书馆出版社出版之光绪《邻水县续志》记载：“**同治丁卯举人，光绪丁丑进士，刑部主事，改官广东，历任河源、南海、香山、揭阳等县，大宪保荐贤良，嘉奖，军机处记名以道员补用江川，督保办川矿，赏戴花翎，加头品顶戴，三品卿衔，续奉充南洋赈务大臣，裨益饷款，惠济灾黎，旋以勤劳在差次病故。粤督请于朝，加赠内阁学士衔，赐全葬银三百两。**”

李准谨遵父亲遗命，不延僧道打斋诵经，棺殓殡葬不择吉日。在广州城东门外买地二十余亩，建筑义园庄房，殡先大夫之柩于此，后即捐作四川义庄。

此后李准一直被官差公务缠身，“**屡请辞差，扶柩回籍安葬，均不获允。父柩未归葬，心常欠然**”。

直到四年后的1905年，李准“三平海盗”后，想尽辞本兼各职，未获允许，才准假三个月回籍葬亲。

二月初六，扶柩上广大轮船起行赴沪，再扶柩带家眷，由长江上驶。至宜昌即以挂子船载柩上行，三月中抵川。

李准骑马走在载着灵柩的马车旁，自语道：“从万州，过梁平，经大竹，就是邻水，又回家了！”

他抬头看看远处绵延起伏的华蓥山，摸着父亲的灵柩，心中升起一股忧伤。

夫人黄氏带着孩子们乘坐马车跟在后面。孩子们看到梁平、大竹到邻水，一路高高的山和山泉，欢喜不已。

黄氏对孩子们说：这就是我们的家乡四川，父母亲就是在这里长大的。

李准指着灵柩上捆带的几棵树苗，对孩子们说：这是你们喜欢吃的梅州沙田柚苗，我们特意带回家乡去。

现在邻水县柑子镇农家门前都有这种沙田柚，每到春夏，花骨朵雪白浓香四溢，入秋冬则金黄色果实累累。

突然，远处青石板官道上，公差快马加鞭奔驰而来。

川督八百里滚单公文军机处急电，奉谕旨：李准着迅速来京，预备召见。

李准不知道发生了什么紧急情况。自己只是一区区记名道员，怎会被太后和圣上破格召见？必有大事！

李准因公务紧急，没有来得及亲自办理父亲的安葬事宜，就拜托给老家的人具体办理，立马进京！

“三月中抵川，正拟安葬，复奉川督八百里滚单公文，准军机处电，奉谕旨‘李准着迅速来京，预备召见’。准不知所以，不及葬亲，奉命即行。”

李准从17岁随父赴广东后，只有送母亲回故土，和奔成都探父病这两次回过家乡。这是第三次千辛万苦回到家乡，可惜没来得及好好看一眼家乡的山山水水，没有同乡亲们好好摆一摆“龙门阵”，就匆匆离开，直奔京城。

李准没有想到，这次进京被太后破格召见破格提拔，从此以国为家，再没机会重返家乡了。大忠即大孝！祖父寄托在他身上的那个“寇准梦”，和母亲生他时那个“螃蟹梦”，李准正在一步步实现。

十五、铁路总办兼五职　统领三江巡防营

1902年，李准32岁，因办理钱局、厘金局、海防善后局等事务出色，广东布政使丁体常与陶模两公传谕：李准军机处记存。统巡各江水师、兼统粤义军。

“是年五月，陶方帅以病免，保荐人才，准奉旨交军机处存记。同案列保者有秦子质观察（名炳直，湖南湘潭人，乙亥举人，官至广东陆路提督）、龚仙舟观察（名心堪，安徽合肥人，后官至云南按察使，民国历官各部总长）、裴伯谦观察（名景福，安徽霍邱人，已卯举人，丙戌进士，时官南海县令，在任候补道）。”

布政使丁体常是丁宝桢的长子。布政使是一个省承宣政令、管理属官、掌控财赋，负责征收全省赋税财政收支的管理性工作的官员。

陶模则是两广总督，任内主张维新，曾派学生赴日本留学。陶氏父子喜阅革命党人陈少白主编的香港《中国日报》，与留日党人沈翔云等交往密切，深受影响。陶模在广东安定社会秩序，推行开明措施，向朝廷上疏请求裁减宦官，认为：“变通政治宜务本原，本原在朝廷，必朝廷实能爱国爱民，乃能以爱国爱民责百官；必朝廷先无自私自利，乃能以不自私自

利望天下。转移之道，一曰除壅蔽，一曰去畛域，一曰务远大。朝廷当以身作则，克己胜私，否则虽日言变通，无由获变通之效。”所言皆人之所不敢言，切中腐败政治要害。陶模任命并向军机处举荐李准后不久，病逝广州，赠太子少保，谥勤肃。著有《陶勤肃公奏议》12卷、《养树山房遗稿》2卷。

“丁慎五方伯以厘局之事正整理得手，营务亦渐改观。勤肃令广州府知府龚仙舟太守、南海县裴伯谦大令传谕‘夺情视事’。准以古有墨经从戎之义，今非紧急军情，无夺情之礼为辞。龚、裴二公曰：‘综理营务亦与从戎之义不悖。’准仍未允。两公复传谕：以统巡各江水师、兼统粤义军。李燕伯太守受彤病殁差次，勤肃之意令接是差，仍兼管厘局及营务处，以专责成而完经手。”

李准诗书传家，崇文而不尚武，只愿做文官，不想当武官。但总督陶模奏报朝廷，军机处下令，李准“再三辞不获允。百日后始出而任事”。

既接任，就要干好，就要不负重望、不辱使命。

李准首先解决办公场所，于新会县属之猪头山岛中设行营，为清乡办公之所。

“准百日后始出而任事。出巡各江，并于新会县属之猪头山岛中设行营，为清乡办公之所。粤义军不过一营，皆湘人，聊敷行营防守及卫队而已。”

再将各江原有之旧式扒船腐败不堪者全数裁撤，新造楚式舢板分防各江。

“内河外海大小兵舰约五六十艘，皆腐败不堪，不遵水师章程办理，贻笑外人。船之坏者，分期陆续进坞修理，并添造新船，巡缉以安地方而保商旅。”

同时抓队伍建设。“粤义军不过一营，皆湘人。向来皆灶下厮养，滥竽充数，且有由贿而得者。撤之换之，不遗余力，官弁目兵全用楚人。外海船员非海军水师毕业者不许用，内河之小船亦须由水师出身乃准录用。义军扩充为两营，重新训练，照长江水师章制管理。”

“调陆军毕业生如隆世储等为教官，以吴翰香为管带，作为游击之师。平时训练，何处有事即调往何处，以助防营之不及。”

李准开始逐步掌握广东兵权，也在逐渐培养自己的亲信。这次提拔的吴宗禹翰香、隆世储等后来一直是身边最得力的武将。

李准任广州三江统巡后，已身兼四职，却政绩卓著，得到官方和社会民众一致好评。

《申报》1902年8月3日新闻："猪头山附近洋面有巨盗出没。兹者统巡李直绳天寿禀陈当道请将猪头山各营移驻海珠。"

《申报》9月13日载：**"二品衔军机处存记遇缺题奏道李准力果心精，勇于任事，历充善后厘务及钱局提调坐办，兴利除弊，不避嫌怨。前随其父，已故三品卿衔督办四川矿务大臣李征庸劝办顺直、山陕、江西、湖北各省赈捐，先后筹集之款不下三四百万。**上年十二月间，丁父亲忧（为父辈守孝旧称丁忧），臣前以统巡各江水师需员，将该员奏留委办，凡各营官驾巡缉不力，均随时举发撤换，绝不稍事容隐，戎行为之一肃。"

李鸿章也上折保举李准。1903年4月8日《申报》对此报道："存记遇缺题奏广东补用道李准，经前督臣李鸿章委曾顺直善后局赈捐，在江浙、南洋各埠设局筹劝。该员等熟悉情形，所至声望交孚，劝导不遗余力，用能集成巨款，接济灾区，洵属有功大局，劳绩卓著。"

接着李准身上又加一担！

1903年盛宣怀奏荐李准："粤汉铁路，广东总办先派道员张振勋，杨枢旋即升擢，改派广东候补道李准。"

粤汉铁路是中国铁路史上修建时间最长的铁路。1898年动工，1936年才通车，经历36年。主要原因是美国、英国、德国、法国外商投股争占经营权而商民齐心协力阻挠。

粤汉铁路为美国合兴公司承办，为何任用李准为铁路总办呢？

原来岭南地方绅民因风水习俗而多有阻挠，"历办其事者以手无兵权于弹压保护之事，仍须仰仗准为之助力替办，盛杏荪侍郎宣怀电商于粤中大吏，以准为总办"。

其实盛宣怀是看中了李准手中的兵权。然而，李准并没有像盛宣怀期望的那样，动辄动用武力，采用镇压手段，而是以他独特的能力，主要采取疏导安抚政策，同样为盛宣怀办好了这件事。

"准于工程局设护路兵八旗，每旗百人，以能通英语、粤语及谙经世情者为管带官，便于开导乡民及指导工程师，使其知中国人民习惯风俗，方不至滋事。广三之路已开工，将通车。粤汉干路勘路已毕，正待开工。北江人民强悍，每有因风水之说，动辄纠众数千，仇杀外人之事，准均先派兵弹压。叮嘱工程师改线往往舌敝唇焦，与英人总工程师葛礼争执不下，非令改线以从民意不可。久之，乡民知准能为民做主，往往有风水之说而动众者，经准亲往开导再三，此案卒能使乡民谅解，各乡绅士亦多略假名义，酌给夫马，使之一同开导，故又事半功倍焉。”

1902年，李准聘请了一位具有新思想的进步青年做自己的家庭教师，教授子弟读书。这位青年就是汪兆铭，笔名精卫，史以汪精卫称之。他是中国近现代四大美男（汪精卫、周恩来、梅兰芳、张学良）之一，自幼聪明，十三四岁失去父母，跟随长兄生活。18岁考上县秀才第一名，由于穷困，不得不去李准家当家庭教师。

李准一直重视弟妹子女的培养教育，延聘过国内外不少名师高手。李准认为汪精卫品学兼优，以此为师，既可解人之困，又有利于子弟的学习。汪的学生就是李准的弟妹儿女：弟李次武9岁；妹李淑贞10岁；长女李菊荪13岁；二女李梅荪11岁；长子李桓，派名相枚，字景武，7岁。

汪精卫老师很喜欢这些乖孩子，每天除上正课外，常和孩子们嬉戏娱乐，深得孩子们和家长的赞赏。同时，他与朱执信、古应芬等组织益群学社，讲究实学医世。

第二年，李准向总督陶模推荐胡汉民和汪兆铭，资助公派日本留学，这才使他们后来一个成为动员李准起义的革命党领袖，一个成为大名鼎鼎的两任国民政府主席。不过汪精卫蜕变为大汉奸，当为后话。

“延番禺汪季新茂才兆铭（即汪精卫）授弟妹女儿读。陶勤肃选送子弟赴日本留学。季新、澂弟及胡展堂孝廉衍鸿、沈次裳直刺之子沈雁、谈司马之子多人，交吴稚晖、纽锡生两君带去。适和甫公使（钧，江西人）不许各生学陆军，致澂弟亦随众闹公使馆，因此退学不归，多非为之事。几经托人促令归，因而不可得。陷此弟于不肖，我之过也。”

1902年，鄂省初开彩票，派额200张给李准，不想得中头彩——2万两银子！

怎么处理这笔意外之财呢？这也是一种智慧。可以留着，其结果只是自己增加一笔财富；也可以捐出去，结果却得到头品顶戴：“是年因捐助黄埔武备学堂经费二万元，陶方帅奏闻，奉旨赏头品顶戴，并保荐李准奉旨交军机处存记（鄂省初开签彩票，月派额二百张俟稍剩票得中头彩，及傍票，即以是款捐之，故有是命）。”

真应了一句话：舍得舍得，有舍就有得。

李准聘汪兆铭（汪精卫）担任家庭教师，再公派汪和胡汉民留学日本

李准还劝捐兴学，制定捐助奖叙章程：

一、议捐银万两以上至十万两者，奏请破格降旨优奖。二、五千两以上，奏请颁给御书匾额。三、千两以上奏请恩准建坊，给予“急公好义”字样或传旨加奖。四、五百两以上由大宪书给匾额。五、二百两或一百两，勒石学堂，以志荣誉。六、集捐之六千两以上者，官则超委绅则勒石。至三万两以上者，分别奏请降旨奖励。七、劝捐员绅，并无薪水夫马，每捐一百两，准扣出五两以资津贴。

李准筹集的资金持续资助广东大学堂和武备学堂。

第四章
御封果勇巴图鲁　南海大盗三连平

文官李准为何被新任蛮督强命去剿匪？

给他三个“缉捕高手”，其实是“三怪”——一个左眼瞎右脚跛，一个右眼瞎左脚跛，还有一个罗圈腿，出操立正都站不直！

十年剿匪屡战屡败，文弱书生为何就连战连捷？

李准“三平海盗”威震朝野——生擒南海大盗区新，逼降西江巨匪李北海，化装赴澳门开展追逃行动，引渡江洋海盗林瓜四受审！

御封“果勇巴图鲁”英雄名号，一介文官歪打正着成一代武将！

《自述》：“借端区新匪，漏网十余春。依限率队往，一网尽收擒。李北海一股，干匪尽投诚。海盗林瓜四，为患十余稔，打单收行水（保护费），缓交立杀人。业户共嗟叹，环跪吁请兵。大小数十战，十月方肃清。”

十六、李准奇遇得三怪　文官逼成武将军

1903年，李准33岁，正当身兼钱局、厘金局、海防善后局、三江统巡，督办铁路五职，事事顺手、样样功成之时，岑春煊调署粤督，李准命运急转直下！

岑春煊，广西西林人，年少时号称“京城三恶少”，因庚子年慈禧落难时勤王有功，又自恃慈禧干儿，做事蛮横霸道。代理四川总督时，居然一次弹劾300多名地方官员！

这次岑春煊一到任广东，就掀起一场排除异己的政治风暴，对于所辖文武官弁中的不肖分子大力斥革，将1400名官员撤职回家，于地方上的土豪劣绅亦全不姑息，博得“官屠”恶名，与“士屠”张之洞、“人屠”袁世凯并称“清末三屠”。

两广总督岑春煊

一时间大小官员谈岑色变，致两广管理几近瘫痪，社会乱象丛生。李准刚工作不久，当然还不明白，这是岑春煊新官上任，为了安插自己的亲信，以反腐治吏为名而排除异己。

《自谱》说，岑“到任即撤办李子香大令（向以缉捕得名）、南海县裴伯谦大令，雷厉风行，人皆栗栗危惧。及率队西上，准为照料军行，沿途日夜不息调船拖运，至梧州而返。抵桂后，严劾桂抚王灼棠中丞、苏子熙提军及司道多人”。

被岑春煊一来就无故撤办的李子香，又名李鹤琴、李世桂，是出了名的缉捕局长，被撤办的南海县官裴伯谦又名裴景福，更是盗匪克星。1899年底，“南海县的主官换成了素有能吏之称的裴景福。此前在番禺县任内，一月之内破获前令积年盗劫案凡五十桩，令广州知府击掌赞叹。裴景福接任南海县连任到1903年被岑春煊参革流放为止，一直显示其酷吏本色，加强对盗匪的打击和镇压”。（中山大学教授桑兵论文《盗匪与庚子勤王运动——南海西樵巨盗区新》）

连这样的能吏也被岑春煊撤了，李准当然难于幸免。

果然，李准在提心吊胆中等来当头一棒：“忽严扎于准，责令一个月内，将历年扰害西江股匪区新一股全数荡平，并生擒首逆来献，不许一名漏网。其扎略云：‘查区新一股扰乱西江多年，该道身统重兵竟不能遏其凶锋，录以纵盗殃民之咎，其又何辞？国家岁糜巨币，非以其逍遥，以上徒事虚荣也。今勒限一个月，务将全数荡平，不许一名漏网，并生擒首逆来献，倘逾限不获，三尺俱在，断不能为该道宽也’等语。正如晴天霹雳自天而降，准闻之汗淋淋下。”

李准想不通：“统巡有稽查水陆营伍之责，并未直接统兵，亦无缉捕之责，且未亲领兵饷，岁糜巨币与我何干？不责之直接统兵及有缉捕之责者及地方文武，而责之巡查之人，殆别有用意，将借此以摘其短也。”

怎么办？李准专门去请教好友庄思缄太守。庄却说这怪不得别个，怪你个人。李准大为不解。庄说：“君办厘金可也。何必矫情立异，变更新章，屏去向来之老办厘金者而不用，致徒怨于人。西林之初到也，本欲置君于死地。”

庄思缄还告诉李准一个消息，已有人向岑告发，说李准这几年身兼几个肥缺，不知得了多少油水！

岑春煊一来就准备查办李准的，全靠藩司丁方伯为李准洗刷罪名并美言。“又有人以君年来获得多为言者。西林问之藩司丁方伯，言君办事之诚，能任劳任怨，厘金收数骤增巨款。西林以正款既增，私款当亦不少。丁方伯力言：如李某务得私款，公款何能骤增如此之巨？因其清廉自持，乃有此成效也。西林仍不之信，将借此以难之。君充统巡，率有旧章，奉行故事可也，又何必今日撤此，明日换彼，任其废弛，坐领厚薪，非计之得乎？且常干涉捕务，欲清沿江盗匪，西林之责君，盖有由也。”

原来是工作做得太多了！领钱混日子可稳坐钓鱼台，工作做多了成绩大了，反倒要遭整。

青年李准还未老于世故，当然不服：“为包收厘金四百万两起见，不得不更订新章，择人而用；为商务畅旺起见，不得不肃清盗匪。不然，厘金之巨款何由能致？”

“思缄曰：‘君真傻子。包办四百万不过一句官话。如收不到，真要君赔偿乎？李文忠能长久在广东乎？而今安在哉？为今之计，当自向西林呈明并未统兵，营务处亦可调遣防营，重赏之下必有勇夫，有钱使得鬼推磨，区新虽狡，谅难免脱也。君自尽力做去。’”

再拌蛮（四川方言“不讲理”的意思）的领导也是上级，领导的话再没道理也是正确的。怎么办？是急流勇退还是硬着头皮上？

别无选择，只有硬着头皮去剿匪吧。

没干过，就学！

他请教被撤职的缉捕局长李鹤琴。

李鹤琴肯定他：这些年你组建广安水军，押送厘金，处理铁路纠纷也有成效。你干什么事都会成功，肯定会是一个带兵的好手！

李准苦笑：我束手无策了，你还取笑我。

李鹤琴是真心佩服李准的能力，答应帮他推荐几个缉捕高手能人，李准这才稍放心。

李准回营后，终于等到三个缉捕“高手”前来报道。

李准一看惊呆了——一个左眼瞎右脚跛，一个右眼瞎左脚跛，只有一个眼不瞎脚不跛，却是罗圈腿！

三人一瘸一拐来到巡防营，见到李准，做一个立正姿势，一个差点站不稳，两个差点倒下去！

巡防营官兵全都捧腹大笑起来！尽管顶头上司李准就在眼前，但实在是忍不住啊！

“乃访素著缉捕闻名之李鹤琴参戎。为荐千总傅赞开、潘斯铠。二人及来见，傅则眇左一目而跛右一足，潘则眇右一目而跛左一足，都司潘灼文亦率靖军前后两营至。潘亦有足疾者，但目不眇耳。”

李准哭笑不得！

靠这瞎眼跛脚的“三怪”，能活捉匪首区新吗？恐怕捉只癞蛤蟆也难吧？

这区新何许人也？人称南海巨盗，两广地区著名盗匪头目，官军数年都没剿平的巨匪。

连庚子勤王运动中保皇会都极力拉拢区新。那时保皇会将主力正军和根据地放在两广，网罗了不少著名盗匪头目，南海西樵巨盗区新便是代表。

李准知道，清代广东盗匪横行，早已闻名国内外，令朝廷和地方政府都大为头痛。当时有句话称“地球各国盗贼之多，以中国为最，中国盗贼之多，以广东为最”。

李准还了解到，1898年广东水师提督何长清，就是为剿捕区新而丢了官。何“捕治积匪，至其区村指名按捕，封其祖祠，押其绅耆，反为其族绅某京官贿御史揭参其勇扰民，遂撤差去”。

区新系南海县上金瓯堡人，在西樵山之西北，与三水县临界，同地还有区申、区隆、区标等多股盗匪，区新为群盗之魁。

主要原因是地近港澳，日本军火走私历来严重，甚至公开设店售卖军火，社会需求大，利润高，官府屡禁不止。盗匪明目张胆，各持快枪，结队往来，最为地方之害。

区新早已让朝廷头痛。1899年9月朝廷谕军机大臣：“有人奏闻广东南海县西樵，大同，吴村等乡贼目李昭，傅赞开，区新聚党数千，潜谋作乱；又闻肇庆府西江一带有劫及轮船情事，著谭钟麟，鹿传霖严密查明，如果实有其事，应即督饬文武员弁，认真查拿惩办，毋任聚众滋事，并将办理情形，即行具奏，以靖地方。”

区新更加肆无忌惮，与附近之著匪傅赞开合伙。傅老于盗中，为众盗所推服者，从党甚盛，与区既合，自是恒窜扰于九江、沙口、河清之间，上接三水河口，直至西北二江，下通新会、顺德二县，与鹤山、高明两邑隔一水对峙，区、傅盘踞其间，控水路通衢。官兵至则他窜，绝不拒捕，若困之急，则又渡海窜入高明界。山岭丛密，官兵不能穷捕而自退，则彼又复回故处，出没无常，商旅过者必劫夺竟尽乃已。

盗匪去抢劫，竟然坐轿子——区新、傅赞开劫掠新会县瑞生当铺店时，乘三人肩舆入村，督率攻劫，乡团练勇竟无一敢出门缉拿。

最称奇的是，他们与各商户订立合同，保证收费后保护商家，如被抢盗，照价赔偿！

《香港华字日报》报道："是日立约时，傅、区两盗各架紫洞艇一艘，后随以小艇数十号，彼此换约既讫，到北江、四会、沧江、广宁、怀集等处立约。盗等随各给以凭据小旗一枝，上画狮形。其约内声明：嗣后如有被劫，不拘赃值多少，均由该盗如数赔偿。"

这怕算得上现在黑社会保护伞的老祖宗了吧？现在的商户企业即使交足了治安联防费，如果失了盗，警察机构也最多帮你破破案，损失追不回来会赔偿你吗？

如不能根本解决盗匪问题，广东政府将无法恢复对社会的有效控制。

区新势力与官、绅鼎足而三，在基层社会一方独大，引起同乡康有为的注意。

戊戌政变后康有为师徒在海外结成保皇会，谋求武力勤王。逃到香港的康门师徒在日本人宫崎寅藏的激励下，尝试北上入京刺杀慈禧和荣禄。从此区新成为保皇会勤王战略的一颗重要棋子。岑春煊的奏报就提过：区新曾于1899年受逆党唆使，潜行入京谋刺某大臣；事既不成，改易洋装回粤，勾结会匪，伪立新广东志气军名目，乡愚被其煽惑，声势甚大。

1900年1月，朝廷为了镇压保皇会，调李鸿章到任两广总督。他对朝廷打击海外保皇会的一些过激措施态度消极，但对镇压盗匪平靖地方毫不手软，电驻英公使罗丰禄照会英国外交部：康梁布散党徒暗结广东著匪区新，三合会首潘新桂、刘福等，联各省会匪约在两湖、三江、两广起事，名为保国，阴图扰乱。

西江盗匪活动猖獗也引起英国高度关注，驻广州领事拟定《西江弥盗章程》，表示英海军愿以兵力相助，华官无庸出费。

可老谋深算的李鸿章一眼就看出，英人背后隐藏着的目的，是欲趁机染指广东内河权益，如同意他们来剿匪，无异于引狼入室，因而婉言谢绝。几年后英舰队又以同样借口不请自来，从南海开进西江，又被李准撵走了，史称西江缉捕权事件，后面专章再述。

李鸿章剿抚兼施，设立营务处并缉捕总局，委司道为总办，水师提督何长清军门、陆路提督刘邦盛军门、马惟骐镇军、黄金福镇军、郑润材副将、潘观察培楷分路缉捕。何军门带队至南海，探悉区新偕伙匪十余人踪迹，随往围捕。区新先已逃脱，仅获其伙匪三名，毙其四名。

在李鸿章剿匪运动下，与区新意见不合的李昭先期倒戈投诚赎罪，带领清军缉捕，迫使区新和傅赞开逃往鹤山县境。又率勇丁百余人到鹤山龙口镇袭击区、傅所部，设法将傅赞开招降。傅降后，西北江仍有匪人持其名片索取行水，开枪拒捕，打伤安勇数人，可见其名头之大，以至于有人狐假虎威，冒名顶替。

庚子勤王，本来孙中山和梁启超等人协议长江与珠江两大流域并举，但康有为等人拒绝与孙中山合作，兴中会与保皇会在广东的活动暗中互相拆台。兴中会的军事行动以惠州为根据地，目的在夺取广州，他们与日本东亚同盟会广东支部成员合作，与区新等订立合约，一旦有事即揭竿响应。

裴景福调任南海县令后，加强对盗匪的打击和镇压。从《申报》报道看，几年中公开处决盗匪的频率和人数都大幅增加，在南海县仅以站笼站毙人犯改作病故者，先后共有128人。区新不得不逃往广西梧州等处以避风头。

李鸿章离粤后，区新从广西梧州复潜回南海县境，在官山海口向来往各船勒收行水，活动范围不限于南海一地了。

地方不靖，为官不易，本来应是肥缺的两广总督之职，竟被官员视为畏途。鹿传霖以力难胜任再三推托，清廷遂改调陕甘总督陶模督粤，他竟也一度声称，旧疾未痊，请收回恩命。

1901年，陶模南下接任，对新政改革颇为热心，举办了一些维新事业，平靖地方也不敢掉以轻心。

几乎同时，区新潜回南海。当时报道称：区新之势益盛，枪械精利，党羽众多，拜会敛财，打单掳劫，商船则勒收行水，农田则逼缴护费，官兵剿拿俨然劲敌，屡被拒杀，迄未就擒。该逆行踪诡秘，又常往来于香港、澳门，散布谣言，扰乱人心。

区新曾在官府追捕下逃往新加坡，自出洋后，颇好读兵书，闻有新译之本，多方托人代为访购。盗匪爱看兵书，这是继与商家定合同后的又一奇闻吧？

1903年5月，陶模病逝，岑春煊替任两广总督。岑春煊有西太后宠信而有恃无恐，参革广东地方官员千余人，包括镇压盗匪最给力的南海县令裴景福。

岑春煊对镇压民变安靖地方也有铁腕。朝廷先后命他任四川和两广总督，目的就是让他平定当地的会党游勇叛乱。

岑春煊一到广东，就发布除暴安良告示，奖励剿除肃清匪患、越境助剿、实力练团、拿获匪首、安顿饥民、奖励办赈有效的官吏将弁和绅民。凡剿办不力、知情不报、扰民冒功甚至通匪济匪者，予以严惩；悔罪来归者予以安置奖赏，鼓励乡人引领官兵进剿，悬赏洋银二千元擒杀区新。

与区新同时的马王海等大股盗匪相继被岑春煊剿灭，但区新仍逍遥法外。岑春煊无奈之下，便严饬统巡水师的候补道李准。

“今勒限一个月，务将全数荡平，不许一名漏网，并生擒首逆来献，倘逾限不获，三尺俱在，断不能为该道宽也。”

李准真还看准了岑春煊的真正用意，拿四川话说就是屁股上别左轮：起了打猫心肠——能如愿平匪当然好，如不能，就有借口夺去李准手上那么多实权了，更好。

从历年武官无功而返的情况看，一个文官一个月活捉区新巨匪根本办不到，除非出现奇迹。

何况李准只是一介文弱书生而已，根本没有带兵干过这样的事。

更令人哭笑不得的是，缉捕局长给他推荐来的三个所谓“高手”，竟是三个瞎眼跛脚的怪物！

这真是：盼得缉捕高手来，哭笑不得遇三怪！

难怪李准说：“正如青天霹雳自天而降，准闻之汗淋淋下。”

十七、南海大盗数区新　一战成名朝野惊

李准有所不知，区新虽称南海大盗，匪中高人，可这瞎眼跛脚的三怪，也不是吃素之人！

潘灼文，带兵剿匪多年的两营靖军都司，盗匪老冤家。

千总傅赞开，粤中巨盗，被李鸿章招之投诚，让贼去捉贼，当然比常人轻车熟路。

千总潘斯铠，与区新同是南海西樵人，知根知底。这潘斯铠跟着李准后，

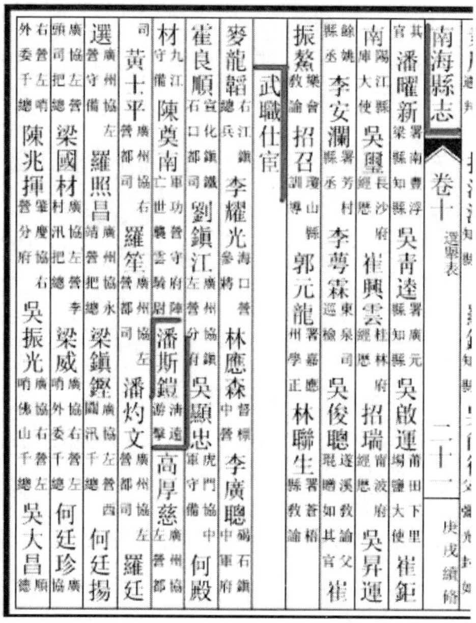
南海縣志 卷十 選舉表 二十一 庚戌續脩

其官 潘曜新署南豐浮梁縣知縣 吳青逵署廣元縣知縣 吳啟運莆田下里場鹽大使 崔鉅
南陽江縣庫大使 吳壆長沙府經歷 崔興雲桂林府經歷 招瑞甯波府經歷 吳昇運
餘姚縣丞 李安瀾署芳村縣丞 李蕚霖東泉司巡檢 吳俊聰遂溪教諭父琨贈如其官 崔
振鰲樂會教諭 招召瓊山縣訓導 郭元龍署嘉應州學正 林聯生署蒼梧縣教諭

武職仕宦

麥龍韜右江鎮總兵 李耀光海口營參將 林應森督標中營 李廣聰碣石鎮中軍府
崔良順宣化鎮石口都司 劉鎮江廣州協左營分府 吳顯忠虎門協中軍守備 何殿
材九江守備 陳奠南軍功營守府陣亡世襲雲騎尉 潘斯鎧清遠游擊 高厚慈廣州協左營都
司 黃十平廣州協右營都司 羅笙廣州協左營都司 潘灼文廣州協左營都司 羅廷
選廣州協左營守備 羅照昌廣州協永靖營把總 梁鎮鏗廣協左營西關汛千總 何廷揚
廣協左營頭司把總 梁國材廣協左營李村汛把總 梁威廣協右營左哨外委千總 何廷珍廣協
右營左哨外委千總 陳兆揮肇慶協右營分府 吳振光廣協右營左哨佛山千總 吳大昌順德

宣统《南海县志》载武职官员潘斯铠

历任水师提标左营游击、四邑清乡督办兼巡防营统领、中路续备军巡防营统领等职，获赏戴花翎，诰授武功将军；民国政府颁授陆军少将加中将军衔。

看来这前缉捕局长推荐的“三怪”，个个都非等闲之辈！

就用“三怪”试试运气吧！

李准通过“三怪”查访，知区新生长本地，窟穴甚多，非重兵不能扼其窜越，非确线不能得其踪迹。遂重资购线，密调水陆各军，于西樵一带遥遥扼要驻扎。

果然探知该逆掳掠归巢，确在区村。李准遂令各军渐渐逼近。

李准制定的作战方案是：“当将两营改编，以潘灼文为两营督带，潘斯铠带一营，发新式枪械，正饷为四两二钱，每名给十元。线工、侦探均由潘张二人分任，另行给费，先各发二千元以为线费。”

傅赞开自告奋勇去说降。原来区新是他干儿子。

“张请于准曰：区新于我有父子之情（区新本傅之义子，傅投诚而区仍为匪），姑先招之，不降则恩义断绝，缉之可也。”

李准本是文人，正不想打打杀杀，巴不得只用言语就能化干戈为玉帛，高兴地命傅赞开去招降。

傅想立头功，劲鼓鼓而去，却蔫搭拉而回：他龟儿子的，当真打老子的翻天印了！

劝降不成，只有打！李准与“三怪”熟商，为避免区新察觉逃跑，不敢稍露声色。一面由潘斯铠派线人佯招区新投降，使其不致远逃，一面同时密派兵勇，或伪作乞儿，或为小贩，日夜窥视区新之出入行动，并绘制出匪巢要隘地图。

1904年1月2日，李准率各营兵勇千余名，小兵轮十余艘，拖带蛮船30余号，驶赴三漕口驻扎。3日下令分官山、岗头两路起岸，调齐粤义、靖勇、安勇、喜字、顺字等营，分六路从东西两面包围区村。

同时各村多张告示，晓以胁从罔治之义，以解散其党羽。

李准命潘灼文带兵向匪营进发，守在东边山头；潘斯铠带兵绕道在据点后围，镇守西山口，切断区新退路；傅赞开带十几个线工侦探趁黑潜入。

区新完全没有料到——夜半时分枪声突然响起！

潘灼文率部与区新匪贼打得胜负难分，潘斯铠部队紧盯匪贼退路，时刻准备迎敌。

三天三夜激战，区新节节败退。

李准再率队跟踪追击，最终活捉区新等大小匪首。

“及期不降，调集各营率兵分道围之，全数荡平，并生擒区新来省，赴督辕献首。”

李准命潘斯铠从区新身上搜出一张照片，区新中立，左右各一人。让李准感到非常惊讶的是，照片上题有一句话：“拿破仑一人千古震地惊天”，下款署正总理人某，副总理人某。又搜得密函一封，中有语：“举目山河之异以茶当酒，以水当茶，与君痛饮，消一生不平之气。”

一个盗匪，竟然受到拿破仑的影响了！

奇怪？盗匪为什么能受到这种西方新思潮的影响呢？

李准经过思考和深究发现，原来港澳是革命党人策动革命的基地，故广东不少盗匪接受革命党人资助，为革命呼应故时称“匪党”。当然，李准这时还没料到，党人通过粤港澳盗匪的流动性，组织成百上千的绿林会党在广东发动多次武装起义，不久后的他就要为此而出生入死、疲于奔命了。而李准后来为广东避免兵灾，兵不血刃地将两广交与革命党人时，他更没想到，接手的革命军大多数就是盗匪会党，故致广东光复后，形势更加混乱不堪，社会更加动荡不安，民众更加水深火热。

一平南海大盗区新，李准一战成名，震惊朝野！

总督岑春煊又惊又喜，不敢相信！派按察使程仪洛验明，战果属实。

岑本想让李准难堪，看他怎么下台，没想到这个书生文官居然一鸣惊人，真文武双全、智勇双全之大将也！

新任广东巡抚张人骏向总督主张重奖李准。

“丰润张安圃尚书（名人俊，甲子举人，戊辰进士，由翰林历官台谏，外任司道，现由漕运总督调任，准极为其垂青），因言西林曰：李道依期殄除巨股，当有以旌之。”

岑春煊便犒赏李准各军3万元。

张人骏又与岑春煊联名专折，向朝廷报功：“李准调齐粤义、靖勇、安勇、喜字、顺字等营，分六路进剿，将近区村，驻军严诫兵勇，进乡不准有所滋扰。一面多张告示，晓以歼厥渠魁，胁从罔治之义，以解散其党羽。于是队官潘灼文、潘斯铠、傅赞开等，五鼓拔队。十七黎明进入区村，严密搜剿，得其窟穴于村内陆家塘边，李准亲至督剿，官兵重重围裹。该逆与其死党负隅死守，枪弹齐发；我军志在歼除，四面猛击。相持三日之久，该逆势穷力竭，与其党夺路欲走，官兵奋勇追扑，**遂生擒该逆区新及其悍党区湛、区满、区东养、潘亚佑、区俞等六名，及其余党陆作等十七名，当场击毙悍党区蒋一名，**余匪乘间窜匿无踪。查点我兵死者二名，受伤十三名，村内百姓安堵如常。”

朝廷下旨重奖：“奉上谕：李准着交军机处存记，但遇有道员缺出请旨简放，并赏赐‘果勇巴图鲁’名号；潘灼文免补参将游击以副将，仍归外海水师优先补用，并给予锐勇巴图鲁名号；傅赞开、潘斯铠均着免补守备、千总，以都司优先补用。刘启璋、邓瑶光均着免补千总，以守备优先补用。钦此。”

巴图鲁为满语，汉文译为英雄、勇士，为满洲传统封号，后成为清朝赏赐有战功之人的封号，用来表彰获封之人的武功。

李准及其有功之人全部晋升。潘灼文由正四品靖军都司，破格提升从二品之副将；由盗匪匪首改邪归正、修成正果的潘斯铠和傅赞开二人，由正六品武官千总直升四级，为正四品都司。

清朝武职比文职级别要高，绿营军阶由高至低，从一品提督和总兵、从二品副将、正三品参将、从三品游击、正四品都司、正五品守备，下面最小还有千总及百总。

区新匪扰民多年，为害甚广，绅民痛恨，方圆数百里绅民知道匪首区新被抓，无不人心大快。以至于《香港华字日报》1904年1月7日发表《区新真死》一文，误报区新被当场打死：“十六日，李统巡发出号令，分官山、岗头两路起岸进兵。四更后，始抵区村，立传该村绅耆查究遍搜匪巢，捕获。仅起出被掳候赎之潘某。各营弁禀请撤队，李统巡不允。这时，潘斯铠手下一勇密禀知该匪所在，但虑被匪报复，身家不保。李准令将其家眷迁省，并当堂付千金之券。这一兵勇带官兵至该村山脚陆姓屋内，区新猝不及防，持枪拒捕，轰毙粤义军一名、安勇一名、防勇一名，伤者数名，区新当场被打死。”

《香港华字日报》称：“李准和带队各官均获奖赏，并加该匪花红之多，除各处商民旧悬赏不计外，新悬之红善后局五千元，统巡二千元，南海县三千元，合计新旧不下三万元，为全省著匪之冠。若非岑制府之严厉，李统巡之认真，恐未易得手也！而据官方奏报，于原来赏格外再加赏银一万元，其余打死各匪合计赏银八千元。其来源则是抄没区新等人家产，以及严饬包庇之族邻各绅罚款赎罪，并令该绅等出具甘结，保证该村永远不出匪人，及永远不再庇匪。”

区新当年在水师提督郑润材派人到新加坡招降时，严词拒绝：“一人犯罪一身当，与吾死父何涉，满清官弁无能，不能将吾捉获正法，乃拆吾祖屋，锁拿吾父之木主以去，并将吾兄押臬狱中，事后宁家，已成瓦砾场，只剩下一个旧神主箱。此一生最切齿之事，宁断头，无降理也！”

可惜一语成谶。区新为盗依靠族人和同党，但最终却栽在族人和同党手中。此乃多行不义必自毙，众叛亲离是也。

在岑春煊幕府任事的高凤岐给友人汪康年的函中透露：“东省著匪区新等五大匪，皆累年悬赏万金者，虽已尽除，而小股仍未靖。欲去两粤之乱，要从吏治、民生、路矿、农工入手，但非真变法，即不足以语此。而目前救民水火，亦不能不治标，奈何奈何，为之奈何！府主焦忧日迫，故时愈时病，终难复元。**国气不振，稍有人心者皆有不能终日之势。**”

从这些话可以看出当时形势之严峻，也看出岑春煊的内心活动，强令书生李准去剿匪是没有办法的办法——四川话叫“抓到黄牛就是马”！

不过岑春煊没有想到的是，这条川牛儿被他歪打正着，还真逼成了一匹驰骋疆场的战马，从此纵横水陆，令匪党和外敌闻风丧胆！

《自述》载：“借端区新匪，漏网十余春。限期一月获，逾期必严惩。既悬重赏后，妥购眼线真。依限率队往，一网尽收擒。西林迫不得已，会抚据实陈。蒙恩得简放，军机处记名。号膺巴图鲁，果勇人所称。接统巡防队，中东西北营。为数七十五，也算号知兵。自问实自惭，都缘相逼成。既入武行道，整理不后人。水陆俱腐败，言之实可憎。必从新改造，始得具模型。”

李准从这时候开始，逐渐掌握了广东兵权。

一介文官从此被逼成文武双全、智勇双全一代武官！

这才是：**蛮督强命剿顽匪，歪打正着成武帅；哭笑不得遇三怪，不可貌相是人才。**

十八、敢将匪首变将才　逼降巨匪李北海

李准活捉区新是平生第一次剿匪，既要思考作战部署，还要亲自率兵打仗，日夜焦思，穷于侦探，好不容易捉住了区新，大家才松了口气。

“区新之役，准用粤义军改编两营，亦尚未成军，日夜焦思，穷于侦探，日不落枕，夜不安席者一月之久，一举而侥幸成功，实由天幸，非人力也。”

粤义军本来是很小一支力量，交给李准后大加整顿，从装备、人员一概刷新，调陆军毕业生充当军官。经过近两年编练，1904年编练完成，更名为“亲军营”。李准亲军营战斗力在两广地区首屈一指，也是李准能在两广军政界屹立十多年不倒的倚靠实力。

岑春煊又命李准，去剿另一股活跃在两广交界地区的土匪团伙。

“此事甫歇，而西林之难题又至。以巨匪李北海一股扰乱于肇阳、罗高州等属，与广西股匪联为一气，官兵往剿，屡败于贼。西林令准往剿，所有原调该处之高州镇总兵莫善积及参将柯壬贵等七营，统归节制调遣。”

李准与盗匪结缘了！当然，这不是什么善缘好事。

遇到这么拌蛮不讲理的顶头上司，只能硬着头皮上。

“准请于西林不限期，尽力往办，成不居功，败不任过。西林曰：有成败即有责罚，好自为之。我自有权衡也。”

这李北海又是何许人也?

看看《香港华字日报》的报道就知道了：“积匪李北海党羽众多，蹂躏肇属，各邑地方文武捕擒已穷于术，赏格叠增，仍逍遥法外。前经札饬肇阳、罗道、高廉道暨福军瑞字营各文武勒限严拿，已逾月，尚未就获。”

这么多将官带兵进剿都一无所获，唯他李准有三头六臂，就能马到成功?

李准不是行伍出身，不能逞匹夫之勇冲锋陷阵勇冠三军，可善于用脑，有时候，用心者比力拔山兮气盖世者，更有力量。

李准首先多方分析、查找其他武将历剿李北海均告失败的原因。《申报》说：“北海之扰乱于肇阳罗等属也，其众不过千余，莫厚臣镇军以五营之众屡为所败，盖贼飘忽无常，出没于云雾山、西山等处，其山绵亘数百

里，在肇阳罗三属之交，兵多则避，少则出与敌。莫镇合队追击，疲于奔命，贼每乘其疲而击之，故屡次失利，而贼焰愈张也。”

找到原因就能找到办法。李准与“三怪”对李北海的力量和人员仔细分析，发现一个情况：“时李亚汉年仅弱冠，读书未成，家本小康，虽以亚汉为北海之亲属勒令交匪，亚汉以北海之父为其祖养子所出，不承。官吏局绅遂诬亚汉为匪，与北海同悬红购缉。亚汉不得已而入北海之党，称绿林豪侠。”

李准马上找到了突破口——争取收降李北海手下的头目李亚汉，而后来它个黑虎掏心、里应外合。

“查悉其情，密嘱傅赞开，通信于亚汉，谓如能悔罪投诚，擒北海来献，当尽赦其罪，而还其家产焉。”

文武之道，一张一弛；文武双全，文字在前。

李准这次要不伤一兵一卒，而平李北海之匪，只用文治，不用武功而用智取。

李准这次不再是“新毛头”了，他计划采取两条措施——一手抓策反攻心之术，让众匪人心不稳；一手抓围而不歼之法，使其人心惶惶，其自然会归降。

李准针锋相对采取新战术：“余有鉴于此，电令莫镇不许追击，分队于隘口，设法拒守，匪来则击，匪去不追，以逸待劳，俟大军既集，出奇击之。”

“果不出十日，匪众屡次冲关突出，各险口守兵击之，不得逞，匪无从得食。”

1903年二月初九，李准率潘灼文、潘斯铠、邓瑶光等营溯西江而上，到达天堂墟，与莫镇军五营之众一起大军围山，但围而不攻。

李准二平海盗这一战，故事精彩，剧情传奇，真的不费一枪一弹而大获全胜，不但不伤一兵一卒，倒得两员大将，外加一营亲军！

后来李准弃武从文，撰稿《粤东从政录》《任庵闻见录》等书稿，可惜已经散佚。现幸搜辑到一些残篇，在本书适当之处问世。查1926 年4月2日17 版《申报》，就刊载有《纪李北海之役（上）》，4月3日11版刊《纪李北海之役（下）》，有详细生动的记载，如读传奇小说。本文即系《粤东从政录》稿本中的一篇，可惜该书稿其他篇目未见。

李准：《纪李北海之役》

粤中多盗，甲于他省。而粤中之盗，各处情形尤不相同。李北海者，肇庆府之新兴人也，其父为李亚汉（即耀汉）祖父之养子。北海既长，不务正业，日与盗匪为伍，久之遂成大道。党羽既众，群奉之为首，扰乱于肇阳罗高州等属，与广西盗通声，气势益张。

光绪二十五六年间，大府派知县王松山大令（崧）营办肇属清乡，勒李族交北海，李族无正经绅耆可问。时李亚汉年仅弱冠，读书未成，家本小康，虽以亚汉为北海之亲属勒令交匪，亚汉以北海之父为其祖养子所出，不承。官吏局绅遂诬亚汉为匪，与北海同悬红购缉。亚汉不得已而入北海之党，称绿林豪侠。

余既奉西林之命，带队往缉，镇将以下悉归节制。查悉其情，密嘱傅赞开，通信于亚汉，谓如能悔罪投诚，擒北海来献，当尽赦其罪，而还其家产焉。

北海之扰乱于肇阳罗等属也，其众不过千余，莫厚臣镇军（善积）以五营之众屡为所败，盖贼飘忽无常，出没于云雾山、西山等处，其山绵亘数百里，在肇阳罗三属之交，兵多则避，少则出与敌。莫镇合队追击，疲于奔命，贼每乘其疲而击之，故屡次失利，而贼焰愈张也。

余有鉴于此，电令莫镇不许追击，分队于隘口，设法拒守，匪来则击，匪去不追，以逸待劳，俟大军既集，出奇击之。布置既定，余率潘灼文、潘斯铠、邓瑶光、刘启璋、关国雄、黄廷润、高厚慈、吕镇凯等营溯西江而上，会肇庆府多与三太守（龄）及水师前营参将柯月波、参戎（壬贵）由新兴江口而达。新兴县县宰邹受丞大令（增祜）迎于江干，因与偕行至河头（北海、亚汉即天堂墟之朱所村人）。河头营都司旗续芳来迎，询以匪踪，据云匪踪飘忽，兵来则去，兵去又出，汛地兵单，莫可如何，今大兵至，将尽退入山矣。

余问此山上有村落乎，续曰：无有，仅少数居民而已。余问曰：山中有粮食乎？续曰：不多，不能敷匪众十日之食也，故匪匿山中，至多不过十日必下山行劫采取粮食。

莫镇军亦现自阳春之黄泥湾来迎，跪地不起，求余援救，曰：带兵数十年，无如此匪之难办者，数月无功，反遭损失，宫保威不可测，我无死所矣。

余扶之起曰：匪踪飘忽，若追击之，徒劳我师，况于地利则彼熟我生，疲于奔命无益也。前有电，令分队设险拒守，有照办否？莫曰：均此遵电照矣。余曰：此匪非坚壁清野之法不能制其死。命仍以各军分队设险拒守，以逸待劳为正当办法。

果不出十日，匪众屡次冲关突出，各险口守兵击之，不得逞。匪无从得食，亚汉要于北海曰：以尔之故，使我亦列名匪册，籍没家产，今大兵云集，各守要隘，不入我之套中，吾技穷矣，与其束手待毙，莫若率队归降，庶有生还之望。

亚汉曰：**李统巡本非武人，岑宫保威迫其平区新，今乘剿平区新之后率队而来，用坚壁清野之法以困我众，其识见高出寻常武人多矣，吾知其非嗜杀人者，吾辈投之，必能见纳**。有在本山下教读者曰梁者江，央其诣营通诚款，如蒙见纳，率众下山，缴械投诚可也。如不相容，再拼命为最后决斗死生之计也。各匪皆以亚汉之言为然。

次日，梁者江果来营门，由潘灼文、傅赞开二人详询其情以告余，余又面询是否诚意。梁曰：亚汉本不愿为匪徒，以已列名匪册，铤而走险耳。今闻大人之来，真心来归，愿为大人效死力也。余问曰：有众几何？枪械若干者。江曰：老匪不过七八十人，其附从者，多时千余人，少时数百人，今以困围之故，私自逃散者已不少，枪械极杂，亦不过数百枝。余令其开具匪名，定期缴械纳降。

八十人编为先锋队，以李北海领之，余众解散归农。亚汉请于余曰：不愿为哨官长，愿领使人为兵卒，随侍大人以自效也。**余察看亚汉年不过二十，气象英武，谈吐间颇有读书人气味，允之，更名曰耀汉**。自选李新林（耀汉之叔也）、翟汪、何庆、罗克我等十人变编为卫队之兵，凡遇剿匪，即与李北海等为先锋，使之立功自赎。

纳降即毕，率队回省，西林劝勉有加，**又责以剿办沙匪林瓜四等股。余仍曰不限期，尽力为之，不惮劳也。西林从之，从此信任。渐专以中西东北四路巡防队、内河外海水师全拨归统**，着手进行剿办沙匪林瓜四之事。另记于后。

北海投诚后，立功本已不少，旋以不守营规置于法。耀汉、翟汪、新林等随余二十年，积功至统将。民六以来，**耀汉、翟汪先后为广东省长，耀汉且兼督军**。尤有血性肝胆，民十以来，因抗南方非法政府之故而死，惜哉！

李准为李亚汉赐名李耀汉，希望他做光宗耀祖的好汉。李耀汉不负重望，从此跟着李准出生入死，建功立业，历任把总、水师巡防营管带兼东安县守备。后来，李准在辛亥革命时率广东起义，命李耀汉率驻新兴县巡防营和隆世储率驻肇庆府共4个营，与革命党人的民军共同在肇庆宣布独立，归附民国，后任广东省省长，成为民国重要的历史人物。

李耀汉成了真正光宗耀祖的好汉，家乡广东肇庆至今还保护着1万多平方米的“李耀汉大屋”，1987年列为新兴县重点文物保护单位，2016年定为省级文物保护单位，现成旅游精品。

李准早年收降的匪首李耀汉，后来成为民国省长。李公馆占地1.6万平方米，有碉堡花厅哨房炮楼、兵房马厩电厂等，现为省级文物保护单位

《自谱》记载此事：“匪党中有李亚汉者，本读书人，薄有资产，以族人李北海之故，地方官勒令交匪不得，亦列名匪籍，遂亦从北海为盗。至是与北海曰：‘李统巡统兵不追，又不能下山掳食，绝我生路，不如缴械投诚，当有生还之望。如尔不从，将取尔首级以献李统巡也。’群匪均赞亚汉之说。乃派在山下教书之梁者江来营要恳。准电西林，请示允准而受降焉。计悍选八十人改编为先锋队，立功赎罪，其余散匪迫胁从者千数百人，悉遣散为农。唯独李亚汉不愿归先锋队充官长，自愿率十人为亲军队为目兵，戴罪立功。盖深患北海等将来必变，不肯一同受累。当允其请。其后北海果以不法遭诛。至亚汉，准则为之更名耀汉，与翟汪、李斯林、何庆、罗克家等十人则编入亲军营（即粤义军之改编也）。至民国则多为将领，耀汉、翟汪均为省长。”

2012年5月12日《广州日报》发表张映武《民国三位广东省长毕业于“绿林大学”》一文，对李准收降李耀汉成为将军之情节作了重点介绍：

起于投靠李准 后响应革命：李耀汉是新兴县天堂镇人，曾在李北海旗下做绿林土匪。1904年冬，因李北海等绿林匪徒在肇阳、罗定一带等地扰乱不断，**广东水师提督李准亲自率兵抵达肇庆新兴县属的天堂墟**，在下山重要隘口只守不攻，不出一个月，因山上粮食用尽，匪首李北海率众缴械投诚。**李准从投诚的一千多人中挑选出了八十名精悍人士改编为先锋队**，李北海任哨官，余皆遣散归家。因李耀汉称其不想编入先锋队，称愿率翟汪等十人为亲军队当小头目，请求戴罪立功，李准感其诚，遂将他与翟汪等十人编入了自己的亲军营。李耀汉善于心计，李北海因进部队后屡次违反军规，李耀汉趁此在李准面前加以挑拨，使得李准杀了李北海，不久后自己当上了哨官。期间，**李耀汉及其带领的亲军队为李准平定匪徒立下了不少汗马功劳，1907年，李准任命李耀汉为水师巡防营管带**（清末新兵制，巡防营与陆军警察队统辖一营的长官称管带）。武昌起义后，**广东水师提督李准所部和统制龙济光放弃抵抗，转向拥护革命党人**，李耀汉率翟汪等人在肇庆响应起义军，宣布脱离清政府统治，归附独立的广东军政府，不久李耀汉被军政府委任为标统，驻防肇庆、德庆一带。在这期间，李耀汉的实力不断得到发展壮大，旗下部队扩编为五个统领部，在肇庆组编为肇军，李耀汉出任司令。

李耀汉从绿林到任职广东省长期间，搜刮了大量的钱财，卸任省长职位后，李耀汉花巨资在老家天堂镇建造了一座李家大屋和捷威楼（因段祺瑞执政时期曾授李为“捷威将军”得名），占地16 000平方米，主体为前后大屋两座，四周高墙围绕，四角筑有碉堡，前屋为务本堂，原屋设有花厅房廊、厢房、哨房、炮楼、兵房、马厩、水井、电厂、库房等，可住进1000多的兵员。据说李花了7年时间、先后请了300多名民工才竣工而成的，当地民众传闻大屋后面的捷威楼里珍藏着李耀汉从全国各地搜罗回来古董文物、奇珍异宝，李耀汉还娶了6个妾侍，光是家里的仆人、婢女等就有八九十人，奢侈情况可见一斑。

李耀汉建于民国的“捷威楼”一直受到政府保护，至今保存完好，被打造成了旅游精品。而李准在家乡四川邻水建于清代的李公馆“光禄第”，客厅摆过五百席寿宴聚五千人共饮，可与“捷威楼”媲美，可惜2002年被拆除。

在李准言传身教下，李耀汉成就了大业。而李耀汉手下的小头目，同时投靠李准的翟汪，也修成正果了。《民国三位广东省长毕业于“绿林大学”》一文也做了介绍。

“绿林省长接班人翟汪：翟汪与李耀汉是同乡，二人早期经历相仿，都曾跟随李北海做绿林，**李准招安时翟随李耀汉一同进入李的亲军营**。随着李耀

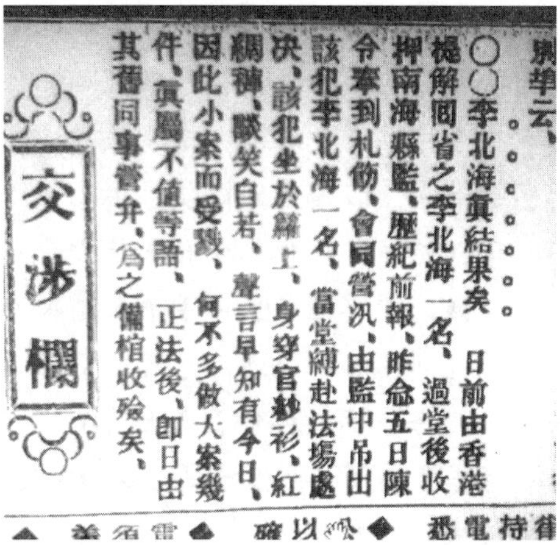
剿华云、
○○李北海眞結果矣　日前由香港
提解回省之李北海一名、過堂後收
押南海縣監、歷紀前報、昨念五日陳
令奉到札飭、會同營汛、由監中吊出
該犯李北海一名、當堂縛赴法場處
決、該犯坐於籮上、身穿官紗衫、紅
綢褲、默笑自若、聲言早知有今日、
因此小案而受戮、何不多做大案幾
件、眞屬不值等語、正法後、即日由
其舊同事營弁、爲之備棺收殮矣、
交涉欄

当年报载李准处决海盗李北海之新闻

汉实力的发展壮大，在李旗下的翟汪也逐渐获得升迁，如在李耀汉被提拔为水师提督衙门亲军管带时，翟汪在其李的旗下当哨官。武昌起义后，李耀汉任肇阳罗司令时，同乡翟汪也得到升迁，在肇庆任巡防营管带。1913年，翟汪还被袁世凯授予三级文虎勋章，陆军少将衔……1918年9月，他被莫荣新推举为广东省代理省长，成为广东第二位绿林省长。手握六营肇军，接任省长顺理成章。”

匪首李北海后来怎样了呢?

《自述》载：“唯李北海自上年余晋京之后，任其闲逛，无人督令，捕匪屡有不法之事。经人告发，畏罪逃匿港澳。西林责令余交出惩办。余率李耀汉亲往澳港呼之归，西林立正军法。”

肇庆李北海一股巨匪完全解决之后，总督岑春煊认为李准能够治兵，遂将广东中、东、西、北四路巡防营全拨归其统领，镇将以下全归他节制，放充全省营防处总办。

李准除了原来就培养的爱将吴宗禹之外，现一平区新而得将才“三怪”，又二平李北海再得二将才。

至此，李准既有军权又有将才，虽然还只是全省统巡之职，其上既有水师提督，又有陆路提督，但实际上他现在已是广东军中最有实权的统领。

十九、江洋大盗林瓜四　立堂树旗斗官军

李准硬着头皮剿匪，却走好运平了南海大盗区新，又碰运气得降将李耀汉、收降李北海，本来该高兴一番。可他却高兴不起来，生怕“蛮督”岑春煊又找自己“扭到大蒜剥”——因为还有一股更可怕的江洋大盗，很有英雄气地等着他呢!

这股江洋大盗的匪首林瓜四，神出鬼没飘忽南海，竟受到港澳警方保护，自由往来于粤、港、澳之间，让历任总督头痛不已，拿他没有办法。

粤、港、澳地理上相连，居民习俗相同，来往频繁，近代以来一直保持着密切联系。但自西方殖民者控制后，港澳变成不受中国法律约束的特殊地区，而成为避罪天堂。

清末民初，广东盗匪和革命党人遂利用粤、港、澳之间的流动性，将港澳变成策划行动、购买先进武器的基地，躲避官府缉捕的避风港。

跨界流动的盗匪甚至接受到外来文化和革命思想的影响，对近代广东政权和社会秩序形成巨大威胁。

1904年的《大陆》杂志就称："林瓜四，西乡人，生平自负不凡，好以魁首自任。"

林瓜四靠卖咸鱼为生。一日从澳门挑咸鱼回家，路上被劫，叹曰：人能劫我，难道我不能劫人？遂聚众为匪。

总督和武将走马灯换了好多个，十年剿匪皆无可奈何，林瓜四势力反而越来越大，竟公开树旗号"龙凤堂"，号称"海上天子"！

林瓜四率海盗四处烧杀抢掠，每窃民资后，便到灯红酒绿的澳门赌场豪赌，到灯红酒绿的香港花天酒地享受人生。

多地百姓苦不堪言，无不悲号，跪求官兵剿匪。官兵年年讨剿，均因其行踪飘忽无功而返。

正所谓，担心什么就来什么——岑春煊果然又来找李准了！

"近年，香山东西二海及沙田河匪甚多，各立堂名，打单勒收行水，明目张胆，比征收地丁钱粮为名正言顺，每亩勒收一元、数元不等，稍迟交者，劫杀随之。地方官兵畏其凶锋，不敢与较，每多奉行故事，从未认真剿办，而匪党益无忌矣。有龙凤堂匪首林瓜四尤为凶悍，器械精良，人数众多，每年早晚收行水至数十万元之多。平时则匿迹港澳为逋逃薮。早晚两造栽种收割时，始驾轮舟而来，大张旗鼓，官兵每为所败。西林忧之，又以此事嘱于准而剿办焉。准仍不限期，尽力为之为请。"

《香港华字日报》一得知李准受命的信息，立刻抢报独家新闻："林瓜四纠集大股匪众在香山县属之光福寺等处勒收行水，地方官前往堵缉，该匪窜至新会县属之大奥沙，旋分遣党潜回香山象角对海，用火焚去卡房。初七日，林瓜四等麇集于大奥沙，岑春煊催促李准统率大队兵轮、营勇飞速前往兜截。"

李准将军营设在林瓜四常常出没的岸口，李准足穿草鞋，率领队伍日夜巡逻，期望遇到土匪。

探子来报，前面香山东海一带有土匪抢劫民众。李准带领李耀汉、傅赞开、潘灼文、潘斯铠及各营即刻赶往香山东海。

俗话说“好事不过三”，这次可没得“麻雀还在窝里”的好事了。

等李准率队到达东海时，看到的却是一片狼藉，男人们在哀叹，女人们在哭泣。

探子又报，林瓜四一伙转移到西海一带抢劫去了。

李准怒吼一声：追！

等李准一行到达西海岸时，看到的是遭劫后的民众，目光呆滞地望着李准。

李耀汉、傅赞开、潘灼文、潘斯铠等气得吹胡子瞪眼睛。

就这样，春去冬来，一年四季，李准官兵都被林瓜四牵着鼻子跑。

多数匪徒虽被打败，但匪首林瓜四却始终是漏网之鱼。

足智多谋的李准又气又恨，也没有办法了。

“是年春夏之交，击沙匪于大澳沙，击毙匪徒无算。又击刀沙及大小黄浦等沙，大破之。秋冬之交，又击匪于海洲曾步、大小榄等沙。又击匪于顺德县属容奇、桂洲、黄连、陈村、东西马宁、龙山、龙江等处，东海沙匪已将肃清，而林瓜四终属漏网未获。屡击于斗门、乾雾、荔枝山、广福、沙磨、刀门、横门、全星门、泥塆门等处，终日四处追匪，常以不得一击为恨。盖匪徒至此始畏官兵，不肯轻与交锋。而准每当早晚两造种收之时，必率队梭巡于香山至东西二海，以得遇匪一击为幸。而匪迹飘忽，我东彼西，我西彼东，莫可踪迹。”

傅赞开无奈：林瓜四像泥鳅，太狡猾了！

潘灼文气愤：我东彼西，我西彼东，把我们当猴儿耍。

李准一听，脑壳里头灵光一闪——办法出来了！

——以其人之道还治其人之身，也来他个声东击西！

李准命大家发动东海民众，散布消息，说要驻扎在东海剿匪，暗中却将主力埋伏在西海，等待匪徒自投罗网。

林瓜四躺在小屋抽大烟，探子来报：李统巡带军驻扎在东海。

林瓜四下令：明天到西海一带行动。

第二天黄昏，林瓜四果然率大股匪徒，乘小艇出现在西海的东围水域。

李准命“广安”号兵轮立刻向海滩开炮轰击。

匪徒大多逃上岸，有的隐藏在船后，有的在礁石后，都找到位置隐藏起来进行反击。

李准命李耀汉、傅赞开、潘灼文、潘斯铠改乘小艇围堵林瓜四，将林逼上东围岸边。

双方战斗了一天一夜，多艘匪船被打碎。此时海水退潮，破烂匪船搁浅在海滩上。

李准下令活捉林瓜四。

可是天却黑下来了。

林瓜四一阵狂笑：天助我也！遂遁入大海，不见踪影。

1904年8月10日《香港华字日报》战地记者，以《李统巡大战林瓜四》为题，报道双方交战的战况："遇匪于东围，两相对敌，林瓜四自乘拖船一号泊于东围边，暗燃大炮，**适广安兵轮管带刘启唐闻警鼓轮而至，开炮向该拖船轰沉**，匪伤无算。是役，战一昼夜，哨弁勇等伤毙十余人，而匪伤毙数十名，生擒十余名。林瓜四已受重伤，匪党救援，不知何去。李准再饬兵勇四处搜查，思欲一鼓荡尽。适闻省城船捐，奸商激变，大局动摇，统巡即令各弁勇拔队回省驻防。"

林瓜四没有抓着，广州又出骚乱了。

李准只得悻悻撤兵回省城广州。

林瓜四是怎样逃掉的呢？又逃到哪里去了呢？

二十、追逃行动赴澳门　引渡归案终受审

原来林瓜四被十余死党掩护，乘夜色从海上逃走，李准官兵驾船直追，至横琴岛附近，即将擒获之际，半路上却杀出一个程咬金！

李准追兵被葡澳警官拦截，林瓜四逃往避罪天堂澳门，享受人生去了。

林瓜四不仅在广东为非作歹、肆无忌惮，甚至敢在港澳作案，且与警方关系好。

"盗匪勒收行水也可以在港澳操纵。香山著名沙匪林瓜四出身下层，为匪之前，往来于澳门与香山沿海一带，以卖咸鱼为生。林瓜四主要在香山、顺德一带沿海的沙田区，向各围口勒收行水，在澳门开平馆，各围须向平馆交行水，否则就放火烧围馆，拘捕围馆伙记去作人质以索赎金，围馆交了行水，可以得到林瓜四的保护。**在其对手水师提督李准看来，澳门就如同是林瓜四的大本营**，平时则匿迹港、澳，为逋逃薮，早晚两造栽种收割时，始驾轮舟而来，大张旗鼓。"

《自谱》记载了李准与林瓜四海上这一仗：

“夏六月十九，以声东击西之法，偶与林瓜四大股遇于西海之东围，击战至一昼夜，而东围四面皆水，围不得破。林逆且率师艇来援，我军以兵舰开炮轰击于浅海滩中。匪船虽碎，潮退而尽为淤泥，亦莫能进。天晚，林逆已受重伤，匪党以船板滑泥上匿海中之石峡内。夜间，东围内之匪党除击毙外，余众乘黑夜昏不见人，溃围乘小艇而逃，直奔横琴岛。”

《自谱》还记载了葡澳警方保护林瓜四逃走的情节：

“黎明，海边防卫之兵见之，遥击而落水死伤无算，尚有十余艇脱逃，我军亦驾长龙艇追击至海上，大小兵舰追击至大小横琴岛（澳门对面属香山县），忽有葡兵出而阻我，谓：此地为葡属地，华兵不应过界击匪。我言：澳门仅镶镜一隅，为租借地，何得侵及横琴？彼谓：葡国已派老更于此数十年矣，中国官吏向不过问（老更即警察之别名也）。我曰：尔侵我警察权，即当驱逐。相持至半日之久，而匪党得从容逃之过路环岛。

“乃收队归，上书西林，请与葡人划界，收回领土。西林电请外部，久不能决。”

我们现在感到惊讶的是，李准那时候就将葡澳警方的行为，提升到侵我南海主权和侵我警察权的高度来认识了，这在清末那个时代是非常难得的主权意识。

像前次人们误以为区新已死一样，这一仗民间都以为林瓜四已毙。

《香港华字日报》以《林瓜四伤毙》为题报道：“林瓜四的儿子林严经返回广东，躲匿于香山县属之大丰，四出劫掠。李准侦知匪踪所在，立即知会水陆各军围攻匪巢，生擒十一名，斩首三十余名，并获匪船、枪械无算，林瓜四闻已伤毙，现将所获之傅巳岔、邝龙、刘仲、欧阳柏、邓廷献、郭胜、陈隆日、何新、邝光彩等九名就地正法枭首犯事地方。”

“林瓜四闻已伤毙”显然是不实新闻。因为李准已派离澳门最近的前山营都司跟踪到澳，经线人探知，林瓜四在路环岛新昌祥货铺养伤。

都司指引葡官，终于将林拿获关押。可是等到李准他们办好法律手续，去提人犯引渡之时，澳门警方已在前一天将其释放。

这是港澳特殊的政治环境，给盗匪提供了躲避打击的有利条件。

1891年9月6日《申报》刊登的《论香港会捕盗匪事》就指出：“香港为英界，而去粤省最近，又有轮船往来，瞬息可达，且华捕不能擅到其地。倘行劫之后，匿于港中，华官即访知该盗踪迹而欲得其人，殊甚为难。行文照会，既须稽延时日，又易泄漏风声。盗党既敢伏处其间，则必有声气之可通，党羽之可恃。有此伏戎之地，此广东盗匪之所由日见其多也。”

煮熟的鸭子又飞了？

岑春煊大怒！

但这确实怪不上李准，蛮督再拌蛮也没得办法。

此前历任广东军警都是这样隔岸观火干着急的！岑春煊也只能望洋兴叹了吧？

岑春煊无奈，只得报告外务部，文中披露了在澳门提解盗匪的周折：“经与华民政务司订明，由获犯日起至十九日止，限十五天行文到提，迨十四日奉到发给照会，即于十五日派弁带同证人到澳，而政务司不践前言，竟于限内将犯先释，该弁等因查犯未远逃，复又设法指引洋兵将林大拿回，复交洋官，一面延请律师带齐线人，约定明日携证到堂质证。讵澳臬并不审问，仍将该犯释放。”

当都司质问林瓜四的律师时，得到的答案是“澳臬因盐船一案，颇不满意，有意刁难。林恃有逋薮，附从日众，率其党羽高根仔、阮孖爱、高缸瓦祥、梁义华各著匪，终日游行于澳门街市，无人敢撄其锋”。[①]

可李准不肯善罢甘休，不甘心只是望洋兴叹。因他不仅仅是一介武夫，而是文武双全、有勇有谋。军警不能越界击匪，就学乾隆皇帝微服私访，化装成商人不就得了？

李准立即安排部将化装成商人，赴澳门追逃，设计抓捕，一举生擒林瓜四，情节堪比警匪片。

李准亲赴澳门，亲自参与葡澳警官庭审林瓜四。

《自谱》对此有生动记载：“乃派香山都司李炎山及李耀汉、何庆、翟汪、余启福等驻澳，访查林瓜四踪迹，知其养伤于过路环之维新昌祥杂货铺楼上。葡政府如出票拘拿，而路环警察多与匪通，得信即先使之藏他处，而仍不能缉获。

“乃多以金钱，先买通葡人之当事者，不使其警察知情，给票以与李炎山等，假扮葡兵，乘夜而至路环，先使线人余启福陪林匪烧烟，及林逆睡，乃出而告炎山等，林逆睡楼之窗及门均虚掩而未加链。李耀汉等缘树上楼入屋，林已惊觉，耀汉先执其两手，欲取手枪而不能，我兵已围其屋。天明将拘以上兵舰，而路环之葡兵齐集，不许带走，必解澳门审明再

① 张海鹏：《中葡关系史资料集》，成都：四川人民出版社，1999年。

为引渡。

"葡国又再向我开交涉谈判，彼谓不应带兵在彼境拿人。我则以彼私侵我国属地为词，卒至将林逆解澳门监禁。彼此互请律师辩护交涉，至数月之久，于次年二月始引渡焉。"

1904年第8期《大陆》杂志报道，林瓜四和李准有一段十分精彩的审问和答辩，其舌战交锋现在读来还令人感慨，发人深思。

"照例由葡官讯实，始能解省。当葡官讯堂时，李统巡在座，林指之大骂，且谓尔之拿我，未必为地方起见，不过欲博取功名耳，人面欢心，本不合污我唇吻。统巡叩其何以不降，林曰：官与贼虽分两途，而其害民则一也。官既剥民，而不肯担任义务，视我辈收行水，而实力保护者，相去何啻天壤，吾常谓作官不如作贼之能卫人也，又安肯舍贼而为官？

"统巡目笑之曰：'亦甚有道理，然掳人勒赎，则又何说？'林大笑曰：'此正官样文章也，试看官场之欲讹诈百姓钱财，非任意锁拿之，羁押之，加之以欠粮、欠饷、抗捐等名目，其财物又安肯出哉？今日被获，正如革官，官革可复升，贼死可复生，十八年又一好汉，后会正有期耳，何待多言。弟此次被擒，心甚不服，因系用暗计，若明决一雌雄，则不知鹿死谁手。然我兄弟必能报仇，尔等小心可也。'侃侃而谈，神色自若，李道亦为之动容。"

满口新思想新名词，哪里像一个海盗？简直有点革命党人的大义凛然和英雄气概！

港澳是革命党人宣传新思想的阵地，林瓜四耳濡目染，嘴里常冒出新名词和豪言壮语。

1903年，他向广州王家园药铺打单索费的一封信函中，竟有革命言辞——"打省城，杀清官，维新事"。

广东盗匪与外面世界有较多接触，易于接受新观念，其视野与行为方式等都表现出明显的"改革开放"性。底层渔民出身的林瓜四，生活方式受到西方文化影响，平时竟着西装，吸雪茄烟，故其"言语举动，颇为娴雅，且满口新名词，对人刺刺不休，无非自由平等等语，绝无粗鄙之言"。

果不出林瓜四预言，其被擒后，弟林瓜五"冬十月尚以龙凤堂旗幡向东西二海河上打单。侦知匪聚三墩沙，督军进剿，歼擒百数十名，首要殆尽，起获打单名堂图记五十余颗，伪印、旌帜、号衣、枪械多件”。[①]

1905年二月初六，李准由澳门提解“林瓜四与其党羽萧三、梁创芝、杜华、杜金和、彭美等六名回城。**李观察乘骑亲率部下健儿护解之督抚辕。**李观察先将提解情形禀知两院毕，随扛该匪至营务处过堂，**其林瓜四一名则押至南海县监禁**”。[②]

据1905年3月20日《广东日报》刊登的《林瓜四亦能谭新名词》的新闻报道，狱卒给他多加一副手铐脚镣，林对狱卒笑着说：“真野蛮真野蛮！一具足矣，此时我尚能逃脱乎？中国人若将制造此等刑具心思，以制造枪械，则不难雄长万国，何至今日如此贫弱，我又何至为盗哉！惜乎第知自残同种，而不致胜于外人也。”

林虽为一海盗，行为不法，然其英雄气概，尤其是此言所表达的思想，却不无道理，让人不得不刮目相看。

总督岑春煊命李准督率亲军队及续备军，将林瓜四押赴法场，凌迟处死。

当林闻定凌迟刑时，自愕道：“吾始知一刀矣，今有此种弄法耶？”然临刑时，面色毫无惧容。

清末处决海盗老照片

① 《署两广总督岑春煊等奏遵旨整顿捕务办理搜剿情形折》。

② 《香港华字日报》，1905年3月6日。

当时《香港华字日报》对行刑的血腥场面做了报道："该匪虽已酩酊，犹沿途高唱不已，及到天字码头。午刻，先将其党羽萧三、梁创芝、杜华、杜金和、彭美斩决，随将林瓜四凌迟，摘其心肝及首级致祭去年在万顷沙被该匪拒捕伤毙之军士，接官亭门首早设有阵亡军士灵位，李观察亲临致祭，以慰忠魂。"

执行一个盗匪的死刑，总督为什么要这么兴师动众，要用最残忍的刑罚？

原来是想得到杀一儆百的效果，震慑革命党人。因这些绿林好汉具有反抗精神，又有使用新式武器的经验，还有一定的组织网络和从事秘密活动的方法，对于革命党来说，盗匪是现成的起义敢死队，故一直被各种政治势力所利用。如康梁保皇党曾利用过南海西樵大盗区新，革命党人在广东多次反政府武装起义，也多利用绿林力量参与。在清廷眼里，两广地区基层社会秩序遭到了严重破坏，各种社会问题层出不穷。

2014年第1期《近代史学刊》载论文《林瓜四之死：清末珠江三角洲地区的匪患与社会危机》，作者中山大学历史学系教授何文平指出："1905年3月，广东官员将费尽周折抓获的香山著匪林瓜四处以凌迟极刑，既有杀一儆百的目的，也是背负极大压力下的一次情绪宣泄，从中可见当政者应对社会危机的苦恼与无奈，珠三角的盗匪最终为广东光复创造了有利环境。林瓜四的案例，实际上细微地反映了辛亥革命前夕广东的社会危机及其中某些特殊因素，可以为深入理解辛亥革命的社会基础提供一个特殊视角。"

李准本是文人，本来就不想干这镇压杀人的武官，多次辞职不获批准，这次怎么参与了凌迟处死的残忍活动？

李准说："尽辞本兼各职，西林不允，准假三个月回籍葬亲。正扶柩上广大轮船起行赴沪，而林瓜四亦于是日引渡解到。西林仍令准回监刑，将林瓜四凌迟处死，取其心肝以祭历年剿办沙匪阵亡各弁兵，西林且和酒以饮其心血焉。噫，何太忍也！准时心常惴惴焉。上船之后，以为从此脱离虎口，无论如何必不再入此漩涡也。各差西林不肯委任他人，分别派人代理，以needs准之归也。准则伤心已极，谁敢再入虎口？"

《署两广总督岑春煊等奏剿办广州府属沙所堂众详细情形折》，向慈禧太后和光绪皇帝详细报告了李准剿匪的具体情节：

窃照广东盗匪滋炽，受害日深，而尤以广州府属沙所为尤甚。沙所者，沿海沙田，土地肥沃，租息最厚，而地广人稀，佃户散处其间，匪徒得以乘隙劫制，莫敢与抗。

上年六月至十月，**派广东候补道李准督兵剿办，扑灭大股**，经臣等于上年十一月十六日奏陈粤省办匪情形，暨本年三月十一日奏陈李准历年办匪著有成效各案内，先后摘要报明在案。

兹将剿办详细情形，再为皇太后、皇上详晰陈之。

沙所之匪名为堂匪，每堂或二三百人为一股，或四五百人为一股，设立堂名，广联声气，专以勒收沙所行水为事。每于农田成熟之时，打单强索，不遂所欲，焚杀劫掳，祸即立见。

农民畏其凶悍，辄暗中付给。**各匪以所得傥来之财，更制旗帜、号衣、新式枪炮，近联港、澳革命诸党，远亦与西省会匪潜通。**上年六月间，匪首林瓜四，纠合各堂著匪四五百人，聚于香山县属东海之大奥沙。

其时广东候补道李准新统中路续备军十五营，即率大队驰往掩捕，擒斩悍匪七十余名。

林瓜四复纠集余党，踞西海之东围，并用帆船由澳门潜入香山属之桅石海面。复经李准饬派署香山协副将施光廷，署顺德协副将赵定国，试用知县袁可群，试用县丞吴宗禹，千总刘启璋、李炎山等，督队前进，并调集水陆各营，合击一昼夜，愈战愈厉，贼遂不支，击毙及落水死者多至百余名，生擒三十余名，林瓜四受伤落水，乘机宵遁。由是匪势顿衰，匪踪愈秘。

林瓜四匿迹于澳门之路环地方，以为藏身之固。臣等复加悬重赏，并派分统省河兵轮邱志范、林乔椿等，面商澳官，将该酋拿获，交洋官审讯提解。

时新宁县之土匪滋事，李准移师往办，仍留各营严密搜捕。讵十月初旬，沙所晚造登场，各堂股匪垂涎行水，又复纠众蠢动，肆行焚劫。**适新宁土匪将次竣事，李准即督队驰回，**仍派施光廷、袁可群等分路围攻。**匪党百余聚于香山县属之三墩沙，**猝与我军相值，凭垒死抗，枪弹如雨，我军四面环进，与匪苦鏖，死亡相继，力战不衰，遂击毙悍匪六十余名，生擒五十余名，几于全数扑灭。

计自六月至十月，营勇与匪接仗大小十余次，以大奥沙、东围、三墩沙三役战功尤为卓著。总计剿捕格毙获办著要各匪不下千余名，夺获艇只、枪械、旗帜、号衣无算，起出被掳民人百余名。

吴文伍者，匪中巨擘，其党众与林瓜四相埒，见势穷蹙，遂亲缚著匪梁胜才等赴营乞降，林瓜四亦于本年二月提解回省正法，香山一带沙匪遂已扑灭。

李准督率水陆各营，一捷于大奥沙、东围，而巨魁就擒；再捷于三墩

沙，而匪股就灭，剿办之奋勇迅速，实为近年缉捕中所罕见，亟应择尤请奖，以昭激劝而励戎作。李准亲临前敌，督率调度，谋勇兼优，功绩最著，该员原系果勇巴图鲁·广东遇缺题奏道，现奉特旨署理广东水师提督，以总兵记名简放，应请旨以提督记名简放。

别人剿匪多年无功，李准并无三头六臂，为何就能三平海盗三战三捷?

除了文武之道一张一弛、善用智用谋用人外，作为最高统帅身先士卒，激励官兵，也是一个重要原因。

李准在三平海盗中，“身历行间，无一刻之闲。每日常四五更即起，足着草鞋，身先士卒，故兵虽不多，而乐为之用，所至克捷。年来疲于奔命，咯血阿血之症时见，实劳困不堪言状矣”。

李准也从此留下病根，后再被革命党人暗杀重伤，以致于他66岁因病逝世。

第五章
慈禧破格提数级　水陆提督担大任

《申报》惊叹：慈禧为何破格连召小小道员？老佛爷考查用人的面试关有着怎样的神秘？又怎敢将水师提督、水陆提督大任，交与35岁的李准？

原来李准三平海盗威震朝野，既有南洋总督周玉山和北洋总督袁世凯会保他任两江水师提督，又有岑春煊与张人骏联荐他任广东水师提督。

慈禧钦点临危受命的李准，能不辱使命力挽狂澜吗？他真能重振积弱积贫的水陆两军吗？

李准很快展露出水陆两栖军事家的天赋，硬是应验了出生时母亲那个“螃蟹梦”：螃蟹甲胄威武，水陆两栖——李准文武双全，水陆两督。

后世评价广东水师最有建树两大提督，前有林则徐，后为李准！

《自述》：“宣召至四次，请训出都门。既然任水提，仍旧兼统巡。乃仿新军制，更设讲武堂，分班讲战争。水师为本分，设学黄埔滨，造船厂重振。更造新军舰，枪炮皆新式，无线电如林。巡行三江口，盗贼胆战惊。”

二十一、慈禧召对显才华　水陆提督担大任

1903年，李准33岁就由文及武，两平海盗区新和李北海，次年三平海盗林瓜四。

1905年，35岁的李准因为三平海盗有功，终于被总督岑春煊准假三个月，回四川邻水老家葬父。没有现代交通工具，一路扶柩跨越千山万水，历尽千难万险，溯长江而上，从万县上岸，经梁平、过大竹，刚刚抵达家乡四川邻水之际，“突奉川督八百里滚单公文：李准着迅速来京，预备召见。准不知所以，不及葬亲，奉命即行”。

李准不知出了什么大事，但他懂得，国家就是大家，大忠即是大孝。一

向慈禧保举李准的两江总督周馥，后周女嫁李准弟李次武

向慈禧保举李准的袁世凯

路忐忑，行至南京，晋谒世伯两江总督周馥，才知江淮巡抚改江北提督，朝廷命南北洋总督两大臣会保继任之人。因李准三平海盗威名赫赫，战功卓著，周馥便与袁世凯联合保荐李准为江北提督，已奉旨交军机处存记。

周馥，字玉山，号兰溪，安徽建德人。是李准父亲的挚友，后周馥之女嫁李准弟李次武。早年多次应试未中，遂投笔从戎。初为李鸿章文牍，协其兴办洋务三十余载，在北洋海军、武备学堂、天津电报局及开平煤矿创办过程中均有作为，是后期洋务运动实际上的操盘手，助开复旦公学与安徽公学。1904年署两江总督兼南洋大臣，1906年调两广总督。

此时岑春煊也与张人骏再次联名具折，破格保奏李准："广东前先补用道李准，智勇兼裕，劳忍不辞。该员于光绪二十八年派委统巡各江水师，因历巡查，剔除积弊，军纪为之肃然。嗣委会办全省营务处，上年复委**统领中路续备军十五营，水陆兼筹，于全省军事，多资赞画，而治盗勇敢，功绩最著**，则以掩捕南海著匪区新，收抚西江著匪李北海，及上年剿办新宁县属之大隆峝匪，香山县属之沙匪，尤为士民所称道。**该员任事果敢，而才力足以相副，治军尤贵纪律，平日以恩信相孚，故人乐为之用，求之近今统将，实为不可多得之才，而熟悉广东水师情形，相需尤切。若以李准署理提篆，必于防务捕务大有裨益。惟事属创举**，臣等未敢专擅，谨将水师提督一缺关系重要及该员李准历年统兵办匪着有成效各情形，据实奏明请旨。该员现已领咨赴部引见，合无仰恳天恩，特派李准署理提篆或予护理之处，出自圣裁。"[①]

① 岑春煊，张人骏：《奏为前先补用道李准智勇兼裕请旨以广东水师提督简用事》，光绪三十一年三月十一日，中国第一历史档案馆·录副奏片，档号03-5966-037。

要将小小“**补用道**”连升七级为从一品大员水师提督，**确实太破格提拔了，所以岑春煊和张人骏说“惟事属创举”**。

袁世凯和周馥保举李准为江北提督，岑春煊和张人骏保举李准为广东水师提督。

慈禧太后认为，百年来外夷入侵中国，大多是从南海进来，广东水师提督当很重要。于是她亲自把关，召对李准，看看几大重臣争相推荐都想抢要的人才，到底有没有真本事，能否把重担交给这个年轻人。这相当于今天的用人最后一关——领导面试。

慈禧太后从政几十年，什么样的能吏重臣、奇才怪才没有见过？慈禧要问些什么问题呢？李准能不能过关，能不能对答如流、博得慈禧赏识呢？

破格召见提拔李准的慈禧（1903年照）

光绪帝和珍妃

关于慈禧和光绪与李准的召对详情，李准在《自谱》中有非常珍贵的如实记载，这也是很难见到的有关慈禧召对的原话实录：

是日，两宫已幸颐和园。当即遂赴颐和园，借住于外务部公所。十五日黎明赴朝房。谒见后乃入仁寿宫，坐奏事处候叫起。约六钟，内侍传呼：李准第一起入见。

即趋入仁寿殿，乃见两宫坐东朝西。孝钦皇太后（作者注：慈禧死后谥号简称孝钦显皇太后）坐靠南之坐，皇上则坐靠北之坐。案前横列极厚之大拜垫五个，所谓军机垫也。先在靠南太后前下跪，先免冠，翎枝朝上置于垫上，口奏臣李某跪请皇太后圣安。右手捡冠带上，起立横行至北四步，跪皇上前，仍免冠口奏臣某跪请皇上圣安。再捡冠带头上，起立横行至南四步，跪皇太后前，面向皇上，不免冠。

皇上先问曰：尔从广东来？

对曰：臣从广东来。

又问曰：一路都好？

又对曰：一路都很好。

问毕，即以面朝太后，而不再问矣。

问时其声甚微，几不可闻。

皇太后声音清越，字字入耳。

问曰：你从广东来，一路都很好？

对曰：是从广东来，一路都很好。

后曰：你到京住在什么地方？

对曰：长发栈。

后曰：不是在南城外么？

对曰：是的。

后曰：你到园子住哪里？

对曰：外务部公所。

后曰：很近的？

对曰：是。

后曰：你今年多大岁数？

对曰：三十五。

后曰：你在广东多少年了？

对曰：十八年了。

问曰：到广东多大岁数？

对曰：十七岁。

问曰：怎么十七岁就到广东？

对曰：随任去的。

问曰：你父亲是谁？

对曰：李征庸，先在广东作知县，后蒙皇太后、皇上恩典，派充督办四川矿务商务大臣。

言至此，又免冠叩头于垫角上。

又问：你父亲不是没有了吗？

对曰：臣先父二十七年殁于广东差次。尚蒙皇太后、皇上天恩，谕赐祭葬，追赠内阁学士衔，照侍郎立功积劳病故例赐恤。

又问：你父亲多大年纪过去的？

对曰：五十四岁。

问曰：年纪很不大，怪可惜的。

对曰：臣父忧劳过甚，故过去得早。

笔者初看这段对话，慈禧好像问的一些家长里短、鸡毛蒜皮，再次一读，竟看出，她通过前几句话，已了解了李准在广东的“工龄”很长了，有工作资历和工作经验了；后几句话则看出慈禧对臣子的家庭、生活上也是关心的，连李铁船这样的芝麻官去世都清楚地知道，还感到可惜。

问曰：你在广东办的事可是不少了？

对曰：是。

问曰：岑春煊、张人骏说你很得力？

对曰：岑春煊老是闹病。

问曰：你来的时候有见着他么？

对曰：见着。现在已经很好了。

问曰：他老是着急。凡事不是一天办得完的，做了一件再做一件。你瞧他，像老是因着急闹出病来了。我是很惦记的。有你在那边帮着他，他可以省省心。

对曰：臣不过见事做事，认真去办，并无特别能力。

后问曰：能认真办事，就算能干。你此次由上海来，过天津，有见袁世凯没有？

对曰：没有。

问曰：你向来认识他么？

对曰：不认识。

问曰：袁世凯还保你咧！

对曰：不知道。

后曰：你有工夫到天津去见见袁世凯吧！

从这问答看出，慈禧问话是有心机的——袁世凯保荐李准，是出于公心出于爱才，还是出于私人关系培植亲信？通过看似这不经意的一问一答，她心里也就明白了。推荐一个没有关系的人，肯定是出于这个人的成绩和能力。

后曰：我本来要叫你到江北去。岑春煊又有电奏来，说你还有经手未完事件，还是要你回去。

对曰：臣并无经手未完事件。

后曰：他说你的队伍别人统不了，非你回去不可。

对曰：臣在广东带兵在外多年，感受潮湿，两足已不良于行，能在北方，足疾方易痊愈。

后曰：你一个年轻轻的人，还怕什么病？有个好大夫医治也就好了。

对曰：内治外治，中医西医都医过了，总不见好。

后曰：你觉得怎么样呢？

对曰：足肿酸胀难受，不能睡觉。

后曰：你现在跪着怎么样呢？

对曰：现在还好。

后曰：我瞧你也很乏了，你坐下歇歇罢。

乃松腰坐足上稍歇。

皇帝和太后单独召见这样的小官员，已属破格，还关心其跪着不舒服，可以看出慈禧和光绪皇帝的仁慈，对人才的爱惜。

约四五分钟，后又问曰：现在俄国波罗的海舰队快出来了，不知日本能抵得住么？

对曰：俄国舰队劳师袭远，日本以逸待劳。以臣观之，俄国必无胜理。

后曰：你很有见识。

对曰：臣下愚无知，还求皇太后教训。

在这里，慈禧好像对日俄即将发生的海战会谁输谁赢拿不稳，而向李准“请教”，实则是要看李准的军事判断能力怎样。一月后日俄海军交战，结果完全像李准预判的那样日本打赢了俄国。几天后李准离京回去时路过南京，拜见两江总督周玉山时，周也说：“以道员擢署提督，圣眷不为不隆。当此俄舰被创于日军，纷纷窜于南洋一带，粤省为濒海岩疆，尤当为之防，以免破坏中立之局，宜速赴任，毋少耽延。”

当然李准他们不知道，小小日本能打败沙俄大国，还有另外一个不是军事上的原因，这就是日本黑社会右翼组织“黑龙会”的浪人间谍，在俄国支持发动反对党联合闹事，1905年4月反对党联盟大会在日内瓦召开。俄国各地暴动内乱不可收拾，闹得天翻地覆，致俄国在日俄战争中被迫接受停战和谈。

慈禧太后对李准旁敲侧击完了，接下来就直接谈工作方面的事了。

后曰：咱们的海陆军很不行，总得认真训练，才可以抵抗外人。近来各省常备军练得怎么样？我是很放心不下。

对曰：除北洋六镇练得很好，南边的队伍只有张之洞所练的兵最好。

后曰：我知道，广东的如何？

对曰：常备军不过粗具规模，近来练得很认真。

后曰：岑春煊很讲究练兵。你所统的怎么样？

对曰：臣统的是防营，号称续备军，约六十余营，皆各有防地，仿佛是集合巡警似的，操练的很少。

后曰：何以不操练？

对曰：广东盗贼太多，此项军队散处各处，终日出勤，实无余暇来操练。

后曰：那也难怪，以后总得想法抽调来操练操练才好。

对曰：是。臣另统游击之师千余人，与防营性质不同。平时与新军一样的操练，外间有重大股匪，为防营所不能了者，臣亲率前往剿办。

后曰：打林瓜四、区新都是这些兵吗？

对曰：是的。

后又问：你有弟兄几个？多少儿女？

对曰：兄弟二人，弟才十二岁，在读书。

后曰：你兄弟很小。

对曰：是庶母出的。一个儿子，才十岁，两个女儿，大的十八岁，小的十六，都在读书。

后曰：有读英文么？

对曰：有读。

后曰：读英文不同中文，须认一个字才算一个字。英文但知调音就可以拼成字，比中文容易多了。而且读过那一国文字就可说那一国的话。说话与文字是一气的，不同中国文字是文字，说话是说话。

对曰：是。

后乃向皇上言曰：你还有什么话说么？

皇上曰：没有。你下去罢。

从这段对话看出，慈禧居然对英语有点内行。

慈禧睿问，李准智答，这场面试大考过关。

李准退在朝房等着，不一会儿，果然听到好消息。

奉上谕："本日召见存记，简放道李准着开去道员，以总兵用，署理广东水师提督。"

十六日黎明，到朝房递谢恩折，入奏事处候起。七点叫起，仍在仁寿殿。先跪皇太后前，免冠口奏广东水师提督臣李准叩谢皇太后天恩，一叩头，带冠起，横行四五步，跪皇上前，跪下免冠叩头，口奏署广东水师提督臣李准叩谢皇上天恩。

后曰：本来袁世凯、周馥保你到江北，因岑春煊电奏一定要你回广东，你就去好好地帮帮岑春煊，就当是帮我一样。岑春煊忠心卫国，我跟他分属君臣，情同母子。庚子那一年，不是岑春煊，咱们母子哪里还有今天（言时面向皇上，皇上为之颔首）？就当我多养了他这么一个儿子罢了。你到广东去给他说，叫他不要那么性急，什么事要从从容容的办，不是一天办得完的。他若是把身子急坏了，那就了不得了。有什么事你帮着他办，他也可以少着点急。

对曰：臣到广东，一切必事事禀岑春煊，尽心竭力办事。

后曰：那不就结了吗?

后曰：两广的将才有什么人？你举你所知道的结实可靠的人。

对曰：陆荣廷很好。

后曰：他是什么官?

对曰：是广西的参将。

后曰：他怎么的好法?

对曰：忠勇朴诚，能得士心。

后曰：有这八个字就很好。

后向皇上命书之。皇上以白纸条用墨笔成书陆荣廷三字以示之。

后曰：那八个字也写上。

皇上字学柳诚悬，极工整之致。

后又问曰：还有什么人?

对曰：吴祥达也很好。

后曰：他是什么官?

对曰：是记名总兵。

后曰：他是老军务出身罢?

对曰：是湘军出身。

后曰：他怎么好法?

对曰：诚朴耐劳，勇敢善战。

后曰：这八个字也很难得。

后又向皇上曰：你还有话问没有？皇上曰：没有。

向准曰：你下去罢。

李准向慈禧推荐这两个将才，后来都成为百战百胜、赫赫有名的将军。吴祥达出身贫寒，10岁时随太平军辗转潮州，由一位好心人收留修文习武。后因抗击侵略者骁勇善战，多次立功，提任潮州府和梅州府镇守使，掌握辖区军务。光绪年间，升任广东省陆路提督，统兵驻守广州。随李准广东起义后，任革命军惠潮梅镇守使。

陆荣廷在李准培养下，更是成长为中国近代史上著名的军事家、政治家，北洋军阀桂系领袖。陆原系游勇出身，受官府招抚，编为健字前营，因镇压会党卖力，历任管带、督带、分统、统领。1907年孙中山亲自发动指挥镇南关起义时，陆受李准指挥，驱逐革命军，收复镇南关（今友谊关），1911年授广西提督。辛亥革命时按李准安排率广西独立，当上广西都督，还任过广东都督。1921年孙中山曾命粤、滇、赣各军入桂讨陆。

李准以微不足道的道员小官，连升七级，被慈禧两次破格召见并破格提拔为水师提督，引起朝野内外极大好奇，新闻界惊呼“仕途中诚为罕见”！

《申报》报道：“李直绳观察准以道员而任广东水师提督，仕途中诚为罕见。其第一次召见，皇太后垂询粤省情形及水陆军事，李一一奏对。又部以通晓兵学与否，李以曾经阅历为对。其第二次召见，又面奏历年所办营务及水师情形，皇太后知其才，故决意任之。”

接着，朝廷命水师提督李准再兼闽粤南澳镇总兵，同年冬又兼陆路提督。

这是1905年，光绪三十一年，李准35岁。

“五月初三，在省城靖海门外水师行台接印视事。六月初一日，奉上谕：补授闽粤南澳镇总兵，仍署广东水师提督。”

南澳岛地处东海与南海要冲，粤东与闽南之间军事要地，外有倭寇侵扰，内有海盗盘踞，朝廷派驻的士兵越来越多，南澳的规格也逐步升级，最后成为管制闽、粤、台的重要军事基地。现在南澳岛上还保存有“总兵府”衙门，成为著名的旅游景点。

李准著《广东水师国防要塞图说》有《**南澳图说**》**描述**：“南澳孤悬海中，周回三百余里，为闽粤两省分界，西略偏南距省城一千零七十里，西偏南距汕头海道九十余里。内分四澳，曰青澳，曰云澳，隶福建，海面极浅，潮退时见沙，礁石极多；曰隆澳，曰深澳，隶广东，水深一丈左右，礁石横亘数里，西南一带沙屿错列，屏蔽汕头，亦潮防门户。现驻防南澳总兵一员，守备一员，千总二员，把总二员，外委千总一员。”

闽粤南澳镇总兵府

提督为武职官名，从一品，全称为提督军务总兵官，分为陆路提督与水师提督，为各省绿营最高主管官，负责统辖一省或两省陆路或水路官兵，掌管区域达一至两省数万甚至数十万平方千米，称得上封疆大吏。

李准水师提督兼闽粤南澳镇总兵再兼陆路提督，从此成为两广地区最高军事长官长达七年，直到清廷灭亡，硬是阴差阳错、歪打正着地应验了母亲生他时的那个“螃蟹梦”——甲胄威武，水陆两栖，李准文武双全，水陆两督。

二十二、黄埔军校练水师　加强海防百废兴

周馥和袁世凯，张人骏和岑春煊，四位朝廷重臣都保举了李准，都想得到这个青年奇才。慈禧为什么最终任命李准为广东水师提督呢？一是出于慈禧对岑春煊曾经护驾的个人情感，二是因为南海地区风云变幻，广东水师责任重大，需要一位能人来统率。

看看当时整个中国海军的大背景吧。

甲午海战惨败日本后，曾经声势煊赫的北洋水师仅存“康济”一艘练习舰，还全部撤停总理海军事务衙门及海军内外学堂，将北洋海军的武职军官315名概行裁撤，士兵一律遣返。最早培养的一批海军人才，或战亡或自杀殉国，死里逃生的幸存者又被定罪流放，清朝海军人才到了“国中无人”的地步。李准后来就重用了被追责的甲午败将林国祥和吴敬荣，助自己几度亮剑

南海，建成百年功业。

广东水师更是最弱。虽名列北洋、南洋、福建、广东四大水师，但一直属于两广总督治下的“地方军”，中央从未给过广东水师财政拨款。到清末只有长江水师、福建水师和广东水师这三大水师了。

李准身为清朝最南端一支海军力量的最高长官，他的军队所辖制的，是广东以南那一片最广大的海域——中国南海。而且，随着当时五大臣出洋考察开始，大清朝廷重整海军的勃勃雄心正在计划中，李准无论仕途与功业，都将有一番施展才华、大有作为的前景。

外务部点名批评“粤省水师腐败已极，积习太深，非用强悍大员难期大加整顿”。

李准小小道员连升数级，年纪轻轻担此重任，慈禧会不会看走眼用错人?

广东水陆两军皆已积重难返、百废待兴。

临危受命的李准，有什么办法力挽狂澜?

他真能不辱使命，重振水陆两师吗?

李准广东水陆两军大权在握，很快展露出水陆两栖军事家的天赋。李准知道，广东水师有着光荣的历史。

广东水师也叫广东海军，是清朝末期部署于南海区域的一支近代化海军舰队，主要基地设在广州黄埔，与北洋水师、南洋水师、福建水师并称四大水师，为中国第一批近代化海军。最早成军于清康熙三年（1664），至康熙七年因海边平静而裁撤。清嘉庆十四年（1809）复置水师提督，提督驻虎门。

黄埔广东水师老照片

其直属部队督标水师分为前、后、左、右、中五营，兼辖水师营、四会营、新会营，辖水师主力香山协左右营，顺德协左右营，新会协左右营，

广东水师老照片

大鹏协左右营，赤溪协左右营，清远右营、广海寨营、永靖营等。另有地方部队南澳镇右营（左营属福建），澄海协，海门营，达濠营，碣石镇标三营，平海营，归善城守营，潮州城守营，饶平营，黄冈协左右营，龙门协标左右营，高廉镇辖阳江营、电白营、碙州营、东山营等，兵力达2万人左右。

李准更明白，广东水师是一支英雄之师。广东地处南海之滨，多次外敌入侵之时都首当其冲，成为国防前哨。

1839年11月3日，英舰在广州虎门口穿鼻洋进行挑衅，水师提督关天培率军抗击，英军败退，伤英舰一艘，落海数十人。

1840年二月初五，义律先下手为强，英军兵舰十八艘突入南海，出动海陆军攻占第一重门户沙角、大角炮台，发起虎门之战，老将军关天培坚守炮台，力战殉国。

英军兵临广州城下，义律致书要求通商，销售已运到中国的鸦片，并得到英国急需的茶叶。道光皇帝令奕山等“妥为布置务当谋勇兼施，分路兜剿”。奕山并没有主动进攻，在给道光的奏折中一味陈述“患不在外而在内”，“防民甚于防寇”。

1841年5月24日，英军向广州发起进攻，一路占据城西南的商馆，一路由城西北登岸，包抄城北高地，攻占城东北各炮台，18 000多名清军尽退城内。英军炮击广州城，奕山在城上改换白旗，向义律乞降。清军退驻离广州60里以外，交赎城费600万元，英军退出虎门。

广东水师还派出过“广甲”“广乙”“广丙”等主力舰，参加甲午海战，更出过民族英雄邓世昌、辛亥革命首任副总统黎元洪、民国海军司令程璧光等将帅人才。

可广东水师在甲午海战前未得到重视，战后衰落了，这几年更衰败了。

李准明白肩上的重担。走马上任第一件事，就是大刀阔斧进行改革整顿，很快令朝野上下刮目相看，各大媒体争相关注。

《申报》在《粤省整顿水师》一文中报道：“李准将各营水师大加整顿，各处炮台，凡旧式无用而又非紧要者，一律拆去。其余如碍难遽拆，则参酌各国新法重行改造。其虎门之横沙角及省河之海珠、牛山、长洲各炮台之炮兵，亦拟改习洋操，认真教练。”

《香港华字日报》报道：“是年，李准大力整顿海军。粤海关裁撤归并后，其衙署闲旷废置，未免可惜，现闻水师提督李准拟将该署略加修葺，改为水提行营，其十六营公所则改给保卫营作为营房。”

李准抓的第二件大事，就是重视教育，培养军事人才队伍，兴办黄埔水师和陆军学堂，后即为孙中山的黄埔军校。

“就虎门城督署旁之十六营公所及裁缺两守备衙门改建学堂、宿舍、操场。建筑之费提各营公柜充之，约十万余元。常年经费以提督之漏规充之，不足者裁留防营之旷饷充之，有余仍解善后局。

“除各防营官弁目兵之外，复挑绿营之候补实缺将官、都守、千把外委世职进学，并招考各属中学堂毕业及营中官弁子弟之合格者进学，期以二年毕业。每年仍挑选优等三十名送陆军部考选拨保定陆军速成学堂及送日仕官学校。是年冬，头班生进学，旋奉部咨改为虎门速成学堂。”

除了培训打仗的官兵外，李准还“开设军乐学堂，有乐队五十人。又以防营多不谙号令，又设号兵演习所于万寿宫，教号令兵二百余人，三个月毕业，分派赴各营补以号兵之额，使腐败之防营亦知号令，并未向公家请领分毫之经费，不过提各营之号兵口粮来学而已，其它各劳皆准自垫之也”。

没有办不到的事，只有想不到的事。没有经费，李准自垫资金，也要重视教育！

李准还赤膊上阵，带头到工地参加学堂工程建设，成了一个打工仔。

黄埔水师学堂老照片

“其改建学堂各项工程，除木、石、油漆匠外，皆令亲军各营兵士分班工作。**余每日赤足着草履于烈日下，杂兵士中督率办理。凡做工者均另加犒赏。余则面目晒**

黑，足背由红而黄而黑，至脱皮而仍不稍息。

“又以亲军各营回虎门操练无营舍、操场，又于东校场改建新式营舍。统带办公室则居正中。正带不许官长离营另住。又于营舍之旁辟长六百米远之打靶场。

“又以沙角炮台之操场宽广，可万人合操。乃从东校场辟马路，宽一丈二尺，长十五里。除中途桥梁两处需购料、匠人工作外，其余皆兵士为之，所费极少。

“又设要塞堂于沙角，陆军要塞兵士除合操外，常彼此互相参考，以谋军事学之进步。自问苦心孤诣，力求整顿，不敢稍懈。”

李准在《自述》中总结兴建黄埔水陆军校的工作：“乃仿新军制，抽调训练成。更设讲武堂，官弁与目兵，多挑粤籍者，中学毕业生。五百生齐集，分班讲战争。速成一年可，正班三年分。每年选优秀，三十名送北京。更有要塞科，防海炮垒凭。沙角设学校，实地练习成。水师为本分，设学黄埔滨。水鱼雷电器，般般考究匀。更设无线电，于是始芽萌。添聘洋教习，丹国人那森。入学练习者，尽通英文人。一年毕业后，分别各出勤。”

黄埔水师学堂学员、教官和视察高官合影

黄埔水师学堂五名教官与学员合影

李准除开办黄埔军校外，还办了好几所民校，他带头捐款，各绅士商贾都跟着捐款。

《香港华字日报》所刊《李水提热心教育》报道说："东莞设立两等小学堂二所。适李军门到任，洁己急公，各绅以愧以悚，踊跃措缴各款云。"

《李军门筹设虎门学堂》报道："虎门一带居民数千余家，而学堂尚未成立。现拟在虎门设立两级小学堂两所，以为绅民之倡，惟经费浩繁，实难筹措，查有方前军门提督办理东莞清乡时，各匪族所缴花红发存莲溪靖安公司，存储共三万八千余金，开交当押生息，积年以来，子息一项为数甚巨，拟即酌提，以充学费云云。"

教育一抓，立见成效。

虎门水师学堂和陆军学堂成为广东海军和陆军的摇篮，一批批军事人才源源不断充实队伍。

"虎门陆军速成学堂头班速成生刘雄才等毕业，发回各营。二次考选，二班学生刘志陆等三百余人入学，又选特出优秀学生黄强等三十人送陆军部考试，送保定军官速成肄业。以后每年选三十名送部考试，均各得优等凭证。"

李准除了培养人才，还特别保护人才。

"有省城新军一标督操官陈钊，为福建武备学堂毕业生，请假一星期来虎门会同学。及来见，与谈军事极中肯，崇实学，有本源，嘉之，令上堂与学生讲授军事之学，亦极为诸生所悦服，拟留其充兵学教官。去后次日，忽得西林电称：以陈钊为一标逃官，现在藏匿虎门，请即缉获派兵押解来省，交参谋处惩办。"

岑西林竟因此要杀陈钊，为何小题大做？

杀鸡给猴看——正是做给李准看的。

李准不怕得罪顶头上司，也要出面力保："余以陈钊此去必无生理，乃亲送至省交参谋处。声明准假一星期，今才第四日，假期尚未满，不得谓之逃官。同为公家之学堂用人，亦不得谓之容留逃官。西林大怒，必杀陈钊。余力争之，乃将毕业文凭追缴，发南海县监禁二十年，幸素军棍插耳游营之刑，亦力求始免（是年，西林调田中玉来为协统。折呈请将陈钊发协部译书，西林允之。不数月，且仍发交虎门学堂充兵学教官）。"

陈钊得救了，李准却得罪总督了。

李准主动认错，岑春煊变相索贿，才化解了矛盾。

"西林从此与余意见更深，月余未与见面。及在黄埔看水师鱼雷学堂及船坞，始晤面而自认错。西林令交六百两以为洁净局经费以顺其意，而怒始解。”

陈钊为报李准知遇之恩，倾囊相授，尽心教学，成为黄埔军校最得力的教官，培养出很多军事人才。

在李准整顿广东海军建制，开办虎门军事学堂等有力措施下，广东水师面目一新，逐步向近代化和正规化方向发展。

二十三、添军舰大清巩固　无线电现代用兵

李准采取整顿和建军校培养人才两大措施后，第三件大事就是添制军舰。

首先是延聘专门人才，重振造船厂。

“又购英国遭风损山边之五十吨、长三百余尺之邮船，改修为练船，以为运兵及练习水师人员之用。凡在黄埔水师学堂毕业之学生，均令上船练习，风涛沙线、船上炮位、探海灯，无线电讲堂、操场，所属设备完全。”

李准为其命名“广海”，意思是“心中装着广东之海”。四年后，这艘“广海”舰因载水师官兵从日本人手里收回被侵占的东沙岛，而名载史册。

李准接着“自筹款造内河坐船曰龙骧，船身长120余尺，吃水四尺，速率12海里。船上设无线电、探海灯、电灯，仅于内河出巡之用。又置电捷等小电汽船多号，以为差遣之用”。

在香港定造四艘内河兵舰，亲自命名“江大”“江清”“江巩”“江固”，寓意“大清巩固”。

“船上探海灯、无线电均设备完全。每船有克虏伯极新式之退管炮一尊，马克沁机关枪四尊，四生的半克虏伯边炮四尊，丹国式之鲁勒塞机关枪六支。出巡于西江各处，每段尚有小兵舰四五艘，有事以无线电通声气，上下一气，而西江从此安堵无惊矣。”

当年报载李准水师《练军入海》图

1908年1月4日《香港华字日报》所刊《李准在港定购浅水轮》一文的报道，与李准《自谱》所载相同："长一百二十尺，每一句钟可行十八海里，每艘约需银六万元，工约用船八九十名，其管加人员拟在广东抡选，熟谙英文者充其职。并拟设无线电机，各船上所配之快炮十六尊已到港，其余尚有二十尊已由日新洋行定购。每船另定购克虏伯二尊，又现已租有快捷小船四艘先往省河巡缉，至此四艘浅水轮，闻是专为西江而购云。"

李准"又自备电气座船一艘，名曰'电安'，长一百零八尺，双机，电灯及探海灯，卧室、浴室、餐厅及执事人员室、中西厨房，设备完全。船上配马克沁机关枪四门，礼炮两门，色色精美，远胜龙骧之上，共费约三万元，由香港庇利公司承造。其餐房所用银器、铜器、瓷器、玻璃器，各种均定自英国，无不有余之名，以英文首一字母套合成一花押。改革后，胡汉民以一万五千元卖给广西陆乾卿都督焉"。

还有一件大事是自筹经费，新建军营水师公所于虎门。

"又以靖海门外原有之水师十六营公所房地，易大南门外天字码头长堤之新填地建设水师公所，旁设水师练营及无线电台。水师练营招沿海之贤家子弟入营，教以船上之工作，并教以浅近之英语。以水师学生孙承泗为管带，陈蓁芗为帮带，邱某为教习，六个月毕业。不许各船管带私自招补不谙水师章制之人充补。"

李准还自筹巨款，在广州城内新建了他的官邸兼办公场所提督府。

"又于省城内天平街添购民房及已停多年之其充当改建水师行台于省城，以为驻省办公之用，共费八万余元，皆自筹款，未取之于公款者也。"

这水师行台又名东园，人称提督府，与总督府一墙之隔，总面积2.5万平方米。前半部分正南大门有座高8米的石桥式砖木结构门楼，横眉上有大字"东园"，落款为小字"邻水李准"。门楼中间为40米宽的大厅，左右两侧各有圆拱门。进园50米有一荷花池，池东西各有一八角亭。池的正面是砖木结构西式二层洋房"红楼"。后半部有1000平方米的池塘，小溪从西流入，溪上有两座双层木阁楼，雕梁画栋，古色古香。1926年，遭帝国主义收买的反动分子纵火焚毁，历劫犹存的仅有1座门楼和红楼前大树。1962年公布为文物保护单位，1984年政府重建"红楼"。

2013年李准外孙女段天璇（笔名舒岚）撰《广州访今追昔·东园》，描述东园今昔："仍存有一座石桥式砖木结构门楼，上有李准手书'东园'二字。园内现存原物门楼和荷花池，正北有东园主要建筑物——西式二层洋房

‘红楼’。广东革命历史博物馆原馆长黎显衡说：‘东园一直被认为是曾任广东水师提督李准的私人别墅，但其实这是李准与某票号商人合作开设的置业公司。’

“当时东园是社会名流、骚客、富商雅集、参观活动的园林式游乐园。入东园者须购门券，每人四毫。东园南半遗址为广东省级文物保护单位，20世纪80年代复建红楼，现在是省港罢工纪念馆。广州市文化广电新闻出版局2011年5月的说明碑文：原为清代私家园林东园，现仅存门楼，1984年在原地重建红楼。1925年6月爆发了反对帝国主义的省港大罢工，在此成立省港罢工委员会。1917年在此举行孙中山南下护法大会，1922年青年团第一次全国代表大会在此召开。1919年五四运动中，广州国民外交后援会联合各界团体，在东园广场开国民大会，参加者近十万人。1921年粤军第一、二师的军官在东园开恳亲大会，孙中山出席并演说。东园的功能发生了质变，从游乐场变为群众革命活动场所。东园最终毁于1926年一场大火，原址后成为越秀南汽车站。”

现在广州沿江东路之北，有东园路、东园横路和东园后街，均得名于李准所建历史名园。

李准自筹款建提督府“东园”门楼，现为广州旅游景点

李准还进行了一项前所未有的开拓创新工作——设立海警厅。

“又以省会为三江总汇，航线要道船多如织，最易藏奸，乃于省城设水上警察厅，西至黄沙石围塘，南至南石头、车尾炮台，东至琶洲中流砥柱，以海珠为总局办公之所。”

十二月，岑春煊因李准办理清乡得力，赋予了李准更多的权力。

“粤省军政极称腐败，必须大加整顿，方足改图效用该提即于整顿营制，办理清乡之事素称得力，以后各武弁之调用撤换自可随时从权调度，如遇有宜参革之弁，亦当不避嫌怨，咨商办理”。

李准在《自述》中全面总结了这段时间的一系列开拓创新型工作：“乃仿新军制，抽调训练成。更设讲武堂，官弁与目兵，多挑粤籍者，中学毕业生。五百生齐集，分班讲战争。速成一年可，正班三年分。每年选优秀，卅名送北京。保定毕业后，分别各从军。如是者三期，一千五百人。更有要塞科，防海炮垒凭。沙角设学校，实地练习成。水师为本分，设学黄埔滨。水鱼雷电器，般般考究匀。延聘专门者，造船厂重振。广海练船大，水师练习驯。容人过千数，运兵甚觉灵。更设无线电，于是始芽萌。添聘洋教习，丹国人那森。入学练习者，尽通英文人。一年毕业后，分别各出勤。更造有公所，水师办公厅。傍设操练地，水师学兵营。枪炮兼造作，灯号旗语明。会操学生队，同与练船登。更造新军舰，大清巩固名。枪炮皆新式，无线电如林。速率多快捷，还有探海灯（无线电为军事所必要，除海口、徐闻、河口、虎门、崖门、沙角、黄埔、汕头各设电台外，省城水师公所设总台，各新式兵舰如广海、江大、江清、江巩、江固、龙骧均有无线电。以后屡经变乱，皆由信息灵通，调兵迅速之效）。巡行三江口，盗贼胆战惊。”

《申报》《香港华字日报》等媒体，对李准整治水师有系列跟踪报道：《李准有实授水师提督之消息》《李直绳欲利用海关旧署》《李水提热心教育》《李水提竟统文员》《广东水师提督移文湖南招募水勇》，等等。

慈禧太后没有用错人。

李准临危受命接手广东水师，通过这一系列举措，整顿了广东海军建制，开办了具有初级军事培训意义的虎门军事学堂，使广东海军逐步向近代化和正规化的方向靠拢，所统领水师队伍在清末广东是一支不可小觑的军事力量。此后革命党人的多次起义就失败于水师的镇压，可见整治成效之显著。

清光绪三十二年（1906）五月间，李准36岁，任水师提督刚一年，又升任水陆提督。

岑春煊以事权不一，奏请将水陆提督裁并为一，在折中力荐李准：“窃查广东盗贼素多，而海盗为患尤剧。自乾隆末年，嘉庆初年以来，海盗巨魁若张保仔等连樯结党，纵横出没南洋数千里，商民深受其害。现署水师提督本任南澳镇总兵李准讲求戎政，节制有方，于广东全省情形尤为熟悉，拟请即以署理广东水陆提督。如蒙圣恩，特予简授，实于粤省地方有裨。其正任陆路提督李福兴应请作裁缺提督，恭候朝廷录用。”

几年下来，广东水师面目一新。

1908年11月，美国海军少将额墨利率东方舰队到访中国，朝廷在厦门演武场宴会厅设宴招待，李准率部将前往出席。“十月，美国海军舰队至厦门，朝廷派大员来厦招待。余率林国祥、吴敬荣、王仁棠等海军职员往与会，以尽东道之谊焉。”

1908年11月，美国海军舰队访问厦门，图为迎宾馆宴会厅内，
清政府宴请美国舰队海军官兵代表

海军司令萨镇冰于1910年5月陪海军部大臣、光绪之弟载洵，专程来粤考察李准的工作，见广东水师焕然一新，比他们的预期还要好，大加赞赏：“郡王衔贝勒载洵会同萨鼎铭军门镇冰来粤考察海军，余迎于香港，一同来省，在黄埔鱼雷局请圣安，及入省入督练公所，休息数钟，匆匆即行，见四江、广海、电安、龙骧各舰之新美，**赞不绝口，初不料广东能有如此。**”

二十四、长治久安民自卫　治安联防官卫民

可还有一个老大难问题，难以从根本上解决，这就是盗匪问题。

顺德一带遍地金钱，而盗贼愈为猖獗。遍地皆桑，家家养蚕，机器缫丝

厂多至五六十家，每年出口之丝值四五千万。而桑林深密，最易藏奸，防不胜防。

李准在《自述》叹曰："粤中本多盗，清乡数十春。各乡自招勇，名之曰老更（警察）。以邻国为壑，盗贼更充盈。此乡已如此，彼乡亦相仍。愈清匪愈众，永无一日宁。"

李准见香港、澳门境内无盗，分析其原因，在于此两地施行禁枪政策。因而他也力图仿照此办法，在广东施行禁枪。

李准还找到一个长治久安的法宝，也只有运用这个法宝，才能真正搞好治安。李准总结出的法宝就是"官之卫民，不如民之自卫"，用现在的话说，就是治安联防综合治理，群策群防，搞好治安人人有责。

《自述》记载了具体措施："毅然裁更练，就款募成营。官弁由我任，饷糈绅发薪。守望多相助，统帅专责成。官决不调用，力薄助官军。"

具体办法是裁去原有不中用的治安机构，将就其经费重新招募联防队员，组建新的联防机构，相当于现在的联防队，干部由官方任命，工资由当地有钱人发放。每个联防队除了对本地守土有责外，当其他联防队有事，需互相帮助出击；官方不能动用地方治安力量，地方需要时官方还出兵相助。

这一措施果然有效。"各乡照行后，果然见安宁。此乃民自卫，不恃官卫民。"

"自上年已调查各乡之庙堂祠产及抽收亩捐各款，就其本有之款为募防勇，以保地方原有之械拨归应用，不足者，官任补充。足募一哨者，由官委任哨官；半哨者，由官委任哨长。合邻近数乡为一营，而有管带亦由官委任之。某乡有事，各乡助之。因其皆官任之官长，可联络一气，而不分彼此。开办之初，各乡绅耆多有不愿裁去旧有更练而与我为难者。余毅然行之，试办数乡，行之有效。各乡之明达绅衿亦陆续请援照办理。"

李准为防盗匪而支持民众建的碉楼
（广东开平、新会一带）

李准又"于顺德属内建筑碉楼，每相距十里一碉，高四丈，驻兵一排于碉楼上，可以观察桑林内有无藏匪。何处有匪，登碉上之兵即可互相遥击。俾匪无隐身之所，而地方获安"。

这个有点像古代的烽火台了。

1906年4月2日《申报》报道："新宁县大隆洞地方匪众聚集数百人，于是地方官致电李准，请求出兵，地方官禀由省宪转电柯参戎亲督大队驰往剿办，并电致水师提督李军门用轮船载勇速往剿灭。"

12月10日又报道："札行严拿惠属会匪惠州东江一带多盗匪，阻隔江旅，周馥命李准严行缉拿，务将首要悉数弋获，并派拨弁勇驰赴东江沿岸一带密为梭巡，并饬知该处驻泊各水军，一遇巡警，即协力齐出兜拿，以安行旅。"

这样看来，我们现在视为经验奉行多年的治安联防综合治理，其实李准早在百多年前就创新运用了，大见成效。

慈禧太后慧眼识才，破格提拔，李准临危受命，成为清末国运衰败时期少见的能吏干将。

二十五、黄冈钦廉平大乱　朝廷权斗贬总兵

李准为报慈禧知遇之恩而不辱使命，使出浑身解数，广东水陆两军风生水起、百废俱兴之际，却突被慈禧贬去水师提督要职！

李准不解！

将士不服！

1906年岑春煊"调任云贵总督，一年后入京补邮传部尚书。两江总督周玉山尚书继任为粤督。玉帅到任，情形不熟，遇事咸咨询于余，余则知而不言，言无不尽，军事恒由余主之"。

《自述》说："西林调任去，玉帅棨戟临（岑云帅以铁路风潮擅捕大绅黎国廉等，激动京外，绅民公愤，调任云贵总督，以江督周玉帅继任）。一切多倚任，敢不尽乃心。"

这本来是大好事。

可这清光绪三十三年（1907），却是37岁的李准之多事之秋。

正月，李准将水陆提署搬往广州。自水陆提督归并后，原有水师公所在虎门，陆路行署在惠州，两衙相隔颇遥，驻扎殊形不便，所以李准将水陆提署移设省城。

李准筹款为李鸿章建了展示其功德的祠堂。早在李鸿章离任两广总督时，广东地方官绅已有此议，因财力不足而搁置。"商酌选择相当之地，俾

期早日鸩工，以崇报祀”。而李准却说办就办成了，此事看出李准在广东地方所拥有的权势和地位。

5月22日晚，孙中山发动的黄冈起义爆发。

水陆提督李准自然奉命镇压。

李准父子与孙中山的关系是十年恩仇不断——李父任香山县令时孙家因土地与人纠纷，孙中山从香港医校回来求李，李父答应为孙家主持公道。可是等孙中山下次回来，不但土地问题没解决，连解决问题的李征庸也遭挤走了，新县官“杨剥皮”花五万两银子当了官。这事成为孙中山从医人到医国的初心——感叹这是无可救药的腐败政府，从此走上反政府武装起义的革命道路。可孙中山没想到，几年后李征庸的儿子李准与他成了对手。但从1905年李准任提督起，到1911年黄花岗起义，孙中山在李准的地盘两广地区多次发动武装起义，李准被其一次又一次推上风口浪尖，成为革命党人的克星。多次起义都被李准镇压了，而最后一次孙中山转变思路，动员李准率广东起义，便一举成功，建成了革命政府，孙中山辛亥年的广东革命，才兵不血刃、大功告成。

1907年5月，李准任提督两年。孙中山被日本政府驱逐，又在越南河内设立领导起义的总机关，委任许雪秋为中华国民军东军都督，和余纪成、谢良牧和谢逸桥负责潮、嘉一带起义工作。

许雪秋是广东潮安人，新加坡华侨富商之子，1906年得识孙中山加入同盟会。

谢良牧和谢逸桥两兄弟也出身华侨，祖父谢益卿系英属槟榔屿的侨领。两兄弟利用祖父在潮汕铁路公司拥有巨股，通过铁路渠道秘密运送军火，一起发动了潮州、黄冈起义。而这两兄弟的叔叔谢义谦，正是李准的幕僚，后来辛亥革命李准起义时，还派谢义谦到香港，通过谢良牧与孙中山、胡汉民联系反正大计。

孙中山原定于5月25日在黄冈起事。谁知21日商民演戏，防兵在台前调戏妇女，党人出面干涉，被捕2人，并拟搜查泰兴杂货店总机关。负责起义的同盟会员余纪成、陈涌波遂决定提前行动，黄冈起义爆发。余纪成聚集700余人于黄冈城外誓师起义。陈涌波为前锋，围攻都司衙门。当夜忽降阵雨，义军旧式鸟枪弹药尽湿，便改用火攻。在熊熊烈焰中，陈涌波叱咤冲突，血战一夜，攻克黄冈，生擒都司隆启。

次日在都司衙门成立军政府，以会党首领陈涌波、余纪成为正副司令，第一次打出“大明都督府孙”及“广东国民军大都督孙”等名号，发布文告。军政府要地方殷富交银献米，“富室均被勒提军费，为数甚巨”，“一廖姓者二次被勒，至有三四千元之多”。

孙中山的起义军司令陈涌波

总督周馥电令潮州镇总兵黄金福出兵，同时李准率队继进；又促闽浙总督松寿拨队防堵。25日夜，陈涌波出击黄金福军，起义军土炮威力不大，死伤数十人，向黄冈乞援。余纪成披发痛哭，义军大受感动，身带双刀，背着湿被棉胎，准备肉搏。清军援兵赶到，义军腹背受敌，弹药告罄，只得解散义军，余纪成等由海道逃往香港。

李准作为水陆提督，肩负保卫两广政府和人民，维护社会稳定的职责，自然被革命武装起义推到矛盾的刀锋上，成为镇压革命党的“刽子手”。

“适党人屡于省会举事失败，乃向省外边远之地发动。其时东西路，民党运动勤。正统军东去，西路警频闻。”

“夏四月，钦廉匪乱起，党人以连年起事均不得志，省会及近省之地，至是专从安南运动土匪，借抗捐为名扰乱廉钦各州县。廉钦道王雪岑观察请兵平乱。”

潮州镇总兵黄金福带兵三百余人向黄冈进剿，潮汕空虚。余纪成、张亦麟率军往井洲阻击黄金福，陈涌波、余永兴进攻潮汕。

然而，党人此次军事行动，早已被李准洞穿：“党人计划用声东击西之法，使我首尾不能相顾。黄冈处广东之极东，与福建毗连；钦州处广东之极西：相距三千余里。今黄冈有事，其意必不在黄冈而在钦、廉，惠州亦将响应而起。如空省会之兵，而往救极东极西之急，而省垣亦将有应之者。”

此时李准正“率浅水兵舰巡东江至惠州，正分派管带洪兆麟、李声振等击三多祝、白芒花等处之匪”，忽得周馥急电云“贼陷黄冈直隶厅，潮州镇总兵黄金福困井洲，飞电求救等语”。

李准得总督周馥电令时，已然早有计划成竹在胸：“抽调某某军先平黄冈之乱，并备调副将赵定国、守备钟子材、姚洪阶等营备援惠州。道员郭人漳率林炜邦、李耀汉等营赴钦州，一面就近督洪兆麟等营，防三多祝、白芒花、淡水等处之匪。余即日遄返省垣，调集队伍出发，用兵舰并雇商轮载兵。余先率吴宗禹、隆世储、丁子勤、邓瑶光、王有义等营，由海道行，次日即抵汕头。”

广西四大匪首之一王和顺被孙中山委为中华国民军南军都督

党人进攻井洲，“血战二小时，清军势已危急，党军令其缴械。适清军在山上远望有小轮载兵士驰来，知援军将至，乃死抗不降。自十五日晨战至午后，死伤过多，知难取胜，迫得退却，整军再战”。中国史学会《辛亥革命》所说，与李准所记相吻合：“我军立刻登岸，即日由澄海、樟林一路，先援井洲，并令潮阳游击赵月修率一营为后援。我军次晨抵井洲，贼见我大军至，一战即纷纷溃败。”

王和顺系清末广西四大游勇匪首之一，1907年在西贡加入同盟会，被孙中山委为中华国民军南军都督。9月5日，王和顺率200多人攻入防城，以“中华国民军都督王”名义发布《告粤省同胞书》《告海外同胞书》《招降满洲将士布告》，革命军在战斗中扩大队伍达三千多人。

1907年孙中山发动的潮州黄冈起义军誓师大会

中華國
國民軍憑票
宗驅除韃虜恢復中華
旨創立民國平均地權
童趙記
廣東省潮州府
庚戌年三月初十日

起义军颁发的中华国党员执照

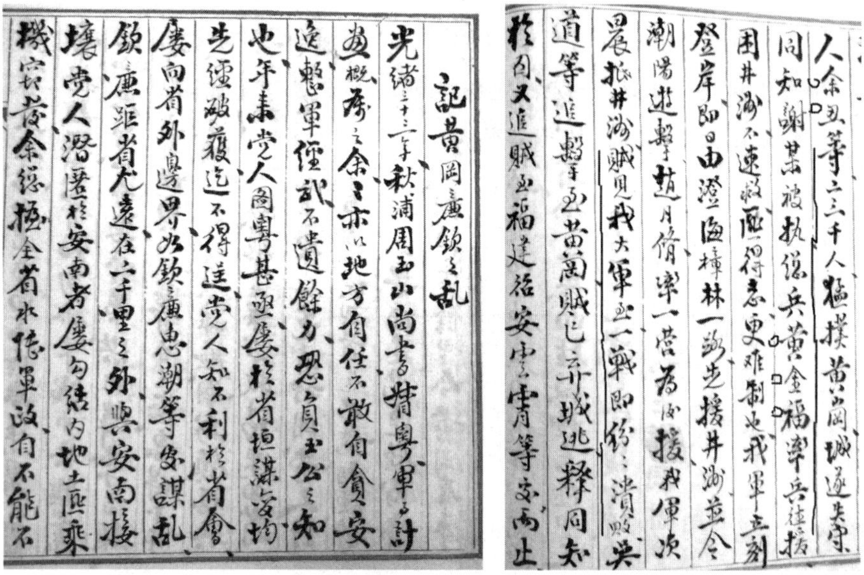
記黃岡廉欽之亂
光緒三十三年秋浦周玉山尚書督粵軍事，討
盜概屬之余，余亦以地方有任，不敢有貪安
逸，整軍經武，不遺餘力，恐負玉公之知
也。斯年秉黨人圖粵甚亟，屢於省垣謀竊，均
先經破獲，迄不得逞。黨人知不利於省會，
屢向省外邊界如欽廉惠潮等處謀亂。
欽廉距省尤遠，在六千里之外，與安南接
壤，黨人潛匿於安南者屢勾結內地土匪，乘
機竊發，余總極全省水陸軍政，自不能不
人余丑等二三千人猛撲黃岡城，遂失守，
同知謝某被執，總兵黃金福率兵往援，
困井洲，不速救，恐一回得志更難制也。我軍立刻
登岸，即日由澄海樟林一路進援井洲，並令
潮陽進剿……趙月修率一營為後援，我軍次
晨抵井洲，賊見我大軍，與一戰即紛紛潰散，吳
道等進剿至黃岡，賊已棄城逃，釋同知
於囚，又追賊至福建詔安、雲霄等處而止

李准著《清末遗闻》手稿之《记黄冈之乱》，记述几次镇压孙中山起义

“六月，与福建接壤之黄冈、庞城为党人余丑等袭破据之。得玉帅电，知黄冈失守，廉钦告急。即日下驶回省，先平黄冈之乱。是夜，调集吴宗禹、隆世储、李耀汉、邓瑶光、王有义等营分乘伏波、琛航及商船致远、广利等号出发。另调郭人漳之秋练军林伟邦（即林虎）带营往北海，以援廉钦。别调新军赵声一标赴汕头援黄冈。据称潮州镇黄和亭镇军金福已被困井洲不得

出。当令吴宗禹率各军由澄海之樟林以援井洲，并令潮阳营游击赵月修率王有义等营以解饶平之围。我军既抵井洲，一战而匪溃逃，黄镇得出。同逼黄冈，匪弃城走福建之云宵、绍安等处，我军追击讨平之。”

“第三日，赵声始率一标至汕，而廉钦告急之电又至，乃令赵声率队就原船广大等号开往北海，会郭人漳之师用以平廉钦之乱。吴宗禹等追击乱党于福建，乱平率师回汕。而惠州之乱起，博罗戒严。玉帅电令赴援。幸先调有赵定国、钟子才、姚洪阶等营赴惠，会洪兆麟、李声振等营与匪众数千正相持间，余即令吴宗禹率各营仍用原船载赴归善属之澳头登岸，会洪兆麟等与匪战于淡水、三多祝等处。不数日，博罗、惠州之围解而乱平焉。”

李准这里所说第三天才率新军迟迟赶来的一标统领赵声，是孙中山安排在清军的卧底，后在1910年策划领导新军起义，1911年又任黄花岗起义总指挥。

前面看了李准所记，再对比看看《胡汉民自述》一书所说起义是怎样一种情况，他总结起义失败的原因是什么。

胡汉民幼名胡衍鹳，后改名胡衍鸿，字展堂，汉民是他在《民报》上发表文章时所用的笔名。出生于广东番禺 ，祖籍江西吉安，1901年中举人。1902年，李准选自己的家庭教师汪兆铭（精卫）和优秀青年胡汉民，与自己的弟弟一起，公派出国留学日本。因此结识孙中山，成为同盟会元老。

1907年3月，孙中山被日本政府驱逐出境，胡汉民和黄兴一起追随孙中山，在越南河内，租用甘必达街61号设革命领导机关，然后在李准地盘西南边境组织发动历次起义，担任筹饷运械等工作，还亲自参与黄冈和镇南关起义。

跟随孙中山发动起义的胡汉民，后为中华民国开国元勋

《黄冈起义之经过》

黄冈之举动，为潮人余纪成，而许雪秋以同乡豪绅资格，余纪成乃愿听其指挥。

许雪秋者，一浮浪子弟，其为人颇与郭人漳类，拼弛敢大言，既以豪纵倾其家，而结纳亡命，遂有异志。走南洋，华侨同志颇称之。许因入党，而请任潮州革命军事顾问，实胆怯畏死，又居余纪成为奇货，而阻其与余等通。黄冈起事前后，许之报告，俱不实，余时时切责之。

时党中竭力购得日械千余，以某公司船密运至汕尾，使许与余纪成部接收之，并资为他部之接济。余为具体方案，使许执行，许承诺担任。余使先期十日往预备，且如其所要求者，给以费用。及某公司船至，则驳艇夫役一切俱无，乃云方始着手。来船候之三日，许仍徬皇无措。适清兵舰过，某公司船乃驶避至香港口岸，事遂败。许辄往河内见先生与精卫自陈，而欲卸责于余。精卫以电话问，余乃以当时计划布置之详情，及许妄言无实不负责任之种种，具为报告书，凡万余言；且谓："余向来作事，不顾寻常千万人之诬谤，惟忧二三知我者之不谅。许不足道，兄乃见疑，实非所料。"精卫答书，言："同时已得各种报告，知许言皆诬，前亦非有所疑，特欲急得来书，以斥其谬耳。弟知人之明，素不如兄，故同志间谓兄精明，而弟长厚。弟不愿以长厚者入于糊涂乡愿，亦企兄不以精明者流于刻薄寡恩。"余甚感精卫之忠告，时时引为弦韦之佩。

防城之役，发机于农民之抗捐，事连钦廉两属，各团皆起，与清兵搏，而革命军应之，事理至顺，先生之策划亦甚周。而赵声、郭人漳二人，皆握重兵，乃踌躇相顾，莫敢先发，郭尤瞻顾，见革命军势力尚薄，则不愿以所部反正为援，故事之失败，东京本部同志破坏武器购运之计划者，当首任其过。

盖是时先生与精卫在河内，克强入郭人漳军中，余在港策应潮惠一方面事，宋教仁，章炳麟等居东京，左右本部同志。章、宋毫无军事知识，而予志自雄，以为所购枪为村田式，非最新武器，孙、黄轻举，事必无成，徒多牺牲，遂阴为阻挠。殊不知尔时两广军队，除赵、郭所部及他一二部分外，其所用武器不如村田；又不知先生尚有其他计划，非只靠此千余村田战胜全国，而持此迂谬之见，辄摇惑同志，以违反党魁之命令，破坏革命军之大计，良可痛恨。余驰书本部同志力责之，且言当执行党中纪律。

旋由林时爽同志等返东京，禁制章、宋，使以后不得侵与党中军事问题，惟未与以严重之惩罚，亦尔时之疏也。先生尝曰：吾不患遇了无所知之群众，而最患遇一知半解之党人。盖指此等事言……

李准刚平定潮乱，钦州防城动乱又起。钦廉道王雪岑致电李准，"匪万数攻钦州，围防城、廉州，霄山戒严，求速救援"。

正当李准忙于作战之际，却突然接旨："谕广东水陆提督著秦炳直署理。李准著署理广东北海镇总兵，并著会同王瑚将廉钦清乡善后事宜认真办理。"

李准自1905年被慈禧从小小道员，突然连升数级至水师提督、水陆提督，现在又从水陆提督突然降为镇总兵！

李准作战有功，不但没有受到表扬，反而遭降职处理，这是为何？

而且正逢国家多事之秋，朝廷用人之际呀！

"余不知获咎之由，电询晦若，乃知为西林面奏，以准威权太重，骄謇难制。**皇太后异之，以李某在粤很得力**，且以西林前所保荐，以问西林。西林奏曰：本来很好，都给周馥纵坏了。必稍加裁抑，乃可玉成大器等语，故有是命。"

正在李准积极清除革命党残余势力的同时，另一场中国最高官场不见硝烟的战争，也在如火如荼地展开，史称"丁未政潮"。因此镇压革命党出力甚多的李准没有得到奖赏，反而成了这次宫廷政治斗争的牺牲品。

袁世凯一派为了把岑春煊排挤出宫廷，授意周馥向朝廷电奏两广军情危急，庆亲王奕劻向慈禧声言粤督之位非岑春煊不可。任邮传部尚书仅25天的岑春煊，又被下旨回转调粤督。

但岑春煊不肯认输，不赴广东上任，而是留京开展对政敌的反击。他接连上折，参劾奕、袁一派。

城门失火殃及池鱼。因李准与周、袁过从甚密，岑春煊便将矛头直接对准李准出气。

其实早在岑春煊1903年刚到两广总督就任时，就起了打猫心肠，强命李准剿匪，想抓他失败的把柄。不想文官李准却凸显武才，反倒歪打正着将李准逼成鼎鼎大名的武将。这次非要把李准弄下来不可。

岑春煊向朝廷密折告李准状："现署广东水陆提督，本任南澳镇总兵李准，勇于任事，人颇有才，驾驭得直，原可添以为用。自周馥到粤，派令总统全省各军，惟其言是听，文武进退，悉以咨之。李准气质未纯，复鲜学问，因周馥假以事权，由是恃宠而骄，积骄生玩，且以喜怒为进退，驯至用人失当，捕务渐就废弛，盗贼总为生心。此次钦廉惠潮之事，李准亦未尝不尸其咎。臣既有所闻，不敢以保荐在先为之掩覆。拟请朝廷特加裁抑，将李准开去广东水陆提督署缺，调署北海镇总兵。"（岑春煊《奏为特参署广东水陆提督李准捕务渐就废弛请开去署缺调署北海镇总兵事》）

岑春煊在奏文中向慈禧说自己驾驭有道，李准才发挥了作用，后周馥继任总督，李准就失去了控制，问题就出来了。

李准任提督三年，广东水师百废俱兴，朝野上下有目共睹。慈禧重用李准为水师提督三年以来，每每得知李准不负重望屡建奇功，正为自己用人得当而自我感觉良好，忽见岑春煊的奏折，感觉蹊跷，也看出岑春煊有点欲加之罪何患无辞的偏见。但岑春煊既是重臣又是干儿，慈禧不得不准岑春煊所奏，将自己破格提拔的李准又打压下去。

李准东奔西跑镇压起义，疲于奔命屡建奇功，不但没有得到奖赏，反而成了中央权力斗争的牺牲品。

六月底，因秦炳直江西职务未能交卸，李准广东水陆提督一任也未能交割。

于是岑春煊又上奏朝廷，要求江西方面尽快派人接替秦炳直的职务，以便秦来广东赴任："伏查广东水陆提督统辖两省捕务，北海镇总兵现办钦廉清乡，均不可一日悬旷，而秦炳直不到广东提督署仕，李准不能交卸前赴北海。现在已革署北海镇总兵何长清已丁母忧卸事，派员代理。合无仰恳天恩，电饬江西巡抚，即日派员接署臬篆，俾秦炳直得迅速赴粤，李准亦得拳赴北海新任。煊为地方捕务重要起见，谨请代奏。"

十二日，传闻秦炳直于十四五日到省，"现提署当差各员已将天平街之提督行辕打扫洁净，以便秦提居住。而李提则已迁至对门公馆矣"。

十九日李准"交卸水陆提督篆务，现在部署一切，赶赴北海镇署任"。

能人一遭贬，问题就来了！

"其先调往廉钦之队伍各将领闻余获咎降官，人皆栗栗危惧，不知死所，咸请假入北海之外国医院养病；兵士亦多怨望，且病也益多。"

这对孙中山、胡汉民和黄兴领导的武装起义，是千载难逢的良机！

军情急转直下："廉钦之乱再起，防城失守，宋大令全家殉难。东兴相继失陷，钦州被围，王瑚率济军两营守城，灵山县亦被围，仅吴福昌一营守城。廉州合浦戒严，连电告急。余正交卸来省，拟弃官入山。胡夔甫来求余出，以解廉钦之围。情词恳切，几欲下跪，亦不之允。"

李准拟弃官入山，绝不仅仅是遭贬职而意气用事，更不是心胸狭窄，争权夺利。那他到底是因为什么呢？

原来是："俾交卸后退归林下。实畏岑如虎狼、如蛇蝎也！"

岑春煊虽被命为两广总督，但其不想到广东上任，还留在北京时，就使出两个招数整李准——一是奏报慈禧将李准贬职，二是他以总督电令李准：“交出逃官李世桂、杨洪标，如交不出，责令交花红十万两。李、杨二人本曾隶部下，自西林严逼款，罚其重款之后，早已逃匿安南。西林去后虽回粤，亦未当差，各在省港经营商业，与余何干？勒令交出。又知其闻西林再来，早已仍回安南去矣。真蛮不讲理，谓之蛮帅，谁曰不宜？”

岑春煊令李准交所谓逃官李世桂，就是1903年岑第一次督粤时，免职的省缉捕局长李鹤琴，李准全靠他推荐的瞎眼跛脚“三怪”相助，才三平海盗，一战成名。李世桂当年就被岑春煊逼得逃去越南，等岑离职后才回广州，早已改行经商做生意了。如今只听说岑又要来粤，马上又躲到安南去了。这和我李准还有什么关系嘛，还要找我负责！

遇到这样一个霸蛮匠来做顶头上司，还能干得下去吗？用李准家乡的四川话说——惹不起你躲得起啥！

于是“余以为年来苦心孤诣，勤劳王事，不遗余力，今反得此结果，灰心已极，将挂冠而去。及子质来，交卸提篆，捡点行装，将尽室以行，决不再为此可畏之官”。

如此紧要关头用人之际，却打压人才，亲者痛仇者快！

匪党四起成燎原之势，两广形势更加危急！

二十六、人骏伯乐保李准　十万大山安百姓

就在岑春煊将要督粤，李准不愿再为其卖命，想挂冠而去之时，“忽奉上谕：西林开缺养病，以张安圃尚书补授两广总督”。

原来岑春煊迟迟不肯赴任两广，上疏乞病归，慈禧就准了他的请求。

继任者为张人骏，人中骏马，号安圃，直隶丰润县人。

而对李准这匹骏马来说，张人骏却既是伯乐，又是保护伞。

张人骏此前任广东巡抚时，李准父亲李征庸是其部下南海等地县令，张人骏非常赏识李征庸的治理能力。每逢总督岑春煊指使言官上疏弹劾李准父子时，朝廷往往命他为钦差查核；而他每次都上报朝廷，一一驳回诬告不实之词，一次又一次还李准父子以清白。李准首平南海大盗区新时，张人骏就与岑春煊联名奏折向朝廷报功请赏；连平李北海和林瓜四海盗后，又联名向

慈禧太后举荐李准担纲水师提督。

总督，指一个国家某片相对自主的区域的最高行政长官。清朝时期总督是正二品，统辖一省或数省行政、经济及军事，尊称“督宪”“制台”。与只掌握一省行政事务的巡抚不同，总督兼管数省，在政务之外也兼掌军务。巡抚矮半级，从二品。

而提督为武职官名，全称为提督军务总兵官，从一品，比总督正二品还稍高，所以李准自著中记载建设水师的事情和巡视东西沙的大事时，常说“会商”于某某总督，而不是用“请示”“汇报”等词语。提督负责统辖一省陆路或水路官兵，为清朝各省绿营最高主管官。分为陆路提督与水师提督，掌管区域达一至两省，数万至数十万平方千米。清末共在各地设置3名水师提督：福建水师提督、广东水师提督、长江水师提督。

清朝武职比文职级别要高，但提督与总督、巡抚是职责隶属管辖关系，和官衔大小、级别高低无关，提督看起来比总督级别还高，但要受总督节制。

1905年，作为广东巡抚的张人骏调走时，李准既感激张人骏，又担心他走了，没了保护伞：“粤抚张安帅以裁缺调任山西巡抚，准素承青睐，今将去任，不禁依依之念，且恐以后无主持公道者，四顾彷徨，莫知所措，惟有谨慎，将事尽心力而为之，祸福听之。”

张人骏走后，李准果然没好果子吃，被总督岑春煊整得官都不想当了。

好在两年后张人骏又来广东，并升任两广最高军政长官——两广总督，这次要为李准彻底一洗清白。遂派心腹广东布政使胡湘林和署按察使蒋式芬，对历年各言官各次参劾李准的各条罪状，逐一查明。

负责查核李准的蒋式芬是李准的文朋书友，笔者收藏的李准出版字帖《李将军篆书心经》和《李将军篆书五箴》，就是李准请蒋式芬题写的书名。

那么，这么多年多位言官告状，都举报了李准什么“罪状”呢？这些罪状又到底属不属实呢？

言官举报李准种种恶行都是言之凿凿，张人骏查核后发现都是空穴来风，欲加之罪。

张人骏上长折奏报慈禧太后和光绪皇帝，为李准辩解开脱。

《两广总督张人骏奏查明总兵被参各款折》：所参各款当经行司确查去后，兹据广东布政使胡湘林、署按察使蒋式芬查明详覆前来，臣覆加查核。如原参李准向前署提督臣岑春煊行贿，认为师生，得署水陆提督并统军务，李准乘势横行昏暴，贪纵包庇匪人一节。李准久官粤省，长于治军，前以道员奉旨改官总兵，署理水师提督事本其责。嗣以水陆提督归并一缺，督臣岑春煊因其情形熟悉，奏请署理，系为地方得人起见。岑春煊节操严峻，何致独受李准贿赂与认师生。遍加访查，未闻李准有向岑春煊行贿，诈作门生及贪暴庇匪之事。

又原参李准署理水陆提督，日驻省会，呼庐喝雉，酒地花天一节。查李准经管各路清乡缉捕，一切要事时须赴省会商，酒食酬应在所不免，并无聚赌挟妓情事。

又原参李准前在水陆提督署任奉旨调署北海镇总兵，因接署提臣秦炳直尚未抵粤，未能交卸，迨秦炳直于光绪三十三年七月十九日到任，李准将经手事料理清楚，即于七月三十日航海赴任，八月初四日接篆，视事尚无逗留，防城失守事在光绪三十三年七月二十六日，其时李准已卸提篆，未到调任，并非坐视不救。

又原参李准督办广州缉捕有年，抢劫掳掠日有多起，其营兵且与顺德沙丁暗通为匪一节。查广东多盗甲于各省，李准督捕有年，于抢劫掳掠之案，虽不能悉数破获，而著名巨匪业已歼除不少。

又原参东莞竹溪等局，前经莫善喜办理清乡，积存罚款数十万金，李准悉数提拔，实则自肥一节。查东莞县竹溪公局于光绪十五年存有前水师提臣方耀所交花红，除支用外，尚存五千三百九十两，经李准提充学堂经费，并无数十万金之多。其莫善喜所存办匪花红银一万六千二百九十九元，系由厚街村王姓绅耆认缴，除获犯给赏暨匪亲无力呈缴外，经李准初次提到银三千二百五十二两，再次提到银九千三百一十三元，先后拨交省城官银钱局，存候获犯给发，并非私提肥己。

又原参改虎门万寿宫为西乐学堂，堵塞南门，筑高三尺以为操场，绅士大噪，始将南门开通，学堂移交他处一节。查虎门军乐学堂开办之初，堂未落成，员弁、学生人等曾在万寿宫群房暂行借住，随即迁往学堂，惟学堂之前逼近城墙，地势不平，用土填高，支搭葵棚，以作体操之所，并非操场，亦无堵塞南门之事。

又原参太平墟武帝庙僧人子觉颇有蓄积，李准涎之，开办讲武、巡警各学堂，勒僧报效不遂，借事拿案，瘐毙狱中，庙产没入一节。查东莞县属太平墟武帝庙僧子觉窝留妇女，不守清规，光绪三十二年四月，经警兵将该僧及妇人严张氏一并拿解，提署委员审明，断令该僧还俗，拨入习艺所罚作苦工一年，严张氏责释，该僧旋即病故，并无据报查封庙产之案。

又原参李准有宅一区，意欲扩充，饬县票押南隆、同孚等店让业，被控之后，乃藉词改造提督行辕以掩其过一节。李准因公晋省，向以省城太平街公所为行署，因不敷办公，议将附近各铺屋价买扩充，各业主已情愿缴契领价，惟南隆烟膏店租户梁信不肯迁让，迨李准交卸秦炳直到任，照案行县谕催，并允优给迁费，现已一律领费迁徙。此事迭经李准、秦炳直咨会督署有案，实为建造提督行辕，并非扩充私宅藉词掩过。

此查明李准被参各款之情形也。

所有查明总兵被参各款缘由，理合恭折具陈。伏乞皇太后、皇上圣鉴训示，谨奏。

从言官参劾的那么多"罪状"来看，李准恐怕"罪责难逃"。可朝廷对张人骏的奏折批了三个字"知道了"，就再未对李准有什么追究了。

对张人骏全力保护李准的行为，报纸时评也感到不解："赏以劝功，罚以惩罪。故赏罚者，天下之大柄也。异哉粤督，广东水师提督李准两被参劾，罪状甚确，粤督为之极力洗刷，始得无恙。夫李准有罪，粤督不能早参劾，则有失察之罪。罪一，李准既为人参劾，而又为之洗刷，则有罔上之罪。罪二，李准之罪案，姑有论独怪，粤督何轻一己声名，而何德于李准也疑？"

其实张人骏在奏报中已说，这样做是为爱护和保护"年轻干部"："臣查广东地处边海，匪风素炽，疆臣有绥靖地方之责，不能不选任威望素著、长于捕务之员，**李准办事勇敢，缉捕勤能，是以历任督臣咸加倚任**，若一经任用，稍假事权，即指为夤缘贿求而得，则疆臣救过不暇，用人益难，似非地方之福。**方今将才难得，用人之道不节取所长，似未便过于苛绳求全责备**。现既查明原参李准贪暴溺职各节，或查无其事，或传闻失实，应请免其置议。"

这次张人骏又重用李准，还将广西的几处军权交给李准。

新闻报道说："署钦廉道王瑚经岑前督畀以廉钦重任，现闻自衡军兵变，防城失守以来，大宪以其布置多不如法，恐难收效，拟将该署道所统各营弁兵全数拨归署北海镇李直绳（准）统带，以期得力，一面由省派委妥员前往查明案情，以凭核办。"

李准本是文化人，自然懂得"士为知己者死"，只有用工作来回报："余正欲束装归去，忽奉朝旨，西林开缺，以丰润张安圃尚书督粤，急电余收拾廉、钦之乱。余与安帅感情素洽，且其平易近人，不予人以难堪。即日起而视事。”

这时钦州防城动乱已严重到县署被焚、县令官眷十九人被杀！

八月初四，“灵山县刘公由武利来电，廉城告急，请兵镇压，适李直绳（准）镇军于是日到任，随带巡防两营，即拨一营驰往防剿”。

李准到钦州后，住城外之镇龙楼，命老将军刘永福和地方乡绅为协办。

其实，刘永福在当地早与党人暗中来往支持。李准也早得内部情报，知晓这一情况。李准后在《清末遗闻》第48页中说：“渊亭（刘永福）时来请谒，条陈办匪诸法，大率为匪人解免者。余曰：‘阁下少庇匪，则匪自少。府上所存之枪械，少予匪人，匪人便不如此猖獗也。且阁下以七十余之老翁，少多事可保首领以殁，不然将为公危也。’”

李准遣郭人漳率林伟邦等收复防城、东典等处；令赵声率彭大松、隆世储等即日由廉州趋武利以援灵山；自己则自率夏文炳、李耀汉等营趋合浦。

“次日彭大松等与乱党战于武利，即解灵山之围。统带宋安枢等追匪于隆屋、太平等处，克之。”

李准出马，马到成功。多处乱事被李准迅速平定。

初七，李准向张人骏电报告捷：“本镇督队到钦，即经严率所带各营将起事游士各匪大加惩创，以期迅报肃清。惟屡奉贵护部堂来电，以钦廉匪势紧张，必须多营震慑，庶剿抚均易得手，电饬本镇照案将钦廉巡防各营西军济字两营□募之巡防营并归统领。现经遵饬集各营，四面堵截，以期一鼓聚歼。现防匪经郭军击散，灵匪亦经溃窜，民心不至如前惶恐云。”（《香港华字日报》载《李准电禀钦乱情形》，1907年9月20日）

张人骏十月二十四日给儿子的书信中，对重用李准大加赞赏：“钦防之乱，实系革命党为之，现已搜有实据，孙文党无疑。郭道骁勇敢战，自是将才，近日三凝、西万两战，悍匪歼毙不少。李准调度皆能听我约束，亦皆有法，乘此时机，若不易将，则肃清指日可期。”

李准扑灭防城起义后，党人由钦西而窜钦东，趋重灵山，意图西窜。大菉一股被官军剿击，窜匿于广西省交界之十万山。党人张德馨、黄世钦、梁建骙、梁少亭、刘庭耿、刘渊明、赖春元与会党王和顺、农廿四、梁秀春等汇合一处，由越南私济军火。

1907年11月20日《香港华字日报》所刊《李准拟将十万大山股匪先行扑

灭》对此报道："钦灵一带谣言甚重，居民风鹤频惊，钦属十万大山有股匪数百，附近广平、木棉等处亦有股匪数百，以上两股皆梁秀春党羽，有联合攻灵之说。李准恐其势力愈聚愈大，驰赴该山四面围攻，严行搜剿。李准拟俟歼除该股后，即调齐灵钦两路勇营合力兜剿，务期兵力充足，方免此攻彼窜。"

梁秀春又名梁兰泉，也是辛亥革命时期著名会党之一，和同盟会及孙中山建立了联系。但他们貌合神离，从孙处骗去五千大洋，还说要派人暗杀孙中山。但党人在防城起义失败后，还是与这些匪党合作。

李准和广西提督丁槐被派往继续兜剿。

广西十万大山。

一群人前呼后拥围着李准，皆喜形于色。远处山路上，有人匆匆忙忙赶来。众人有低声抽泣者，更有号啕大哭者，一个个皆抹眼泪。

李准一本正经地关切道："你们身体有恙，这次就不要随我上前线了吧？"

李耀汉急了，一拍胸膛："我们身体好得很，喷嚏都没打一个！"

李准笑问众人："尔等不是都请病假，入北海之外国医院养病了吗？"

众人皆不好意思，笑起来。

李准侍卫长范连仲说："他们都有病，饿痨病，顿顿肥肉干饭，把医院都要吃垮了！"

李耀汉答曰："主帅贬职，我等不得不病。今闻主帅出，均同时病愈，而来听令也，古人云，士为知己者死！"

好个帅、将、兵，上下全体装病！

唯李准真有病。李准疲于奔命，不适南方潮湿，腰腿有疾，并肠风下血。

李准在帐篷里，与爱将李耀汉、隆世储、林伟邦、赵声、彭大松、夏文炳等研究军情。

李耀汉向李准报告："我等击败乱党，已解灵山之围，并收复防城、东典等处。"

李耀汉摸着光头说："小股盗匪分逃十万大山，游击扰民，我大兵搜寻不见踪影。如何是好？"

李准哈哈一笑，用四川话道："你叫他们各人从深山老林钻出来嘛。"

众将疑惑。

李耀汉："不但看不见盗匪，连百姓也躲了！"

李准问："秋稻无人收割，人民无食，势必全逼为匪，咋办？"

众将摇头。

李准说："你们照我说的去做，不管民众乱匪，都会各人出来。"

众人疑惑，半信半疑。

大街小巷空空如也，关门闭户，一片萧条凄凉景象。

只有一家大门半开一条缝，探出一个头来，四处张望。李耀汉跑上前去打招呼，谁知那人像看见乱匪一样，又缩回头去关上门。

李耀汉和夏文炳指挥士兵街上贴安民告示。李耀汉气鼓鼓地说："鬼都没得一个，哪个来看？"

他只好自己欣赏，摇头晃脑读出声来："逃于府城及北海等处绅士各回各乡，开导从匪者，或投顺我军，或回乡还农，官方一概不究。"

李耀汉叫士兵在农家院门上贴四乡告示："召出乡民做饭，供我军食用，如值一元概给二元，并留驻官兵保护收割。"

果然不出李准所料，各地农人相率而出，大忙秋收。流亡孤匪也多自出，有的归顺，有的回家务农。

起义平息后，地方政权做的就是战后的善后事宜，最重要的是对残余分子进一步清洗。

前任提督、现北海镇总兵何长清电告李准"钦事已大定，惟钦廉交界余党尚多出没无常，连日已亲自督队搜拿"。

李准回电："各匪纷匿至廉，经嘱新任柴守认真购线侦缉，并饬出示，如确被胁，会能自投首者，分别察释，仰即会同柴守妥商善后办法，并宜往来巡缉，以资震慑云。"

惠州会党在李准大举镇压时，纷纷隐匿，静待机会再次起事。李准电饬惠州府：严行剿洗，务破贼巢。

《自谱》生动记述数次大战之细节，具体情形历历在目："七月初四日，忽奉上谕：'西林开缺养病，以张安圃尚书补授两广总督。'夔甫急电告之安帅，急电来遣余往援钦

李准戎装全身像

廉。余奉命即行。

先电在廉钦各军振军以待，即日调集亲军各营，隆世储、淦云卿、马镛柱等及李耀汉、邓瑶光等营，以夏豹伯太守文炳统之（夏原为广安水军兼长州炮台等统领），以吴宗禹为秦子质留省，以代豹伯调集兵舰，并雇商轮即日出发，次日即抵北海。

各将领如郭人璋、赵声及中下级官长均来见余。问曰：尔等不俱病入医院乎？对曰：主帅获咎降谪，我等不知死所，不得不病了。今闻主帅出，均同时病愈而听指挥也。

乃遣郭人璋率林伟邦等收复防城、东兴等处。令赵声率彭大松、隆世储等即日由廉州趋武利以援灵山。余自率夏文炳、李耀汉、邓瑶光等营趋合浦。

次日彭大松等与乱党战于武利，即解灵山之围。统带宋安枢等追匪于隆屋、太平等处，克之。

余以廉钦两属，本遭匪害，又先为郭人璋之兵骚扰，人民流离失所。余乃先出示晓谕乌家、三那（曰那丽、那彭、那旺谓之三那）等处之人民，声明**‘专为抚恤迭遭匪害及兵扰之百姓，应自出各安生业。官兵皆有纪律节制之师，力任剿匪，决不扰及良民’**等语，派绿营制兵之老于营作者分投往四乡晓谕，以安民心。其有逃匿于府城及北海等处之绅士，亦令各回各乡，开导其有曾经从匪，今能归农者，概置不究。分遣去后，余乃自率各军继进夫役皆由廉州顾定每日一元，先给三日之粮，以安其心。

以夏文炳率绿营少数制兵先行（以制兵皆土著，熟悉本地情形，为人民所不畏惧）。一路见秋稻成熟，倒于田中，无人收割，倘再多十日不收，即尽生芽。**人民失收无食，势必全驱为匪不可，因令各处留兵保护收割。**所过之处满目荒凉，屋舍为墟。

夏文炳精细仁慈，一路由制兵召出乡民，先给银元，令做饭或粥以供军食，如值一元者给以二元，值二元者给三元，以坚人民之信。人民得利相率而出，于前途供食，每处均由夏文炳标出纸条，曰‘某军某营于某处食饭或粥，价已先付’等字样。故沿途兵民相安。

留邓瑶光营于乌家，李耀汉营于那丽。夏文炳则率兵四处策应，以召流亡孤匪，势为执任。行四日，抵钦州，驻节于城外之镇龙楼，分遣队伍击匪于小董大寺等处，匪多窜扰广西边界，乃电桂抚张坚白中丞，东西会剿。

西省广西提督丁衡山提军（名槐，云南人）命普怀安等率八营来会师。

余亲率各军击乱党七八千人于太平墟（偏于广西，近宣化县）、那西十五山等处，大破之，击毙生擒无算，余党窜十万大山。

各腹地之匪已清，人民亦多复业。乃又亲自游巡各州县乡墟、各市镇，与来时情形迥然不同，熙来攘往，心窃喜之。”

钦廉之乱虽迭经扑灭，但并没彻底平靖。在乡村一级的地方组织中，清廷所依赖的管理阶层是乡绅，乡绅起到联系普通乡民与政府的枢纽作用，在政府力量薄弱的空间里，乡绅是民众的主导力量，政府功能在乡村所能发挥的程度往往取决于乡绅与政府的配合深度。“匪党”的分散性和隐蔽性，清军的力量远远达不到全面防范程度。

李准对此有着清醒的认识，于是就有了联绅防匪计划。

1907 年10 月22 日《申报》刊登的《广州李准联绅防匪之计划》，报道了联绅防匪计划的具体办法：“现特知会钦廉道及州牧廉州府、合浦、灵山县速行督率绅耆，一律募集团勇，如果筹款艰难，应联合多乡酌量招募。并议定章程，凡匪党□匿某村及窜经某村，应即□该村鸣锣告警，立率团勇追剿，附近各处乡团及营勇闻警亦即一体迅速会合兜剿，节节穷追。”

起义残军退入十万大山后，黄兴去河内与孙中山谋划再次发动镇南关起义，孙中山、黄兴、胡汉民三人均亲上前线指挥作战。这时李准已急返广州，对付英舰入侵西江的大事去了，但他遥控指挥部将龙济光平息了这次起义。

胡汉民《随总理赴南洋与亲历镇南关之役》：

余从先生往新加坡，绕西贡而至河内，余变姓名为陈同，赁屋从先生居。过西贡，王和顺复随行。日本同志池亨吉从香港为先生英文书记。

河内因有同盟会分部，华侨同志数百人，其地界居两广云南，**故会党游勇之头目，多流寓于此，王和顺之外，黄明堂、梁兰甫、关仁甫、梁少庭等，皆出入边界，有声名，能啸聚者也。而李福林亦于其时走河内。河内同志以先生字逸仙为日新楼，为饮食营业，乃不啻招纳亡命之所。**

河内与海防华侨，多数赞成革命，尤以甄吉亭兄弟、黄隆生、杨寿彭、曾克齐、张失池等为热心奔走。河内有巴维学堂，法人为中国学生设者，其学生亦多倾向革命，盖此安南东京之同盟会分部，乃集合有智识阶级、小资产阶级、工人无产阶级、流氓无产阶级之各种分子。

余初对之，亦茫然不知所可，先生乃使余与精卫时时为诸人演讲革命宗旨，指导其各种任务。**对于会党，则晓以革命军军纪，纠正其恶习，复审查**

其性质与所有实力，而分别使用之。遇有困难问题，先生更直接当其冲。

一九O七年五月，徐锡麟杀安徽巡抚恩铭，以举事不克，死之。秋瑾同志以预谋，亦遇害。女同志之为革命流血者，以秋瑾为首。自是以后，同盟会女党员颇有继踵而起之志。

自先生至河内以后，有黄冈之役、惠州之役、防城之役、镇南关之役、钦廉之役、河口之役，皆直接受先生命令而发难者也。其事之本末大略，见先生自著孙文学说第八章《有志竟成》。黄冈、惠州之役，余从河内至香港，参与发动。计划既败，乃复至河内，而精卫则奉命至南洋，筹募军资。

镇南关之役，黄明堂已袭夺要塞，余随先生登炮台，实中宵从间道进，山岭崎岖，仰攀殊苦。余是日因胃病，空腹上道，跋涉六小时，亦只汗出微喘。乃至山顶，距炮台百数十步，众小憩，余忽觉冷风吹面，目遥眩晕，仆于地。先生就地使余平卧，徐徐起余足，余即苏醒张目，谓众宜速行，毋留视我，且误事。先生乃使余从弟毅生挟余入炮台下之小屋，取巨褥盖全身。

余少卧，天已明，始登炮台，从先生呼同行之法国某炮兵大尉起（此人方吸鸦片烟)，借视炮兵，发巨炮以击敌人。台中巨炮已失表尺，试发凡六七，始中敌阵地，远见敌兵四散。惟尚有一炮台，为我军所未占领，其台更高，且迫近敌兵，恃险则以步枪向我炮位肆击。幸我军无大伤害，只一炮兵去其指，又一兵则以纵身瞭望，弹中肺部，先生亲为扎缚其创处。先生微语余等，谓此人恐不活，即使人抬之下山。

此为余在革命军中参与实战之第一次。先生亦云反对清政府二十余年，此日始得亲发炮击清军耳。既而黄明堂劝请先生下山，为筹饷械接济。余等料量黄部实力，不足进取，则然其说。翌日薄暮，乃共由炮台下台之磴道，为火线最密处，余等则间续趋下。同行者克强、毅生、卢伯琅、张翼枢、日人池亨吉、法国某大尉皆无伤。复取归途，乃雨后倾滑，各人皆颠顿十数次（多者竟数十次）。

入越南界，先生容貌为法警察所识，据以报告法政府，遂不许先生居留越南地。其后先生在星加坡尝询余镇南关之战何如，余曰："虽无成功，吾人乃得实战之经验，总觉甚有意趣，惟往复于狭仄之山径，设有敌伏，当无幸免，先生为党领袖，究嫌轻身。"先生曰："然则子尔时何恃而不恐？子于同行中，最为文弱，且力疾而勇进，又何也？"余曰："党于党员，实有其牺牲献身之要求，吾人既矢志革命，所谓知死必勇，更不愿于其时提出顾虑，致他人摇动。”先生谓：“此意自不差。然余则确知敌人新失要塞，决不能于此处设伏，故不事搜索而前进耳。”后先生又谓余已知将兵之道。余请其旨。先生曰：“当战争时，为将者能屹立于战线最危之点，则众心自定。”

法国报纸载此次战役，谓革命军有大将与小卒，而无偏裨干部，亦纪实也。

《中国通史》中有根据党人所留述资料，从起义领导人黄兴角度，介绍这几次起义的情况：

同盟会成立后，黄兴把主要精力放在组织武装起义上。他首先在学习军事的留日学生中建立“丈夫团”秘密组织，积极培养武装起义的骨干力量。同时在日本横滨设立“制造弹药机关”，聘俄国革命党人为教授，对同盟会员进行军事训练。

光绪三十一年冬，黄兴化名张守正，潜回国内，至广西桂林巡防营统领郭人漳军中进行策反，发展官佐多人参加同盟会。因郭人漳犹豫不定，黄兴于次年秋返回日本。即派刘道一、蔡绍南等回国，运动军队、会党，策划起义。十月十九日（12月4日），萍浏醴起义爆发，起义者在颁发的檄文中，第一次打出了“中华民国”的旗号。起义虽然失败，但产生了积极的影响。

光绪三十三年（1907）夏，黄兴赴越南河内，与孙中山商议策划两广起义。当时，广东钦州、廉州（今属广西）爆发了抗捐斗争。清军郭人漳部移驻钦州，镇压抗捐斗争。黄兴冒险去钦州，策动郭人漳起义。郭人漳表示，“如有正式革命军起，必反戈相应”。七月，王和顺率会党起义，占领防城，直逼钦州。郭人漳看到革命力量有限，改变主意，按兵不动。起义军作战失利，退入两广交界的十万大山。黄兴出走越南河内，和孙中山商讨下一步的计划，准备在广西边界的镇南关（今友谊关）发动起义。

光绪三十三年十月二十七日（1907年12月2日），黄兴派同盟会员黄明堂率领广西游勇进攻镇南关，占领了山顶上的3座炮台。镇南关起义爆发后，黄兴和孙中山从河内前往指挥。起义军跟清军激战几昼夜后，终以弹药缺乏，援军未到，不能坚守，只得自动放弃，退入越南境内。

是年，章太炎、陶成章、张继、宋教仁、谭人凤等在潮惠起义失败后，鼓动同盟会内一部分人主张召开大会，罢免孙中山的总理职务，举黄兴担任。黄兴致信在东京同盟会总部以庶务代行总理职权的刘揆一，表示反对，信中说：“革命为党众生死问题，而非个人名位问题，孙总理德高望重，诸

君如求革命得有成功，乞勿误会，而倾心拥护，且免陷兴于不义。”

光绪三十四年二月二十五日（1908年3月27日），黄兴率退入十万大山的会党部众和越南华侨等200余人，组成“中华国民军南军”，发动了著名的钦、廉、上思起义。这支队伍，凭着200多支杂枪和为数不多的弹药，转战于钦州、廉州、上思一带40多天，大小数十战，先后击败清军1万余，声威大振。孙中山曾赞誉说：“克强乃以二百余人出安南（今越南），横行于钦、廉、上思一带，转战数月，所向无前，敌人望而生畏，克强之威名因以大著。”四月初，因势单力孤，弹尽援绝，黄兴等不得不退返越南。适值云南河口起义爆发，孙中山即电委黄兴为云南国民军总司令，节制河口起义诸军。黄兴不顾鞍马劳顿，迅即前往河口前线督师。到河口后，因起义军内部指挥不灵，调度不动，便决定重回河内，征集旧部组织基本队伍，然后再赴前线。在返回河内途中，被法警截留，遣送出境。河口革命军失去统帅，起义又归于失败。

从李准《自谱》和报纸报道，及胡汉民和黄兴三个方面的资料，就能知道一个完整的情况了。

李准几个月马不停蹄，连续平息惠州、黄冈、潮州、钦州、廉州、防城之乱，“正办理得手之际，九月十四日，忽奉旨调余回省办理西江缉捕之事。余在外三月，回省见安帅，勉励有加”。

李准文中所说“西江缉捕之事”，指英舰入侵西江事件，是对外的大事；剿匪虽然重要，毕竟是内部的事。张人骏和李准当然分得清内外有别，孰轻孰重。

李准真正成了清末朝廷扶大厦之将倾、力挽狂澜的重要人物。

第六章
西江主权争夺战　逼逐英舰出南海

李准遭贬去水师提督后，乱象丛生，西江盗贼又起，中外商轮遭劫，涉外案件屡出！

更严重的是，觊觎多年的英国东方舰队借机开进西江“剿贼”，“热心”越过主权之雷池；人民怒不可遏，舆论大哗，商会上书，女生上街，要求朝廷“死拒”！史称“西江缉捕权事件”。

主权国家靠外国佬搞“治安联防”，成何体统，有辱国格！

新总督张人骏飞调还在忙于平乱的李准回粤，他有啥办法让西江自安，令英舰滚蛋？

奇怪的是，英舰队被李准逼得滚出西江后，英领事却来电夸赞李准干得好！

《自述》：“西江本多盗，上达至梧浔。近来屡出事，伤害及外人。各国多责备，军舰自由行。乃与各国议，捕权我自承。分段派巡缉，违者以法绳。列国无异议，焕然如释冰。”

《先府君行述》：“以南粤镇总兵李准总其事。惟檄李镇整顿经尽，增戍厉兵。于是江行无警，英人无词，领恤结案，撤舰以去。”

二十七、各国商船屡遭劫　英舰趁机侵西江

总督张人骏认为这十万火急的主权大事，究竟是怎么一回事呢？

李准赶回来就能马到功成吗？

要知道内外有别，这不是靠“镇压”就能解决问题的呀！

1907年，发生了一件在广东地方史和中国外交史上有重大影响的事：中英双方争夺西江缉捕权事件。这是一场由内政不治引起的主权外交风波。

广东商民上书清廷：**“独立国主权，断无他人可干预兵柄警察行轮之理！”**

西江是中国的，怎么会钻出来中英主权之争这个问题？怎么会发生主权国家靠外国佬来军舰搞“治安联防”的咄咄怪事？

原来李准水师提督遭贬职后，西江盗贼四起，中外商轮遭劫，涉外案件屡发，多国舰队借机不请自来，开进西江“剿贼”。故而出现外国军舰在中国河流搜查中国船和中国人的怪现状！

一时间民情哗然，商会上书，女生上街，要求驱逐英舰，收回主权。

英舰队好不容易才找到这个借口来，当然要赖着不走了！

新总督张人骏连日督同所属官员，筹议治盗办法，当众责罚了不久前受岑春煊之命接替李准的水陆提督秦炳直。1907年12月8日的《中国日报》，就报道《以捕务责秦提》：“而所谓司道大员等，皆面面相看，胸无成竹。”

张人骏明白，这是因有能力的人被贬职，继任者又无能所造成的乱象丛生，几封急电令李准回粤治乱，将全部希望押在李准身上！

“西江以此数月之内屡出劫案，有枪毙外人之事，当事者不理，致各国屡有责言，各遣浅水兵舰入西江，自由行动，人心惶惶，故安帅乃有电奏请调余回省办西江缉捕之事。”

九月二十六日，对张人骏请调李准回省斗英舰，朝廷给出回应：“军机处字寄，谕旨张人骏电奏，悉仍着会商秦炳直迅将廉钦匪党妥筹剿抚，务期尽绝根株，以靖边围，其调回李准巡防附省之处，著照所请办理，钦此。”

好在广西已基本平乱，李准得以飞船回粤见张人骏。

李准知道，前不久朝廷命岑春煊任两广总督，但他一直称病请假，故广东出现了两个多月的真空期。

时任河南巡抚的张人骏那时就担忧着两广，因为曾在广东工作多年，对广东很有感情。他在六月初七给长子张允言的信中写道：“日来荧惑入南斗，南方恐不能无事。盖两广分野，似属南斗。今粤东无总督，广西省城山崩地陷，老人峰在臬署墙外忽然崩塌，王府坪大街也塌陷七八处，岂是佳兆？吾深为两广忧之。”

1907年（光绪三十三年）8月，张人骏临危受命，被朝廷提升为“总督两广等处地方提督军务一职粮饷兼管巡抚事兼陆军部尚书吏部尚书”，简称两广总督。张人骏不等豫省属下替他夸官完毕，就关心起两广的工作来。他给儿张允言信中写道：“此番得擢粤督，自是天恩高厚。惟粤中近年盗寇充斥，财政困难，诸事殊难着手。吾年已渐衰，尤畏海上风波。初意，能在豫多做一二年将夙累一清，便做抽身之计。今得此难题，颇虑做不出好文章。升官固可喜，远虑亦不能无，未免中心惴惴耳。”

2013年，张人骏之孙张守中先生发现其父1927年手稿《先府君行述》，署名“不孝孤张允亮谨述”。记载了张人骏一生大事，尤多任职广东巡抚及两广总督期间与李准提督军政之间的大事，实又一不可多得之珍贵史料。

“方府君之莅粤督任也，适有西江缉捕之争。西江上下千里，为粤之通商地，船舶往来无虚日，而盗贼不戢，英人久思侵我捕权。三十二年五月，英商‘西南’轮船遇劫于三水县属之河南，盗杀医士、伤船主，前总督严饬获凶，先后惩办。英人藉端索偿失赃，更要以洋员司缉捕，或设巡轮隶税务司，前总督节次驳拒，经年不决。及府君莅任，英领事来谒，复申前说，更由其使臣移文外部，词气尤激。**外部惧损邦交，意存迁就。**府君则以缉捕责在地方，断难授权外人，劫案只应缉匪追赃，给死伤恤款，无赔偿理。

累电外部及我驻英使臣，内外同力争，乃定缉捕新章，**以南粤镇总兵李准总其事。李准两世宦粤，明习粤事，府君任粤抚日，识其才，言之总督岑春煊，春煊上诸朝，遂以道员膺异数，署提督，授总兵，故极尽力。**”

这一段文字，记载了四件大事：一是中英缉捕权事件的来龙去脉；二是当前矛盾焦点和中英双方针锋相对的态度；三是新督张人骏命李准负总责处理这件事；四是两年前张人骏任广东巡抚时就向总督岑春煊推荐李准，并联名向朝廷举荐，李准才得以小道员被破格提拔为提督兼总兵。

李准对张人骏的知遇之恩，一直用工作成绩来涌泉相报。

他还记得，张人骏还未离开河南到广东上任之际，孙中山、黄兴就组织王和顺发动了钦廉防城起义。正在装病欲挂冠而去的李准，接张人骏电报命令后，即刻重新出山，奋力平息了多处动乱。

可这次任务不同于以往，非常特殊，内外有别。当前要解决盗贼四起、英舰缉捕和民怨沸腾三大难题，该怎么下手呢？

首先还是要办事权。不然，他一个小小北海镇总兵，怎么管起广东水陆提督的事来？

于是李准受张人骏札委，统领中路各营，省河一切捕务暂归李准署理，同时还有一项特权：“奉委统巡各江水师及中路巡防各营”，“不受提督节制”。

1907 年12月10日，《香港华字日报》对此以题为《李准暂行统领中路各营》作了报道：“中路各营仍归秦炳直统领，西江则归李准统领，东江归吴祥达统领，钦廉边防仍责成郭道人漳办理。”

19日又报道《李准兼办营务处》：奉委统巡各江水师及中路巡防各营，不受提督节制。

李准任广东水师提督时权力很大，管得很宽，不仅仅是管南海对外的事情，还管南海及两广内河码头海盗治安，管陆地上的治安如土匪盗贼，甚至镇压党人武装起义，等等。但现在李准只为北海镇总兵，秦炳直接任提督，却管不着李准这个小镇总兵，这当然是总督张人骏授予李准的一项特权。

有了权力就好干事。

接着是摸情况，弄清事情的来龙去脉，才好辨证施治，对症下药。

李准了解到，原来事情的来龙去脉已经有好几十年了。

1896年，清朝总理衙门同意英国请求，开辟广西梧州府、广东三水县、城江根圩为通商口岸，于是西江开放，中外商船均可通行。

西江是位列长江黄河之后的中国第三大河流，全长2214千米，无论是战略地位还是经济地位，都十分重要。发源云南曲靖，流经贵州、广西，至广东三水县与东江、北江汇合，合称珠江，在磨刀门汇入南海。梧州以上河段称南盘江、红水河、黔江、浔江，梧州至三水段称西江。

李准后来著《广东水师国防要塞图说》，有**《广东西江鸡冠石至梧州图说》**：“西江由鸡冠石以上，江心最多礁石，驾驶尤难至。德庆州城，商务兴盛，帆樯如林，水之宽深不等，与肇庆一带同由德庆至梧州入广西界，为华洋通商巨埠，轮船可至，诚两粤之要隘。设防有缉捕兵轮江巩、广利、雷艮、雷中等共八号，并西江巡防队七八九十等营分段巡缉。”

早年张之洞任粤督时说“粤东山海交错，民情犷悍，盗匪之炽，甲于他省”。**“粤东盗甲天下”**这句话就常见于晚清各类文献。

1897年澳门《知新报》说：**“地球各国，盗贼之多，以中国为最；中国盗贼之多，以广东为最。”**

1899年《广东日报》刊载《说贼》一文称：“今日广东，贼之密布如棋局，遍地皆贼，**官无文武，皆以防贼为虑**；家无贫富，皆以防贼为虑。翻阅省港各报，其内地纪闻一栏，纪贼之现象者，十事而六七。”

1906年总督岑春煊向朝廷报告，3年里他手下捕获的匪徒高达9 910人。

广东匪患为何多而且屡剿不灭呢？日本人是幕后推手！

日本人为虎作伥——将先进武器洋枪洋炮，从港澳偷偷走私内地，贩卖给盗匪和乱党，精良程度超过官军。1908年孙中山找日本人宫崎滔天要赞助款购武器时就说过，**他在广东一个月内就可召集起山林剽悍之徒三四十万人**（《孙中山全集》183页）。

这并不是吹牛的大话。

盗匪拦河截抢和设卡打单勒索“行水”，西江一带盗匪出没更为频繁，相当于今天黑社会收各商家的“保护费”。南海大盗傅赞开、区新、林瓜四都以西江为核心区域活动。区、林已被李准生擒处斩，傅赞开归降跟随李准，至今还是剿匪得力干将。

1907年的《广东总商会报》载：“**自去年七月起至十一月止，计连劫货船一十三艘，共失赃银三万余两，此专指八步一埠而言，其各埠不知者尚未计及，今竟有不准小轮拖带货船，每船要收行水一元五毛之信。**”

更为严重的是，盗贼抢劫时只认钱，而内外不分，哪管他中外华洋，这就将治安问题性质完全改变，变成了涉外案件，后来更演变成了中英两个国家关于西江缉捕权的主权之争！

1906年5月22日，英商船“西南”号由广州回梧州，途经肇庆高要县富湾河黄坑口，被70余个盗匪攻击行劫，掠取银洋2000元，英人麦路德受重伤而死。麦路德是英籍牧师，在广西梧州购买土地，建了教堂、学校和医院。命案发生后，英国人士向英政府提议，要增加在中国沿海之海军兵力，在西江上对英轮实施武装护航。

英国公使照会外务部：**“西江英轮屡次被劫，于商务暨国家体面均有损碍。中国巡船腐败，办理不力，见贼不捕，以致盗氛日炽。如中国不速筹整顿，即应自为办理。”**

清廷外务部和广东地方官自然没有答应。

英国政府为什么这么热心帮中国搞“治安联防”呢？除了要保护在华英国人的安全外，他们还隐藏着一个不能公开说出来的动机——英国觊觎西江多年，早就馋涎欲滴。而此时法国获得了滇越铁路建筑权，英政府更加眼红，为了与法国争夺两广，更迫切想把西江流域纳入其势力范围。

1907年5月，又一艘英轮“其昌”号在西江水域被劫，这次英方提出派炮舰来西江，帮中国政府缉盗，还命粤海关税务司添设轮船兼办捕盗。

李准和张人骏一眼看穿——粤海关税务司是受英国承包控制的，如由其兼办捕盗，就等于广东自己把缉捕权交给英国了！

当年李鸿章督粤时就婉言谢绝了，这次张人骏和李准他们同样坚决拒绝了英国的要求。让英舰来缉盗护航，无异于引狼入室。

张人骏复电外务部明确表示："至现添各船，英使请归税司管辖一节，窒碍甚多，无论税司无缉捕之权，难任越分干涉，即谓分清权限，只以缉私之事观之，惟海关缉私本有轮船足敷巡查，毋须添设。现添四艘办理缉捕，尚虞不敷，断难兼任缉私之事，**且缉捕系地方官专责，即使各轮兼办缉私，亦应由地方官管辖，方免侵越事权。**"

可外务部对英国的要求，没有表示坚决反对，对张人骏、李准他们的拒绝，也没有表示坚决支持。

态度模糊等于默许。

英东方水师提督谒总督张人骏，遭拒后不请自来。1907年12月2日缪华指挥东方舰队，由3艘鱼雷艇、4艘水雷猎艇、2艘单桅炮艇组成舰队，从香港气势汹汹而来，悍然开进西江。

英舰队在肇庆至梧州一带横行霸道，随意搜查华轮，还骚扰沿岸城市、乡村。

一时间，我国江面英舰耀武扬威，公然拦截华船，上船搜查国人，还上岸抢劫商店，殴打当地居民，甚至开炮击沉中国船只！

西江民船老照片

西江炮舰老照片

《申报》对此批评朝廷：“**中国政府向来不知应负之责任，亦不知内外应分之界限。一遇外交，往往秘密其政策，泰然为所欲为。人民或若聋瞽焉，甚或为间谍焉。**”

《广西通志·外事志》载：“西江匪多，中国缉捕不力，强行派英舰‘摩轩号’‘摩湖号’驶入西江‘护航’，对中国船只进行非法检查。造成‘广西’号轮拖油船行经封川，被英舰击沉；‘安蕨’号船东和员工被英舰扣留。”

《肇庆市志》载：“英军竟以鱼雷艇3艘、水雷猎艇4艘、单桅炮舰2艘组成的舰队，从香港出发强行驶入西江水域。十一月二日，英国水兵侵入肇庆街市。十一月三日，英水兵在肇庆港口强行搜查上下乘客，开炮威胁肇梧渡轮。”

《申报》1907年12月10日报道：“有英国兵轮两艘到梧停泊。各洋兵携枪上街，三五成队，来往途人，无不趋趄却顾。有江口载客小轮，适由上河抵埠，船上巡警卫营勇因挟有枪械，竟被拘执，迭由警局总办多方解脱又放回，其搭客包裹，无不搜检。种种怪剧，无非狐假虎威。计兵轮到埠，未及二天，骚扰已如此极，倘停泊久，为害更待何言。”

李准《自述》说：“在此（广西剿匪）三月久，奉调御强秦。西江本多盗，上达至梧浔。近来屡出事，伤害及外人。各国多责备，军舰自由行。（余自降调以来，不闻外事，继之者颇有更张，至西江屡出劫船之事，并伤害外人，各国责备不报，分派浅水兵舰，自由出入，遇有匪之区，不分皂白，任意开炮袭击，人民大哗。）”

各界纷纷集会，发表函电，要求维护缉捕主权，掀起了支持张人骏、李准驱逐英舰，反对英殖民主义者攫夺西江缉捕权的斗争。

二十八、满河华船挂洋旗　拨乱反正龙旗升

李准发现，这西江除了盗贼四起和英舰执法怪象外，还有一大怪现象——满江来往穿梭的大小船只尽挂洋旗！最多的是英国米字旗，还有德国旗、美国旗、法国旗、日本旗。仅梧州关一处统计，挂英旗者510只，另有法旗71只，德旗70只。

怪哉——中国的河流怎么都是外国船？为啥没有中国船？

深入一查，更奇怪了——不是没有中国船，而是中国船全部挂的外国旗！

中国船为啥要挂羊头卖狗肉？

李准摸清了情况：原来“理船厅属于税务司，遇华商之船赴验任意刁

难，打坏锅炉，限制汽压，似此则洋船行速而华船行缓。虽年以多金给外人而挂洋旗，然可多做生意，仍属有盈，况有事尚有外人出而能帮者”。

中国的税务司竟是洋人承包的，朝廷为了庚子赔款，把自家的税务机构打包给了英国收税费抵账。

洋人控制的海关在西江河道上设立关卡，对中国商轮苛抽勒索，以致“内河商轮屡迫于关局卡验司差役之苛待，托挂洋旗，以期幸免”。

商界也奋起，矛头直指于华商不利的关卡。粤商自治会给轮船公司信函说，华船改挂洋旗，一旦遭劫，即引起交涉，“惟厥原因，实由关卡司巡欺虐华商之所致”，“将轮船被虐情形详告，共筹办法”。

媒体指出：“西江缉捕问题，其见端起于外人干涉，其远因实由关卡留难所酿成。”

整顿关卡，争取相应平等的商务权，是广东商界要达到的第一个目标。

李准再深入调查，发现最终根源在于治安不好。他在《自述》中说：“内江外海之商轮多洋旗，恃外人为护符，不受盘诘。常有匪徒假扮搭客于半路行劫，官兵无从保护。驶于无人处弃船而逃，防不胜防。初拟派兵上船保护外人，以国旗所关，不允我兵上船。及出事，则由各国领事出头索赔偿。”

英国《泰晤士报》记者莫理循1908年给友人写信披露真相：“有几艘海盗汽艇悬挂我国国旗是千真万确的？最严重的是‘西南’号那次事件，其次则是发生在江门附近的一次较小的事件，只有这两艘海盗船是真正属于英国人的。其他所有抢劫案件都是由一艘属于中国人的海盗船犯下的，是从下流英国人那里买得的英国保护权，故而悬挂英国旗。在广州江面上悬挂英国国旗的四十九艘船只中，找不出几艘是真正属于英国人，值得我们保护的。”

广东商界斗争的另一个主要目的，正是针对广东盗匪问题，要求政府切实整顿捕务，保护地方。

11月29日，粤商自治会召开特别大会，着重讨论整顿全省水陆缉捕事宜，提出“挽救西江捕权必须整顿全省水陆缉捕最为要点”。

还具体提出了五项措施：“甲、水陆提督现奉旨分设两缺，应请将水师提督，改为巡阅西江两省水师提督，周年驻船，仿长江营制不设衙署；乙、东江设水师总兵一员，北江设水师总兵一员，营制与西江同；丙、拟请将防营酌裁，以成数改为巡警，分布各属，并请照天津四乡巡警章程，颁发期限开办；丁、清乡经费岁需甚巨，应请酌行撙节裁留，改为开办巡警经费；

戎、东西北三江沿海地面，拟请酌量安设行军电报，请督宪札所属通饬沿江乡村，举办民团，即以警法部勒之，分隶于警局，并与省会商团互相连络，以期官绅商民联同一气。”

商会这些建议措施内容，涉及兵制、巡警、团练等方面，核心在兴办地方民团及四乡巡警两点，很受李准重视。

绅商学社会各界的出发点旨在维护主权，反对外务部的妥协，主要矛头对准的是外务部。

外务部对此感到恼火，态度强硬，认为粤省商学界争西江缉捕权之事，实属无理取闹，难保无匪党从中借以鼓动，“特电粤督明白晓谕，以释群疑”。

但张人骏、李准他们不觉得民众是无理取闹，反而认为民众的看法完全正确，其办法也切实可行。同时，李准特别注重民意，在治安综合治理时，很好地参考借鉴了这些方法。

为什么广东盗匪这几年有恃无恐，特别猖獗呢？

李准看明白了，日本走私军火和党匪联合起事，造成社会动荡不安是主因；兵匪一家、兵舰不足，和洋人控制的海关对中国商船横征暴敛等也是重要因素。

除此之外，还有个间接原因，就是官员无心干事。因岑春煊粤督期间，急于树立个人威信、个人崇拜，大肆排除异己，罢免了大小官吏逾1400个。结果个人威信没树起来，倒落得个“官屠”恶名。官吏人心惶惶，人人自危，还会尽职尽责干公事吗？各人混混日子了事，不倒拆你的台就算好的。

李准任提督时知人善用，做事情对得起兄弟，所以手下有一批能办事的得力干将。而李准遭贬后，树倒猢狲散，能人都装病不出。《自述》说：“余平定东西路军务，今复奉旨降调，西林之威，益不可测，不知死所，决挂冠归去。钦、廉各将领，以主帅获咎，各存疑惧，均告病不出，致党人由安南运动土匪起事。”

而当知人善任的张人骏一来，大家都愿意出力效命了。张人骏冒着得罪岑春煊的风险，将被诬陷打击的一批官员平反，重新起用。

朝廷下旨：**“由于前督岑春煊等冤屈能员，无人办匪，急宜昭雪。著张人骏按照所奏各节，秉公确切分别查明，据实具奏，毋得稍存成见。”**（《清实录·德宗实录》）

从朝廷这些话看出，上面也知道岑春煊的做法不是出于公心，带有成见

偏见。大凡爱搞权力斗争的领导，都是先排挤下去一些人，再提上来自己的人，所谓搞团团伙伙，拉帮结派是也。

李准在《自述》里说自己："余正欲束装归去，忽奉朝旨，西林开缺，以丰润张安圃尚书督粤。**余与安帅感情素洽，且其平易近人，不予人以难堪。即日起而视事。**"

上海广肇公所在致外务部暨同乡京官的电文中，也直指广东盗匪问题："粤省数年来盗风愈炽，民不聊生，总由地方文武玩视民瘼，缉捕不力所致。历年清乡，亦仅勒红勒交，甚且妄诬包庇，累及绅商，不啻以盗为依，此乱机所由伏也。恳奏饬粤督，会集绅商，上下合力，认真整顿，以遏乱萌而谢邻责。若令税司增船协缉，徒失主权，流弊滋大，尤望慎防其后。"

官匪一家亲，祸国又殃民。

连商人也看出祸根是官方不作为加乱作为。他们还担心英人缉盗将因小失大，贻害无穷。

朝廷对粤乱象也担心引起外交后患，军机大臣就警告广东的官员说："现闻广东内河外海等处盗贼充斥，肆行劫掠，大为行旅之害，甚且扰及外人，致令啧有烦言，意图干预，若不亟思整顿，肃清匪踪，后患何可胜言！"

香港报纸则称，"实则因此地之贪官污吏，一筹莫展，涓涓不塞，遂成江河"。

英领使向外务部直言根源所在："中国巡船腐败，办理不力，见贼不捕，以致盗氛日炽。"

广东地方官员于内于外、对上对下，必须直面盗匪问题，但其出台的措施却头痛医头、脚痛医脚，多属应急之策，没有根本解决之策。

广东一直分设水师提督、陆路提督两职，岑春煊于1906年督粤时，李准为水师提督兼陆路提督。为节省经费、统一事权起见，他曾大举裁撤绿营制兵，奏准朝廷将水、陆二督合而为一缺，李准署水陆提督。此举水陆合并造成权责难分，后李准被岑春煊奏贬北海镇总兵一隅，海盗更加肆无忌惮，案件层出不穷。

盛炽的盗风充分暴露了水师的腐败，就是官方也不得不正视。外务部在给两广总督的电文中就指出："粤省水师，腐败已极，积习太深，非有强干大员难期大加整顿。"

广东官员也承认，"各江水师之腐败，已达极点"。

但他们认为，水师腐败的总原因仍在用人。"实由各轮扒员弁之不得其人，此项员弁，大半系属各该管上司之私人，其余均多徇情贿赂而得，无论缉捕情形，地方形势，茫然不知，即所部勇丁，亦多不服其约束，以故骚扰需索之事，时有所闻，实皆由管理不得人之故。”

他们自己无法看穿也不愿看穿，这是整个晚清政府的制度和机制问题。他们所谓整顿仍停留于“头痛医头，脚痛医脚”的措施。如议定“嗣后中大兵轮必须毕业生始能充当”之类。

张人骏一上任，首先奏准朝廷，将一度合并的水陆提督一缺，再分设成水师与陆路提督两缺。

西江缉捕权风波发生后，张人骏又奏准恢复李准水师提督，以加强水师管理及巡防能力。

乱象丛生就须拨乱反正，拨乱反正又必治根本。

有个好的上级，下级就有能力。

李准亲自面见英水师提督，严正交涉：**“不许自由行动！”**

李准采取第一个措施抓华船以治标：“将理船之权收回水师，不分华洋，均检验不误；凡厘金关卡收税费华洋一律看待；官差照商论价，不许折扣。”

为劝令华商勿挂洋旗，原定商船挂龙旗要交纳50两牌费，一概豁免。

第二个措施抓治安而治本。“乃于指定各江码头之处，派湘式舢板一二艘检查搭客、军火。又于各商轮酌派目兵数名驻于船上，防匪且监视其不许在非指定码头搭客，曰‘卫旅营’。又各乡轮船拖渡每渡设目兵十人，以保护之。每于客之上船，必检查军火，而保商旅。”

为震慑盗匪，李准亲自巡阅西、东、北各江。又驻节鸳江，电邀广西巡抚张鸣岐来梧州，商议两省配合打击盗贼之计。

此外，还“于省城设水上警察厅，西至黄沙谷围塘，南至南石头、车尾炮台，东至琶洲中流砥柱，以海珠为总局办公之所”。

更加强内河巡航能力，对西江实行分段巡缉，分段布防。又现已租有快捷小船四艘先往省河巡缉。

为了不给英国口实，李准加强内河巡航能力，特在香港订购了四艘浅水轮：“长一百二十尺，每一句钟可行十八海里，每艘约需银六万元，工约用船八九十名，其管加人员拟在广东抡选，熟谙英文者充其职。该轮俱然电灯，每船设一照海电灯，并拟设无线电机，各船上所配之快炮十六尊已到港，其余尚有二十尊已由日新洋行定购。每船另定购克虏伯二尊，又现已租有快捷小船四艘先往省河巡缉，至此四艘浅水轮，闻是专为西江而购云。”

（《香港华字日报》载《李准在港定购浅水轮》，1908 年1 月4 日）

《申报》1908年1月11日以“粤东西江缉捕问题”为题，披露了李准对西江实行分段巡缉，进行分段布防的具体方案：“将原驻上游之封川、德庆、西宁、开建、罗定、肇庆八段内计西封、西宁、西建、西德、西庆、西安、西定、公济各小轮，又将原驻下游之顺属、会属、三水属、肇庆属十一段内计西会、西海、西洲、西兴、西江、西明、西顺、保捷、利济、公武、泰济各小轮逐一调集，详加查察，拟即编两轮为一队，每段内扩张界限，以两队作为一来一往，轮流巡缉。上游原分八段，即定位快轮巡缉，一大段内又分四小段、两中段。每小轮仍各分每段界限，由各巡轮督率，每日来往巡缉四次，合共巡缉八次。下游巡缉之法，即照类推。至编队来往巡缉之法，如以西封、西宁编为一队，由上而下，即以西建、西德编为一队，由上而下，第一轮队在何段内与第二轮队会哨，或在何处遇见商轮搜查保护，必须详细报明，以备查核。”

李准采取的几大治安综合治理措施行之有效，各大新闻媒体大加赞赏。

《香港华字日报》《申报》等连续推出报道：《李准整顿西江缉捕权之布置》《李准电约函抚会议西江缉捕》《粤东西江缉捕问题》……

《李提整顿各江捕务》报道：“李准大力整顿内河军务，对各级员弁加以考核，如有不谙捕务，不通文字，染有嗜好，精神萎靡，办事废弛，调度乖方，声名平常，年力已衰者，即予更换，以免贻误职守，有碍捕务。”

《制造快轮告成》报道，李准亲到香港查验“洋人红磡船澳厂所造两船，名江大、江清，每一点钟行十四咪零。华人广协隆厂所装两船名江巩、江固，每一点钟能行十六咪”。

《西江四轮巡缉地段》报道，李准将这四艘“大快轮巡缉梧州、封川以迄德庆一段，江清快轮巡缉德庆至肇庆一段，江巩巡缉肇庆至太平沙一段，江固巡缉太平沙至东西马宁一段”。

采取这些措施后，李准亲至轮船商会宣布办法，限一个月内，凡华商各轮均须挂龙旗。

“各商欣然乐从，不旬日，各江之船桅遍挂黄龙旗矣。”

强力整顿，拨乱反正大见成效！西江乱象得到拨乱反正，洋轮日减，华轮日增。

《光绪三十三年梧州口华洋贸易情形论略》载：“华旗轮船三十三年（1907）起迄今加多三倍，法国旗之船，有数月未见行驶。德国旗轮，本年竟尔罕见。”

李准在《自述》中总结："粤海多港汊，密如蛛丝形。轮船往来数，一千三百零。冒挂各国旗，自由任意行。偶然遇盗贼，领事出肩承。追源索祸始，海关理船厅。洋商船到验，加足气放行。华商船到验，锅炉先击抨。更有厘关卡，留难常十分。洋商畅无阻，沿途携载频。因此悬洋旗，乃可与竞争。下令厘关卡，一律任畅行。收回理船厅，华洋一例衡。亲赴船商会，晓谕各商民。限期一月内，国旗一色明。讵知不逾旬，满海黄龙旌。乃设保商队，更增卫旅营。非指定码头，不许搭客人。每船分派队，一律保安宁。"

张人骏之子在《先府君行述》中说："方事之殷，粤人奔走骇汗，开会图自治助官，不及诇察所得，则英商实仅'南宁'、'西南'两船，余船虽悬洋旗，实皆华商，所以避税务司查验之扰也。府君乃命善后局集商，谕其非，众始悟，克期易船帜，至日帆樯如林，龙旗耀日，夹岸观众欢呼动天，粤民悦喜，航业日盛。"

二十九、官民同仇逐外夷　事关国权商亦争

英舰不请自来的理由是帮广东缉盗，以保护英船只和英人。现在，李准已经搞好西江治安，英舰就没有理由再待在中国内河缉盗了。

可这些英国人还没这么自觉，仍然赖在西江不走。

看来，当年的李鸿章和现在的张人骏、李准他们，都是把英国人的心思看穿了的！

走又不想走，打又不敢打，怎么办？

李准他们还找到一个办法——借助民众之力量！当政府和军队投鼠忌器的时候，毫无疑问，这是更有实际效果的办法。

即使是按照中国与列强签订的不平等条约，英国也无权把军舰开进我领土来缉盗，这是明显违反国际法的。所以英舰从入侵西江那天起，就遭到两广民众的强烈抵制。"沿江人民，怒不可遏"。广东和广西的民间组织纷纷向京师发电上文，要求清政府对英方的侵略行径进行"死拒"。

1907年11月，以商人联合团体广州七十二行为基础，成立了粤商自治会，发动商人，开展支持张人骏、李准驱逐英舰，夺回缉捕权的斗争。

活动组织者是广州粤商自治会。它在20世纪初年出现，是广东工商业发展的结果和资本家投身政治运动的表现。

从1904年到1911年，广东设立了62个商会，其中包括广东和汕头两个总

商会。具有一定新思想的商人陈惠普、李戒欺等人，在发动人民支持李准驱英舰、夺回西江缉捕权的斗争中，乘机成立了组织。

会长陈惠普为店工出身的银号商人，帝国宪政会会员，善堂善董。副会长李戒欺有生员功名，系铁路股东。广东商人第一时间倡设的粤商自治会，并非仅在于争取缉捕权。其章程参照《天津自治章程》，明确规定“凡有关本省地方自治事宜，得依程序自行议订”。所关心的地方事务很广泛，如“地方利弊、整理治安、维持风化之条陈”“调处民事两造之争执”“下级各城市镇乡之自治团体及巡警章则之修订、成立、取消”“本省内防乱、消患机关团体之筹议、改良、撤消”“本省商务、建造工程、教育、水利、慈善、卫生、交通、市场监查费等之筹议、改良等方法”“本省地方财政”等内容。

这明显是政治机构的性质。其会长、董事、议员“其去留由本会全体主持，地方官不得干预”。这是商人在争回西江缉捕权的同时，谋求扩大自身的内政参与权。

在支持李准夺回西江缉捕权的斗争中，粤商会始终将盗匪问题的解决与其政治主张相结合，声称“本会自治为保守捕权起见，以治盗为第一级办法，此外凡关于地方自治范围者当推举”。

甚至在决议中还明确提出，“要求政府承认本会有监察地方缉捕权”。

粤商会在广州华林寺一带组织大型集会，支持李准驱逐英舰的斗争，警告清廷外务部**“如果容忍英国军舰进入西江，此风一长，则扬子江非我有矣”**。

会长陈惠普指出，如果黄河长江也援例照办，中国将被肢解，要求外务部敦促英方撤军“以全邦交”，顾全我们的外交脸面。

粤商会又赴西江沿岸各地鼓动民众，不卖给英舰食品和淡水。

绅商走上街头散发传单：“当此国权日替，吾粤惠州香山领土、西江缉捕、高廉铁路诸事，更外患日逼。怆怀时局，系念梓桑，苟非力图地方自治，则覆巢之下，断无完卵。在外人操业之西家，一律停工、停纳房捐，以整捕务。”

甚至提出口号：“愿全粤亡，不愿捕权许外人。”

刚在广州成立的商船总公会，强烈抗议英舰横行，决定华轮挂洋旗者改挂龙旗。

粤商会等组织在抗议英国海军入侵的同时，高屋建瓴地提出釜底抽薪之法——“以治盗为第一级办法”，还提出建立水上巡警制度，成立民团协助官方缉捕盗贼，这些办法被李准采用。

商会截留税款100万银两，交李准水师整治西江流域，甚至有商人提出自己出资金，购买小型巡逻艇给李准水师用。

粤商会联络上海方面，共同抗议，又组织广东西江流域一带给外国企业当雇工的中国人罢工，以“抵制外货”。

难能可贵的是，百年前的他们就有了主权意识，甚至还有了国际眼光。他们直接向英国方面交涉，自己选举代表前往伦敦谈判协商。甚至表示如果不行，就直接去找海牙和平会。

在商界支持张人骏、李准夺回缉捕权的同时，11月19日，广东绅学各界也在广府学宫明伦堂集议，讨论西江缉捕权问题，讨论英国人在惠州一带海面“竖旗立界”测量水道及澳门勘界等问题。称“地方缉捕，关系国权，授人以柄，主权丧失”。将西江缉捕权问题提高到维护国家主权的高度。

与商界一样，在外争国权的旗帜下，绅学各界也借盗匪问题呼吁自治。绅界提出：“拟联请速派谙练捕务大员，添募探队实力督巡。省会警练局即已成立，拟请分别札行照会员绅，联络沿江各乡村，一体设法防御堵截，从此官任巡缉，绅任自治，通力合作，水陆兼资，务求劫案寝息，行旅乂安。”

明显表示出绅界希望推行地方自治，寻求地方政治改进的政治目的。

广州学界积极支持粤商自治会的斗争，十月十九日，粤省学界组织成立“国权挽救会”，创办《国权挽救报》。

广东法政学堂、西关进取学堂、广府中学堂、两广高等工业学堂、蚕业学堂等66 所学校2000 余人参加。他们到各地演说宣传，并致电外务部及总督张人骏，要求英军撤出西江。这些运动一直持续到英国军舰退出西江为止。

妇女界集议于壹德女学，女学生也走出学校，号召各界同心合力，坚决反对英国攫夺西江缉捕权。

两广留日学生派代表回国，支持李准争回国权的斗争。

海外华侨及留学生闻之也行动起来。南洋日惹商会致电外务部：“江浙铁路、西江缉捕，滥许英人，爪哇华侨五十八万同声怨愤，利权既甘放弃，何必派官南巡？乞速挽回，以维人心。”

美国中华会馆也致电外务部及广州国权挽救会：“请坚拒西江捕权，不容许英人干涉。”

时任广西陆军小学总办兼广西新军督练公所会办的蔡锷，在《云南》杂志第十二号上发表《西江警察权问题》时评文章，一针见血地指出，清政府将中国的利权“捧而献之乐人。政府慷慨大方，如弃敝履，如赠桃李，以送外人，只固己位，奚什国亡；只顾己乐，遑计民苦”。

李准善借民众力量，发动商民拒绝出售食物、淡水等生活必需品给英舰。

张人骏在接见请愿商界代表时，一面肯定，“众商热心爱国，联结团体，提倡自治，力保主权，深堪嘉尚。自当电请政府坚拒”；一面要求商界，“须劝谕全省商民，切勿暴动，以免多生枝节”。

又电奏外务部称，“缉捕系地方官专责，即使各轮兼办缉私，亦应由地方官管辖，方免侵越事权。此等内政应用何员管理，非外人所得干预”。并请求清政府**“各轮仍归水陆提督管辖，万难准由税司管理，庶免有碍主权”**。

三十、逼退英舰出南海　领事提督夸李准

对张人骏和李准来说，更重的压力还是盗匪问题。引发缉捕权问题的直接原因是广东盗匪问题，地方官员当然难辞其咎，必须寻求尽快解决“匪患”的良策。各界要求整顿捕务的呼声也与保全主权的活动同时高涨。

李准强力整顿西江治安好转后，十一月十二日，粤商自治会致电外务部：“西江属内河，连旬英水师大肆搜查，商民哗愤。经禀粤督，示禁暴动。惟群情汹汹，怒不可遏。西江商轮，英只两艘，华轮公愤已决，尽复龙旗，商等立会自治，推办沿江巡警，粤督亦大治水师。独立国主权，断无他人可干预兵柄警察行轮之理，乞促英兵速退以全邦交。”

外交公关也在进行。

《申报》1908年1月18日11版报道《粤督筵宴香港总督》，张人骏、李准设宴款待港督及英国领事官满思礼，向英方施加压力。

中国人都晓得这是“鸿门宴”，这个酒不是那么好喝的，不知这几个赴宴的英国人明白不明白？

在民众的压力下，外务部尚书袁世凯与英国交涉：西江已无盗贼可缉，请其退出西江。

1907年12月2日，英舰队从南海不可一世而来，在西江上耀武扬威而巡；1908年1月27日，在李准军事治理西江治安、张人骏强硬外交和民众反英的三重压力下，灰溜溜退出西江逃离南海。

英驻广州总领事带英东方水师提督，专为此亲自登门拜谒两广总督张人骏。《粤督电告外部缉捕就绪》报道说：“英领事偕英水师首领兵官来见，据称各兵轮已一律退出。日后中国炮舰若巡捕不力，则英舰尚须驶回西江。”

这当然是鸭子死了嘴壳硬，给自己下台阶的面子话罢了。

奇怪的是，英舰队被李准逼退南海后，英领事竟然电告张人骏，夸奖李准：**“西江事轮已退出，李准能任缉捕之责，请勿易人。”**（《申报》，1908年1月27日）

这位英国外交官不感情用事，还真有英国人的绅士风度，对李准的治理能力大加首肯，还生怕李准今后又被哪个糊涂领导给换掉了。

而英水师提督在半年后李准扣押日本军火船时，竟也帮李准说话，认为李准“办理缉捕查拿军火，均为力保治安，通国商人皆有感情，力斥日人之无理”。

《先府君行述》记此事：“方府君之莅粤督任也，适有西江缉捕之争。府君则以缉捕责在地方，断难授权外人，劫案只应缉匪追赃，给死伤恤款，无赔偿理。累电外部及我驻英使臣，内外同力争，**乃定缉捕新章，以南澳镇总兵李准总其事。李准两世宦粤，明习粤事，惟檄李镇整顿经尽，增戍厉兵。于是江行无警，英人无词，领恤结案，撤舰以去**。英提督初来谒，词色强横，府君折之曰：‘大国夙以文明著五洲，若果不顾公理，用强权，则粤无兵无械，讵能与大国抗？然所有者民耳，炮火所加，甘受不悔！’英提督惶悚谢过。此案结，复谒，颇尽宾礼。香港总督亦专诚来见，且命其妻谒吾母，极联睦谊，自来未有之事也。”

英舰队退出南海后，李准鉴于盗匪武器来源于日本人从港澳走私军火进内地，又向总督张人骏提出釜底抽薪之法，要求港英当局严禁军火出口。

早在1906年7月16日，《申报》就报道过《李水提请仿枪照办法》：“李准致文岑春煊，因见香港、澳门境内无盗，李准认为其原因在于此两地施行禁枪政策，因而力图仿照此办法，在广东施行禁枪政策。”

这次在张人骏的支持下，广东和港英当局签订了武器禁运条约，这就从源头上大大减少了枪案。

“自西江收回捕权以来，会商安帅，严禁军火进口接济匪人。香港总督亦以西江获安允为严禁。”

张人骏在给儿子的信中说：“自改章整顿缉捕以来，特于私运贩军火一节，悬重赏立严法，通饬文武，尽力查缉。各属各江劫掳之案虽未尽绝，已减少十之六七。钦、防一带，前经缉获军火两船以后，匪事渐就弭平。”

张人骏还说：**“粤省盗风之炽，以洋商私贩枪械为之接济也。自西江案起，与英人约，严香港私运军火之禁法，于越南亦如之，匪患乃渐安。”**

李准在《自谱》中总结西江缉捕权事件：“余在外三月，回省见安帅，勉励有加。西江以此数月之内屡出劫案，有枪毙外人之事，当事者不理，致各国屡有责言，各遣浅水兵舰入西江，自由行动，人心惶惶，故安帅乃有电奏请调余回省办西江缉捕之事。乃与英国水师提督马镇迪交涉，不许自由行动，妄行开炮轰及乡镇，使人心惊惶。自任所照旧章，分段巡缉。且新造浅水新式兵舰四艘，分巡西江。未造成之先，租商轮代之。英人始允退兵，将西江捕权交回自行管理。”

又在《自述》中回顾：“在此三月久，奉调御强秦。西江本多盗，上达至梧浔。近来屡出事，伤害及外人。各国多责备，军舰自由行（余自降调以来，不闻外事，继之者颇有更张，至西江屡出劫船之事，并伤害外人，各国责备不报，分派浅水兵舰，自由出入，遇有匪之区，不分皂白，任意开炮袭击，人民大哗。各国与外部交涉，奉旨调余回省督办西江缉捕，以秦子质接办钦廉善后事宜）。乃与各国议，捕权我自承。分段派巡缉，违者以法绳。列国无异议，焕然如释冰。再回水提任，恩旨皆有因。粤中本多盗，炮火利器精。因之禁入口，条约订于英。”

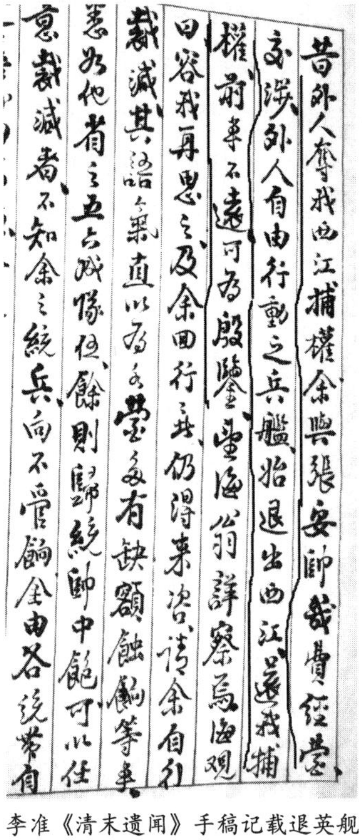
昔外人奪我西江捕權余與張安帥哉費經營
交涉外人自由行動之兵艦始退出西江還我捕
權前車不遠可為殷鑒量海分羽詳察為海觀
回容我再思之及余回行文仍得束咨請余自引
裁減其語氣直以為余營多有缺額蝕餉等弊
悉外他省之五六成條任餘則歸統帥中飽可以任
意裁減者不知余之統兵向不冒餉全由各統帶自

李准《清末遗闻》手稿记载退英舰收回西江缉捕权事

李准在北海镇总兵位置上“狗咬耗子”，管好了水师提督的“闲事”，连外国人也感到广东政局确实离不开李准。

总督张人骏奏报，朝廷下旨，恢复了李准水师提督职务。

总督张人骏更是感觉自己用对了人。

中山大学历史系教授何文平在《清末广东的盗匪问题与西江缉捕权风波》一文中指出：“1907年广东各界维护西江缉捕权的斗争，是广东乃至中国近代史上一件较有影响的事件。无论从广大人民群众爱国反帝的民族主义运动角度看，还是在近代中外关系方面，都有研究的价值。”

第七章
捕扣日本军火船　首爆抵制日货潮

你可知道，中国首次抵制日货运动，是李准引爆！

你可知道，华人焚烧日货之怒火，竟将日本内阁烧倒台！

李准南海设伏捕扣“二辰丸”商船，怒下日旗、没收军火、展览示众，大快人心！为何清政府却按日方要求，令广东还船谢罪，还要惩办李准？

原来日本军舰和英美舰队向南海开来，武力威胁，朝廷委曲求全；在广东水师最高礼节礼炮声和水兵痛哭声中，黄龙国旗落下，日本国旗高升！

奇怪的是，美英出动舰队帮日助威，后却全部倒戈中国，而对日本落井下石，乐看其笑话。

《自述》：“先派四兵舰，伏在海湾心，果见‘二辰丸’，押解日商轮。步枪六千根，开花炮六尊。舰队自日动，示威出台澎。还有三舰队，远向太平伸。余同吴管带，毕令夺官勋。升旗放船走，为时逾三旬。抵制日货起，民气益纵横。”

三十一、捕扣日船吓葡警　军火大案日葡惊

1907年腊月二十八，李准刚逼退英舰队，又得水师派驻香港线人密报军情：日本“二辰丸”商船有走私军火武器的重大嫌疑！

“十二月下旬，据驻港侦探报告：九龙货舱所存之枪炮子弹，全由日本邮船二辰丸运往日本。”

李准马上引起警惕——日本是军火出口大国，我国走私武器主要来自日本，这次怎么反倒要从香港运武器到日本去？

“余以澳商何以买械运往日本，其中必有诡谋。乃令侦探随日本船侦查其在何处卸载电告。”

果然，日本人玩的是中国的声东击西和杀回马枪之计。

李准的侦探来电报告：“军火未卸，由原船载赴澳门外之九洲洋卸载。趁明年元旦（现称春节）中国官兵放假不办事，偷运至澳门，输入内地。”

侦探还查明，“二辰丸”是为澳门广和店华商谭璧理偷运枪支弹药。

原来“二辰丸”从澳门出发，到达日本神户后，并未卸军火，而是杀了一个大大的回马枪——原船从日本再往香港，装煤炭1700吨后，又从香港前往澳门，最后正要来广东海面交货。以为这样一转，就神不知鬼不觉了。日本人万万没有想到，从开始到最后，“二辰丸”的一切行动轨迹，都在李准的掌握之中。

从20世纪始到辛亥革命爆发的11年间，随着帝国主义对华经济和政治侵略步步加深，盗匪乱党趁势而起，中国陷入前所未有的内忧外患，内外交困，社会动荡，变乱加剧，民族危机日益严重。

日本从甲午战争后，经济和兵工业飞速发展，从原来的军火输入国，一跃而成军火输出国。出于唯恐中国不乱的政治目的，又可从中国获得巨大经济利益，一方面，日本政府和军工企业，积极展开对华军火销售权的争夺；另一方面，又由日本商人对中国盗匪和乱党大量走私武器，为虎作伥，火上浇油，加剧我国内乱，人民灾难越发深重。

咄咄逼人的日本很快取代西方列强，成为中国的头号敌人，当然也成为中国人的头号仇恨对象。

清末民初，珠澳一带军火走私很严重，军火主要来源是澳门、台湾。清政府严禁民间私自购运外洋军火，港英当局也禁止军火输入香港，而澳葡当局却允许进口军火。

辛亥革命前后，孙中山领导的同盟会在两广一带频频发动反清武装起义，多由海外筹集军火偷运入口。如1910年策划香山起义时，就通过澳门将大量枪械弹药输送往内地。1908年4月16日，拱北关在白石角哨卡至前山之间查获90支步枪的零部件和3000发子弹，是革命党人准备发动起义用的。1911年6月，粤海关查获英轮“广东”号炸药案。同年底至1912年年初，从入口船只上查获炸弹400多颗、炸药700余磅。枪械军火仅有少数为革命党人所购得，绝大多数都落入匪盗之手，造成广东地区土匪武装蜂起的严重局面。

1908年2月8日《申报》刊发一则通电，说“革命党私运枪械进口，政府早得消息，故饬各海关严行搜查”。

在“二辰丸”案发生时，澳门路环的海盗本想与同盟会首领冯自由的属下温子纯抢劫“二辰丸”船上的军火，趁势在香山和前山起事。

这也是“二辰丸”事件发生的社会背景。

李准从英舰手中夺回西江缉捕权后，又来个釜底抽薪，与港英签订了武器禁运条约，本来已从源头上堵住日本军火走私国内，刑事和治安案件大大减少，民众的生命财产危险状况大大改善。可日本人贼心不死，走香港行不通，又从日本运至澳门，再从澳门走私内地，又致各地持枪案件和暴乱多有发生。

李准在三平海盗和处理西江缉捕权事件中，特别是在上年平息黄岗、惠州、潮州钦廉之乱党武装起义中，发现广东盗匪猖獗乱党四起的一个原因，正是日本人为虎作伥，走私军火，火上添油，才致盗匪和乱党有恃无恐，杀人越货。

李准关于军火来自日本人的情报是准确的，认为日本人是武装起义幕后推手的看法也正确。

从胡汉民《黄冈起义之经过》（1907）披露的绝密情报可知，孙中山用日本人资金，在日本购买武器，通过香港运回两广地区，交革命党人武装起义：**“时党中竭力购得日械千余，以某公司船密运至汕尾，使许与余纪成部接收之**，并资为他部之接济……适清兵舰过，某公司船乃驶避至香港口岸，事遂败。”

李准这几年本来就为剿灭盗匪乱党搞得焦头烂额，疲于奔命，一次次切身感受亲眼看到日本走私武器残杀百姓，直接危害国家和人民安全。这次痛下决心，一定要捕获“二辰丸”，杀一儆百！

1907年腊月二十八，李准在提督府召开紧急军事会议，安排部署擒获“二辰丸”的秘密军事行动。

李准看出，日本人想趁我水师过年放假，浑水摸鱼，在广东与澳门交界海面偷偷交货。正好将计就计，装着啥都不知道，暗里却抢先一步，在他们准备卸货的海面埋伏，来个“守株待兔”，瓮中捉鳖！

李准令“宝璧”兵舰管带吴敬荣、游戎（从三品武官）林国祥等，率“宝璧”“广亨”“伏波”“安香”四艘兵舰，还邀拱北关税务司英国官员同行，于除夕夜秘驶九洲洋山湾的鹅颈海面下碇隐蔽，张开法网，等待“二辰丸”“兔走触株”，自投罗网。

“余乃密派吴华臣游戎敬荣、林瑞嘉游戎国祥、王荫庄大令（县令）仁棠、都司李炎山、守备（正五品武官）罗凤标等，率‘宝璧’‘广亨’‘伏

李准秘派“宝壁”号军舰在南海设伏捕获日本走私军火船

波’‘安香’等兵舰于除夕驶至九洲洋山湾之鹅颈海面下碇，以俟‘二辰丸’之查焉。”

除夕夜，码头沿岸，灯火通明，鞭炮声此起彼伏，充满中国传统过大年的气氛。

九州洋海面静悄悄。九洲洋位于珠江口之外，为珠海及澳门与万山群岛一带之海面，北面为零丁洋。九洲洋是来往香港及澳门、珠海的必经水路，主要归珠海管辖。

广东水师兵轮上，官兵们密切注视着海面动态。码头喧闹一晚上，黎明前静悄悄。海面没有任何动静。

突然，一艘船影出现，接着隐约可见白地红心膏药旗映入眼帘。

日本邮船“二辰丸”果于九洲洋下碇，升起卸货旗，鸣响汽笛，招呼澳门过来的小船前来接货。

夜色中，果有澳门葡人以小火轮拖带舶艇多号来，系于“二辰丸”之侧，正待起货。

吴敬荣、李炎山等水师官兵突然出现，强行登上“二辰丸”！

日船众人并不惊慌，竟公开持提单示之为运军火。他们理直气壮，认为此地属葡澳管辖之海面，广东水师无权执法。他们还有葡警船现场护驾。

就在广东水师查封扣押武器之时，葡军警出面阻拦了。而且从澳门方向又赶来多轮葡警。一上来就武力威胁，欲强行将军火下到葡轮上，运回澳门。

广东水师向葡萄牙人发出警告，对方不听。双方剑拔弩张，擦枪走火之势一触即发！

吴敬荣避开葡警，不与正面交锋。而将剑锋一转，直指日船主：“我警告你，葡人在我珠江海面不讲公法，我将与之开仗。”

日船主耸耸肩，不解地问：“我的不明白，你们双方要开仗，警告我的干嘛？”

吴敬荣抬头看日旗杆说：“唯不能在贵国国旗下开仗，你明白？”

日船主抬头看看自己船上悬挂的日本太阳旗，直点头。

问答应后，吴敬荣这才向官兵下令：“下掉日本国旗，升起黄龙国旗和广东水师军旗！”

一直全副武装在旁边摩拳擦掌忍着怒火的官兵，一听有当官的下令了，立刻行动起来。

吴敬荣又突然下令：“准备开仗！”

官兵哗啦啦端起武器拉响枪栓！

葡警们先是看着这群水兵竟敢下日船上的国旗，感到非常惊讶！国旗代表着一个国家，下别人的国旗是不敢想象的事情！

看来这些霸蛮的中国水兵什么都敢做！

正当葡警看得目瞪口呆之际，又突然听到枪栓拉得哗啦啦响！

于是一个个直喊野蛮，都跑下船去，不见了踪影！

“元旦黎明，日本邮船‘二辰丸’果入口于九洲洋下碇，悬卸货旗，见其开舱预备起货。少顷，澳门葡人以小火轮拖带舶艇多号来，系于‘二辰丸’之侧，正待起货。吴敬荣率各员役登舟，诘问：‘卸何种货？’船主持提单示之，乃军火，为违禁之品，不许卸。日船主以此为葡属地，吴以‘澳门为葡人租借地，无领海权，此九洲洋为珠江流域，有中国之拱北关在马骝洲可证。拱北关有税务司，非税务司许可，不得在此卸货’。船主无词。”

吴敬荣会商拱北关税务司英国官员见证，查验并无中国军火护照。带回黄埔，照章充公。

按李准部署，水师官兵按通商条约第三款，将“二辰丸”连船带人押回广州，扣押在虎门莲花山淡水河。

李准认为，数百年来，倭寇不断袭扰我国，为害沿海，中国被外夷蚕食，日本当是罪魁祸首。

这次要杀一儆百，将“二辰丸”连船带军火公开展览示众，以儆效尤，出口恶气！

这是一桩29吨走私军火大案，立即引起轰动！

广州绅民参观者络绎不绝，人心大快！

1908年正月初五（2月6日）总督张人骏马上电报外务部：“日商船第‘二辰丸’装有枪二千余只、码四万，初四日已刻到九洲洋中国海面卸货。经商会拱北关员见证上船查验，并无中国军火护照。该船主无可置辩，已将船械暂扣。查，洋商私载军火及一切违禁货物，既经拿获，按约应将船货入官，系照《通商条约》第三款并统共章程办理，历经总署咨行有案，自应按照遵办。迭饬将船货一并带回黄埔，以凭照章程充公按办。谨先电闻，并请照知日使。”

张人骏以为，李准水师擒获走私军火大案，维护了国家安全，立了一个大功，中央政府一定会嘉奖！

可是剧情出现大逆转——谁也没想到，朝廷却要治罪于李准！

三十二、恐日惧美朝廷软　谢罪赔偿国耻新

原来李准扣押日船示众，捅了马蜂窝，扫了日本脸面，日本政府恼羞成怒，又引起多国列强震惊，引发中、日、葡三国旷日持久的外交大战！

报载，1908年2月（光绪三十四年，日本明治四十一年），日本轮船“二辰丸”为澳门广和店华商谭璧理偷运枪支弹药，将神户辰马商行的步枪2000支、子弹4万发自日本私运往澳门。2月5日上午，“二辰丸”在澳门路环岛附近海面被清朝广东水师四艘巡视船截获。

“二辰丸”事件上演起精彩紧张的连续剧来，高潮迭起：

李准水师捕获扣押走私军火船；

日本政府外交大战并出动军舰威胁；

葡澳当局浑水摸鱼想扩大其地盘；

美英助纣为虐，太平洋舰队向南海开来；

中央政府委曲求全接受日本全部要求；

李准无功，反而有过，被责令向日方谢罪赔偿；

朝廷软弱自添国耻，民众自强怒火中烧，从此引爆中国历史上第一次大规模反日爱国运动，抵制日货之风从此吹遍中国，焚烧日货之火燃遍中国！

剧情最后出现惊天大逆转——不可一世的日本政府玩火自焚，内阁烧倒台！

本来扣押“二辰丸”之后，李准专门与日本和葡萄牙两国驻广州领事进行了通报交涉。1908年2月13日《申报》报道：“李提督已与日葡两领交涉，日领答以须彻查来历，未例遽允充公。”

日本方面咄咄逼人，对张人骏和李准的交涉根本没有放在眼里，不但不认错受罚，反而不依不饶，要倒追李准的责任。

日本商界甚至政府都出面护犊子，硬是要将无理说成有理来！

首先，日本船主同盟会为大津丸（“二辰丸”）因私运军火被拘留事决议，“以中国海关之拘留为不合法，要求将该船释放，该船所运军枪药弹系经大阪警察、神户理船厅及海关之认可，复经澳门行政官准许入口”。

接着，日本驻华公使林权助于正月十三日（2月14日）照会外务部，抗议“二辰丸”被扣一事，要求放船、还旗、惩官、谢罪。

其照会曰：“根据驻广东本国领事电称，本国商船第‘二辰丸’装载货物，由本国开往澳门，于本月五日，即华历正月初四日上午，抵达澳门口岸附近。当时海面风浪很大，潮水不顺，不能进口，不得已在九洲洋方面东经一百十三度三十八秒，北纬二十二度九分四十五秒地点，暂时下锚，以等待潮退浪顺。到下午忽然看见四只中国炮舰驶来，随后广东水师吴参将及其余官员上船来称：‘此处系中国之海，并禁止一切交通，上岸而去。’到第二天上午吴参将等又带领携军器的水兵二十多名，上船来说是奉广东总督命令，要将船拖至黄埔去，而不听船长陈辩，撤去船尾所挂的本国国旗，代之以中国国旗。并且由各舰派水师多名进入机器房，作出种种放纵行动。致使该船受到许多困难。到虎门的对岸斜西地方停泊，仍被中国官员拘留不放。又根据本国领事转告第‘二辰丸’船长声称：该船并没有在中国领水卸货，其所装载的货物虽然多为军械，但却是运往澳门的，并且由葡萄牙官员允许的。驻广东本国总领事也认同此事，并且所载之货运至何处预先表明，可知该船并不是在中国领海走私，查第‘二辰丸’下锚地点是否在中国领海内，如果重新进行精测，自然就很显然了。假若测定该处确实属于中国领海，本国船只遇有风浪，尽可躲避下锚，不应阻碍。今中国炮舰忽然将商船第‘二辰丸’拖去拘留，显然是有违约行为。而其撤去本国国旗，则更为狂暴。携军械的水兵闯入船舱，窃去货物一事，举动野蛮，令人骇异。今本人根据本国政府的电训，对于中国官宪的暴戾不法行为提出抗议，并希望中国政府迅速电告广东地方官，迅速释放该船，交还本国国旗，严惩所有非法的官员，并陈谢此案办理不善之意，以儆效尤。”

从日本公使的照会看出，日本政府不仅提出了抗议，为“二辰丸”运军火进行狡辩，而且还提出释放该船、严惩官员等无理要求。

这是典型的强权政治。

有了本国政府撑腰，“二辰丸”船主全盘翻供，不再承认是走私，反说商船遭到中国军方非法扣留。

张人骏和李准同样态度强硬，认为“二辰丸”在中国水面卸走私军火，转卖澳门华商，再转卖流于内地，危害人民生命财产和国家安全，中国有权扣留。日方如果不服，应依国际法有关规定，派人参加会审“二辰丸”。

对日方的诡辩则以事实加以驳斥：“与该商船船主辩论，又指经纬度证解系中国领海，该船主无词。始有邀该官员到船上卧房行贿请释之事，现有官员等在场见证。始则行贿，继则加贿，终且愿听将船货带入虎门斜西河面，不仅洋关员之证可凭也。”

对我水师官兵下日旗的行为做了解释：“至该商船籍旗，因巡弁在该船上与船主援约据理相辩论之际，忽有澳门派来葡国兵舰，势将恃强干涉，**不得已商之船主，替换龙旗，以免葡船干预，横生枝节，系为一时对待葡兵起见，并无别意。**”

对日本放船赔偿的无理要求坚决拒绝：“该船应否充公或释放，非会同日领查讯不能决断。查日领恐经讯明该船不免充公，强词抵制，意图含混恫吓，似宜坚持会讯办法，免堕狡计”；“日本如果能自纳保证金，则‘二辰丸’亦可释放。惟所载军火仍须扣留在广州以待审查”。

最后强调了如按外务部意见，答应日方要求放虎归山之后果：**“现在两粤盗匪充斥，接济匪械多由外洋转运，此案倘被狡脱，日后商轮畅运，军火势必不敢查缉，为患无穷。”**

《澳门史》载：“‘二辰丸’装有枪2000余支，子弹4万，并无中国军火护照。该船主见事败，邀请官员到卧室，行贿白银100元，后又增至1000元，意欲私了此事。但现场官员不为所动。”

日本态度更加强硬：“**广东水师之行为，实近海盗**，其暴横不法，非区区言词所能掩饰也。**若其撤去日本国旗，侮辱已极**。至所载军火，日本商人只有运澳之责，起卸后是否归于土匪之手，固非其所知。帝国政府只望中国政府断乎反省，迅速表明，应允帝国政府所要求之意。”

甚至用起了威胁言辞：“如仍不允，帝国政府为尊重国家之威严，及保护臣民之义务，不得已，不可不下适当之手段。”

日本实行多党轮流执政，民选执政党上台执政，在野党台下监督着你。做得好你就继续执政，做得不好民众不满意，你就要下来，我又上去执政，所以这样的政府很看重民意。

而日本国内民众和舆论认为，政府对华政策还不强硬，很不满。反对党抓住民意，指责攻击执政党。执政党为了保住自己的执政地位，对华就须强硬，必须采取更加有力有效的措施，才能平息人们的不满，所以就有了为一商人竟向南海派出军舰，准备动武的政府行动。

驻日大使李家驹身在日本，看清了这点，密电外务部，报告日本政坛内部情况："驹查，彼国议院近以对清外交不振，攻诋当局甚力，彼等以不安于位为虑，故近来反竟用强硬手段，以谢国民。并有遣舰赴粤夺还该船之说，其欲肆强权，已可概见。"（《驻日大臣李家驹为"二辰丸"案日外部不允会讯事致外务部电文》）

因"二辰丸"被捕获的地方在澳门附近，澳门为葡萄牙占领，葡萄牙趁机向中国发难。

正月十七日（2月18日）《署葡国公使柏德罗为中国兵船捕获赴澳日轮请饬释放事致总理外务部事务奕劻照会》称："现知有中国海关兵船，于本月初六日在葡领海面喀罗湾捕获日本轮船'二辰丸'号一艘，迫令同至广州口岸。查该船系装载枪枝运卸澳门。该船被拿，有违葡国所领沿海权，并有碍葡国主权，阻害澳门商务，本署大臣甚为驳斥。本署大臣定想贵爵迅速转饬，刻即释放。右照会大清钦命总理外务部事务和硕庆亲王。"

其实扣押"二辰丸"之地在我南海之九洲洋面，属香山县境。

这批军火原本也是打算入香山，再散广东各地，供革命党人武装起义用的，与澳门毫无关系。

葡澳是想趁火打劫捞上一把，扩大地盘。

澳葡还以禁止私运军火至华南为筹码，向四周扩地侵略。后来"二辰丸"案件结果刚出，澳葡就将濠江上浮标从河中心移至湾仔岸边，"意欲占领水界，并觊觎环澳岛地。纯用阴险影射手段，以无据为有"。

与此同时，"英美德三国政府咸信'大津丸'一案将得和平之解决，中国在葡京理斯本已声言拘捕'大津丸'之地实系公海"。

中葡1887年签订了《中葡和好通商条约》，让葡人"永居管理"澳门，但澳门界限却模糊带过，没有明确。澳葡在条约签订后不断蚕食香山。1907年6月葡兵入湾仔，张贴告示称在湾仔和银坑的船只要换领澳葡官方牌照，还向湾仔村民、渔民、商家征税，前山官员去查看竟遭驱逐，后又故伎重演，逼香山县的大横琴岛居民交纳地租。1907年年底，广州、香山、香港等地的绅商士民就纷纷请愿，要求政府派员来澳划分界限。

李准他们查得"'二辰丸'所泊之地非公海亦非葡国领海"，实为珠江大西沥，属香山县管辖。李准他们当然一眼看穿，"葡国领海之说"实为无稽之谈，实质是想浑水摸鱼。

海关总税务司英国人赫德对“二辰丸”案提出解决意见17项，电告张督将船释放，理由是：该船并不是由海关所缉获，而是由地方官缉获。该船无论何物运往何处，它所挂的日本国旗及指运的澳门洋界都应受到保护。赫德认为该船在通商口岸处停泊，并不足以引人疑惑而成为上船缉获的理由，而且该船所装军火属于例行载运，中国官员并无扣船之权。澳门居洋界地位，则澳门附近的海面就为通行之海，并不是中国水面。

赫德认为，“此事最妙由外务部与日本大臣洽商订一妥善办法。如果和平商办，并认此次误扣之咎，则释还船只，并鸣炮敬日旗或赔偿业主，亦非有伤体面”。

主张中国放船、还旗、赔偿、道歉，这就明显偏袒日本。

而中国政府主张公断。二月初一（3月3日），外务部按广东建议，照会日本公使，拟请英国水师提督公断：“广东扣留第‘二辰丸’一案，正月二十五日接准来照主张，日方不肯照章会讯，并要求将该轮速行释放等。因而外务部无从遥断。现拟请英国水师穆提督作为公断人，就近会同粤督及驻粤日领公平评断，彼此照办。”

只要双方对簿公堂，由第三方主持公断，是非即刻分明。

日方当然不干，他们自己心里也知道并不占理，所抗议的话其实是强词夺理。日本走私军火到中国，支持反政府武装起义，这已是公开的秘密，这本来就是日本政府右翼官员暗中支持的。

二月初二（3月4日），日使林权助与外务部大臣袁世凯会晤，表示不同意公断。

袁世凯只好退让一步：同意放船，但要将军械扣存待查。

林权助也不同意，又威胁“如不速了，日本当行相当之手段云”。

林权助同袁世凯进行激烈的外交争斗。

袁称：“因为贵大臣不肯会讯，又不愿派人彼此会查，本部意欲和平速了此案，以符贵大臣之意，所以才提出公断一法，不知贵大臣能否同意？”

林称不需公断，粤督来电不足为证，还说如中日两国请英国提督公断，该处海面究竟是何国领辖，则葡国就不得不干预而出面同断。

袁世凯不允许葡国出面，认为无论是公断还是专断此案，与领海并无关系。

林权助进一步提出“请将该船释放，并惩罚撤下国旗之是非”的要求。

袁世凯则同意将该船释放，但对撤旗一事表示“尚须待查”。

林权助又认为袁世凯是听信粤督而狡辩，无故扣船显然是违法行为，且扣船应由海关，而不是由水师军队出面。

日本政府不但在外交上使用威胁手段，行动上也出动了军舰。

《申报》报道：**“现日本巡洋舰‘和泉’号仍停泊香港。”**

李准《自谱》记：“日公使向我外部抗议，必惩办此次首祸之人，斥夺余与吴管带之官勋。安帅以去电力争。**日方要求不遂，声言宣战。舰队‘吾妻’等号自台湾、澎湖出动示威。美舰队将菲律宾就近调至粤海外，并由太平洋面调三大舰队来华。”**

但是李准、张人骏他们不吃威胁这一套。张人骏回电外务部：“日如理直证确，何惮而不会讯，不公断。即具结释船留械候查，亦不允许。**其恃强无理，实乃寰球所罕闻。**兵舰果来，我仍以礼相待。**揣其伎俩，不过以兵力胁我释放船械而已。”**

“自西南盗案，西邻责言，英舰横来，捕权几失。粤中匪盗专恃枪械，寻常毛瑟、拗兰短枪值仅数元，购来资盗资匪，动值十余数十元不等，利市十倍。年内各处探报，遂有由东洋购济匪械之说。**日本与国，理应至公办理。乃出其强权，甘作野蛮举动，国势强弱异形。**骏虽忧愤填膺，际此主忧臣辱之时，释彼船、惩员弁、鸣炮谢过各节，一纸文书均即办到，原非难事，**但此案失败，则条约、关章均成废纸，**粤事诚不知所以善其后。”

“本部堂始终不顾功名，不惜身命，极力电争。忧愤成疾，愿电部以功名偿日旗，仍请照关章将船货充公。外部弗许。”

对于日本武力威胁，李准和张人骏一眼就看出是吓人的。

日本政府气势汹汹。

清政府谨小慎微。

清政府被日本威逼吓倒了。

外务部态度一百八十度大转弯。不但责成广东与日领事据理商结，要求广东：“来电所陈贿银百元及加贿千元有无确实凭证，能使彼无可抵赖，果否撤其国旗，请迅饬确切查明。”还反帮日本人说话：**“‘二辰丸’所运军械，领有日葡准单，并未实行起卸，粤水师将船捕拿，撤换国旗，办理未免太过于急促。”**

外务部二月初四（3月6日）照会日本公使，对撤换日本国旗一事表示歉意，但将扣船撤旗分作两截办理：“外务部接到日使关于撤换国旗一事的抗议函电，但粤督来电称，因为日船所运军火没有中国护照，停泊在中国海面，准备起卸，而导致误会，将旗帜暂时改换。对于此事，外务部各大臣深表歉意，已经电告粤督将经事人惩戒。但对私运军火一案，外务部需要另行照复。”

日本得寸进尺，进一步向外务部提出了五项解决办法，竟称：“帝国政府顾念两国友谊，酌情考虑中国的实际困难，而提议以下条件，如果中国政府能够即时照允，日本政府可以允许将此案和平结议。”

最后，清政府全部接受日方五项要求：**放船、还旗、惩官、谢罪、购买军火并赔偿损失。**

1908年3月15日外务部答复日使：“一、中国政府对于卸下‘二辰丸’船旗一事，已经向日本政府道歉，并曾声明下旗人员由粤督惩办，中国政府并且依照日本政府的要求，将命令中国兵船到‘二辰丸’下碇的地方，在驻日领事面前，鸣炮赔礼；二、中国政府允‘二辰丸即将释放’；三、由于中国官员深恐‘二辰丸’所运军火转售入革命党之手，粤督扣留‘二辰丸’就是为了防止军火运入内地，既然日本政府深知此事为中国官宪所挂念，不再将军火运往澳门，所以中国政府将缴价日洋二万一千四百元收买‘二辰丸’所装载的军火；四、中国官员为了本国治安起见导致在本国领海内发生此次交涉，这应当由中国政府对此事详细考查后，**对拘捕‘二辰丸’负有责任的官员酌情惩办**；五、对‘二辰丸’拘留所受的实际损失，中国政府同意赔偿，其数目由广州日领事与粤督商定。外务部还对日方表示‘将协助中方禁止军火’深表感谢。”

袁世凯甚至跟张人骏和李准说好话，请他们理解中央政府的苦衷：“惟各处消息紧迫，倘因内外推宕，另生意外枝节，恐将牵动全局。近日迭接驻德、法、俄、比、荷各使电称，博采外间议论，体察此事情形，皆以和平速结为请。”

日本政府对中方全面接受五项条件**“实为满足”“甚为满意”**，日公使本人也表示**“不胜欣幸之致”**。

弱国无外交。

在日方武力威胁下，广东地方政府据理力争，绝不屈服。

中央政府却从以理相争，到据理难争，再到心虚理屈，最后委曲求全。

中国自甲午战争和八国联军火烧圆明园以来，似乎就有了这样一个传统：对于列强的欺辱，民众不怕，地方不怕，拼死都要反抗；倒是中央政府害怕，说是忍辱负重，说是要和平友好。说穿了是执政者软弱无能，胆小怕事，只求维稳偏安，委曲求全，自己坐稳龙椅了事，哪管他丧权辱国，哪管他国耻民辱。

李准从缉私有功的民族英雄，一下变成遭中央政府惩办的罪魁祸首，变成了要向走私军火的日本谢罪的罪人！

1908年3月19日，南海阴霾满天，怒涛翻滚，海水呜咽。

广东水师无奈地降下龙旗，眼睁睁看着日本领事及日本商人、船员等，在中国军舰21响最高礼炮声中，得意地欢呼狂叫着，升起日本旗。

“执行之日，余率各员视至淡水河，各界人士往参观者数百人。日领事及日本商人、船员则至‘二辰丸’船上升日本国旗，放礼炮二十一门。**日人欢声雷动，我船之人多有痛哭失声者。**然从此抵制日货之风渐遍于中国矣。”

李准《自述》对“二辰丸事件”前因后果记载详细：“再回水提任，恩旨皆有因。粤中本多盗，炮火利器精。因之禁入口，条约订于英。戊申岁元旦，侦探报确音。奸人运军火，出口往横滨。预定元旦日，卸货在澳门。先派四兵舰，伏在海湾心。果见‘二辰丸’，下碇在零丁。旋见把杆起，卸货已现形。质问该船主，封关日不行。据言卸军火，海面属澳门。本系租借地，领海无明文。葡兵强卸载，岂畏彼吞鲸。乃会拱北关，押解日商轮。莲花山寄碇，日领出面争。万国公法定，船货充不存。先自取军火，步枪六千根。子弹数百万，开花炮六尊。

从此交涉起，日公使出庭。外交部抗议，**争惩首祸人。余同吴管带，毕令夺官勋。**索赔数十万，立刻放船行。我方坚不允，彼将战祸临。**舰队自日动，示威出台澎。更有美国在，舰出菲律宾。还有三舰队，远向太平伸。**交涉始就范，不索赔偿金。升旗放船走，为时逾三旬。抵制日货起，民气益纵横（余自侦探确报，即派人随船往，日果未卸载而开回，计日将于元旦到九洲洋海面。当即派右翼分统林国祥，会王仁棠，宝璧管带吴敬荣、广亨管带罗凤标、安香管带李炎山等，于除夕驶往九洲洋鹅颈海面隐蔽。元旦晨，果见日商轮‘二辰丸’入口，在九洲面寄碇。又见葡人以小拖轮带泊船，到此起货。吴敬荣先邀得拱北关税务司裴式凯，同上该船质问船主，在此封关之日，欲卸何货？船主直言卸军火不讳，且谓此处属葡国海面，中国不能干涉。林、吴、王均称，澳门本系租借地，并无领海权。葡人强欲卸载，我方不允，势将用武。吴敬荣云：我将与葡人开仗，不能在贵国旭日旗下打仗，乃下日旗而升龙旗。葡人始退。乃将‘二辰丸’驶行至虎门内之莲花山淡水河寄碇，将船主送交日本领事馆看管，一面起卸军火。日公使向我外部抗议，必惩办此次首祸之人，斥夺余与吴管带之官勋。安帅以去电力争。**日方要求不遂，声言宣战。舰队‘吾妻’等号自台湾、澎湖出动示威，美舰队将菲律宾就近调至粤海外，并由太平洋面调三大舰队来华，交涉始得就范，余率各船及绅商报界往莲花山升回日旗，敬炮廿一门，日人欢呼，我方痛哭至于失声）。”**

1908年3月18日新闻报道：“‘二辰丸’今日释放，惟日旗尚未悬挂，须俟至下碇被捕之处，**由粤督日领监同中国兵轮鸣炮赔礼，方肯悬旗。事后李水提奉札赔礼**，于3月19日上午九点钟，会同日本领事前往该船，查点所运枪码，照数起运，此项军火起出后，即饬**令兵船悬挂国旗鸣炮二十一响，以符外务部议案。”**

三十三、抵制日货怒火烧　重创日本英美笑

中日两国“二辰丸”之争，中国认输，日本完胜。

但是且慢，日本不要笑得过早，这还不是大结局！

在中国，除了腐败无能丧权辱国的清政府，还有宁可站着死不愿跪着生的人民，还得问问中国人民答应不答应！

日本政府满意了，可中国民众不满了！

日本政府压服了中国政府，可中国人民行动起来了！

政府无能，民众自强！

谢罪还船惩办李准的消息一传出，举国汹汹，引为大耻！

李准扣押“二辰丸”，日本政府穷凶极恶，惹火烧身，终于引爆中国历史上第一次全国反日运动，点燃华人大规模焚烧日货的怒火！

自中国政府在洋枪洋炮逼迫下，全面对外开放后，每当在政府无力保护子民的时候，中国工商业者只有用自己手中的购买力，作为“保家”的武器。

民族工商业者在经济战场上，摸索出一套颇具中国特色的抗战方略：将原来用于严格控制行会成员的“联合抵制”方式，引进到对外商战中，建立行会，订立攻守同盟，以应对在法律等各方面享受超国民待遇的洋商。

中国历史上第一次抵制外货的政治诉求，是针对美国。1905年，为了抗议美国排华法案，中国爆发大规模抵制美货行动。美国媒体包括《纽约时

报》《洛杉矶时报》等，都纷纷刊登报道，怀疑是日本人为争夺中国市场，在幕后鼓动中国抵制美货，美国报纸惊呼要警惕“黄祸”，日本驻美外交官不得不在报端辟谣。

这次李准扣押“二辰丸”事件，引发了中国历史上第一次抵制日货运动，美国媒体自然是幸灾乐祸，积极报道并公正评价。

《华盛顿邮报》以《中国人的报复》为题，说：“在1905年中国抵制美货中，美国人为自己的过分行为迅速向中国人道歉和解释，因此妥善解决了该事。而在‘二辰丸’事件中，日本人却强词夺理，威胁中国政府，中国因为没有能力进行一次战争，只好屈服；中国的商人们却能够做到外交官和军人们所不能做到的，他们将用经济战给日本重创”。

3月11日，当听说中央政府要惩办李准释放日船，广州士绅就集议，“谓日本坚欲释放‘二辰丸’则将行抵制日货之策”。

3月19日还船当天，粤商会即宣布为“国耻日”！

向全国通电抵制日货，联络各省要求“速开国会”，以为国权发动之机关。

提倡“先由两粤联名后联二十二行省要求政府速开民选议院”，这说明商人也希望参与国家政治，以取得一席之地。

抵制日货运动发展到后来，已不是纯商人的活动了，各个方面，各个层次的个人、团体都参加到这场运动中来，民众成了运动的主体。

《时报》报道：“粤商自治会今日大集会议，到者数千人，皆以第‘二辰丸’私运军火一案如此办结，**不特主权尽失，而且盗贼藉有军火，益肆纵横，将来祸患必至不堪言状**。遂以大旗书‘乞保两广生命财产’字样，率众持赴总督衙门请示。”

各地纷纷上书朝廷，誓保李准！

继粤商自治会发起抵制日货运动后，梧州商会，上海及各地也发来通电，表示支持粤商自治会。

由此，中国第一次抵制日货运动，由李准引发，以广州为中心，在沿海地区掀起，后迅速蔓延各地，港澳商会纷纷来电支持！

广东各界群众聚集总督府外，群情激愤。人们当场剪掉辫子，愈聚愈众，道途为塞。

商会会长陈惠普手持大旗，旗上大书“挽回国权”。

商会骨干《七十二行商报》编辑罗少翔，当街演说广东水师在南海捕获

“二辰丸”的情形，驳斥了总税务司英人赫德的17项建议。

自治会认为：扣捕“二辰丸”之处确为我国海面，并非公海，向来洋船在该处落货都须经拱北关允许，所以扣船并非不合理。而日本用强权恫吓清政府，迫使粤督放船是属于“违公法弃商约”的行为。

商会还提出“二辰丸”解决办法，如船只充公，请求利用国际公法进行解决。

很多商人都把日货运到会场，当众焚烧。

十七埔玉成公司洋货店张老板当场宣称：余以该店之全部日货敬呈商会，当众烧毁!

商会人沿街遍贴不买日货的告示，日本货庄大多关门。

一家洋货店大门外大书字样：日货欠奉，买日货者勿进。

一家店名“东洋货庄”，因其招牌是雕刻的，一时无法改字，就用纸写上“西”字，盖在“东”字上。

洋布行老板以前每日商量销售日本货物，从自治会集议后就终止了交易，其先既定的货物也致电不装载。各日本庄也大多暂停办货。

李准捕扣日本军火船，引燃国人抵制日货的怒火，
女界开国耻大会演说“女界家庭内概以用本国货物为宜”

《申报》二月二十九日报道，有个人摆摊卖烟，“炳记以纸花为日货即烧毁，适有王某经过此地，指某牌香烟说是日货，为何不毁。炳记曰：果是日货。即收拾之。王因谓之曰：汝小生意不忍汝亏血本，当以所值告我。炳记言：此四十余盒，无多值。王再三强与银元，炳记仅受三毫五仙，遂将烟毁之”。

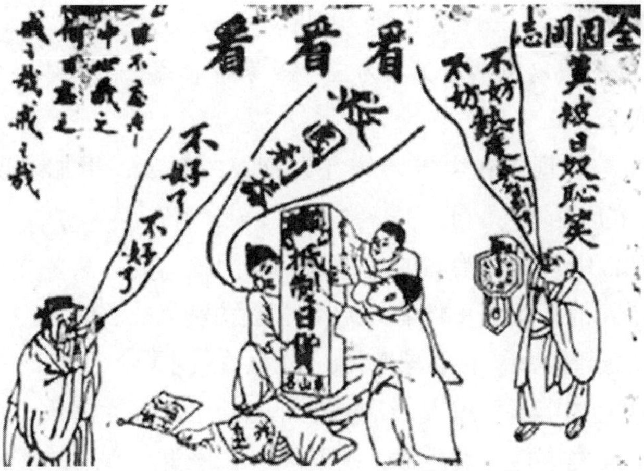

报纸唤醒民众增加对政府的舆论压力

报纸报道焚烧日货称，民众才是有权利有责任有国家观念的主人

在上年支持李准驱英舰夺回西江缉捕权的斗争时，粤商自治会应运而生。这次又为声援李准扣押日本走私军火船，组织领导了中国第一次抵制日货的反帝爱国运动。

他们认为，中国政府接受日本的条件，不但是国家受辱、人民遭殃，而且等于默认澳门领海非中国所有，认为这是奇耻大辱。

首先声援广东的是香港同胞，发起了振兴国货会，响应广州市民抵制日货。市民在西环海边，捣毁贮藏日货的仓库，捣毁贩卖日货的商店。

女界开国耻大会，到会者不下万人，演说“**女子国破家亡之惨状，满座**

愁惨，惟闻哭声”。

“女界家庭内概以用本国货物为宜，至家常食品一切海味无资养料，有碍卫生，切宜戒食，众赞成。”

妇女的参与体现了在中国传统社会女权的提高，更加表现了中国近代“国民意识”的增强。

清朝早期报纸只是统治者的传声筒，巩固统治的工具，尽是欺骗民众的假话。而到了晚清，新闻工作者开始寻求激发整个社会的活力，唤醒民众的责任感，旨在鼓舞民众，而不是愚弄、欺骗、压制民众。

1907年10月《申报》就发表措辞激烈的社论，痛斥清政府践民卖国的恶劣行径。“二辰丸事件”发生后，又刊登“二辰丸事件”的实情及自治会的抗争情况，扩大了活动的声势，使广大民众能够了解具体的情况，增加对政府的舆论压力。

香港华文报纸对广州及香港群众的抗争大量报道，发表文章斥责日本当局。

广州《半星期报》发表《港商亦知国耻》一文，报道香港各商组织国耻会的消息，并加编者按称：“粤商营业于香港，不下二十万人。其平日受人驾驭，经已饱尝。倘能联结团体，痛念国耻，则我粤人商务，尽可移植黄埔，自立一绝大好市场，以脱外人之束缚。乃富商大贾，不此之务，投偌大资财，购不自由产业，以寄人篱下；犹不深自刻厉，掷其为外人作伥，分劫同胞之汗血于石塘咀之一隅，死中寻乐，为外人所窃笑。毋亦‘商女不知亡国恨，隔江犹唱后庭花’耶？寄语同胞，及今猛省。”

《大公报》以《粤省将有大变》报道：“因政府将‘二辰丸’释放，该省民气大哗，聚集三千余人，请保护张安帅家眷出省，决计实行禁买日货。倘日人稍有异议，定即与日人拼死开战。遂又集聚两万余人请张安帅出境。”

二月二十五日《申报》报道：“许多人将日货投入火中焚烧，又进行演说进行文明抵制办法。到会者上十万人，皆愤激不可名状。**这时的民众才是有权利、有责任、有自由、平等、独立之精神，有国家观念的人民。**”

在粤人敢死会的参与下，高升街、乍畏街、文咸街、西营盘、荷李活道、皇后大道等销售或储藏日货的店铺、货仓，日货或被抛撒街道，或被人抢走。

港府出动数百军警镇压，民众以砖石还击，石如雨下，军警拘捕200

余人。《中国日报》及时报道这一事件，记录了香港爱国同胞抵制日货的史实。

抵制日货运动又迅速蔓延到上海、梧州、南宁、香港等地，影响之及，及至南洋、澳洲、美洲各埠，历数年而不懈。

梧州商会来电表示梧州国民义务所为："粤商自治会鉴，'二辰丸'案结，咸动公愤，文明对待，极表同情，办法候覆。"

池昕鸿著《袁世凯全传》说，自治会发起召开国耻纪念大会，与会者达十万人。陈惠普等人发表了沉痛至极的演说，一些人甚至提出应罢斥外务部尚书袁世凯。

中国人同仇敌忾，日货成为人人喊打的过街老鼠。

日本政府表面上赢了，实际上输了。

连外国人的立场也开始大转变，日本遭到各国嘲笑。

美国著名报纸《纽约时报》报道，广州现场有5万多人，20多人上台演讲，其中一位20多岁的青年，激起了全场热烈响应，不少听众当场脱下自己身上所穿的日本产帽子、衣服和手帕等，一位与日本有贸易往来的商人，还将自己的整仓库日货悉数捐出，付之一炬。还报道了千余名广东妇女，身着丧服前往集会现场抵制日货的悲壮情景。

《芝加哥每日论坛报》则认为，中国本身经济受抵制活动影响很小，而日本将蒙受重创。

《纽约时报》认为，中国官方在这次运动中保持沉默，未进行干预，而运动的领导人们则十分谨慎，标榜这是一次文明的抵制，他们控制着抗议人群的行为，以免触犯法律。

美国这些报道属实，粤商自治会在抵制日货期间，确实散发了不暴动传单，他们的抵抗之法是"各尽个人文明自由对待，如有见利忘义甘犯不韪者，我同胞定当互相劝诫，随时激励其国耻之心"。

甚至连日本本国媒体舆论，也怪咎起日本政府处理不当了。

据张人骏披露：**"日本自经此案，名誉大损。各国皆非笑之。即其本国之报，亦咎政府之办理失当。"**

在全世界面前，日本输了公道输了人心。

李准、张人骏对日斗争遭到清政府批评，却受到美、英、法、德等国首肯。

张人骏说：**“外部来电，言外似总以我为多事。而欧美各国人之来见者，则无不推重于我。亦可知公道不限华夷也。”**

连不久前被李准逼得无奈退出西江的英东方水师提督缪华，也公正公道地斥责日本，认为李准为各国在华商人的治安，应该扣押没收日本走私军火：**“此次办理缉捕查拿军火，均为力保治安，通国商人皆有感情，并力斥日人之无理。”**

日本失道寡助，日商被全世界看低了人格，日政府被看低了国格。

“美国驻广州领事波贺劳亦言我认真缉捕，美国商人受惠不少，故政府令来致意也。德人亦谓日货皆不如中国，尽可不用。法领事谓日本甚狡，故各国皆不信彼，近又向法贷款必不允。”

从张人骏给儿子的信里看出，美、英、德、法等国，都向中国示好，而看不起日本人的卑劣，幸灾乐祸看日本的笑话。更为有意义的是，这些强国从此以后对中国刮目相看了。所以稍后美国海军舰队到中国访问时，李准还“率林国祥、吴敬荣、王仁棠等海军职员往与会，以尽东道之谊”。

民众更是感激李准、张人骏，避免了这些走私军火流入乱党匪人之手，保了老百姓的安全。

“自争西江缉捕权及‘二辰丸’案，粤民之感戴尤甚。况日本之于中国，无事不包藏祸心。”

戊戌变法维新运动领袖梁启超此时寄居日本，对国内抵制日货运动十分支持，还引起日方猜疑，被迫将其发起成立的政闻社本部迁往上海；骨干徐勤、徐佛苏等人在上海召集旅沪粤人大会，连电张人骏请其据理力争，倡导抵制日货。

李准引发绅民抵制日货运动影响全国，当时就传到北京去了，在中央官场里广为传播。大理寺任职的京官孙宝瑄四月六日日记：“晚，至大理院。观报，有三事可记：**一粤东人拒买日货，乃水师提督李准所为。”**

日本政府有了成功经验：对于中国，只要以武力相威胁，就能达到目的。这次又认为，李准前有扣押“二辰丸”，现又发动支持民众反日运动，遂再次向中国政府施压，矛头直指李准，要求中国政府再次追责李准。

日使林权助又致函外务部：“广东自治会抵制日货运动日益加剧，应令粤省严加弹压。梧州及南宁也有抵制日货的举动，是自治会到各地劝诱的缘故，应由外务部电致广西巡抚、粤省等严加防范，以顾全中日两国的友谊。”

为压制中国南部民众的抵制日货运动，日本兵舰开到中国南部游弋。4月

24日《泰晤士报》据厦门电称："日本舰队业已抵，殊出人意料之外，察其用意颇为叵测，海关官吏谓此次日舰队系由日本培西开渍斯开来，拟回至日本赛西保，香港惟中国官场皆信其广州游弋也。"

这次中央政府又会是什么态度呢？还会像释放"二辰丸"那样，满足日方的全部要求吗？

这次日本政府打错算盘了。因为他们这次面对的不再只是腐朽无能的中国政府，而是中国人民！

国家有难，匹夫有责。不怕强权不怕外敌，有忧患有担当，不惧生死，这是中国人哪怕一介草民，从古至今的传统精神和人格天性。

外务部当然又担心日本动武。袁世凯赶紧答复日方："已饬粤督保持治安并解散抵制日货之开会，并派华兵保护日领事署，所有运动抵制各人亦已谕戒，勿得妄动，免伤两国感情。"

同时电令广东打压民众："该商陈惠普等以抵制日货为由，遍贴告条，大书扬旗，殊属狂谬。如果任其妄为，实于国际交涉、地方治安均有关碍。该商等聚众演说，近在督署，执事曾否知有此事？尚希饬属严查，分别究办。"

三月十五日外务部致函粤督张人骏，要求查办抵制日货组织者："扣留'二辰丸'一案，经本部办理已完结。而商会陈惠普等人却借故嚣张，电致尊处切实查办。据粤省官员接到该省正绅公函称，商业自治会陈惠普、李戒欺、罗少翔等恣意狂吠，形同化外。陈惠普等纠集千余人，内多易服剪辫者，手持大旗三面，大书挽回国权等字样，并在督署演说，愈聚愈众，道途为塞。十七日，又在自治会招白，继而沿街遍贴不买日货的字条，而且扬言罢市，以要挟官方。粤省的匪徒较多，恐怕有人借此煽动民心。如果任其妄为，对国际交涉和地方治安都会不利。所以希望能够严查究办，并晓谕商民等人，立即解散，不要受到煽惑，以靖人心，而弭隐患。"

广东军政是什么态度呢？会不会镇压？

提督李准是暗中忙于发动商界媒体，直接推波助澜，火上加油，这点连日本方面都看出来了。《申报》之《日使请责李准》一文载："日使林权助对于抵制日货一事，知照外部，**略谓广东水师提督李准关于排斥日货之事，暗中煽动，居间谋利，情迹显然请责。**"

总督张人骏则对上敷衍搪塞，对下故不作为，答复外务部："近日粤商实为调查日货、振兴实业、挽回国家权力起见，经再三劝诫，尚无野蛮暴动之事。"

"至粤省商民现议倡兴工艺，实与抵制日货无涉，官无禁止之理。"

甚至还夸奖陈惠普、李戒欺等领导人"凡地方公益，无事不挺身直赴。皆为地方谋大利""不过激于义愤，要之皆爱国之士，朝廷尚须加以奖励，万不可误听谣言，以陷善类"。

甚至说外务部的做法是吃里扒外："若将首会之人惩办，在日人为以怨报德，在我为加罪无辜。若徇外人无据之言，归咎地方正当商首，适堕彼等计中。"

对中国第一次抵制日货运动，西方国家政府和媒体高度关注，给予客观公正的评价，都支持中国，指责日本。

《先府君行述》载："而欧美大国乃各遣其领事来述政府意，致推重。**美《纽约报》且专员驻粤纪其事**，其国民见粤民不动声色而能制日如此也，则赞叹华人性质高，人不可及，一变其平昔轻视之心，而转愿联络，其政府于是有中美联盟之议。"

《纽约时报》报道日本因经济重创，转而寻求英国帮助，希望英国在广东施加影响，结束抵制日货运动。还说**日本人因其咄咄逼人的中国政策而难以得到在华的其他列强们的同情。**

《洛杉矶时报》等外国媒体纷纷通栏报道中国抵制日货运动的新闻。

三十四、首相内阁烧倒台　日本认输脸丢尽

抵制日货运动愈演愈烈，焚烧日货之风已成燎原之势。

因李准和张人骏不怕恫吓，日本就黔驴技穷了。

抵制日货运动蔓延于上海时，3月20日，日本公使请求外务部弹压上海的抵制日货运动。

排日货运动风潮延及广西各地时，4月2日，林权助又致函外务部，请求其电告广西巡抚弹压：广东自治会抵制日货运动，日益加剧，应令粤省严加弹压，以防意外。他还称：听说梧州及南宁也有抵制日货的举动，这是自治会到各地劝诱的缘故，所以应由外务部电致广西巡抚、粤省等严加防范以顾全中日两国的友谊。

4月4日，张人骏答复外务部称：只是提倡国货，并没有理由禁止，南洋华侨及香港、日本各地也有抵制日货的行动。一面抵制日货，一面提倡国货，这是很正确的方法，应当重视而不是压制。

5月8日，新任代理公使阿部守太郎照会外务部，但没有先前那么强硬了："该省官宪毫无尽力镇压之状，此帝国政府感到最为遗憾者的事情。根据可靠报告，这次举动是广东自治会员陈惠普、罗少翔、李戒欺等主谋的，**而署水师李提督及洋务局会办温道台，也有从中煽动与香港等处互通气脉的嫌疑**。张总督虽然奉中国政府之严饬，只于表面施姑息之手段，毫不讲求镇压有效之策，务宜慎重考量，以顾全邦交。"

张牙舞爪的胁迫语言没得用了，就变成请求甚至乞求了。

"交涉之事**自西江、'二辰丸'两案后，各洋人气焰较前略衰，日本尤甚**。因抵制日货，大受亏损，屡次求我设法当告以广州。近因水灾，各国皆有助赈，而日本独优，捐日金两万余元，复运布七千匹，面万余斤，及药丸、盐、菜等物。"（张人骏家信）

这是想用小恩小惠讨好中国了。

"自西江、'二辰丸'两案连折二强国，日本新领事来谒，执礼如属吏。"更是从高高在上、气势凌人，一下跌到像附属国来朝贡一样低三下四了，势利小人嘴脸暴露无遗。

李准、张人骏乘势要求日方签署了严禁走私军火的协议，又迫使澳葡当局从严管制军火走私，并与广东进行划界谈判。

李准扣押日本走私军火船，先因政府腐败无能，有理反输，最终因民众力量而反败为胜。

"二辰丸案"本来是十分明了的国际走私大案，但积贫积弱的清廷竟不敢以中国的法律制裁走私犯罪，相反却屈服于日本武力威胁，这样的政府当然让民众非常失望和不满，以至于被自己的子民推翻。

李准对日首次亮剑，扣押"二辰丸"，系中国官方第一次扣押日船，从而引发中国历史上第一次抵制日货运动，对日本经济给予了重创，对日本政府造成多大影响呢？——倒台！

驻华公使林权助和驻广州总领事遭撤职，**不可一世的执政党内阁集体辞职！**

《先府君行述》载："期年之间日人商务亏损愈（逾）千万，则亦悔而谋亲善矣。先是日民惑于一偏之词，国中颇兴暴论，迨真象渐著，各国群议其非，则亦不直其政府所为，反多称道府君之忠者。及断绝贸易之说行，在野党至欲藉以倾其内阁，案结未几，其政府即更易使臣与驻粤领事职，是故也。"

抵制日货运动的重大意义，不仅在于迫使日本政府取消了无理要求，更使中国本来低下的国际地位有所提高。

张人骏为此感叹："前日美国纽约报馆访事人来谒，言及**美国除政府外，始知华人性质，实有高人之处。现在通国颇愿与中国联约。**"

还让中国人明白抵制日货也是一种反抗列强的武器。

《泰晤士报》记者、袁世凯的政治顾问莫理循1909年9月12日的书信认为："抵制外货，是中国的主要武器，中国已经在用抵制日货来对付日本。抵制日货与'二辰丸'事件和东沙群岛问题有关。"

在政治意义上则显示了民众的力量，激发起人民的爱国热情，推动了中华民族的觉醒；人民从几千年来的"臣民"，变成了具有国家观念和国民意识的爱国"国民"，国民意识开始萌芽，正所谓"天下兴亡，匹夫有责"。从而使列强觊觎中国的行动有所收敛。而在这以前，中国只有"臣民"，而无"国民"。

李准扣押"二辰丸"案，竟促使国家有史以来首次进行海洋立法工作。

1908年6月3日《外交报》报道："自日本'二辰丸案'议结，而政府以我国向无捕获裁判之法律，遂至外交失败。于是外务部、宪政编查馆、税务处会同核议，查照各国成法，签订内地及领海以内捕获裁判专律，拟俟脱稿，先牒各使，俟其认可，即当奏请宣布办法通行。"

二十多年后李准在撰写《自谱》时，还对民众反日运动的巨大作用，及美、英、德、法的公道相助感慨不已："几经交涉，乃由外务部尚书袁慰宁宫保世凯定议：'以我应下其国旗，军火收没，船货亦不充公，亦不索赔债，但须将国旗降下，恳回敬炮二十一门'而已。**非得有外助及民气之发扬，仍不易办到如此。**"

1908年李准引爆的中国首次抵制日货运动，从此长期成为中国反抗日本侵略行径的首选武器，被称为中国人的经济抗战。美国研究团体评价：这是世界上最古老的一种非战手段，**抵制日货代表着中国的民族主义正在崛起，它放大了中国微弱的声音，彰显了民族主义的胜利。中国使用"抵制"这一经济武器，是现代经济史最有启示的篇章。**

当"二辰丸"事件过去十多年的20年代，在内战不休、军阀割据、盗匪纵横的情况下，中国却意外出现了一系列振奋人心，但让人格外不解的现象：中国从日本手里收回了山东，从英国手中收回汉口和贵阳租界及威海卫；还宣布关税自治并得到各国支持，列强纷纷从中国撤军，并计划完全废除治外法权！

这到底是什么原因，让国力衰微的中国取得了这么巨大的外交成就？美国哥伦比亚大学商学院副教授多雷西·欧查德的研究团队，当时就在惊奇和纳闷中，广泛收集中、日、美各项经济数据，经过研究后吃惊地发现——**中国能成功收回国权，正是靠了经济抵制这一重要武器！**

“九一八”事变后，国民党中央机构更是直接领导组织抵制日货，中央党部成立全国反日会，出台《对日经济绝交计划大纲》，号召对日进行经济战，抵制日货成为另一种形式的悲壮抗战，日货无可挽回地被中国民族商品替代。

密西根大学研究报告说：“中国历届政府对待抵制洋货持放任态度，认为抵制日货是日本的大陆政策与中国的民族主义的对抗，是中国手头并不多的有效武器；要求中国取消抵制洋货运动，正如要求欧洲减少军备一样，在缺乏安全感的前提下，是不可能做到的。”

玩火者自焚。在“二辰丸”事件中，日本政府无理取闹，武力威胁，最后惹火烧身，经济政治皆输。

葡澳当局乘人之危、趁火打劫、浑水摸鱼，结果偷鸡不成反蚀把米。在与日方争斗的同时，李准也趁机派军舰进驻湾仔、前山、银坑等地，直逼葡澳。广东帮会也调集民间力量，开展反抗澳葡侵略扩张的斗争。葡澳当局是欺软怕硬，竟心虚地请来法国公使进行调停。此时葡国王室也像中国政府一样，正逢风雨飘摇中。

1909年2月，葡澳被迫接受澳门勘察划界问题，扩大边界的目的没有实现，已贪心吃下的反而被迫吐出来了。

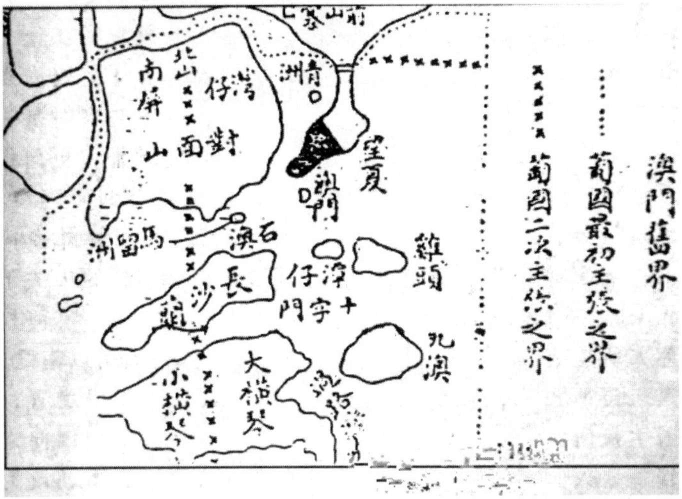

百年前澳门界图：葡澳想趁机扩大澳界，反被李准争回来部分

第八章
东沙亮剑驱“岛主” 一锤定音永无争

南海惊现“西泽岛”？中国东沙岛竟在日本国改名注册！

日本理直气壮：无主荒岛，先占为王！

中日再次外交斗法——究竟是西泽最先发现，还是我老祖宗早已用生命换来南海祖权！

水师探得血证如山：日本人赶走渔民、拆房挖坟，毁尸灭迹！

英、美再次出手打帮捶，只因日本太不得人心。

李准南海再次对日亮剑：驱“岛主”下日旗，高升中国旗！

我国东沙主权从此百年无争议。

这是习主席关于“南海诸岛自古以来就是中国领土，这是老祖宗留下的”最有力的例证。

1956年6月5日《人民日报》刊文：“1907年，日本商人西泽吉次竟捏称这些岛屿是他发现的，并在岛上建筑房舍，开采鸟粪，经营海产，妄想据为己有。但这种不法行为被中国发觉后，一面由广东水师提督李准派员在岛上监视西泽行为，一面由广东地方官吏向日本领事抗议，日本自知理屈而交还东沙群岛。李准在视察东沙群岛之后，就统率海军视察西沙群岛，将这些岛屿重新命名，并竖旗勒石，以杜绝别人的觊觎。”

三十五、南海惊现“西泽岛” 英国“点水”是东沙

2015年10月18日，在美国准备派军舰进入中国南海岛礁12海里之际，中国国家主席习近平在接受路透社采访时表示：“南海诸岛自古以来就是中国领土，这是老祖宗留下的。任何人要侵犯中国的主权和相关权益，中国人民都不会答应。”

“南海诸岛自古以来就是中国领土，这是老祖宗留下的”这一说法，是有历史根据的；“任何人要侵犯中国的主权和相关权益，中国人民都不会答应”的态度，是中国政府历来坚持的。

百年前广东水师提督李准南海亮剑，驱逐日“岛主”，夺回东沙岛，就是国际社会公认的史实，就是“任何人要侵犯中国的主权和相关权益，中国人民都不会答应”最有力的例证。

1908年，在李准扣押日船，中国政府与日本政府斗法的同时，世界惊奇地发现，中国南海的东沙一带，不知啥时冒出一个“西泽岛”来？

岛小事大！

这个消息不但令身为广东水师提督的李准吃惊，还令世界吃惊，连美国各大报纸都关注起这个被多事之秋的中国政府遗忘的小岛来了！

南海北接广东、广西，与太平洋和印度洋为邻。南海位居太平洋和印度洋之间的航运咽喉，经济上国防上都具有重要战略意义；而东沙群岛位于南海最北端，是一座环状珊瑚礁，由东沙岛、东沙礁和南、北卫滩组成，露出海面可称为岛的，就一个东沙岛，它由珊瑚生物遗骸堆积而成。

东沙岛因位居珠江口“南澳”之外，古称“南澳气”，意即南澳的尾巴。又因位于万山群岛之东，后称“东沙岛”。渔民因其呈马蹄形，中央是一片潟湖，其形状如弯月，故叫它“月牙岛”。

东沙群岛的战略位置十分重要，正好处于台湾、香港及珠江口大三角地带的中心，北距汕头港260千米，南距西沙群岛450千米，东北距高雄港440千米，澎湖马公港425千米，西北距香港315千米，西南距海南岛榆林港670千米，东南距马尼拉780千米。扼台湾海峡、巴士海峡之“咽喉”，向北可进军东海和太平洋，向南则可辐射整个南海地区。“二战”时期，日军占领东沙岛，成为日军进出南洋的前哨和护卫南海航道的重要基地，可见其战略地位之重要。

东沙海域本来就只有一个东沙岛，怎么会又冒出一个“西泽岛”来呢？

1895年，中国在甲午战争中失败，被迫割让台湾岛和澎湖列岛，南海东北大门洞开，日本成为中国在南海的最大威胁。日本打出“殖产兴业”的旗号，一直想攫取南海的资源。

东沙岛被外人所占，渔民早就有传言，国内外新闻媒体也有报道。

两江总督端方最先向朝廷报告日本侵占东沙岛，力主收回

官方最先警觉的则是两江总督端方（字午桥），他就是从媒体新闻得知的。

端方1907年8月向外务部电报：“午访闻港澳附近，与美属小吕宋群岛连界之间，有中国管辖之荒岛一区。华人畏难苟安，人迹罕到。近被台湾基隆日本商西泽吉次，纠合百二十人，于六月三十日午后，乘‘四国丸’轮船驶向该岛。凡闽粤人之老于航海者及深明舆地学者，皆知该岛为我属地。”

外务部立即电令两广总督：“中国沿海岛屿，尊处应有图籍可稽。该岛旧悉何名，有无人民居住，日商西泽竖旗建屋，装运货物，是否确有其事，希按照电开经纬度，迅饬详晰查明。以凭核办。”

因外务部来电不能指称确切岛名，张人骏就安排洋务委员税务司，按部电所说之错误查考经纬度，得出“非粤省辖境”的错误看法。

于是张人骏复外部庚电：“日本人西泽发现海岛一事。据洋务委员会同税司**按钧电所开经纬各度，细加查考**。该岛距琼州海口炮台四百八十六英海里零七十八分，距香港四百七十六英海里零九十四分，以华里伸算，已在一千四百余里之外。**遍考舆图，似非粤省辖境**。闻该处风浪最大，粤省无大兵轮，难往查探。可否请钧部转电南洋，酌派大轮往查。乞卓夺。”

两江总督端方九月二十九日再电张督，论定东沙岛确是中国之地：“日商西泽现踞之岛，以外部前电经纬度计之，在一千四百余里之外，自非粤省所辖。现据驻宁日领谈及，实在台湾之西南、香港之东南，距香港一百七十余英海里。即系前准贵省咨送广雅书局所印新译《中国江海险要图说》内之蒲拉他士岛。上年两江派员所绘海图亦有此岛，英海部所列海图亦有此岛。”

陈寿彭所译《中国江海险要图说》，译自英国海图官局1894年出版之《中国海总图》，英人称费50年测量之力而成，书里有东沙岛，列为广东杂澳之十三。

“此二书者，固当时所据以为争东沙岛领土权之最有力证据。”

端方还给张人骏出一点子：“现在所有凭据，仅止数种，均系新测新绘，尚觉未足，若再有早年图志案卷为凭，则尤为切实。乞公于广东省府县各志书、各舆图及公署案卷、私家著述内，遍加搜讨，再能举出数证，为此案铁据，尤为周妥。”

说也神了，端方的话硬是实现了——后来日本领事真还提出，外国人的海图说东沙岛是中国的，这个不算数，硬要中方拿出中国官方自己编印两百年前的海图，这才是历史依据，他们才认账。而中方还真被难到了，从外务部到地方政府，一时真还拿不出来。

由于广东水师无好船，张人骏和李准一面电请海军提督萨镇冰“酌派大轮往查”，一面搜集有关东沙岛的文字资料。可当时海军部也无可用之船前往查验，事情就搁了下来。

直到次年即光绪三十四年（1908）八月间，就在中日双方争夺东沙岛主权之际，发生一个有趣的插曲，英国人竟然向中方“点水”——提醒说日本人侵占了东沙岛。

英国驻广州总领事傅夏礼给广东发了一份公函，说英国政府为确保各国船只的安全，拟在南海东沙岛建立灯塔，特来询问“该岛是否中国属岛，政府有无宣布明文”。

这让张人骏和李准感到蹊跷。英国早就认为东沙岛是中国的，英海军部测绘出版的《中国海总图》就有东沙岛。号称“日不落帝国”的英国拥有最强大的海军力量，势力遍布世界，英国绘制的海图是当时世界上最权威的。在他们编印的《中国海总图》中，东沙岛标注为普拉塔斯岛，因清同治五年，英国人普拉塔到东沙岛避风，以为首先发现此岛，遂按西方习惯用其名字命名。英政府虽然用英文命名，却认定这座岛属于中国。广东广雅书局翻译出版的《中国江海险要图志》一书，就是译自英官方海图著作，其中明确记载东沙岛为中国属岛。

就是眼前这份询问函，英人已在前面说想在中国南海之东沙岛建灯塔，后面又问是否属中国。为何要明知故问？

实际上，英国并非觊觎东沙，而是看不得日本独占这么久了，中国还没有反应，故而以设灯塔为名提醒。所以信函先说东沙岛在中国海域内，中国渔船每年都驶往该岛停靠，后才故意问是否属中国管辖。不知这是以绅士风度著称的英国人真有这么公道和正义，还是他们也看不惯日本人的卑劣，看不得日本人吞独食？

两广总督张人骏以为英国人想打东沙岛的主意，“似系意有尝试”，急电外务部并转端方，请外务部立即向英国和日本两国声明中国对该岛的主权，同时请两江总督端方“派员前往探明，酌立标志，以杜外人觊觎。”

张人骏还指示温宗尧立即复函，明确告诉英领事傅夏礼：“历年中国渔船均以该处为避风之港，确系中国属岛。前经两江总督部堂派员测绘海图在案。”

端方却有不同看法。他认为英国政府此举不但不是觊觎东沙岛，反而是在替中国打帮捶。端方分析，英国领事在信函中先称该岛在中国海域内，又称中国渔船每年都驶往该岛停靠，暗示它属于中国，后再提出欲建灯塔却不知是否为中国属岛。况且英国官方海图早已明确记载该岛为中国属岛，为何现在却明知故问？显然是故意“点水”，提醒中方采取行动，驱逐日本人收回东沙岛。

明治三十四年（1901），西泽向外务省提交申请，问询一个无人岛（普拉塔斯岛）的所属国家。帝国驻香港领事馆向香港政厅问询后得到回复，英方认为该岛抑或已被列入支那版图，因此应向清国征求意见。（村田忠禧著《日中领土争端的起源——从历史档案看钓鱼岛问题》第224页）

果然，英领事爽快承认广东关于“蒲拉他士岛”是中国的说法。1909年11月，英国驻华公使朱尔典亲赴外务部，建议中国在东沙岛上设立无线电台，与香港的天文台互通信息，以预报风浪，同时，可为中国宣示主权，且愿赞助资金。

可是不知为什么，现在很多学者论文和记者文章，都说李准巡视西沙的起因是由于“英、德等国侵略者觊觎南海，掠夺大量海洋资源”，但并没有一人列举出一件事例。这种想当然的说法，无意中袒护了日本觊觎侵占南海诸岛的野心。李准自己就说巡视西沙的起因是“免又如东沙岛之覆辙，待有外人占据始为交涉为失计”。后来日本在全面侵华中又占领我南海全部岛屿，就是明证。

经英领事一点醒，张人骏于是再次请求海军提督萨镇冰派船，好供广东水师巡视东沙岛，看看这座孤悬海外的东沙岛，到底发生了什么情况。

三十六、怒下日旗驱岛主　拍照取证逮现行

李准《自谱》《自述》《李准巡海记》，都记载了他率舰巡视东沙岛，登岛盘问日本人、怒下日旗、现场处置查封厂房设备等具体详情。

《自述》载：“此案（指‘二辰丸’案）方终了，东沙岛案生。距汕八十

里，海中有挨仑（英语称海岛曰挨仑）。俗名称东沙，久无人往巡。遂为日占据，强将领海侵。更名西泽岛，旭日旗高升。机器厂屋建，轻便铁道成。我遂下彼旗，索还我海瀛。日便称无主，版图索之名。若欲交还我，旧图方为凭。”

《自谱》载：“又出巡外海，至距汕头八十海里之洋面，见有岛悬日本国旗，异之。以为此为广东领海，何得有日本国旗飘扬于岛上？及登岸查勘，沙滩上横一木牌，标曰‘西泽岛’。船员吴盖臣游戎敬荣曰：‘此为东沙岛，西人呼之为布拉打士，向属中国领土。’”

原来所谓西泽岛就是东沙岛，只不过换了个马甲，被日本人偷偷改了名，活生生把中国的岛取了个日本名字。

李准所说的吴敬荣，原是北洋水师管带，因甲午战败遭朝廷治罪流放，后被李准冒险启用为广东水师“宝璧”号军舰管带。前次李准就是派他在九洲洋设伏捕获了“二辰丸”，怒下日旗。

李准马上断定日本人的行为是非法侵占，决定当场查封、派兵监视！

“当执日兵西泽而问之，据云‘已经营于此二三年矣。向以此地近彭湖，以为台湾属地，故认为日本之领土’。当与力争，不许再行采取磷质、玳瑁、海带之类，已采之货亦不许动。日人已建轻便铁道十余里，机器、厂屋若干座，亦派兵监视。回省请于安帅，电外部，与日本人交涉。”

1933年，当日本和法国争占我南沙群岛，国人群情激愤之际，已退隐天津的李准再次发声，在《大公报》及《国闻周报》发表《李准巡海记》，其中东沙岛一篇把前因后果说得更加详细可考。

文中首先说明东沙岛易被侵占的原因：“中国向不以领海为重，故于海面之岛屿，数千年来并无海图、任外人之侵占而不知也。”

接着简述东沙岛基本情况：“粤之东有东沙岛焉，距香港一百二十海里，在澎湖南澳之间，向无居人。闽粤之渔户常有至其地者，航海之船，往往遭风漂没于此，渔人多有得其资财者，故粤谚有曰‘要发财，往东沙’。”

再叙述他率“伏波”舰登岛发现情况：“余乘‘伏波’舰巡洋至其地，远望有旭日之旗高飘，不胜惊讶，以为此吾国之领海，何来日本之国旗，即下令定碇，乘舢板登岸。”

李准先质问对方以摸底：“是有木牌竖于岸曰‘西泽岛’，乃进而执西泽，询以何时侵占此岛。西泽曰：‘已二年余矣。’余曰‘此乃我国之领海，何得私占？’西泽曰：‘此乃无主之岛，以其距台湾不远，以为属之台湾，不知为广东属地也。’问其经营何种事业，曰：取岛上之鸟粪，以为磷质及肥料，并采取海带玳瑁等物。”

李准短短几句看似简单的质问，实则连侵占的借口、侵占的时间、侵占后做了些什么，材料都弄清楚了。

西泽也不是吃素的，回答同样暗藏机关：台湾都被你们清政府划给我日本了，何况离这座台湾很近的“无主之岛”！

“我遂下彼旗，索还我海瀛。”

“余一面派人监视，不许再行采取各物，存货亦不许运去，乃回省商之张安帅，与日人交涉，交还此岛。”

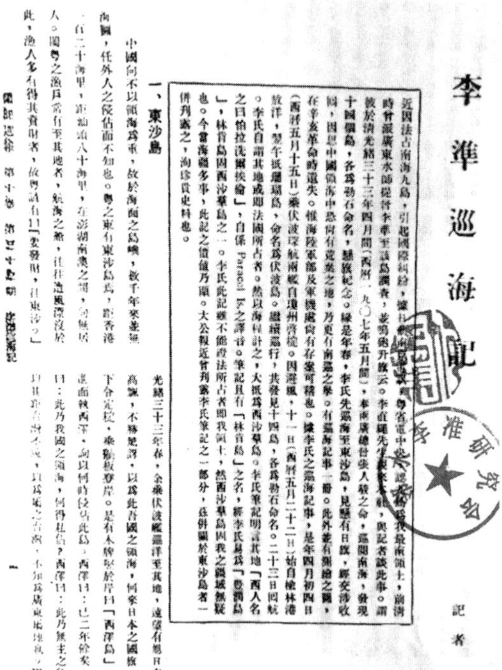

李準巡海記

記者

近因法占南海九島，引起國際糾紛，據[illegible]粵省電中央，謂[illegible]我最南領土，前清時曾經廣東水師提督李準至該島調査，並鳴砲升旗云。李直繩先生[illegible]，與記者談此事。謂彼於清光緒三十三年四月間（西曆一九〇七年五月間），奉兩廣總督張人駿之命，巡閱南海，發現十四個島，各爲勒石命名，懸旗紀念。緣是年春，李氏先巡海至東沙島，見懸有日旗，經交涉收回，因思中國領海中恐尚有荒棄之地，乃更有南巡之舉。有巡海記事一冊。此外並有測繪之圖，在辛亥革命時遺失。惟海陸軍部及軍機處尚有存案可稽也。據李氏之巡海記事，是年四月初四日（西曆五月十五日）乘伏波琛航兩艦自瓊州啓椗。因避風，十一日（西曆五月二十二日）始自榆林港放洋，翌午抵珊瑚島，命名爲伏波島。繼續巡行，共發見十四島，各爲勒石命名。二十三日回航。李氏自謂其地或即法國所占者。然以海程計之，大抵爲西沙羣島。李氏筆記明言其地「西人名之曰怕拉洗爾挨倫」，自係 Paracel Is.之譯音。筆記且有「林肯島」之名，經李氏易爲「豐潤島」，林肯島固西沙羣島之一。李氏此記雖不能證法所占者即我領土，然西沙羣島固我之疆域無疑也。今當海疆多事，此記之價值乃顯。大公報近曾刊載李氏筆記之一部分，茲併關於東沙島者一併刊載之，洵珍貴史料也。

一、東沙島

中國向不以領海爲重，故於海面之島嶼，數千年來並無海圖，任外人之侵佔而不知也。粵之東有東沙島焉，距香港一百二十海里，距汕頭八十海里，在澎湖南澳之間，向無居人。閩粵之漁戶常有至其地者，航海之船，往往遭風漂沒於此，漁人多有得其資財者，故粵諺有曰「要發財，往東沙」。

光緒三十三年春，余乘伏波艦巡洋至其地，遠望有旭日之旗高飄，不勝驚訝，以爲此吾國之領海，何來日本之國旗，即下令定椗，乘舢板登岸。是有木牌豎於岸曰「西澤島」，乃進而執西澤，詢以何時侵佔此島。西澤曰：已二年餘矣。余曰：此乃我國之領海，何得私佔？西澤曰：此乃無主之島，以其距台灣不遠，以爲屬之台灣，不知爲廣東屬地也。問其

國聞週報　第十卷　[illegible]　李準巡海記　1

1933年《国闻周报》载《李准巡海记》原件：记李准登东沙岛查封日本厂房产品

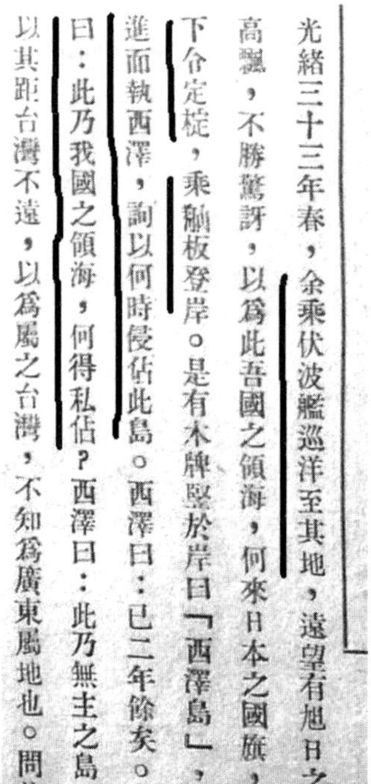

光緒三十三年春，余乘伏波艦巡洋至其地，遠望有旭日之旗高飄，不勝驚訝，以爲此吾國之領海，何來日本之國旗，即下令定椗，乘舢板登岸。是有木牌豎於岸曰「西澤島」，乃進而執西澤，詢以何時侵佔此島。西澤曰：已二年餘矣。余曰：此乃我國之領海，何得私佔？西澤曰：此乃無主之島，以其距台灣不遠，以爲屬之台灣，不知爲廣東屬地也。問其

李准登东沙岛面斥“岛主”西泽私占我领海

这西泽是个什么人？又有什么样的背景，怎么来到东沙岛的呢？

这就不是几句话就问得清楚的。

于是，李准令西泽写出整个事情的全部经过。

西泽还真把前因后果详细写出来了，清清楚楚，明明白白。看来这西泽还是一个文化型商人，有点像我们现在说的“儒商”。当然他不知道，这后来就成了

他自己“坦白交代”的证据。

从西泽写的材料知道，他是一位富有冒险精神和殖民野心的日本商人，用现在的话说，就是具有全球战略眼光的跨国商人。在神户、长崎、东京、台湾基隆都有他的商店，店名俱为“西泽商店”，名副其实的“连锁经营”。

可这西泽怎么就知道中国南海有个东沙岛，岛上有这些宝贝而且没人管呢？

东沙群岛的暗礁星罗棋布，水情险恶，一个日本商人怎么就敢去开发它呢？

这纯属巧合，西泽是狗咬蚊子——撞到的。

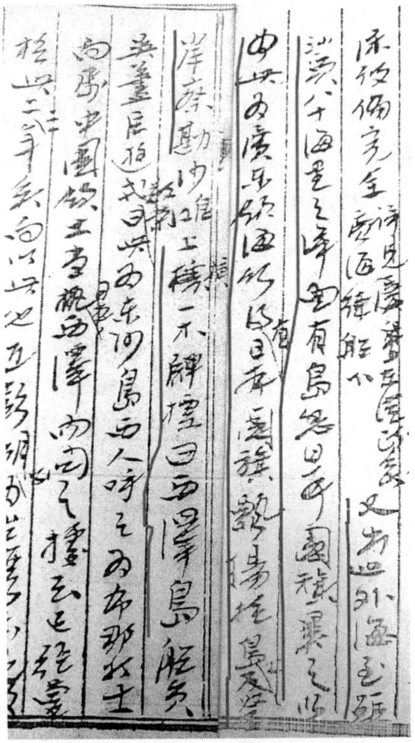

李准手稿记载其登东沙岛查处日本“岛主”西泽，现为我国南海主权证据之一

1902年，西泽订造的双桅帆船，从日本启航准备到台湾基隆交货，在南海遇飓风，漂至一个不知其名的小岛避风两日。船主发现，岛上有厚达几米深的鸟粪砂石，是鸟粪经过长期累积而形成，于是顺便取了岛沙到基隆。

西泽一看可能有一定的经济价值，便拿去化验。结果发现含有丰富的磷质，有极高的经济价值。西泽对此大感兴趣，询问船主该岛何名，位于何处，船主也不知，所以他们称之为“无名岛”。

西泽知道东沙岛是出于偶然，而他占有开发此岛的行动，却是必然，是日本向外侵略扩张的背景注定了的。

日本偏居一隅，从历史上就有“开拓万里波涛，宣布国威于四方”的雄心，其实是野心，我国首当其害。

李准知道，日本于1879年吞并了属我琉球王国，1894年又发动甲午战争，占领台湾、澎湖和钓鱼岛；还在1904—1905年发动日俄战争，迫使俄国割让了库页岛南部，又把朝鲜变为其殖民地。这样的国家，自然培育出西泽吉次向外掠夺的野心，想把这所谓的无名岛占为已有。

1902年西泽乘马都鸦双桅船，亲自往寻该岛，取了岛沙及海产，回到基隆，投放市场卖钱尝到甜头，掘到第一桶金。

1903年，西泽派化学家再往东沙岛考察，却遇大雾和飓风差点翻船，开到小吕宋岛才修好。这次没找到钱，还倒蚀了一坨。

西泽还想再去，但是受1905年日俄战争影响，市面冷淡，船价极昂，运费加倍，西泽暂停了行动，但没放弃占有开发该岛的野心。

1907年，西泽做好一切准备后，开始大规模开发东沙岛。

他在《东沙岛经营情形》禀文中交代："1907年夏间，商购备建屋材料器具，以便运往该岛，于8月6号，携同工人一百二十名，及各种器具材料，乘'西古苏'轮船前往。11号行抵该岛。但近岸水浅，须用舢板小船及渔船，拨运材料，阅十四日始将各物搬至岸上。商即乘原轮回基隆，嘱令各工人暂立帐篷小屋居住。一面动工开路，平地建屋。9月中，商运粮食回岛，满以为屋宇建成，讵料工人一百二十名有七十人为毒虫咬伤，其余五十人须为调事，以致未能工作。商此次来岛，虽带有建屋材料，但以无人起卸，迫得折回基隆。"

西泽的侵占行动几遭天谴，多受挫折，这不是什么好兆头。苦海无边，回头是岸，该收手了吧?

可西泽还真是个百折不回的开拓型商人，他"另雇'福都'轮船，往东京之南一百五十英里之喀治五岛招工，幸招得工人三百八十名。旋回基隆另购粮食，并聘医生、化学师，以及拨艇等物，于12月中旬再抵东沙"。

据1909年的《东方杂志》报道，西泽与水谷驾驶"四国丸"前往东沙岛途中，遇到了日本恒信社"长风丸"商船，双方于1907年8月11日同到东沙岛，进行了勘测。这次西泽认为"事业大有可望"。

西泽这个日本商人，除了具有经济头脑外，还具有政治眼光。他口头上说这是无人荒岛，但心里还是虚的，知道是中国的，只有把它法定下来才放心。

于是他向日本国内政府管理部门申请，注册为"西泽岛"，把东沙环礁改名为"西泽礁"；在岛上立一块大木牌，南面写"明治四十年八月"，北面写"西泽岛"，还在岛中央高挂起日本国旗。

西泽投入巨资，大搞基础设施建设。在岛南建小码头一座，建小铁路一条，由北而南直至码头。还在岛上安设电话、建立制淡水厂，挖池积蓄雨水，建筑日式厂房和办公所。

日本报纸盛赞西泽吉次的行为，以至于日本人"争以占领新发现之海岛为荣，大有哥伦布寻得美洲新大陆之势"。

西泽以为这样做了，西泽岛就合法了，就属于日本、属于他了。然后就可以一劳永逸地开发了。

西泽将东沙岛在日本政府管理部门进行注册登记，合了日本的法，但违反了中国的法，违反了国际法。

东沙岛千百年来鸟粪堆积如山，已成磷矿，可作优质肥料，质佳价昂。西泽以采掘鸟粪为主，附带捕捉大龟、玳瑁、螺壳等。西泽自己供称：“**一日可得大龟50个，龟肉可做药品，日本东北方甚为需用，于是在该岛制造，并请化学名师提取精汁。玳瑁原由南洋运往日本，制造钮扣，而大坂商人专购该岛玳瑁，而肉亦作食品。**”

为了把这些宝贝运回去，西泽派遣“福都”号、“大门第三”号、“大门第五”号、“马奴”号等轮船，轮番前往，每半月一次，满载而归。

李准摸清了基本情况，晓得了事情的来龙去脉，就带吴敬荣、林国祥等水师官兵在岛上巡查一圈，亲眼看一看，以得确证。

“**余巡阅一周，长约十余里，宽约三四里，有工厂三座，办公室一座，并有制淡水机器，轻便铁道十余里，海面有小汽船一艘。据云其共已费二十余万元。**”

听也听了，看也看了，掌握了情况，这下就该“精准打击”了。

李准果断命令水师官兵，当场将插在东沙岛上的日本国旗下掉！并当场查封西泽在岛上所建的设备设施及产品货物。

上次水师下了日船国旗就引起日方恼羞成怒，这次李准怎敢又下日旗？源于李准天生邻水人不怕事不信邪的本性。

李准在《自谱》中说他早在1892年22岁时，照相技术刚传入中国，就“**学照相，从上海购照相器具药料归，不间寒暑，暇辄习之**”。照说来这几次有关东沙、西沙这样重大的事件，理应有照相图片，这是最为重要的证据资料。可几十年来各路研究学者，围绕中日争夺东沙岛事件，只找到大量原始文字资料证据，包括李准的记载、广东与外务部的电文、媒体报道及西泽自己的“交代”等，却难发现一张照片。这是为什么呢？李准说他珍藏的大量照片和笔记资料，包括巡视东沙岛和查勘西沙岛的原始资料，以及数千册藏书，都在辛亥年广东起义，革命党人接管军政后遗失。《李准巡海记》说“**均有照片，改革后不知失于何处矣**”。

民国十七年（1928）国民政府编印了《西沙岛东沙岛成案汇编》，非卖品资料，由戴季陶（黄埔军校政治部主任、国民党中宣部长）署签，陈天锡编著，广东省实业厅发行，商务印书馆香港印书局代印。这是迄今为止最完整记载清末民初，我国维护东西沙群岛主权、开发资源，收集保存史料的文献资料，现藏在中国国家图书馆保存本阅览室。但是这本书最大缺憾是缺少照片，陈天锡在《绪言》中遗憾地说："（原档案）卷内原有岛图及影片多件，今仅余存当日接收员所绘岛上日人设置图一帧，及英国海军部一八八一年测量、次年印行之东沙岛在支那海位置图一帧，均已历年久远。"从作者说的情况看，档案中原来应该有东西沙岛的照片，但不知什么时候什么原因不翼而飞了，只剩手绘图两幅。

时间过了一百多年，就在本书将要杀青之际，笔者竟然有幸得到东沙岛百年前图片一组！

有图有真相！

一张画面是李准派令查处接收东沙岛的水师提标右营游击林国祥、赤溪协副将吴敬荣、试用通判王雪岑三人的合影。

一张是水师官兵从军舰下至小舢板再靠沙滩上岛。

一张是东沙岛上日式厂房前，所谓西泽"岛主"立的木牌，向北一面书西泽岛字样，南面书明治四十年八月。

一张是日本人所建东沙岛制磷厂房、铁轨等。

李准派令查处东沙岛的林国祥、吴敬荣、王雪岑（翻拍自台某档案局）

水师官兵从军舰下至小舢板再靠沙滩上岛（翻拍自台某档案局）

日本人侵占东沙岛铁证：日式厂房及"岛主"西泽立的"西泽岛"木牌（翻拍自台某档案局）

日本人掠夺东沙岛资源铁证：岛上制磷厂铁轨等（翻拍自台某档案局）

我们现在无法知晓百年前拍摄这组照片的背后情形，也不知为何一直神龙见首不见尾，现在又怎么从台湾某档案局秘密档案里翻拍出来惊现于世的？

这组照片契合了东沙岛事件已问世的多种文字资料，有力地证实了文字记载的真实性，既是日本侵占东沙岛的历史罪证，更是中国政府和海军对南海诸岛行使管辖权的铁证。

图为西泽，有日文一九〇七年、西泽汽船、南海等字样，疑当年日本某报新闻，系西泽侵占东沙岛之铁证

三十七、毁尸灭迹祖宗海　渔民护岛抗入侵

南海自古以来，就是中国渔民的祖宗海。

不查不知道，一查吓一跳。

通过调查，渔民控诉出桩桩件件西泽暴力赶我渔民，毁我设施和古迹的血证！

日方说西泽发现东沙岛时是一座“无主荒岛”，而实际上和一切殖民者占领殖民地，都是凭借“坚船利炮”一样，西泽也是靠着武力，赶走东沙岛从古至今的守卫者中国渔民，才强占到东沙岛的。

请看东沙一带捕鱼为生几十年的老渔民哭诉日本人暴行！

这些渔民，是李准派林国祥、吴敬荣、王雪岑及海关人员赴东沙岛查处日本人占岛情况时，在东沙岛附近偶然奇遇，无意间成了日本侵占东沙岛的活生生的人证物证，马上给他们做了笔录，签字画押。

大渔船“广安祥”号船主梁胜证词：“小的自同治八年（1869）在‘同安祥’大渔船雇工，前往东沙岛捕鱼为活，是年二十八岁。至光绪二十四年（1898），旧东物故，由新东主李广星等八人，纠本买大渔船一只，改名‘广安祥’，另置舢板四只，蒙东家开小的红股一份，充当船主之职，每年往东沙岛三次。船内伙伴四十余人。”

从这段可知，船东家送梁胜一份干股（现叫技术股或知识产权股），聘其任船主，1869年开始到东沙，比西泽所谓“新发现”早了四十年！更别说梁胜前面还有祖先的祖先，祖祖辈辈在南海诸岛讨生活，可以说南海就是他们的祖宗海。

“光绪三十三年（1907）八月二十日，有大兵轮一艘，载有日本人约二百余，俱西装服色，有无土人，难以分辨，车至（开至之意）小的大渔船，走过船来，有携剑者，有携刀枪者，要赶小的等，不准在此岛左右捕鱼，即刻要小的开行。小的等不允，遂将舢板四只打烂，木料浮于海面。此三四日间，又见兵轮日人登岛，将大王庙、兄弟所尽行毁拆，用火焚化。又见岛上有坟茔百余座用铁器掘开，取出各骸骨，将胶莱木棚尽拆，又砍伐岛上树木堆起，将百多具尸骨，架着火棚，尽行烧化，推入水中。”

梁胜所说“兄弟所”是为海难中丧生的渔民兄弟建的纪念馆。

这已不只是单纯的盗窃行为了，而是惨无人道、令人发指的滔天罪行了！

与“广安祥”大渔船同在东沙岛捕鱼的还有“新泗和”号大渔船，船伙23人，船主梁带，也在东沙捕鱼近四十年。他控诉说：“我‘新泗和’渔船，历年往来东沙，捕鱼为生。光绪三十三年，日本人到东沙，将大王庙一间撤了，并有许多伙食在内，此伙食，乃系饥寒所用。又撤了我‘新泗和’鱼板六只，洋板二只。于宣统元年正月初十日，复往东沙，不料日本人二月十九到我大船，斥逐我船离岛。”

再看看渔商梁应元的禀词：“禀为日人凌逼，骤失常业，恳恩切实设法，借资保护事。历年均有渔船来往广东惠州属岛之东沙地方，捕渔为业，于光绪三十三年，忽有日人多数到岛，将大王庙一间拆毁。现在日人公然在此开挖一池，专养玳瑁。前时该庙之旁，屯有粮草伙食等物，以备船只到此之所需，今已荡然无存。”

中国渔民没有被西泽的残暴所吓倒，冒着生命危险，仍然坚持到东沙岛捕鱼。

渔商梁应元说：“商因念此岛，向隶我国版图，渔民等均历代在此捕鱼为业，安常习故，数百余年。今日反客为主，商等骤失常业，血本无归，固难隐忍，**而海权失落，国体攸关，以故未肯轻易离去。**”

一介渔民商民，尚知海权失落，国体攸关，不肯放弃，国家的统治者反而不知海权为何物？难怪李准慨叹：**“中国向不以领海为重，故于海面之岛屿，数千年来并无海图，任外人之侵占而不知也。”**

从这些史实看出，我国南海主权，就是我国渔民的南海祖权！

“南海诸岛自古以来就是中国领土，这是老祖宗留下的”，是一代代中国渔民用无数条生命，开疆拓土而来，又用无数条生命，世世代代守卫着。我们今天理所当然应该维护好南海主权，维护好祖先用生命换来的祖权。在任何人手里丢失了南海诸岛，都上对不起列祖列宗，下对不起子孙后代！

在中国官方与日本外交争斗的同时，中国民众也以自己的方式维护主权。粤商自治会在惠州绅商周孔博的领导下，集会公议，认为东沙岛关系国家海权与国计民生，应行力争，并决定迅速将此事布告中外，以争得公正舆论支持，并禀文政府。

广东绅商学各界在粤商自治会统筹下，连续举行数千人群众集会，上书实际主持中央工作的摄政王载沣，要求“切实保护我国渔业并该岛财产”，即使政府放弃，也要“竭尽我国民之能力以挽救之”。

三十八、内外史书加血证　日媒逼政要“公平”

如果有人说像上次中日斗法一样，这次英、美等国又会站在中方一边，打日本的帮棰，我们会相信，因为他们本来就幸灾乐祸地等着想看日本的笑话。但如果有人说，日本民意和日本媒体舆论也会帮中方说话，恐怕就出乎意料了。可事实上是，这次日本民意和媒体舆论，在中日斗法的关键时刻，真就在日本政府和西泽背后捅了一刀！这是怎么回事呢？且容笔者将那段鲜为人知的史实慢慢道来。

待李准他们查实东沙岛被西泽侵占开发的情况后，张人骏与端方两督联名会电报告外务部：

“查蒲岛，粤人呼为东沙，居汕头正南，相距约一百五十英海里，确归粤辖。沿海居民类能言之，且有图志可据。**现经派舰实地查勘，该日商已在该岛修盖房屋，并已建设铁路、电话、码头等项，是其私占有据。若不设法争回，则各国必援均沾之例，争思攘占。所关非细**，拟请钧部迅与日使交涉，饬将该国商民一律撤回，由我派员收管，另筹布置，以伸主权，无任祷企。再人骏本已派定海关巡舰前往勘测，因修理未竣，故未与‘飞鹰’同往。除再由人骏遴派语习日语之员乘海关巡舰前往，复加查询。详情容电达外并闻。”

1909年二月十八日，粤中前福建烽火门营参将尽先副将李田、赤溪协副将吴敬荣、水师提标右营游击林国祥、试用通判王仁棠（雪岑）、日文翻译委员田维勋，乘海军提督萨镇冰派来广东的“飞鹰”号军舰，及粤海关“开办”号关轮前往，对于岛中之情形、中国渔船之查察、与日人之间答均有报告。

广东水师从海军提督萨镇冰借来巡视探查东沙岛的“飞鹰”号驱逐舰

日文翻译委员田维勋报告：

本月十三晚，国祥、敬荣、仁棠、田维勋等遵谕同往东沙查勘情形，当即乘江大兵船到港，因连日风雾，又因“飞鹰”修机，待至十八晚六点钟，分坐“飞鹰”开办两轮开行，于十九午前十一句钟到。其岛之形势、海道之浅深，另绘图说。时即远见岸边有人聚观我船，少顷，即见岸上桅杆升方旗两面，上面旗白地而中镶红日，如图，下面旗白地中镶一红色之工字，如图。约半句钟时，分乘小火轮，由南北两岸登陆。近岸处，水清见底，作湖水色，危石分布海底，掩映可见，处处防触船。南岸旁，有日本旧小渔船数只，正在修理。右侧有小码头一座，全用废木栏板架成，即由此登岸。码头之外，两旁高堆雀粪（即磷质），中间一路，设移动小铁轨、德律风、吸水管，均沿路通内岛。日人瞥见我等之来也，早有人在码头等候，引路至办公所。沿途见野生桑树甚夥，已为取去，现尚在砍伐。行至三四百步，有方块旧石两三堆，尚有灰泥铁较等故迹，疑系旧庙之物，即询日人何处得此石？则以由台湾运来、将以盖屋为答。稍入，则有一尺丁方之木桩一柱，向南一面，书明治四十年八月，北一面，书“西泽岛”字样，盖私易东沙为西泽，以为影射也。彼时，同至办公所，在座有事务人，名浅沼彦之亟，并两医生。入时，让座送烟酒，礼似厚而词则巧。

十九日，“开办”抛锚时，曾见中国渔船一只，在距离约有十二三海里处停泊，故二十日特坐小火轮往询。及到渔船，又见离二三海里外，一华船破沉于彼。查得渔船名“新泗和”，船伙共二十三人，载重可一千五百担。

渔扒本有多只，皆为日人占去，现仅存其四。当时，“新泗和”渔船船主具称，兹我“新泗和”渔船历年往来东沙，捕鱼为生。东主在香港机利文街兴利悦盛咸鱼栏。船主梁带、舵公业广，因言光绪三十三年，日本人到东沙，将大王庙一间撤了，并有许多伙食在内。此伙食乃系饥寒所用。又撤了我“新泗和”鱼板六只、洋板二只。于宣统元年正月初十日，复往东沙。不料他日本人二月十九到我大船斥逐我船离岛……

二月二十四日，外部复张督电：日人前年即在该岛纠人建屋，极力经营。现又添设铁路、电话、码头等项，是其布置业已大备。我于此时始经查系我属，本已后口，现只好照漾电所称，先由尊处询问日领，看其如何答复，再行核办。并转江督。

这对张人骏、李准等地方官员来说，是求之不得的事。只要不像处理“二辰丸”那样打压地方，就是最大的支持。

因此端方致电张督：“尊处派查蒲岛情形，甚为详细，实深佩仰。如能由粤先与日领交涉，尤妥。请俟奉部复电酌办为荷。”

张人骏、李准没有后顾之忧了，就放心大胆放开手脚，与日方开展外交斗争。

他们以为，只要向日本驻广州总领事一交涉，其就会责成西泽交还东沙岛。物归原主，理所当然嘛。

可是肥肉一旦让狼叼在嘴里了，不打它岂肯轻易吐出来?

张人骏照会日本驻广州总领事赖川浅之进：“现查惠州海面，有东沙一岛，向为闽粤各港渔民前往捕鱼时聚泊所在，系隶属广东之地。近有贵国商人，在该处雇工采磷。擅自经营，系属不合。应请贵领事官谕令该商即行撤退，查明办理，至纫睦谊。”

日本政府照例出面护犊子，仍然是毫无道理、强词夺理。同刚刚发生的“二辰丸”事件一样，哪怕这个公民是错的，也要保护本国公民利益，而且不惜得罪一个国家，不惜遭受经济制裁。

日本政府通过赖川照会张人骏：“二月二十六日来文，内言布拉达斯岛一事，均已阅悉。查此事本领事本月二十一日会晤贵部堂，业经备陈帝国政府之所见，即虽日本政府视布拉达斯为无所属之岛屿，未曾认为帝国领土之一部。倘清国有该岛实属清国之确证，则日本政府必须承认其领土权，固无俟论矣。”

日本政府为什么爽快答应有图志就可归还？原来有难题在后。

张人骏看出日本用意不善："彼明知中国志书只详陆地，而海中各岛素多疏略，故坚以志书有载方能作据为言；其用意狡谲，情见乎词云云。是外人意在以志书苦我，而我若不能依据志书与之辩难，无以折服其心，即末由间执其口。"

日方理由似乎都很充分。一是"无主荒岛"，西泽发现时岛上既无人居住开发，认为是无主荒岛而驻岛开发，先占者得，符合国际法"先占"原则。

二是"须有地方志书及该岛应归何官何营管辖确据"。现在看到的事实是，岛上并无中国居民和中国的设施，反倒住着日本人在生产开发，形成了事实上的占有；只有拿出中国官方图志对该岛有明确记载标注，才能证明中国早已对东沙岛行使过管辖权。

三是即使中方拿出确凿证据，岛属中国，但西泽开发长达三年之久，中方不闻不问，默许助长在先，等到投入巨大，利益颇丰时，才来争回，应担赔偿之责。

日方还有一条理由，就是东沙岛应属日本治下的台湾管辖。

据《东方杂志》1909年第6卷第5期载："台湾总督颇欲谋占此岛。引《中日和约》关于割让台湾者曾有一条，指台湾所属岛屿皆属日本。欲指东沙岛为台湾所属岛屿之一。"

赖川还拿出某国编岛志为证，对张人骏称"如贵部堂以为不然，请查现呈某国前编之岛志，有无本岛"。

李准《自谱》说："日公使索海图证据，必中国二百年以前之图乃可为凭。"

《自述》载："日使称无主，版图索之名。若欲交还我，旧图方为凭。"

日本报纸也帮西泽说话，盛赞西泽的开拓行为，以致日本人"争以占领新发现之海岛为荣，大有哥伦布寻得美洲新大陆之势"。

"台湾民政长官大岛之言论，略言西泽开拓以来，已阅几多岁月，乃绝不闻清国有一言之抗议。今粤督之举动，抑亦可怪矣。"

《香港华字日报》刚报道西泽侵岛新闻，日驻港领事就发文否认："十九日印登日人在惠州插旗传闻一段，谓敝国人百余名，在惠州东沙地方插旗，并驱逐土人渔船。彼领事查无此等事情，亦未知此说何来，烦为更正。"

你说是你的，只要有官方海图证明，就还给你，这多讲道理。

可是，这个最基本最简单的要求，竟然难倒了地方政府一直到中央部门！

广东赶紧电求外务部要海图；外务部却正来电找广东要。

对大洋中的无主荒岛，国际上的通行准则是谁先发现使用归谁。这时东沙岛上没有中国居民，住着百多个日本人，大规模开发建设了三年，已形成实际占有。中国要证明自己对东沙岛的主权，确实应该拿出中国地方史志、航海图籍等对该岛的明确记载或标注。

李准20多年后在《李准巡海记》中还感叹：“外部索海图为证，而航海所用海图为外人测绘，名此岛曰布那打士，不足为证。遍查中国旧有舆图各书及粤省通志，皆无此岛名。”

日本称东沙岛为“无主荒岛”，是揣着明白装糊涂。

洋洋中华文明古国，历史上有郑和下西洋的壮举，但统治者却一直没有“海权”概念，缺乏海洋文化和视野，甚至还多次禁海。

但清末那时处于覆灭前夕，船只和通信落后，不知东沙岛被占，可以理解。一旦知道事关国权大事，哪怕自身处于积弱积贫、内外交困、即将垮台的多事之秋，没有韬光养晦，搁置争议，而是不惧列强据理力争，居然一举夺回东沙岛，这一点倒是给力，值得点赞。

其实早在晋朝裴渊的《广州记》，就记载“珊瑚州在（东莞）县南五百里”；元代汪大渊《岛夷志略》也把东沙与西沙、南沙通称为“万里石塘”；明代《郑和航海图》亦称东沙群岛为“万里石塘”；清康熙年间的《指南正法》、乾隆年间的《大清万年一统天下全图》等称之为“南澳气”。

李准想到他的四川老乡得力文官王雪岑，又名王仁堂、王禀恩，四川华阳（今双流）人，广东按察使（赴各道巡察考核吏治，主管一省刑法之事），后被李任命为“宝璧”号军舰管带。王和李准一样，是清末书法家、藏书家，博览群书，知识渊博，李准在水师提督任上七年，王一直跟随他相助。这次帮李准找到一本书名《海国闻见录》，日本领事和西泽一见就傻了眼。

这本书并不是日本政府非此不认的中国官方图志，而是一个叫陈伦炯的个人著作，最爱狡辩的日本人，这次怎么马上就认可了呢？

作者是什么人，在什么背景下著成这本书？书中内容都是些什么？

作者陈伦炯的父亲陈昂是个海商，后任碣石镇总兵、广东右翼副都统。康熙五十五年朝廷禁海，陈昂看到沿海百姓因海禁陷入穷困，准备上疏朝廷开放，但未完成就病逝。陈伦炯继父遗志，带着遗疏进京上奏，被康熙帝赏识，提拔为御前侍卫。培养一段时间后，出任台湾南路参将，又升任台湾镇总兵、广东高雷廉镇总兵、浙江宁波水师提督。

1730年，陈伦炯父子两代数十年心血著成《海国闻见录》，内容是介绍中国海防形势和东亚、东南亚、非洲、欧洲的地理。《海国闻见录》摈弃了夜郎自大的观念，改变了中国居天下之中的传统观念，准确地将大清国放在欧亚大陆的东部一角。《海国闻见录》代表鸦片战争之前中国地理著作认识世界地理的最高水平，是中外海洋文化史上影响甚远的一部综合性海洋地理名著，收进《四库全书》。该书分上下二卷，上卷计八篇，包括天下沿海形势录、东洋记、东南洋记、南洋记、小西洋记、大西洋记、昆仑记、南澳气记；下卷地图六幅，包括四海总图、沿海全图、台湾图、台湾后山图、澎湖图、琼州图。

欽定四庫全書總目
海國聞見錄二卷
國朝陳倫炯撰倫炯字資齋同安人父昂康熙二
十一年從靖海侯施烺平定臺灣㨿又使搜捕
餘黨出入東西洋五年敘功授職官至廣東副
都統按副都統為滿洲額缺陳昂得是官蓋出特典倫炯少從其父
熟聞海道形勢及襲父蔭復由侍衛歷任澎湖
副將臺灣鎮總兵官移廣東高雷廉江南崇明
狼山諸鎮又為浙江寧波水師提督皆濱海地
欽定四庫全書總目 史部地理類

李准命幕僚四川华阳人王雪岑找到雍正八年著《海国闻见录》有东沙岛，日本遂承认交还

乾隆八年《海国闻见录》出版前《南澳气》一节校注手迹珍品近年被发现并拍卖

《海国闻见录》就有东沙岛的内容，不过那时名字叫“南澳气”。称“东沙”则始于航海家谢清高（1765—1821）所著《海录》一书：“船由吕宋……若西北行五六日，经东沙，又日余，见担干山，又数十里入万山，到广州矣。东沙者，海中浮沙也，在万山东，故呼为东沙。”

《海国闻见录》一书“南澳气”一节描述东沙岛。南澳岛是个大岛，水师提督李准还兼着南澳镇总兵，岛上至今还有总兵府。气系粤语，意为尾巴，“南澳气”意思就是该岛为南澳岛的尾巴。《海国闻见录》内附《四海总图》，是现在能见到的世界上第一幅关于南海诸岛地图，首次把南海诸岛分为四个群岛，标绘有四大群岛地名和位置：称东沙群岛为“气沙头”，西沙群岛为“七洲洋”，南沙群岛为“石塘”，中沙群岛为“长沙”。还对南海岛群的分布、海洋特征、潮汐变化、更路和风向，航行和飞鸟的关系，都有详细记述。尽管只是个人著作，还不算官方海图志书，但它同样证明，是中国人最早发现和开发利用南海诸岛，最早命名南海诸岛并绘制地图。正是鉴于这种情况，后来李准才编著一部官方图说《广东水师国防要塞图说》，在巡视西沙后出版了。

正是《海国闻见录》成为关键证据，加上广事搜集得到王之春著《柔远记》、陈寿彭译《中国江海险要图说》及英海军部制《中国海总图》等书，证明该岛确属我国，日本才不得不承认，东沙岛并不是西泽最近才发现的，而是早属中国。

在李准他们发现《海国闻见录》印刷本百多年后，2011年又有惊人发现——海南收藏家蒋运先生，拍得《海国闻见录》部分校注手稿，竟是李准他们那本书印刷之前的校对稿，因不全还觉得有些后悔。其实这部分恰好是有关东沙岛的，小标题是“南澳气”；校注手稿又是孤本，其文物价值无可估量！

《南澳气》书法手卷水墨纸本长228厘米，8开半册页裱成，卷首署“南澳气”，落款“乾隆八年（1743）岁在癸亥嘉平月纳兰弟常安拜题”，钤一枚满文印和“吟风琴月”闲章。泛黄的纸页上小楷字体间有朱红色圆圈，一看就是古代刻版印书前的校注稿。从最后一段《序》得知，校注作者系浙江巡抚纳兰常安，与《海国闻见录》作者陈伦炯“同守海邦”，一起谈论“防海之略”。《序》中记述了陈伦炯将《海国闻见录》手段二册邮寄他，“示余批其图绘注说”，纳兰常安希望早点印出来，上能辅佐朝廷，下能惠及百姓。由此可知，《海国闻见录》虽作于雍正八年，但直到乾隆八年，在纳兰常安资助推动下，亲自校注并写序，才得以出版而成百世之功。

蒋运先生又苦苦搜寻，2012年终于又买到完整的《海国闻见录》清道光刻本。本书作者也拥有一部《海国闻见录》再版本。

一本史实资料性的书，百多年后还有大作用，竟能一锤定音南海主权！看来，即或是在一切向钱看，文人被嘲笑的今天，仍需要有书呆子把心血花在著书立说上，迟早会显现出历史价值来；当然，那些随心所欲胡编乱造的除外。

《自谱》载：“王雪岑观察博览群书，以康熙间有高凉镇总兵陈伦炯著

《海图闻见录》中有此岛之图，因送外务部与日公使，证明为我国版土，交还中国，仍名为东沙岛。”

《自述》载：“二百年前案，有书有证明。《海国闻见录》，古书早载明（清康熙间，高凉镇总兵陈伦炯著《海国闻见录》，有此岛名，并附有图，乃据此与之交涉）。据此与交涉，日方无词争。”

《李准巡海记》载：“王雪岑观察，博览群书，谓余曰：乾隆间有高凉总兵陈伦炯著《海国闻见录》，有此岛之名，即据此图与日人交涉，乃交还此岛。”

日本人的刁难，使李准更加感到我国急需一部南海诸岛官方海图，也就有了紧接着的巡视西沙测绘海图之举，也才有了他亲著《广东水师国防要塞图说》出版，第一次将南海诸岛纳入官方版图，至今成为中国政府管辖南海诸岛的铁证。

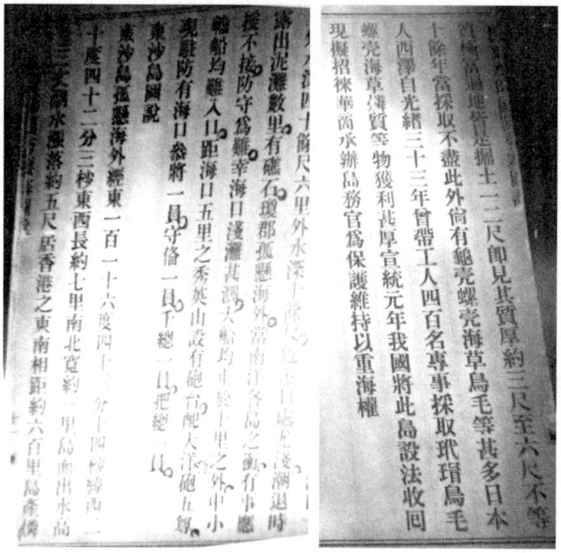
[illegible]是掘土一二尺即見其質厚約三尺至六尺不等
十餘年當採取不盡此外尚有龜殼螺殼海草鳥毛等甚多日本
人西澤自光緒三十三年曾帶工人四百名專事採取玳瑁鳥毛
螺殼海草燐質等物獲利甚厚宣統元年我國將此島設法收回
現擬招徠華商承辦島務官爲保護維持以重海權

[illegible]四十餘尺六里外水深十餘尺[illegible]灘退時
露出泥灘數里有礁石瓊郡孤懸海外當南洋各島之衝有事應
援不接防守爲難幸海口淺灘甚濶大船均止泊十里之外中小
艇船均難入口距海口五里之秀英山設有砲台配大洋砲五尊
現駐防有海口參將一員守備一員千總一員把總一員
東沙島圖說
東沙島孤懸海外經東一百一十六度四十[illegible]分十四秒緯北二
十度四十二分三秒東西長約七里南北寬約一里島面出水高
[illegible]潮水漲落約五尺居香港之東南相距約六百里島產燐

李准著《广东水师国防要塞图说》是近代以来第一次将南海诸岛东、西沙纳入官方版图，现为我国管辖南海主权证据

上次因李准捕扣日本走私军火船引发的中日之争，英美等国舆论站在中方一边，看日本的笑话。这次中日东沙岛之争，英、美等国的态度又是什么呢？

英国不用说了，以在东沙岛建灯塔为名，等于向中国“点水”“报案”。

美国呢？各大报纸也对中日争斗这个被外国人称为“普拉塔斯”的小岛，进行了大量客观公正的报道。

只要客观公正，尊重事实，就有利于中方。

美国《华盛顿邮报》报道日本人盗采情况："东沙岛上的磷质矿砂居然厚达15～20英尺，如果将这些鸟粪销往欧洲各国，将获得无法预计的财富。"

美《洛杉矶时报》一针见血指出，"日本驱逐舰进入东沙岛，是非常重要的战略步骤"。

《华盛顿邮报》提醒中国朝廷说：**"此时如果中央政府不能旗帜鲜明地宣告主权，则将被民众看作其胆小无能的又一证据。"**

这对清政府形成了不小的压力，民意大如天啦！

李准、张人骏他们收集了陈伦炯著《海国闻见录》、王之春著《柔远记》，英国所绘《中国海总图》，再加上渔民的人证物证，东沙岛属于中国，确证无疑。

张人骏的驳斥令人叫绝："夫日商西泽，不过以个人营业，其情只等于我粤渔民前往建庙屯粮之举。岂该岛先已发见于我华人者不足据，数百十年后一日本商人以无理侵夺，驱华民而据之，彼政府未前知，彼领事未前知，转可认为发现该岛之哥伦布，欲取我国归辖之境，列之无属荒区乎？"

哥伦布当年也发现过我南海诸岛，人家就没有认为这是无主荒岛。照你日方强盗逻辑，哥伦布发现新大陆，新大陆就属哥伦布了？这真是天大的笑话！

就在中日双方角力较量的关键时刻，当英、美向日本打帮捶时，在日本国内发生的事情，大大出乎李准、张人骏的意料，甚至也出乎我们现在的读者之意料——日本民意和舆论，竟在日本驻广州总领事赖川和西泽背后捅了一刀！

日本《朝日新闻》竟呼吁政府要"公平无私"，不要偏袒西泽。

这就奇怪了？西泽再无理，作为日本同胞，最多在心里指责一下：这个事情是我们自己的人不要脸。还是不好公开在媒体上帮外方说话呀！

这次日本民意为什么要这样"公平无私"地帮中国说话呢？

原来是又怕引起中国人抵制日货！

《朝日新闻》发文向政府施压，言炮舰"飞鹰"号已派遣至东沙岛，其真相仍未能确悉。十九日又有自广东发来特电，则言**西泽占领广东所属之东沙岛，已成重要问题，惹起当地官民注意，杯葛将再燃（指抵制日货），我当局宜警戒。**

其实李准他们是没有好军舰去东沙岛查看情况，才借萨镇冰的"飞鹰"号驱逐舰一用，结果把日本人吓唬住了，这是李准他们没有想到的好事情。

上年李准扣押"二辰丸事件"引爆的中国抵制日货运动，到现在还在持续之中，给日本经济造成重创，内阁都烧倒台了，把日本商人也搞怕了，现在当然心有余悸，深怕政府这次处理不当，又把中国人惹毛了烧他的日货。

《朝日新闻》提醒日政府："又昨揭载之广东特电，言张总督对于赖川领事已用公文，述东沙岛为广东所属，照会命西泽退去是岛。而广东人对此问题非常热心，咸注意其解决办法。夫电文而曰占领，不无语弊，然邦人西泽于东沙岛现正从事何等事业，已无可疑。至张总督向赖川领事公然以外交文书往复，再三派遣调查委员于该岛，且就所属问题亦有相当之证据，审是东沙岛问题，今日已不可视同谰言风说，须以外交问题之一而讲究之也。"

《朝日新闻》还表达了民众的强烈担忧："东沙岛问题，非如间岛问题之复杂。此岛果是清国所属与否，立时直可解决。然于广东地方，**如'二辰丸'事件之一周年纪念**，七十二行及自治会颇煽动杯葛之热，一面必就葡萄牙领澳门问题，开同志大会，盛倡保全己国疆土。**当此人心激昂之际，其气焰之炽，殆不可向迩。而又无端忽起此问题，其利用之以为杯葛煽动口实者，诚实可虞。外务当局宜勉公平无私**，调查事实，以速解决之。政务局长仓知亦以为此岛非帝国领土之一部，然则**该岛为清国所属已可确证，日本政府承认其领土权，自无待踯躅**。惟此问题既认为清国所属后，而西泽在该岛经营之事业，固不可不计及。然仓知局长既主张政府当保护之，其言固为热心保护邦人，第其对于清国政府，而为退出之西泽请求偿金，是岂计之得者万一清国不表同情，断然拒绝，将奈之何？**若因曲庇一邦人故，而伤日清两国交情，是在南清多数邦人，大受损害，断不可也。殷鉴不远，近在'二辰丸'事。**"

这正是：得道多助，失道寡助。

李准、张人骏态度强硬，美英大国舆论站在中方一边，日本舆论也"公平无私"，日本政府终于承认东沙岛属于中国，同意交还。

"以该岛属于中国的证据，虽未齐备，重以粤督之言，似亦未尝不可承认，惟须妥为保护，否则恐政府仍作无主之岛看。"

但还不死心："西泽经营，颇费工本，一旦撤退，必多损失，亦殊可悯。撤退后，其所营房屋机件铁路等物，必有相当之办法。"

"西泽到该岛创始营业，全系善意，此事结局，纵定为中国领地，而对该商平善事业，应加相当之保护。请电粤商善后办法，以昭和睦。"

对西泽怎样保护？什么善后办法？

日本领事提出方案：西泽经营东沙岛共投资51万元，该岛归中国后，西泽可以停止开采海产和开牧场的计划，但应让西泽继续留在岛上开采磷矿鸟粪，靠此一项收回成本约需30年。如果中方需要全部收回，则需要每年赔付其利润20万元。

东沙岛还给你中国，只是名义上的，还想让西泽继续经营30年赚大钱，这才是实打实的。

都说做贼人心虚。可日本人不但不心虚，反而贼胆包天。偷占岛屿，盗走资源，被主人发现后，竟提出再盗30年，不然就要你主人赔偿损失！

世界上也恐怕只有日本才这么厚颜无耻！

中方会像上次“二辰丸”事件一样，全部答应日本的要求吗？肯定不会！

可怎么个不答应法呢？人家说得似乎有点道理。如果开始就出面制止，别人就不会投入开发，损失也小。而其开发三年之久，全世界都知道了，中方还视而不见，听而不闻，等于是默认许可，助其投入巨大。现在既成事实，才来交涉，造成损失加大，中方也有过错。

张人骏不好断然拒绝。好吧，那就不妨学学日本的方法，以其人之道还治其人之身——要我赔偿你损失，可以，我也找你赔偿我损失，赔偿毁灭我岛上古迹损失、赔偿盗取我资源的损失、补交税款并罚款一倍。

以牙还牙，猪羊相抵，这就公平了。

刚刚发生的“二辰丸”事件的处理，完全由日方提要求，中央政府强令广东地方接受，广东像下级对上级要求一样，只是如何执行的问题，没有说话的地位。

可这次广东得到了中央政府授权，该由我提要求了。

总督张人骏针锋相对提出：先将东沙岛交还中国；岛上西泽安设各物业，应由两国派员详细公平估值，由中国收买；岛上庙宇被毁及沿海渔户被驱逐历年损失利益，亦由两国委员详细公平估值，由西泽赔偿；所采岛产、海产，应纳中国正半各税，应令西泽加一倍补完。

日领事和西泽一是百般抵赖：“西泽绝无驱逐渔民之事，而西泽到该岛之时，庙宇无存在”；二是可怜巴巴不想补税：“该岛实放弃无所属之状体，西泽深信该岛全然无所属之地，投巨资创始永年经营之计，尚未得毫厘之利，而今为撤退，损失更大。实不得纳税，再重损失。”

中方寸步不让。

在国内外压力下，日本政府自觉理亏，最终接受了中方的解决方案。

《李准巡海记》载：“日公使以西泽经营此岛费去数十万，其工厂房屋机器铁道汽船索补偿其二十余万，我以彼盗取此岛之磷质肥料海带玳瑁等物为抵偿品而交还焉。”

《自谱》载：“日使索建筑费二十五万元。我以彼‘盗取岛中出产品二三年之久，所值实不止此数’以答之，卒未费一钱而收回焉。”

《自述》载：“索偿二十五万，偿彼所经营。我索加倍数，偿我海产金。彼此都不偿，俾免枝节生。”

1909年10月13日《申报》刊登的《东沙岛赔偿之确数》载：“东沙岛一案，日人原索日银六十万元取赎，今减至港银十六万元。于此数内扣三万元为赔偿拆庙及财产之用，实取十三万元。”

笔者近日意外发现一篇百年前王秉恩（雪岑、仁堂）的书信（见古林先生读书笔记《上水船甲集》），内容是关于中日东沙岛交涉的最后结果！

“今晨安帅传见，面告东沙日人已允退还。安帅所拟四条办法，均已遵办。一、赔修大王庙；一、赔偿渔船损失；一、已运去肥料完纳中国正税；一、日人所修机器房屋，公估价值收回。以现在国势得此，甚为可喜。现奏调北洋海船一只来粤差遣，派员前往，会同日人点收。东、西沙同时并举，颇费筹商也。专函奉闻，翕上。”

三十九、亮剑及时主权定　一锤定音永无争

中日签订《收回东沙岛条款》：1909年10月11日，宣统元年八月二十八日，明治四十二年十月十一日。广州。

中国收买在东沙岛西泽物业之价定为广东毫银十六万元。所有西泽交还渔船、庙宇、税相等款定为广东毫银三万元。

中国收买物业定价，西泽将该物业及现存挖出鸟粪照从前勘验清单逐一点交中国委员之后，于半月内在广东交付日本领事。

以上议立条款缮汉文、东文各二纸，画押盖印，以昭信守。

大清国署理两广总督袁，

大日本国广东驻在总领事代理赖川，

大清宣统元年八月二十八日，

大日本国明治四十二年十月十一日（王铁崖编：《中外旧约章汇编》，三联书店1959年版）

1909年11月19日（宣统元年十月初七日），中日双方在东沙岛举行了交接仪式，日本驻广州副领事掘义贵代表日本政府参加。

这天，南海海面上丽日蓝天，风平浪静。

李准购置并命名的“广海”舰上，响起令人振奋的21声最高礼炮，惊醒了沉睡千年的南海！黄龙国旗在东沙岛冉冉升起，与“广海”舰上猎猎飘扬的水师军旗遥相呼应。

这“广海”舰，竟是李准不久前才从日本人手里购买过来的“二手货”——据《自谱》载：“又购英国遭风损山边之五十吨、长三百余尺之邮船，改修为练船，名曰‘广海’，以为运兵及练习水师人员之用。凡在黄埔水师学堂毕业之学生，均令上船练习，风涛沙线、船上炮位、探海灯、无线电讲堂、操场，所属设备完全。”（详见《粤东从政录·广海练船下》）

驾驶“广海”舰去南海，从日本人手里收回东沙岛，不知这是巧合，还是李准有意这样安排。

1908年购日本报废邮船改建为练兵船命名“广海”舰，
李准指挥该舰从日本人手中接收东沙岛

据民国官方编印《东沙岛西沙岛成案汇编》一书之《谈判收复东沙岛之经过》一节记载：“由督署札委‘宝壁’轮船管带王仁棠、水师总管张斌元，偕同日本副领事掘义贵及日商西泽前往点收。善后局、劝业道，会同遴选干员，酌带勇役，会同王仁棠等前往该岛，以便接收后驻岛看守。其时善后局司道为藩司沈曾植、臬司赵滨彦、运司丁乃扬、道员施炳燮，劝业道为韩国钧，当即会委丁忧补用知府蔡康办理。同时前往者，并有试验场委员伦敦大学化学毕业生利寅，黄埔船坞绘图生魏道和二人。利则劝业道函请随往，期可就近化验磷质，及查察有无他矿。魏则由劝业道请由水师提督李准（以下简称李提）所派也。

“请由李提加派广海轮船同往。十月初一日，天色仍不甚佳，因未便再事耽延，勉乘‘广海’启行，中途迭遇大风，直至初二日申刻始抵东沙岛。以船大礁多，未敢逼近而泊，寄碇海中离岸约十四五里之遥。将该岛物产悉数点收清楚。另由西泽代表富成小十，交来未经列册杂件一单，亦经逐一点收，由蔡守等亲签收据，面交日副领掘义贵收执。即于是午鸣炮升旗，行接收礼，并由‘广海’兵舰，燃贺炮二十一响，以伸庆贺。一面将接收物件，分储岛中房屋，封存妥协，由蔡守遴派带往之司事二人护勇四人驻守。然后与王仁棠等于初八日仍偕日副领西泽代表乘‘广海’回省。”

这是晚清政府第一次从外国列强手中收回自己的领土。

21响最高军礼炮声，献给驱逐了“岛主”，降下日本国旗，回到中国怀抱的东沙岛，献给从外夷手中收回领海主权的广东水师！

终报一箭之仇的广东水师官兵，再次泪流满面。与上次交还“二辰丸”时流下的屈辱泪水不同，这是为他们的李准将军而骄傲的泪水，是为态度变得强硬的中国政府而欣慰的泪水，是为中国海军而自豪的泪水！

东沙岛被中国收回，西泽吉次被李准驱逐出南海后，贼心不死，又窜到我东海，去侵占开发位于钓鱼岛附近的琉球某岛，借口和侵占东沙岛一样，又说是无主荒岛。1909年8月15日《申报》报道：“闻日人西泽氏拟俟东沙岛案了结后，移其工人往琉球某岛开采。因已查得该岛物产不亚于东沙，实一无主岛云。”西泽真是日本政府“开拓万里波涛，宣布国威于四方”扩张国策的忠实践行者。

亡羊补牢，李准派水师官兵驻守东沙岛。

总督张人骏奏报朝廷同意，制定详细方案，计划大规模开发东沙岛及西沙群岛。

《自谱》载：“又以上年收回东沙岛之后，交劝业道管理，派员司在岛中采取磷质、玳瑁、海带之类。每月由‘广海’练船送伙食至岛，顺载采取物回省。且拟建无线电台于岛，以报风信，以款未筹得而中止。”

可惜张人骏此时调两江总督兼南洋大臣，山东巡抚袁树勋署两广总督，此事从此被搁下。两年后辛亥革命爆发，不但顾不上什么开发南海维护主权，连人命关天的大事都没人管了——没人定期运送食物淡水，驻岛上的开发者竟至于全部活活饿死！

李准在1933年发表《李准巡海记》时，还为此叹息自责：“交还后由劝业道经营，仍留管事及工人在彼，采取各项出产品。每月余派‘广海’舰送伙食至岛，运各物回省。改革后，党人只知占地盘，谋权利，遂不以此岛为意。留岛之人绝粮而死，可哀也。我虽不杀岛人，岛人由我而死，余滋愧内疚于心矣。后由国民政府于此岛建无线电台，以报风讯，上海包工人亦以久无运粮食，接济工人食料，亦绝粮而死。涉讼经年，索抚恤其家属。今已设无线电，可通信息，不致再绝粮也。”

李准、张人骏及时亮剑，采取军事行动和外交上的艰难斗争，同侵占者手里夺回东沙岛，其意义不仅仅是收复了一个东沙岛，更重要的是，让国际社会知道了我国渔民早已实际拥有东沙岛的真相，知道了这次我国政府的管理行为，公认了我国对于东沙群岛的主权。这对于现在我国政府维护南海主权，无疑有借鉴作用。

早在19世纪下半叶，中国政府已实行逾500年的禁海令，被西方列强的枪炮从广州打开了，我国沿海渔民又可出海捕鱼了。而东沙岛位于广东汕尾市东南方向约270千米，是离广东沿岸最近的海岛，最受渔民光顾。他们在岛上腌制鱼类，建海神庙和祠堂等，南海诸岛是我国渔民的“祖产”“祖权”，这当然毫无疑问。可按国际通用领土主权关于“发现命名、开发经营、管理统治”“三要素”原则，要让国际社会公认我国拥有东沙主权，还得有一次影响广泛的行动。这次政府派出全副武装的广东水师“广海”舰登岛，同争议国代表举行了正式的交接仪式，庄严升起象征主权的黄龙国旗，也就是告诉了全世界，中国政府对东沙岛进行正式管理和统治。这就将**“渔民祖产”正式转化成了国家领土，“渔民祖权”转化成了国家主权**，从此东沙岛属于中国，百年再无争议。李准同一期间进行的巡视西沙行动，也是这个道理。

李准、张人骏收回东沙岛的行动，还促使中央政府开始有了海洋权益的观念，进行了首次测绘确定领海线的重大举措。

据《外交报》1909年第240期报道，清政府于1908年8月决定对沿海七省岛屿进行测绘，“作为中国领海定线，即向各国宣布，一律公认。嗣后我国勘定各岛，无论何国均不准以无名荒岛任意侵占。并咨沿海各省督抚，随时饬派军舰巡视，以免损失海权”。

李准在一年后所著《广东水师国防要塞图说》中，首次将东沙岛纳入国防要地：“东沙岛孤悬海外，经东一百一十六度四十三分十四秒，纬西二十度四十二分三秒，东西长约七里，南北宽约三里。岛面出水高逾三丈，潮水涨落约五尺，居香港之东南，相距约六百里。岛产磷质极富，遍地皆是，掘土一二尺即见其质，厚约三尺至六尺不等，十余年当采取不尽。此外，尚有龟壳、螺壳、海草、乌毛等，甚多。

日本人西泽自光绪三十三年曾带工人四百名专事采取玳瑁、乌毛、螺壳、海草、磷质等物，获利甚厚。宣统元年，我国将此岛设法收回，现拟招徕华商承办岛务，官为保护维持，以重海权”。

李准、张人骏等地方官员守土有责，硬是从狼嘴里夺回了东沙岛。

更可贵的是，国力军力都是强弩之末的晚清政府，在内乱不断，自己的统治都摇摇欲坠、自顾不暇的情况下，面对日本，难得地挺直了一回脊梁，表现出执政者应有的骨气，彰显了敢于亮剑的中国精神。

晚清国运颓败，注定了清政府在维护南海主权斗争中会处于不利地位。但是以李准、张人骏、端方为代表的官员挺直脊梁，理直气壮与列强进行艰苦卓绝的斗争，有效维护了海洋领土主权，给我们今天维护南海主权奠定了基础。

这是大清政府第一次从列强手里收回被占海岛，意义不仅在于一个小小的东沙岛，也不仅仅是5000平方千米的东沙海域，更重要的是表现出一个国家的政府对领土主权的态度，对后来国民政府维护南海主权产生了深远的影响。

广东夺回东沙岛，还激发了国民政府和民众开发南海诸岛资源的热情，吸取了东沙岛被日人掠夺资源的教训，认识到这些天造地设的丰富资源，如果自己不抓紧开采，必招来外人的掠夺。因此，政府采取各种措施，制定各种开采计划，加强对南海诸岛的管理，沿海商人纷纷组织公司，在政府支持下，从事南海诸岛磷质和水产资源的开发经营。这些行动有效地抵制了外来的侵略掠夺。

民国年间，台湾专卖局长日本人池田氏利用香山县奸商何瑞年，以西沙群岛实业公司名义，欺瞒政府，承办西沙群岛垦殖采矿渔业各项，其实际经营者则为日本人所组织的南兴实业公司。日本人经营西沙群岛，已有八九年的时间，甚至修轻便铁道，以运海产及矿物，因招各方反对，至1918年春，始行撤销原案，稍行敛迹。

1925年民国海军驱离倭寇，长驻东沙。

1939年日军舰炮击东沙，中国守备军伤亡惨重，有的弃岛逃命，有的被俘，日军占领东、南、西沙全部岛屿。

1945年美军登岸，遣返日本残军，鸣枪立碑，升美国旗；1946年民国海军乘美国所送“永兴”舰登岛接收，驻守至今。

1965年，台湾当局扩建东沙岛，填平浅湖，北面沙堤上修建了机场，官兵长期驻守防卫；因岛上珊瑚环礁生态资源丰富，2007年被台湾当局命名为第七座公园。

台湾当局扩建东沙岛建了机场，官兵长期驻守防卫；因岛上珊瑚环礁生态资源丰富，成为台第七座国家公园

今天我们重温李准、张人骏维护东沙岛主权的这一段历史，对于我们深刻理解习近平主席关于“**南海诸岛自古以来就是中国领土，这是老祖宗留下的**”论断，更好地维护南海主权，具有深远的历史意义和现实意义。

第九章
巡视命名勘西沙　确立主权百年证

为何中国政府要在南海命名“李准滩”?

为何国家设立三沙市之地名碑要刻上李准大名?

为何南海主权百年来都以李准为证?

百年前李准到底是怎样一锤定音，就让世界从此公认南海属于中国?

1980年，我国外交部向世界公布《中国对西沙群岛和南沙群岛的主权无可争辩》：“广东水师提督李准率领海军官兵一百七十余人，分乘‘伏波’‘广金’‘琛航’三艘军舰巡海视察西沙群岛，查明岛屿十五座，命名勒石，并在永兴岛上升旗鸣炮，重申主权。法国内阁总理兼外长白里安在西沙群岛问题上承认：‘由于中国政府自1909年已确立自己的主权（指上述李准巡视西沙群岛事），我们现在对这些岛屿提出要求是不可能的。’”

《自述》：“又有西沙岛，版图无主名。余率三舰至，并带测绘生，籽种备耕耘。次早到一岛，大约数里坪。再寻至三岛，即以甘泉名。再寻十一岛，最大曰林肯。岛中纵牲畜，令其孳生。绝岛漂流记，几作鲁滨逊。海图测绘竟，汇缄送神京。”

四十、甲午败将破木船　巡视西沙生死行

在与日本交涉收回东沙岛，成功在望时，张人骏、李准却不敢高枕无忧，反而感到一种前所未有的担忧和压力。

南海总面积约350万平方千米，相当于中国陆地领土面积的三分之一，几乎等于渤海、黄海和东海加起来的总面积的三倍！这么大的海域，还有没有像东沙岛这样被占的情况？今后还会有多少人来觊觎侵吞？李准知道，清朝

中期，西方列强的坚船利炮撞开中华国门，正是从南海开始的！

李准还知道，广东水师是一支英雄之师，著名功业有虎门销烟，前辈提督有关天培、林则徐、邓廷桢等民族英雄。

李准担当提督大任几年来，虽多次建功立业，但还想对国家和民族再做几件惊天动地、流芳百世的丰功伟绩！

这两个因素促使李准给自己加压，将眼光投向整个南海。

从日本人手中夺回东沙岛的过程中，李准保护南海主权的意识越来越强烈，看得更加开阔深远。

南海表面上风平浪静，实则波诡云谲危机四伏。不能把西泽占据东沙岛仅仅看作偶然事件，它是日本占据台湾后，为“开拓万里波涛，宣国威于四方”，继续扩张的必然。日本人侵我中华之心不死，肯定还会再来。还有法国，强行把安南从中国的藩属国变成其殖民地后，也不时在南海出没。光绪十三年，也就是李准17岁刚从四川邻水来到广东那年，一艘法船驶进琼州所属崖州东百里之榆林港测探水道，上岸钉椿插标，被广东水师阻之，法领事又在广西北海征收渔船照费，政府以有侵中国主权而不许。而英、德两国海军船舰，也早在几十年前几次进入南海诸岛测量，遭中国制止。中国政府这一系列行为，是证明中国对南海行使管辖权的历史依据。

痛定思痛，亡羊补牢。李准和张人骏在处理东沙岛问题时，就开始把目光投向整个南海，下决心一定要来一次大行动，来一次壮举，才能一锤定音确立南海主权。

那就是巡视、命名、踏勘并开发南海诸岛！只有这样才能一锤定音，让全世界都知道是我中国政府在管辖南海诸岛；只有这样才能一劳永逸，避免外夷对南海的觊觎！

离大陆最近的是东沙和西沙群岛，东沙岛已经亮剑，所以这次要剑指西沙！

对李准巡视西沙一事，百年后在法国解密国家档案中有惊人发现！法国驻广州领事伯威当时就将这一重要情报，秘密报告了法国政府，**他主张法国在该问题上保持沉默，原因是如果干涉李准宣示西沙主权的行为，可能会激起新一轮民族主义浪潮**。事实证明，在李准巡视西沙确立主权后的几十年间，日本和法国果真争相占领东沙岛、西沙群岛和南沙群岛，直到抗战胜利中国才得以收回。

这一些事例有力地印证了李准、张人骏的担心，不是杞人忧天，而是高瞻远瞩。

李准认为，巡视南海要达到三大目的：一是官方命名宣示主权，以杜绝外夷觊觎之心；二是摸清家底，以谋驻守开发事宜；三是踏勘诸岛编印图说，以报中央和地方存档备案，给后世留下南海主权永远的铁证。

《李准巡海记》载：**“东沙岛之案交涉既终，因思粤中海岛之类于东沙者必不少**。左翼分统林君国祥，老于航海者也，言于余曰：距琼州榆林港迤西约二百海里，有群岛焉，西人名之曰帕拉洗尔挨伦，距香港约四百海里，凡从新加坡东行来港者，必经此线。但该处暗礁极多，行船者多远避之。”

李准听林国祥一说，兴奋至极：**“余极欲探其究竟，收入海图，作为中国之领土。”**

李准：**“因请于安帅，而探此绝岛。安帅极然余说**。同寅中之好事者，亦欲同往一观焉。”

两广总督张人骏作为封疆大吏，更是守土有责，与李准不谋而合，深有同感，马上同意支持李准巡视南海。

他向朝廷奏报说：“窃粤疆滨临南海。大洋中，洲岛甚多。只因险远难通，遂致终古荒废。而外人之觊觎者，转不惮穷幽涉险，经营而垦辟之。东沙岛之近事，其明证也。……兹又查有西沙岛者，在崖州属榆林港附近，……其地居琼崖东南，适当欧洲来华之要冲，为南洋第一重门户。**若任其荒而不治，非惟地利之弃，甚为可惜。亦非所以重领土，而保海权。**”

难得李准、张人骏他们百年前就强调起领土、海权来了。以当时来说，意识已相当超前，因为海权概念在西方也才出现20年，系美国海军上校马汉在《海权对历史的影响》一书中第一次提出，认为海上力量决定国家力量，谁能有效控制海洋，谁就能成为世界强国。

1897年，德皇威廉二世发表了轰动世界的“铁拳”演说：**“国权即是海上权，海上权与国权犹如车之双轮、鸟之双翼，两两相辅而促进国运之发展。若缺其一，则不能期望国家强盛。”**

那时中国官方高层不知海权为何物？只有“海防”意识，且仅局限于沿海近岸防卫。而李准、张人骏他们已把巡视西沙的行动上升到了**“领土”**和**“海权”**的高度，是非常超前的主权意识。

在距海南岛180多海里的东南海面上，有一片岛屿像颗颗珍珠，若朵朵星莲，在万顷碧波之中荡漾，这就是神秘而令人神往的西沙群岛。

西沙群岛在南海诸岛中岛屿最多，面积最大，海拔最高。分东西两群，李准他们那时称东八岛和西七岛，现称永乐群岛和宣德群岛，有22个岛屿，7

个沙洲，十多个暗礁暗滩。距三亚市榆林港和文昌市清澜港最近，是我国著名渔场，海域宽阔，岛礁星罗棋布，海产丰富，珍贵品种多，世世代代吸引大批各地渔民来岛捕捞作业。

南海是我们的祖宗海。《旧唐书》记载，从唐朝起，中国政府开始正式管理海南岛以南海域。古代这里被称为“千里长沙、万里石塘”，那些满载陶瓷、丝绸、香料的商船在此驶过，是历史上有名的“海上丝绸之路”。

渔民一代又一代向南海深处行动，清朝却一直紧缩海疆防线，没有向海洋深处出发过，正是国家执政者不作为，才致他人有机可乘。

在清末，中国只有长江、福建和广东三大水师，而广东水师是军力最弱，船舰最差的。所以在处理西泽侵占东沙岛的过程中，广东水师几次找海军司令萨镇冰借船，让“借船出海”这个成语在李准、张人骏手里用上了。巡视西沙群岛更需冒九死一生之风险，要下有去无回的决心，才能成就这史上第一次壮举！

广东原是近代海防要冲，也是清朝老式水师力量最强的地区。但从19世纪70年代清朝发展近代海军以来，海防战略转为以护卫京畿，护卫统治者的安全为中心。北洋水师镇守津沽、旅顺和威海卫一线，南洋水师镇守第二层长江和江浙一线，福建水师镇守第三层福建和台湾一线。而面对南海的广东水师，主要职责不是守卫南海，只是治安防范，在内江和近海执行巡防、剿匪缉盗平乱而已。清朝主要力量都集中于北洋海军的建设，故最外一层的广东水师靠边站，最不受重视，中央财政不拨款，只能依靠地方自筹经费来发展，因而实力最弱。广东水师原本也有三艘主力巡洋舰“广甲”“广乙”“广丙”号，可是被调往北洋会操，于甲午海战全部覆没，此后再没有购置像样的军舰。

李准上任水师提督后，尽全力添置了一批船只，仍然只是内河用的浅水小兵舰，如“江大”“江清”“江巩”“江固”号，以及“广安”号和运兵练习船“广海”舰。李准在《自谱》中为此叹曰：“**虽为提督，仍与为统巡时无异，常出巡各江，考查水陆营伍。**”

所以当他准备巡视南海时，竟难找到一艘像样的可以远洋出巡的舰艇！

怎么办？只得挑选出“伏波”“琛航”和“广金”三舰，也算是组成舰队了吧。

“伏波”号和“琛航”号是福建船政局早期造的木质军舰，船龄比39岁的李准年龄还大。在1884年中法战争马江之役中，“伏波”号被击沉，“琛航”号负伤搁浅。后来捞起修复。

“广金”号炮舰则是广州黄埔船局1890年建成的钢壳小炮舰。这就是广东水师最主力的几艘军舰了。1885年两广总督张之洞在黄埔船坞设船局，制造浅水炮艇，还将船局扩充，续制铁胁、钢壳、铁甲炮舰，以便能出远洋，1889年黄埔船坞开始造“广金”舰，1890年，新任两广总督李鸿章试航“广金”号，媒体称之“其经营缔造之巧，实不亚于欧洲各国”。张之洞同时还造有“广金”“广玉”“广元”“广亨”“广利”“广安”等炮舰。

“伏波”舰，李准以其命名西沙伏波岛

广东水师“广金”舰，西沙至今有“广金岛”

1909年报载漫画：李准巡视西沙舰队

如果说李准五年前在35岁任文官，被慈禧重用为水师提督，是晚清政府“蜀中无大将廖化作先锋”的无奈之举，而这次三艘破旧木壳船，要担当伏波踏浪的巡视壮举，则是李准急于建功立业而敢于冒险的责任担当。

李准因蜀中无大将而挑上重担，不负众望，成为将才。那么，这三艘破旧船舰呢？是出生入死一去不返？还是九死一生平安归来？这就既要靠人为，又要看天意了！

李准他们明知道这个危险，还是要向风波浪里行。《李准巡海记》说：“此二船太老，行驶迟缓，倘天色好，可保无虞，如遇大风，殊多危险。以极旧行不过十海里之船，**数百人之生命，付与林瑞嘉之手，实乃天幸，非尽人力可致也。**”

李准将数百生命交给他的人，就是被李准冒险重用的林国祥。他是晚清海军资历最老的耄宿，唯一参加过中法和中日两次海战的舰长。1874年，在日本侵台事件中，林国祥为“琛航”号管带，邓世昌是他的大副，奉命运送军火。

1884年中法战争，林国祥率驻广东的“济安”号炮舰回援福州，遭法国三艘军舰炮击爆炸，舵手陈全等数十人阵亡。林国祥视死如归，指挥全舰扑撞法国军舰，后来甲午海战中邓世昌指挥“致远”舰向日舰撞击的行动就是向他学的。无奈全舰失去动力，最后漂流到青州洋海面，因进水过多沉没，林国祥等官兵凫水逃生。

甲午海战中，林国祥是中方唯一有海战经验的舰长。1894年，林率广东水师主力舰“广乙”号北上，护航运兵船为朝鲜增兵，在丰岛附近遭遇日舰，爆发了中日甲午战争第一场海战。“济远”舰临阵脱逃，“广乙”舰对抗日本吉野等三舰，直冲敌阵，想迫近发射鱼雷，因寡不敌众被击重伤，避往朝鲜西海岸，搁浅自焚。后林国祥以“敢战”之名接任“济远”舰管带，随北洋水师残存力量一起，在威海卫一战中全军覆没。

航海总指挥林国祥照

甲午战后次年，朝廷派林国祥、程壁光等六人往英国监造订购“海天”“海圻”号两艘巡洋舰，重建中国海军。英国报纸对交船仪式进行报道，林国祥的职务是“常驻的首席中国检查员”，采访时林国祥娴熟的英语让英记者大为惊叹。

巡视西沙一年后林国祥即去世。李准记载：“九月，又出洋过香港，余又往迎，知都统林瑞嘉游戎已于七月病故，洵王、鼎铭各有赠恤，以其为海军耆宿也。”

但他们巡视命名西沙的壮举却一锤定音，留下了永远的生命力！

英国报纸交船仪式新闻照片，前排花束后为中方负责人林国祥

甲午海战林国祥指挥广东水师“广乙”舰与“吉野”三舰相拼受伤沉没

同林国祥一样，吴敬荣也是福建船政学堂首期学员，被朝廷惩办的甲午战将。甲午战败后，中央政府将自己的责任转嫁给军人，北洋水师提督丁汝昌部下所有死里逃生的军官，一律革职不用，或充军乌鲁木齐。吴敬荣是安徽休宁县人，1874年入选清政府选派的第三批官派学生出洋留学美国，回国后被派往北洋水师，充任“敏捷”练船帮带大副。1892年调任广东水师“广甲”快船帮带大副，1892年升管带。黎元洪当时是他的大副，几年后成为民

被李准任命为巡视航海副总指挥的吴敬荣

国大总统。黄海海战后，吴敬荣被“革职留营，以观后效”。1903年任“建安”鱼雷艇管带。1906年被李准任为“宝璧”练舰管带，1908 年任“江利”炮舰管带。

林国祥和吴敬荣这两位海军军人，一再被外侮羞辱，最终又被自己的朝廷惩办。现在被李准重用，在晚清最后时刻和他们自己也是最后的日子里，助李准南海亮剑，完成了这次意义深远的重大任务。《看历史》杂志发文概称：这是一次甲午败将的远航。

李准亲自“偕林君下船，考验船上之锅炉机器，应修理者修理之。凡桅帆缆索，无不检查。其铁链之在舱底者，概行拉出船面，林君节节以锤敲之，其声有坏者，立以白粉条画之为记，概用极粗之铅线扎之，防其断也”。

“备木材桅杆国旗之属又若干。盖将觅此群岛为殖民地也。”

李准考虑到西沙群岛是否像东沙岛那样，有外国人占据着，因此做好了思想准备和物资准备，备好黄龙国旗和旗杆，要在岛上升国旗宣示主权。

李准又“备食米数百担，其他牛羊猪鸡等牲畜，罐头食品汽水称是。各色稻麦豆种子各若干。淡水舱满储淡水，炭舱满储烟煤”。

林国祥、吴敬荣系福建船政学堂第一期学员，后为清海军主将

这些“牛羊猪鸡等牲畜”可不是用来吃的哈！因为已经“备食米数百担”，有吃的了。

那么这是做什么用的呢——准备到各岛上去放生的。

李准他们这次有这么重大的军事重任，怎么还有闲心去南海深处“放生”？

这可不是普通人的行善放生，而是具有主权意义的行动，具有重要战略价值和深远影响——日本人不是说东沙岛上没有中国人生活过的痕迹吗？现在我们连岛上的牲畜和植物，都要让它们具有中国特色！

百年后，在中国政府组织的西沙大规模科学考察中，果然发现了它们，已经变成了野鸡野鸭、野猫野狗、野牛野羊了！

此前，广东水师还没有这么大规模巡视、勘察过南海。倒是英、德等外国人非常感兴趣，也不管主人家欢迎不欢迎，几十年来一直专心致志帮中国勘测，还绘制出版海图，甚至多次被不好客的主人家抗议、撵走，他们还是乐此不疲“做好事”。

既然别国都帮中国勘测，我们国人不去勘测就有点不好意思了。于是，李准这次巡视南海除了**“宣我主张”**外，还多了一件前所未做的工作，那就是**“踏勘诸岛”**。李准为此派人到广州和天津，购得海上定位仪、经纬仪、英制测距尺等专业设备，从而有了我国对南海诸岛的第一次专业测量和考察，李准也才因此著成我国政府管辖南海的铁证——《广东水师国防要塞图说》。

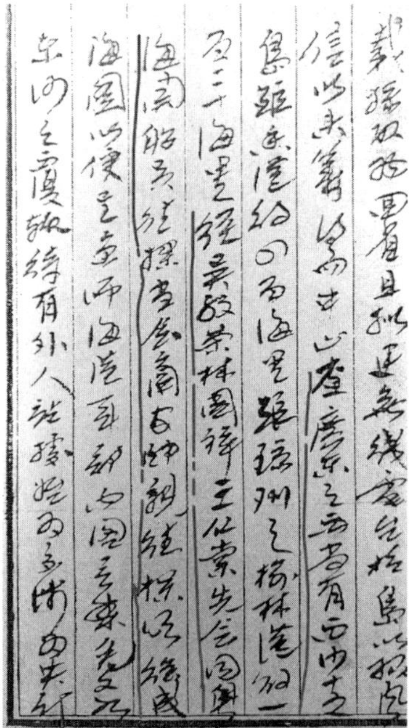

李准《自谱》记载：查广东之西尚有西沙十五岛……经吴敬荣、林国祥、王仁棠先会同粤海关船员往探，当会商安帅亲往探明，绘成海图，以便呈京师、海陆军部、内阁立案

在李准正式出发巡视之前，两广总督张人骏已派出水师管带吴敬荣、林国祥、王雪岑，先去西沙打前站探摸情况——初勘西沙。初步摸到西沙群岛的个数、方位、距离等情况。回来汇报后，张人骏成立筹办西沙岛事务处，筹备前往西沙岛应行办理事宜，制定了《复勘西沙岛入手办法大纲十条》，又针对性地做好一切准备工作，挑选人员、准备设备工具及各种用品，组成舰队和177人的庞大队伍。

李准《自谱》说：**“经吴敬荣、林国祥、王仁棠先会同粤海关船员往探。”**

《李准巡海记》说：“左翼分统林君国祥，老于航海者也，言于余曰：距琼州榆林港迤西约二百海里，有群岛焉……余极欲探其究竟，收入海图，作为中国之领土，因请于安帅，而探此绝岛，安帅极然余说。”

张人骏、李准先派人“往探”，是这次巡视勘察的前期工作，是整体活动之一部分，是巡视西沙这场大戏的序幕，用四川话说叫“打前站”，然后再有的放矢，正式出发进行巡视、查勘、命名行动。相当于打仗之前派侦察兵先走一趟，然后大队人马才出发。

1928年陈天锡编《西沙岛东沙岛成案汇编》一书，对李准巡视西沙这件事情的原委也做了简明扼要的记载：“自清季日本人西泽吉次占据东沙岛，肇起衅端，粤督张人骏据理向日本领事力争，大费唇舌。因闻海南大洋中有西沙岛者，虑及长任荒废，亦将为东沙岛之续，**于是始派副将吴敬荣等驾轮前往查勘**”；“**自吴副将敬荣等前往西沙岛查勘后**，张督即于宣统元年三月间，扎委咨议局筹办处总办直隶热河道王秉恩、补用道李哲俊，会同筹办经营西沙岛事宜。**一面饬令前往复勘**，所有各员办公之所，即暂附设于咨议局筹办处内。所需开办经费局用，由广东善后局、及两广盐运司库，分别筹拨。”

李准此次西沙之行，显然不仅仅是继吴敬荣初次查勘西沙岛之后的“复勘”，而是代表中国政府对西沙群岛的大规模巡视行动，是庄严宣示中国对西沙等南海岛屿领土主权的历史性壮举！

这次李准率“伏波”“琛航”“广金”三舰首巡西沙的壮行，都有哪些人有幸随李准参加，而后世留名呢？

综计人数，官商暨随带测绘生、化验师、工程师、医生、各项工人计达177人，舰上原有水师官兵数十人，共计不下200人。

其中官员有：水师提督李准，广东补用道李哲俊，署赤溪协副将吴敬荣，尽先副将李田，水师提标左营游击林国祥，广东补用知府丁乃澄，广东补用知府裴祖泽，广东补用同知邵述尧，广东补用通判王雪岑，广东试用通判刘镛，广东补用盐经历郝继业，广东补用盐大使陈晋庆，候补县丞袁武安，候补通判赵华汉，总商会调查员试用通判郑继濂，管带雷虎雷艇尽先都司张瑞图，“龙骧”管带刘启唐，“安太”管带潘镇藩，“广安”管带梁朝彝，尽先拔补把总郭朝升，尽先把总陈仕平。

海军测绘学生四名：萧广业、邱世堃、孙承泗、梁宝琳。

测绘委员四名：孙金汉、刘廼封、赖鹏、陆振。

测绘学生八名：吴应昌、韩国英、王钦、洪禹懋（均琼府人）、赖国琛、彭道宗、谭景洽、杨基。

化验师二人：无线电工程师布朗士，礼和洋行化验师那孙（二人为德人）。

农工路矿公司探钻工程师二名：钟饰、钟英。

军医生二名：陆锡藩、胡国镇。庶务随员谭开宗。

木工四名：朱生、伍嘉、朱胜、香基（每名每日工银五毫，落船之日起算，饭食在外）。

照相人二名、泥水二名（均冯润记带）、修盐漏工四名（榆林港等处雇）、种植工二名（林管带觅）、洗衣工二名、小工一百名（在三亚榆林港万县陵水一带雇募，兼作引水），测绘员生随从十二名。

另有港商三名：韦雪斋、李惠林、苏汇泉。

这些人因亲历这次历史壮举，而扬名立万，后世有名。

四十一、考察海口榆林港　三亚湾上赦黎人

这次巡视西沙，对于李准来说，是其17岁随父来广东的十多年里，继**募捐千万救八省、三平海盗灭乱党、扣押日船引爆反日运动、逼退英舰收回缉捕权、驱日“岛主”夺回东沙岛**等几大政绩之后，又一次对国家对民族做出的历史性贡献。

官方、学者和民间都认为，李准这次大规模行动，是中国政府近代以来对南海诸岛的首次正式巡视、首次官方命名。

媒体对李准巡视壮举大为关注。李准率舰出发不久，《东方杂志》就报道：“近日大吏（指张人骏）特派王、李两道筹办西沙群岛，即会同李水提及吴、李副将，并率带委员测量员生等，趁轮前往测绘，所有计办事宜。闻拟将该处大小一十五岛，一律开辟。先由大吏特派专员，在该处设立局所，并由司局筹办款项数十万，专办该埠事务。又于各岛中，择其地面宽阔，形势绝佳者，开作商埠。又由官商分设兴商劝业银行，以维持辟埠事务。均经大吏与司道再三筹议，约俟此次王李两道将该处群岛勘明回省后，再酌拟办法云。”

“崖州滨处海洋，直当南洋群岛航线要冲，近海岛屿，以百数计，其属于崖海各处，共有二十余岛，最大为榆林港，其次为西沙岛，附属小岛十四五处。”

可惜的是有关巡视西沙的原始资料，在辛亥革命中散失，李准说“余笔

记中有《西沙群岛记》”，在巡海当时所写的几大本笔记资料，还有照片、图纸等原始资料，都在辛亥革命动乱中遗失了，成为国家永远的损失，不然南海主权还要增加多少直接证据！

一百多年后的今天能看见的只剩凤毛麟角，极其珍稀可贵。从各路研究李准与南海的学者所发表的论文看出，他们手中掌握流传的似乎主要是《李准巡海记》一文，而对于李准更为重要的自著如《广东水师国防要塞图说》等，听说过而很少见过。他们甚至不知道，李准还有手书自传体资料两本存世。

笔者或许是李准家乡人的缘分，有幸在近年掌握了更多的原始资料，有的是独家拥有，比如最为详尽记载李准一生的自传《任庵自编年谱》《任庵六十自述》《广东水师国防要塞图说》《清末遗闻》，还有清宫奏折及当时报刊报道等原始资料。

关于巡视西沙，学者掌握李准本人资料只有一篇《李准巡海记》，都说是在《大公报》上发表的，但神龙见首不见尾，很少有人看见过《大公报》版《李准巡海记》的原样。笔者手里倒有一份《国闻周报》之《李准巡海记》原样，16开大小，杂志样版面，里面包括东沙岛和西沙岛两篇，从编者按文字介绍来看，李准此前在《大公报》发表过其中的一篇《西沙岛》。

笔者最近又意外得到一份剪报，竟是1933年某人剪留的，内容是《李准巡海记》最后部分，也是最重要的部分，里面记载了李准以各官员籍贯命名之岛名。剪报规规矩矩贴在一张白纸上，空白处还有剪报人用钢笔手书“邻水、华阳、新会、休宁、丰润”等字样，版式与《国闻周报》杂志版完全不同，一看就是报纸，想来这就是《大公报》发表之《李准巡海记》原样了（见彩页）。

《李准巡海记》对巡视西沙有生动记载。但该巡海记是李准晚年回忆所写，个别记述有误是难免的，如把巡视西沙的宣统元年误为光绪三十三年。

《李准巡海记》是李准1933年因反对法国出兵侵占南沙九小岛而发表的，当时振奋了全国军民反抗日、法侵略者的决心，既是一篇珍贵的史料笔记，又是一篇如饮美酒消百忧的优美叙事散文，还像在听李准摆龙门阵，讲述南海深处一个个引人入胜的传奇故事。

巡视西沙也是一次南海探险行动。

22天里，李准既有新奇发现的兴奋难眠，又有刻石立碑鸣炮升旗，宣示主权的骄傲自豪，更有险象环生，九死一生的惊心动魄。

《李准巡海记》将在下面分段引用，与读者分享。从这些文采飞扬的描述记载中可以看出，在腐朽无能的晚清政府官员队伍里，李准确是一位文武双全，不可多得的文臣武将。

清宣统元年四月初一（1909年5月19日），李准率舰队由广州启航。

李准巡视第一站是海口，“初三日抵琼州之海口，采买鱼菜，添盛淡水。道府来迎，应酬一日”。

一年后李准著成《广东水师国防要塞图说》，有《琼州、海口图说》一节：“海口东北距省城海道一千里有奇，南距琼州府城十二里，西南距盐灶港三里，东北距白沙头八里。港口十里外水深四十余尺，六里外水深十余尺，近港口处尤浅，潮退时露出泥滩数里，有礁石。

琼州孤悬海外，当南洋各岛之冲，有事应援不接，防守为难，幸海口浅滩甚阔，大船均止于十里之外，中小轮船均难入口。距海口五里之秀英山设有炮台，配大洋炮五尊，现驻防有海口参将一员，守备一员，千总一员，把总一员。”

李准舰队航抵榆林港。榆林港在三亚东南部，港湾水深浪静，群山环抱，为天然良港，国防要地。

李准登上舰桥，纵目四望。只见港湾山环水绕，入口仅约1500米，形势险峻，港池内波澜不惊。

李准赞叹：真是个天然军港呀！

“初四日下午起碇，沿琼岛南行，初五日入崖州属之榆林港。清风徐来，余于甲板上观之，见此港山环水绕，形势极佳，而水深至二三十尺。入口不三里，下锚，四围皆山，不是水口，诚避风良港也。惜局面太小，不能多容军舰，有七八艘已不足以回旋。”

被李准称为“避风良港”的榆林港，后被孙中山称为海防战略举足轻重的“海军根据地”。在海南省三亚市东南部，湾口西起鹿回头角，东止锦母角，海湾面积约37平方千米。位于东经109.5度，北纬18.2度，是中国最南端的优良海港，是支持南海诸岛的重要基地。有大东海、小东海等海滩，有著名的“榆林要塞”。现在是中国海军南海舰队的基地之一，也是远东地区重要的潜水艇基地，素有“南疆要塞、海上堡垒”之称，是经略南海的前沿阵地。

榆林港以东，海岸曲折，港湾较多，虎头岭、琼南岭、赤岭、南湾岭等突出海面，怀抱亚龙湾，土曲湾、陵水湾，可以点制面。榆林港以西，海岸平坦，有鹿回头、马岭、南山岭等点突出海面，与东、西瑁州岛构成海上屏障。所以孙中山说：“有一榆林港，极合军港之用。此港为欧亚航路所经，如立为军港以守之，则不仅可以固保中国之门户，且可以控制南洋一带。”

其实，李准对榆林港的战略价值之认识，候补道欧云高一年前就“英雄所见略同”。

《申报》1908年4月30日载《候补道欧云高请粤督代奏开惠州军港折》，向慈禧太后奏报：“近世列强角立以握海上霸权为事。故有海军者强，无海军者弱。有定崖州榆林港为第一军港之说。**请饬陆军部派员会同水师提督李准亲往详勘。**”

李准在《广东水师国防要塞图说》之《榆林港图说》描述：“榆林港东北距省城海道一千三百余里，西偏北距崖州城八十余里，口门外海面宽二百余丈，中泓深水处约宽五十余丈，深二丈七八尺至三丈一二尺不等，两旁有沙，水深止数尺，东南海中有暗礁。琼南水土毒恶，此地独佳，往来轮船多与此取水。海岸曰榆林角，群山曲抱，口门甚窄，口内极宽深，可泊大兵轮十余号，中小轮船二十余号，应于两旁筑炮台扼守，其内可为船澳，以备有事时为兵轮停泊之用。”

李准急着尽快去西沙，看天，看蓝天白云，不禁喜形于色。谁知林国祥却愁容满面，看看天空，又看看大海，还翘起嘴鼻嗅了嗅海腥气，说：海风有腥，月光起晕，必主有风！

李准看着林国祥的神色，笑脸也不由得收敛了，紧张地看着林国祥。

“港内水波不兴，上下天光，一碧万顷，以为正可直驶西沙矣。国祥曰：天气不可恃。须看天文，有三五天之西南风，乃可放洋。”

李准一行只得下船。

“上岸后，沿平原而入山凹，一路遍地椰子树，结实累累，大可逾抱，高约百数十尺，其直如棕，叶长大似蕉，但分裂而不连属。其时天正炎热，行人若渴，以枪向椰树击之，其实纷纷下坠，人拾一枚。其有为弹穿者，汁流出，即以口承之，味甘而滑，解渴圣品也。”

李准他们上黎山，深入调研了解黎人风土人情，看到一些闻所未闻的奇风异俗，也为他制定对黎民的政策摸清了情况。

李准等人上岛，来到一片椰树林。

突然有人大叫：野人！

李准吓了一跳！果然看见一群人披发赤足，其黑如漆，无衣，以椰树皮围盖下身，老少可辨，男女难认。

“步行约六七里，有居人焉，披发赤足，无衣，以布围盖下身，其黑如漆，前后心及两肘两腿，毛茸茸然，两耳贯以铁环，大如饭碗之口。老少可辨，男女殊难认也。其所住室，以椰子树为之，高不及丈，宽约一二丈，横梁门柱，皆椰树也。上盖及壁，都以椰叶编作人字形之厚箔为之。有门无窗，屋内之地，亦铺以椰席，厚可数寸。无桌几床帐，饭食起居，咸于此焉。余以手镜为之照像，各嘻嘻笑不已。”

这里竟然完全是原始社会游牧生活的状态！

“又与同人行至一处，有男女多人，于野外草地上跳舞。有老者壮者于旁，敲锣吹笛及击瓦器，跳舞者女子居多，间亦有男子与偕，皆青年也。其齿白，而口吐红色之沫。询之，乃含槟榔使之然也。此男女跳舞者，如两情相合，即携手相归而为夫妇矣。其语不可辨，国祥能懂一二，盖黎山之生黎也。”

黎族主要分布在海南中南部五指山一带，分熟黎和生黎两部分。大部分是汉化了的熟黎，少部分原始部落被称生黎，就是还没开化的黎人，过着原始游牧生活。直到现在还有25万生黎分布在五指山下，当地政府想方设法改变他们，为他们盖好住房，划出土地，购置农具和种子，让他们过安居生活，但他们就是不肯。政府硬把一部分人赶下山，可是不久他们又逃回山上去住了。

林国祥走向几个黎人，一边比划，一边说话。李准听不懂也看不懂他们在交流什么。不一会儿，只见一群黎人送来一担担干木柴，一捆捆椰席。林国祥吩咐人一一付款，整齐地堆放在军舰甲板上和所有空处，船面堆如山积。

林国祥又向当地这些人打听海上天气消息后，叹道：人急天不急，奈何？

“连日风色不佳，夜间月光四周起晕，必主有风，不能放洋。国祥于此购买柴薪无数，船面堆如山积，备缺煤时之用也。”

李准见走不成，就决定利用这个时间去考察三亚盐田。

“第四日约集同人往三亚港观盐田，去此约二十里。以藤椅贯以竹作杆代步，雇黎人抬之。其盐田界两山中，绵亘十余里，皆盐田也。其水卤咸头极重，一日即可成盐两三日成者亦有之。然较之他处盐田则不可多见矣。其价极贱，每石不过二三百钱，故香港澳门一带之私盐，皆由此运往焉。”

林、吴命黎人以藤椅贯以竹作滑杆。李准看见林国祥伸出两个手指头，与黎人议价，黎人点头。李准先坐上藤椅，舰队统领林国祥、“伏波”舰管带吴敬荣和随行参赞王雪岑等人也坐上藤椅。

“议定每人小洋二毛，黎人力极大，行甚速，惟不善抬，一路殊多危险，不一时而至其地矣。沿途树林内多红绿色之鹦鹉，大小不等，白色者较大而少，又多小猴，飞行绝迹，擒之不易。”

考察三亚盐田后，李准等人乘轿回榆林港。王雪岑给黎人每人小银二毛，黎人不肯接，只好每人又加二毛，黎人还是摇头不干。

王雪岑斥责道：得寸进尺也！

李准问：不是讲好价钱的吗？黎人怎说话不算话？

林国祥赶紧过来与黎人交谈后，对王雪岑哈哈大笑：实乃你说话不算话也！

王雪岑大惊：这黎人不讲信用罢了，你怎还倒打一钉耙，说我不算话？

林国祥说：黎人事先与你讲好每轿二毛，你现在每人给二毛，一轿二夫，变成四毛了！

李准为这淳朴诚信感叹不已！遂想起一件事来——昔日认为黎人多刁民，曾经发令剿黎匪，现在想来，这么耿直的人，肯定是被官方欺凌，方才铤而走险的。

大家都对李准这个看法点头称是。

李准深入体察到真实民情后，感悟自省：“回榆林港后，抬轿之黎人，每人给以银二毛，不肯受，以其求益也。增之至四毛，不受如故。询之，乃知其议价时以为每一乘轿两人共二毛，今多与二毛，故不受。其朴野如此，真上古之民哉。**畴昔剿黎匪，都缘被欺凌。方铤而走险，以图一逞能。传谕巡防队，不有剿匪名。**”

于是李准作出重要决定，下令今后不能再对黎人动辄扣以刁民土匪之罪名，而镇压剿灭之。当时海南归属广东管辖，李提督下令犹如赦免黎人。

李准百年前就能想到并且做到，民宜抚而不宜剿，犹如水宜疏而不宜堵，堵则越涨越高，终致决堤溃坝。对有诉求的民众，不能认为就是刁民，更不能动辄镇压，否则将逼成洪水猛兽。封建社会的官吏，能做到这样，实属难能可贵。

李准作出不再对黎人镇压的决定后，又看见“有黎人以大竹笼抬大蚺蛇一条来卖，给以银二元，令抬去”。

李准为什么给了钱而不要这条大蛇？李准家乡四川人有一种说法，大蛇都是修炼成精的，没有人敢打它杀它，更不用说还敢吃它了。

“又抬薏米酒若干坛来，每坛给以银一元，其色黑而味甜。”李准说的这薏米酒，就是用薏仁米自酿的酒。薏仁米又名禄谷，李准家乡四川人叫它

“打腕子”，儿童常串联作手链项链戴；也是一种药食同源的中药，配红豆熬粥炖汤有祛湿利水健脾的功效，烤成酒自然好喝又养生。

“又有此间之回民，操北方语者，将石蟹飞蛇来卖。磨醋可治疮药，飞蛇可以催生，人争购之。又有一种椰珠，如鱼目，闻系数百年之椰壳内实结成，岱云购得之。”

飞蛇即树蛇，能短距离滑翔。石蟹别名蟹化石、为古生代石蟹的化石，功能清热利湿，消肿解毒，去翳明目，主治湿热淋浊带下、喉痹、痈肿、青盲、目赤、翳膜遮睛。既是稀罕之物，又有实际用途，难怪他们要争相购买。

“其回民相传为马伏波征交趾（现越南）时遗留于此者，至今人不多，然仍操北方之音，与粤人异。”

李准说这马伏波是谁？为什么他们乘坐的军舰叫“伏波”舰？李准为何要将巡视的第一座岛命名为伏波岛？这马伏波定有不同凡响、寓意深刻的来历？

东汉建武十六年（即公元40年），交趾郡（现越南）雒将之女徵则、徵贰聚众造反，占据六十余城自立为王。光武帝拜马援为伏波将军，取伏波斩浪之意，发兵万余人，南平交趾。经一年多浴血奋战，全歼徵则、徵贰。马援每攻取一县一郡，即废止苛政，修缮城郭，兴修水利，抚境安民。马援率部凯旋，朝野故旧前往庆贺，马援说：“方今匈奴、乌桓尚扰北边，欲自请击之；男儿要当死于边野，以马革裹尸还葬耳!”随后又领命挥师出雁门。建武二十三年，武陵蛮反，朝廷先派武威将军刘尚率万人征讨，竟遭全军覆没。再派谒者李嵩和中山太守马成率军前往，又连吃败仗。马援主动请缨，光武帝怜其年老，不许。马援当场披甲上马，一展雄姿。光武帝十分赞赏，令他率兵四万平蛮。不幸出师未捷身先死，终为马革裹尸还，令人叹息不已。

广东水师以伏波将军命名“伏波”号军舰，自然是寄寓着平定海疆的希望；李准出征巡视南海，更是效仿伏波将军，赴汤蹈火劈波斩浪，万死不辞!

随李准来的人有“西沙群岛筹办处”的行政官员郝继业，他在笔记中记载随李准考察海南岛的情况：

“卑职等遵于四月初一日附随军门督宪李准乘坐‘琛航’轮船，由省动身，至香港、琼州、海口均有耽延。

“初七日抵距琼州、海口六百余里崖州属之榆林港。随即上岸，调查该处产盐事情。得悉大略。后因在该处避风十日，逐日带同由高州关来编户人等，遍历该港，详细询问。查得港内水面长二十余里，宽八里余，水深二三丈不等，四面高山，民黎杂处，地皆平坡，均以捕鱼种椰树为业，烟户寥寥。尝试水味，卤实浓厚。屡勘地址，沿岸各处，据场工人等报称，可筑盐场四五百工。港西平坡六里余，度一小岭，名三亚港，居民二三百家。均属蓬茅庐舍，有崖州巡勇驻扎。此港绕山沿海，有已成盐田，约百余工。询之土人、盐户耙晒之法，与西场同。色味亦相仿。天晴晒水三四日成盐。计该港盐田，每年约产盐三万余包。运销钦州一带。该处二十两为一斤，每斤现价八九文之间，惟民贫地僻，所筑盐田，皆由高州及外来商户资本，雇佣土人耙晒，询及筑价，须视地之高下，如基少田多，工价较省。约计每工盐田需洋六七百元之谱。并云：该处非遇洪水飓风，甚少淹灌。此顺道查勘榆林港之情形。"

郝继业的记载印证了《李准巡海记》所述可信。

《李准巡海记》还记载了他们在海南岛上围猎马鹿故事：

"旋亦觅得一能谙汉语之熟黎作舌人。据云：山中马鹿极多，以其大如马，可以代步，故以马鹿呼之。余极欲猎，苦无猎犬，熟黎曰：可以黎人代之。余即令此熟黎觅数人来带路，并驱马鹿。生黎手持一棍，举动如飞，其山中之木椿，坚如刀锥，履之过，如履平地。余率卫兵多人追随于后，乏极傍石而坐。稍事休息。正打火吸雪茄烟，群鹿自林奔出，大若牛马，余持枪击之，殪其一，倒地而起者再，卫兵捉之，其角大如碗，长约三尺，余开三四叉。倒地时跌损一角，血淋淋出，一卫兵以口承而吮之。嗣以五六人用大木杠抬之回船，权之重四百斤。去皮分食其肉，革则悬之船面，以风吹之。"

还有记述大鳄鱼爬上军舰来的惊险一幕：

"一日雨后，余正在船面高处坐而纳凉，忽见一黑色之物自海面向余船而来，昂首水面，嘴锐而长。余问曰：此何物也？国祥曰：此鳄鱼也，韩文公在潮作文驱之者，即此是也，语时鳄鱼已及船边，攀梯而上，余命梯口卫兵击之以枪，而卫兵反退后数步，不敢击。余速下夺枪击之，鳄血下坠，白腹朝天，距船已四五丈矣。即令水手放舢板往捞，水手以挠挑之，长约丈余，重不可起，恐其未死，不敢下手。再击二枪，反沉水底而不见踪迹矣。"

李准考察了榆林港和三亚湾，后来广东决定以此两港作为经营西沙群岛的根据地。此后经营西沙群岛的重心便从万州(今万宁) 移到崖州，崖州成为南海诸岛有力的后勤和军事保障基地。

李准后来在巡视西沙归来后拟定的西沙开发报告中说：“西沙各岛孤悬海外，既无淡水，又无粮食，轮船并无避风之所，必择一妥近之地，供资供应。”

报告还说海南岛崖州(今三亚) 所属榆林港和三亚湾与西沙群岛“相距仅150多海里，旦暮可达”，“山水环抱，形势天然，地土亦颇饶沃，实擅琼崖之胜”。

今天的榆林港建设和三亚旅游开发兴起热潮，证明李准他们百年前的设想，具有远见卓识。

四十二、鸣炮升旗伏波岛　巡阅至此刻碑铭

舰队在榆林港终于等到天气转好，李准率舰队驶出榆林港，日夜兼程，向南海深处西沙方向驶去。

天黑了，李准照例记日记：

“入夜，海浪汹涌，时现无数荧光，明灭不定，无比神奇。直进入造化神幻之境，令吾等叹绝。海浪中珊瑚礁颇多，玲珑百态，多半隐现于近岛海水里，海水清澈，姿态依稀可见，游鱼无数……白珊瑚居多，间或有红白灰三色相间之珊瑚。一日航行至小香炉岛附近，还见丹赤色珊瑚，半露海面约五尺许高，其丹赤之色艳美无比，堪称南海一奇景也。

“入夜，海天溟蒙，涛声起伏。吾久离广州，思念亲友，心思浩茫，难以入睡，出舱室而徘徊甲板之上，忽见海上跃起十数尾飞鱼，掉落于甲板上，犹腾跳不已，渐至气绝，飞鱼最大者长三尺有余，尖嘴长齿，鳍厚且宽，吾笑对起身陪同之戈什哈（满语高官护卫）梁丰曰：明日吾等又可享美味鱼肴，一饱口腹之欲矣。”

南海鱼的种类繁多，以石斑鱼最为名贵，其肉质细嫩，烹之鲜美无比。每到风平浪静之日，官兵拿出钓竿钓鱼，风波浪里也有诗情画意。

出榆林港不久，李准他们就高兴地看见，前方海平面上有一个像山峰样的黑影，好像是岛屿。结果他们白高兴一场，原来是一条巨大的鲸鱼。“忽见前面似一山形，若隐若见，国祥曰：此处向无山，必鲸鱼也，当绕道避之。余以千里镜窥之，见一黑影，横亘于水面，不甚高，同人争欲一睹为快，无何渐渐沉下矣。”

舰队继续前进，从风平浪静开始进入风高浪急的危险海域。

林国祥和吴敬荣沉着冷静，不断修正航向。

李准站在甲板上，举目望去，只见四周风高浪急，无边无岸。军舰在苍茫缥缈的海上，任波推浪涌。看不见航路，也看不见水下潜伏的暗礁。

“南海深处，暗礁甚多，对舰船显有危险，务必放缓航速，多加观察，遇险则当回舵后退，断然不可掉以轻心。”

“国祥敬荣经夜不睡，行于甲板上，监视舵工，其桅杆顶尚有一人持望远镜观察前面之岛，不敢一毫懈也。”

舰队航海总指挥林国祥和“伏波”号管带吴敬荣高度紧张，一直观察、监视、指挥着舵手，晚上也不敢睡，还派人爬到桅杆顶上，持望远镜观察前方。因为他们知道，这样老旧的木壳船远航暗礁极多的南海深处，冒了多大风险，一不注意撞上暗礁，就会船毁人亡！

果然，连与海打交道几十年的林国祥也着急起来——按照船速和海程计算，应该看得到岛屿了，可船舰却因马力小，已经被大风大浪打偏了航向。

“国祥曰：以船之速率及海程计之，此时应可见最近之岛，今不见，必有误。”

听林国祥一说，大家都提心吊胆起来。

突然，吴敬荣大喊：“快转舵，前面有暗礁，快！快！”

林国祥说：“好险！本船马力不足，被洋流冲偏了航道，此处暗礁极多，稍有不慎，就会船毁人亡。”

就在此时，桅杆顶上的观察员大声报告，声音惊喜：前面发现黑影！

大家终于舒了一口气。

李准急命调整航向，驶向该岛。

天亮了，前方海面出现一线白色浪花，悬空托起一抹低矮的墨绿。这是一座小小的海岛，像是浮在海面冉冉向“伏波”舰漂来。

从舰桥高处俯瞰，礁盘绵亘延长，望不到头，似在水下波动摇荡。日光之下，可见海底，许多红的白的珊瑚，有的甚至大如松柏，一群白色带鱼，穿插围绕于珊瑚树内。

林国祥指挥水兵放下大号平底扒艇，搀扶李准上岸。

李准手持木棍，从这块珊瑚石堆上跳到另一块上，石与石之间的距离有远有近，有高有低，大家跳来跳去，觉得十分有趣。

李准站在一块圆形大石之上，想要再往前跳时，突然这块石头自己向前行走起来！

李准惊叫：石头怎会自己走路啊？

吴敬荣一看，告诉李准，这哪是什么石头，是南海深处的千年大蛤，海中极品，每斤可卖千元哪！

李准侍卫长范连仲一听，笑：大人发财了！

说得众人都大笑起来。

大蛤是蛤蜊的一种，肉质鲜美无比，称为“天下第一鲜”“百味之冠”，沿海有“吃了蛤蜊肉，百味都失灵”之说。我们常在海鲜餐馆或烧烤摊上吃到，不过杯口大小。而这只大蛤能背一个人走，恐怕已经千年成精了。这可能是大砗磲，珊瑚礁上的一种蛤，多产于我国南海及太平洋和印度洋中，重可达300千克以上，是最大的贝类。两扇贝壳的闭合力量大得惊人，可以将船锚铁链夹断。

那时人们主要是吃其肉，壳常作婴儿浴盆，所以一斤才值千元。现在贝壳作为宝石做首饰，珍贵得很，恐怕已一斤万元不止了！砗磲又是一种中药，药用价值极高，有锁心、安神之效，用于凉血、降压、安神、定惊。还是佛家七宝之首（砗磲、水晶、银、玛瑙、珊瑚、琉璃、琥珀），砗磲可护身健体，延年益寿，佛教视其为驱魔避邪的神奇宝物。因它来自深海海域，或少部分因地壳造山运动浮出海面而鲜为人知，因此产量极少而显得非常珍贵。

《李准巡海记》记述了这些新奇有趣的细节。

“少顷，桅顶人报告，已见黑影，然在上游。国祥敬荣乃心定而直驶向该岛。十一点二十分下碇，锚链几为之尽。其处水清，日光之下，可见海底，多红白珊瑚，大如松柏之树。有一种白色带鱼，长约丈余，穿插围绕于珊瑚树内，旋转不已。饭后，余率诸人乘舢板登岸。国祥请余勿坐舢板，宜乘大号扒艇平底者，乃可登岸。余从之，果至最近岸之浅滩内，乘舢板者果不得入。此项扒艇，国祥于海口购七八只之多，余初以为无用，今乃知为得用也。

“余仍持木棍，离扒艇，践石堆超越以过。此石跳彼石，相距有远有近，有高有低，扒艇不能前，非此不能登彼岸也。余正站圆形之大石上，欲再跳，而相距稍远，恐坠水中，迟回者再，而所立之石动矣。余以为力重为之也，而此石已起行而前，余惊惧欲仆者屡矣，石行较近彼石，乃跳过焉。余惊问：石何能行？国祥敬荣同曰：此石乃海内大蛤也。其壳已生绿苔，不知若干年矣。”

来到礁盘浅处的潟湖里，发现一条长七八尺的大鱼。李准好奇地用木棍触拨鱼身，突然从鱼头上喷出一丈多高的水柱，把李准吓了一大跳！

李准问：难道这就是传说中的龙？

林国祥告诉李准，这是一条鲸鱼，小的，退潮时没有来得及出去，困在礁盘上了。

李准见鲸鱼在使劲挣扎，庞大的身躯，一半露在水面上，动弹不得，顿生怜悯之心，问林：能把它拖到海里去吗？

林说不用担心，等涨潮后它会趁势脱困，重新回到海里去。

“又见一鱼，其色黑而杂以红黄。国祥曰：此小鲸鱼也，亦长七八尺。潮水退不能出，困于此浅水滩耳。余以棍拨之，头上一孔，喷出之水，高可一丈。”

还有无数从没见过的红色小蟹，被突如其来的声音惊扰，狂奔飞跑。或瞬间又全都无影无踪，除了遍地空空的螺壳之外，海滩上了无痕迹，一切都归于沉寂，像有隐身术一般。

李准弯腰仔细观察，原来小蟹都钻进螺壳里躲了起来。有人将一只空螺壳拿起来，这时一只蟹跑过来，想躲进去，却找不到它的壳了，怎么办呢？这只蟹居然马上睡在沙上装死。

李准捡了一箩筐小蟹准备回去送人，这么稀奇古怪有趣的东西，别人肯定喜欢，不花钱就送了礼，太划算了。

“余急登岸。见沙地上红色蟹极多，与他蟹异，爪长而多，其行甚速。以棍击之，即逃入一螺壳中而不见。拾壳起，见其爪拳屈于壳内，了无痕迹。每蟹必有一壳，大不逾二寸。有一蟹之壳，先为人拾起，致无所归，即拳伏于沙上，如死者然。余以竹筐拾归者数百枚，分赠亲友，名之曰寄生蟹。”

李准带着人员开始在岛上巡视，命令测量、绘图等人各司其职，进行各种勘测工作。

这是李准巡视所登第一个岛，是西沙群岛东北面弧形礁盘上最南的一岛，渔民历来叫它四江岛，由海滩岩发育，呈椭圆形，土质亦为鸟粪土。

李准在岛上视察一圈。只见岛上生长着茂密的羊角树、抗风桐、海岸桐、银花树、草海桐、木麻黄等，还有成片的椰子树、结满果实的木瓜树。李准蹲下身抓起地上的沙土看，发现这些土呈深黑色，和东沙岛的一样。

林国祥告诉说：这里的泥土是由鸟粪堆积而成的，已有千百年了。

“此岛长不过六七里，行不过数钟，即环游一周矣。岛上无大树，有一种似草非草似木非木之植物，高约丈余，大可合抱，枝叶横张。避此林中，真清凉世界也。其地上沙土作深黑色，数千百年之雀粪积成之也。岛中无猛兽虫蛇，而禽鸟极多，多作灰黑色。大者昂头高与人齐，长嘴，见人不惧。以棍击之，有飞有不飞，其大者恒与人斗，不自卫，将啄人目。遥见大群之鸟，约千余百只，集沙滩上。”

王雪岑报告，舰队从榆林港加的淡水，到现在已不多了。李准赶紧命“工人持铲锄上岸，在各处掘地及泉，而求淡水。掘十余处，至二三丈，均不可得，其实非岛，乃一沙洲耳。西人亦谓之挨伦”。

李准他们惊奇地发现，一些椰树及珊瑚石上，有许多外文刻画的看不懂字样。还发现一间四围用珊瑚石砌成的石屋，屋顶盖着两片很大的蛤壳。

李准警惕起来——这个岛上有人先于他们来考察过，还刻字留下证据！

果然，渔民多年来关于英、德人在西沙群岛活动的各种传闻属实！

随行有德国人布朗士，被李准聘为黄埔军校的教师。李准命他上前仔细辨认，他告诉李准，这是德国人两次来此岛刻画的德文。

“其椰树及石上，多德人刻画之字，皆西历一千八百余年所书。德人布朗士以笔抄其文记之。又至一处，有石室一所，宽广八九尺，四围以珊瑚石砌成，上盖以极大蛤壳两片为之。余于此而休息焉。石上亦有刀刻之德文，盖千八五十年所书也。均有照片，改革后不知失于何处矣。”

李准急忙将这些惊人的发现拍下照片，留下证据资料。李准22岁还没有正式工作时，就赶潮流专程赴上海，购回刚发明不久，才传入中国的照相器材，这次又特地请了四名照相技术人员随行拍照。

他们找到英、德人多次考察的痕迹，但并没找到他们开发占有该岛的痕迹。看来英、德多次在南海诸岛活动，还在岛上建房子住了一段时间，但是考察测量完就走了。悄悄地来，又悄悄地去了，并没“侵占”“掠夺”。这似乎叫“站”，不叫“占”。其多次登岛的最终结果，是绘制出版了海图书籍。这么看来，当时英、德等外国人测量南海诸岛，并不是想侵占这些岛屿，我们至今也并未发现“英国侵略者掠夺大量南海资源”的史实资料记载。

英国海军力量世界最强，把测绘出版海图当做一种成就。英军不但测量了南海，还测量了黄海、东海等中国全部岛屿，之后并没侵占这些岛，而是回去后编制出版了《中国海总图》（又名《中国海指南》），向全世界明说这是中国的海图。其中关于南海诸岛明明白白地说：“各岛俱有海南岛渔民之足迹，以捕海参、介贝为活，颇多常年居留于此。”

其实百年前李准他们早已查明情况。1909年5月25日，《东方杂志》刊登的《记粤省勘办西沙群岛事》载：“风闻有外人在西沙岛经营，特电请张督派员查勘，当经粤督派员查明，该岛向无外国兵轮登岸测勘。”“粤省大吏前曾派委各员前往查勘粤东沿边各岛，是否有德日等国人民旅于其间，当经查得巴刺沙（指西沙群岛）诸岛并无洋人，只有中国渔人在各岛支搭篷寮，捕鱼为生，询诸渔人果有洋人在于诸岛否，皆答无有，只有某国之代表人，曾到各岛测量。”

1908年日本人掠夺东沙岛资源时，港英总督提醒广东，帮李准这边的忙去斗日本，夺回主权。在1918年和1933年，日本和法国又争南海诸岛时，港英总督又说“该岛领权属诸中国”。反倒是没有测量过的日本及法越殖民当局，在那期间和后来，甚至今天，都反复侵占过南海诸岛。这真像李准家乡四川话说的那样——叫的狗不咬人，不叫的狗偷脚咬人。

不知为何，现在很多学者、记者在发表的论文和报刊文章中，总是喜欢说英德“觊觎”“侵占”“仗着坚船利炮”“窜到南海”“非法测量”“掠夺大量资源”，却没见一个作者例举出“侵占”“掠夺”的史实记载资料？如果真的像专家说的那样“英帝国主义侵略者窜入南海掠夺大量资源”，李准他们不可能没有一点反应，那是严重失职。这种说法无意中冤枉了英、德，庇护了日本。若专家学者猜想，当时那些外国测量技术人员，带了一支红珊瑚回去做纪念，这倒有可能。

李准安排石木泥水匠，有的在珊瑚石上刻碑，有的忙着建屋，有的树旗杆。

珊瑚礁岩壁上的字刻好，林、吴、王异口同声地念道：“大清宣统元年广东水师提督李准巡阅至此！”

李准以“伏波”舰名，将这座最先发现的岛屿命名为“伏波岛”。

李准下令鸣炮升旗：愿我中华海军伏波斩浪，永固海疆！

大清黄龙旗在杉木旗杆上高高升起！

“伏波”舰、“琛航”舰、“广金”舰上，轰隆隆传来21响礼炮声！

水师官兵异口同声：臣当效仿伏波将军，赴汤蹈火，在所不辞！

李准又命人把带来的各种植物种子种植在岛上，同时又把山羊、水牛、鸡鸭等放进岛上的树林里。德国人布朗士很为这些牛羊的命运担心，他悲伤地说道：“这些可怜的牛羊啊，它们都将因为没有淡水而渴死，阿门！”

李准回应说：“无娘儿，天照应，但愿它们能活下去，阿弥陀佛。”

各岛放养、种植的动植物，近年在西沙群岛陆续被人们发现，仅东岛一处就有黄牛多群三百多头，还有黄羊、野狗、野猫、野鸡、野鸭等。

李准心情特别激动。以至于二十多年后在《李准巡海记》中还激动地说：**“余督工刻字珊瑚石上曰：大清光绪三十三年广东水师提督李某巡阅至此。勒石命名伏波岛。**以余乘‘伏波’先至其地，故以名之。又命木匠将制成木架建木屋于岛，以椰席盖之为壁，铺地，皆椰席也。竖高五丈余之白色桅杆于屋侧，**挂黄龙之国旗焉。此地从此即为中国之领土矣！”**

今日东岛的野黄牛群，还有野羊、野猫等

这里需要指出的是，经查清宫档案及各种原始资料，李准巡视是1909年即宣统元年的事情，而1933年《大公报》和《国闻周报》发表的《李准巡海记》里，误为“光绪三十三年”，不知是其年老记忆有误或记者编辑笔误？所以现在读者看到一些报刊文章上说“光绪三十三年”，系研究学者和记者不假思索跟着错来的，有的甚至在介绍李准1909年巡视西沙事件之后，又想当然加一次，说“其实李准早在1907年就已经巡视过一次西沙了”。这实在是以讹传讹。

李准在伏波岛升旗鸣炮，这是西沙群岛自古以来鸣响的第一声礼炮，升起的第一面国旗！也是我国官方对南海诸岛的第一次正式命名！

李准作为广东水师提督，其对西沙群岛进行巡视并勒石命名，是清政府的官方行为，是中国政府重申对西沙群岛领土主权的重要宣示和证明。

李准命名的伏波岛，外国书名杜林门埃伦。李准将此岛命名伏波岛，寄寓了中国军人希望南海诸岛从此伏波息浪，永属中华的美好愿望，又彰显了中国海军的军威，还让人从名字上一看，就知道这是中国的岛屿。

1935年，民国政府将伏波岛更名“都兰莽岛”，1947年又更名为“晋卿岛”至今。1974年在岛上掘到“宋圣元宝”宋钱等文物，证明中国人民在南海活动至少上千年。百年后的今天，这里再次成为吸引世界目光的聚焦点——晋卿岛填海造地，中国南海新战略堡垒浮出水面！

李准命名的伏波岛现名晋卿岛

2012年，国家海洋局同意海南省对晋卿岛综合补给基地码头项目用海进行审核，拟填海面积逾5000亩。2014年建设晋卿岛综合补给保障基地的基本构想曝光——根据“平战结合，军民融合”的原则，通过填海造地建设机场港口码头、海洋执法及渔业补给基地等基础设施，为南海资源开发提供补给加工、储备运输、应急救险避风、油气资源勘探开发等后勤保障服务。2015年永乐群岛综合执法救助中心、渔民定居点已经开工！

要知道，西沙第一大岛永兴岛也只有3000亩，而晋卿岛填海面积达到5000亩。而且它不像永兴岛是孤掌难鸣的孤岛，晋卿岛周围岛礁多，如李准这次命名的琛航岛、广金岛、珊瑚岛、甘泉岛等，这个集群优势比永兴岛强多了。

李准巡视南海首登的伏波岛，百年后的今天成为南海一艘不沉的航空母舰，真正起到伏波平浪、海疆永固的作用！

虽然伏波岛于1947年被更名为晋卿岛，但为了纪念伏波舰巡视西沙的历史功绩，同年在南沙命名了“伏波礁”。1983年，中国地名委员会受权公布南海诸岛部分标准地名：伏波礁、人骏滩、李准滩。

四十三、“琛航”“广金”海军梦　三舰南海百年证

各种稀奇古怪的事接踵而来，令他们目不暇接，看得眼花缭乱。

半夜时分，李准等人忽然听到水中有窸窸窣窣的声音，大家都觉得很奇怪。

“夜宿岛中，黄昏后听水中皙皙有声，国祥曰：此海中大龟将上岸下蛋也，从此不忧乏食矣。率众各将牛眼打灯，反光怀内，候于河上。”

都笑古代那个“守株待兔”者笨，而这群“守株待龟”的人却聪明极了。

月光下，只见波光粼粼的海水里，一路路海龟鱼贯而上，不可胜数。一个兵丁感到好奇，用灯光一照，这些海龟立刻把头缩回颈里，一动不动了。

大家都兴奋不已，跑过去用木棍插到大龟腹下，齐声吆喝，把大龟一个个掀翻过来，仰卧沙上。

“月下见大龟鱼贯而上，为数不可胜计。群以灯照之，龟即缩颈不动，水手以木棍插入龟腹之下，力掀之，即仰卧沙上，约二十只。国祥曰：可矣，足吾辈数百人三日之粮矣。国祥又引水手，持竹箩，在树下拨开积沙，有龟蛋无数，其色浅红，而圆大如拳，壳软而不硬，拾两大箩筐。归后，汤以开水，撕开一口，吸而食之，其味厥美。”

林国祥又带大家在树林下，拨开积沙，哇塞，堆堆龟蛋，大如拳头！

原来这些海龟是趁半夜无人，上岸到树林下产卵，还用沙掩护起来。

正当他们带来的好吃的东西没了，官兵们架起吊锅，烧开水煮龟蛋，然后以龟腹部甲板当餐桌，一群人坐在上面，饱餐一顿。

夜深了，李准照例记日记。看见被翻个底朝天的大龟四肢朝天，默默地躺在那里，顿生怜悯之心，就叫官兵把这些几百斤一个的大海龟，一个个又翻转过去。

累得不行的官兵刚坐下喘口气，谁知这些大龟不识好歹，呜咽嚎叫起来，吵得大家都睡不着觉。李准不得不再命人把大龟重新掀翻，仍然四脚朝天，大龟们反而规矩了，不再吵了。

“其仰卧之大龟，长约一丈，宽亦六七尺，各水手工人，以刀斧从事去壳，宰割其肉，各分一脔，色红如牛肉，其裙边厚二寸，每龟得二三十斤，其全数重量盖四五百斤也。尚留八只，不许宰割，即以生者抬于舢板或扒艇上，运之上船，以起重架起之，始得上。八龟已将官舱前面隙地占满，致水

手工人无休息食饭处，众即于龟腹上围坐而食，且于此斗牌焉。夜间余怜其仰卧，令人返仆之，夜深人静，群龟鸣如鸭，乒乓之声极厉，致同人不得睡，仍令水手反之仰卧，始无声焉。”

海龟比人的寿命还长，能活150岁。现在濒临灭绝，为国家二级保护动物，不得再捕食，我们再没有李准他们那样的口福了。

“国祥曰雀蛋更多，但不能如龟蛋之可口。黎明率同人于树下拾各种雀蛋，大小不等，有如鸡鸭卵，有大如饭碗长六七寸者，均作淡绿色。其极大者，有黑点无数，剖之多腥。而此极大之卵，如鸵鸟之蛋，壳坚如石，了不可破。后携至省垣，在大新街嘱刻象牙之匠人，开天窗，镌山水人物形，作陈列品。

李准一行在伏波岛上待了一天一夜，完成勘察、勘测、建屋、命名刻石、升旗鸣炮宣、示主权等各项工作后，于第二天中午告别伏波岛。

仅走了一千米就来到两个一大一小相对而出的“双胞胎”岛屿。

渔民称大的这个叫大三脚岛、灯岛，西名登近埃伦。岛西北角和东北角有渔民建立的小石庙两座，西北小庙中供奉的观音像，是明龙泉窑瓷器，可见明代已有渔民来此捕鱼。

另一个小的渔民叫它小三脚岛、掌岛，西名拔唔埃伦。两岛之间只有370米，沙嘴相连，低潮可涉水而过。在沙堤南侧也有小石庙两座，附近还发现了洪武年间的小平钱，背面有福字，也证明该岛自古属于中国。

为了彰显海军功绩和突出中国特色，李准又将这两个岛命名为“琛航岛”和“广金岛”。

李准以水师战舰命名伏波岛、琛航岛和广金岛，让首巡南海的“三艘战舰”全部锚在南海，铸成百年铁证。

这是中国海军曾经的骄傲!

相信今天的中国海军，不会就这样眼睁睁看着大部分南沙群岛被他国侵占开发，一定会维护好南海主权，不然上对不起列祖列宗，下对不起子子孙孙。

琛航岛植被茂密，镶嵌在耳廓状的环礁上，是西沙群岛航行条件最好的港口。“耳廓”西侧有一入口，犹如耳道，那是环礁上的口门，也是绝佳的航道，船只可以顺着口门进入潟湖，在那里靠岸登陆。琛航岛面积大，是西沙各个岛屿中重要的交通枢纽和中转站，所以后来一再被外国入侵者侵占。

李准在琛航岛、广金岛等宣示主权二十多年后，法国1932年从越南派兵登陆占领，后又被日军赶走法军后占领。直到抗日战争胜利，日本全面投降，中国政府派海军舰队予以接收。

四川华蓥山下的李准，巡视命名西沙群岛，一锤定音确立了南海主权，得到国际公认。70多年后，华蓥山下另一位伟人邓小平，参与谋划、决策和指挥，打赢西沙和南沙两场保卫战。两个华蓥山人在不同时代，一先一后对南海主权做出了影响百年的历史性贡献。笔者对此有专文《南海有个“邻水岛”——李准确立南海主权邓小平保卫南海主权》（见新浪网何正华博客），选入《纪念邓小平110周年文史资料集》等书刊。

1956年，南越出兵占领琛航岛等岛屿。

1974年1月15日，南越海军在中国政府的警告中又侵入西沙。南越总统阮文绍对其在西沙的军舰下达命令：收复越南领土琛航岛，若中共开火，要立即还击消灭他们。行动时间定在19日6时25分。

然而，这份绝密电报被南海舰队截获破译！

当时中国处于“文革”动乱后期，邓小平复出临危受命，正在重重困难下全力恢复几乎崩溃的国民经济。面对主权被侵犯的原则大事，中国最高层领导连夜召开紧急会议，毫不犹豫地决定：寸土必争，后发制人。毛泽东同意，由叶剑英、邓小平组成领导小组，到总参作战部亲自指挥南海舰队打这场西沙海战。

19日晨，南越海军10、16号舰由广金岛西北向中国巡逻艇接近，4、5号舰以40余人强登琛航、广金两岛，当即被中国守岛民兵击退。南越4舰又同时向中国舰艇编队发起攻击，经四个多小时激战，南越10号舰被击沉，驱逐舰4、5、16号被击伤逃跑。同日，南海舰队载运陆军四个步兵连，向被南越军队侵占的甘泉、珊瑚岛和金银三岛发起攻击，全歼登岛南越军。

琛航岛最高处，长眠着在西沙海战中牺牲的18位烈士，纪念碑顶上建起航标灯，指引着过往船只的前进方向。

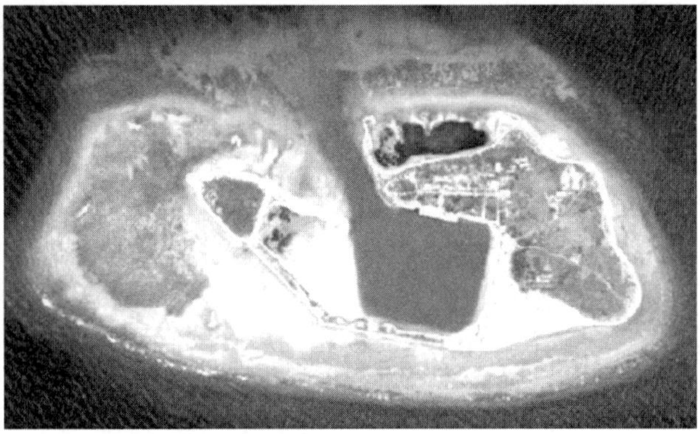

李准以军舰命名的姊妹岛——琛航岛和广金岛

这是新中国海军第一次海上反侵略作战，也是近代以来中华民族海军史上首次对外战争的完胜。经此一役，整个西沙群岛全部在我国掌控之中，至今四十多年无人再敢侵犯！

琛航岛上竖立着1974年西沙海战牺牲的解放军烈士碑

四十四、珊瑚岛上珊瑚多　甘泉岛上甘泉井

李准一行又登上广金岛旁边一岛，该岛呈椭圆形，渔民叫它圆岛，面积约0.3平方千米。

李准一行巡视一周后，仍命人分头行动。一些人勒石竖杆，准备悬挂国旗；一些人留放牛羊到树林里；一些人勘测考察；更多的人在各处掘地找淡水。在前面几个岛上都没有挖出淡水，船上的淡水已经没有了。如果再挖不出淡水来，这就是关系到生死存亡的大事了！

突然，侍卫长范连仲惊叫起来：有座庙！

果然，在沙堤内侧发现一处砖墙小庙，还发现唐、宋两代的居住遗址！

李准命令大家屋里屋外找，找前人遗留下来的宝贝。

不一会儿众人回来，都一副失望的样子。有水兵拍着手掌上的尘土，没好气地说：破铜烂铁和瓶瓶罐罐倒是不少，可惜不值钱。

李准一听大喜过望：那就是无价之宝！

众人赶紧又跑回去，变戏法似的捧回来许多破烂。

李准和王雪岑查看，竟是唐宋时期的铁锅和陶瓷残片！

一工匠欣赏着手中几枚宋代的铜币：这个拿回去还有点儿用，给幺儿做毽子踢起耍，还可以做金钱棍跳舞耍。

李准说：这是给娃儿耍的东西？这是南海主权铁证，无价之宝啊！

工匠跑来报告——挖出了淡水！

李准一尝，连叫甘泉也！

众人惊喜！早已经渴得急不可耐，争先恐后畅饮甘泉。

李准遂将此岛命名甘泉岛。

“工人之掘井者，少顷来报曰：已得淡水，食之甚甘。掘地不过丈余耳。余尝之，果甚甘美，即以此名曰甘泉岛。勒石竖桅，挂旗为纪念焉。”

甘泉岛西名罗拔埃伦，被李准命名为甘泉岛后，不知为何，1935年国民政府又将甘泉岛改回“罗伯特岛”；但1947年第三次命名时，又改回甘泉岛，延用至今。

现在到甘泉岛的游人，都要到甘泉井看一看，喝一口甘泉饮水思源，品味一下开拓南海诸岛的先贤们不朽的贡献。

1974年和1975年，在邓小平参与指挥的西沙保卫战完胜后，我国两次组织西沙考古，期间的大发现震惊世界！

在甘泉岛西北端沙堤内侧深一丈处发现了唐、宋两代居住遗址，西北部发现一处唐宋时期渔民建造的砖墙小庙，另有珊瑚石垒砌的小庙多达13座。出土了唐代青釉陶双耳罐、卷沿罐，宋代青白釉瓶、四系小罐、青釉碗、划花大碗、莲花纹大碗瓷器。还出土了铁刀、铁凿等生产工具，收集到唐代炊具铁锅残片，宋、明代铜币等遗物。

甘泉岛上海军品尝甘泉井水，品味海军维护主权的责任

2006年，甘泉岛成为第六批全国文物保护单位。

国家文物局水下文化遗产保护中心主任柴晓明在《海南日报》专访时说：“甘泉岛是西沙群岛中唯一有淡水井的岛屿，岛上文物的精美程度也许无法与大陆上那些恢宏的历史建筑相比，但故宫太和殿也绝无法替代甘泉岛兄弟庙、水井的历史价值。”

这些考古发现证明，最早利用岛上淡水的是唐代先民，使用这些器物的主人也是西沙群岛最早的居民，他们就是广东海南内地迁去的移民。这些人就是习主席所说的给我们留下南海诸岛历史依据的老祖宗。

吃水不忘挖井人，我们不能忘记给我们留下南海诸岛主权的老祖宗们。

李准一行又登上离甘泉岛最近的小岛。林国祥告诉李准，渔民叫它老粗岛，西名八道罗埃伦，濒临南海主航道。在甘泉岛东北2海里，渔民在岛西南角建有珊瑚石庙。这座岛最大的特点是珊瑚多，比前面的甘泉岛还多。

“又过对岸之岛，较小于甘泉岛，纵横不过八里耳。其珊瑚比前更多，**因名之曰珊瑚岛，亦勒石悬旗为纪念。**”

珊瑚岛上植被繁茂，鸟类众多，面积约0.31平方千米。珊瑚由珊瑚虫堆积而成，自古被视为富贵祥瑞之物，在东方佛典中列为七宝之一，清朝二品官上朝帽顶及朝珠由红珊瑚制成。红珊瑚现被列为国家一级保护动物。近年红珊瑚的药用价值和观赏价值受到热捧，顶级价格已破每克万元，远超黄金。

而李准他们在“日光之下可见海底，多红白珊瑚，大如松柏之树。有一种白色带鱼长约丈余，穿插围绕于珊瑚树内，旋转不已”。

“其红色珊瑚遍地皆是。其红者大逾一寸，白者更多。余曾拾得一大者，百数十枚结于一块，如一山形，以玻璃匣盛之，后于石瓜石杯，同陈列江南劝业会中。”

珊瑚岛上的“金沙庵”古石像，是我国渔民老祖宗开发西沙群岛的物证

李准的描述真是叫人心驰神往呀！

2015年5月，中央媒体的一则新闻，再次让李准命名的珊瑚岛引起世界关注！

“南海一号”沉船文物浮出水面——发现274件石构件，源于清代中期一艘远洋运输船，产自泉州，原本打算运往东南亚，用于寺庙建筑。

《海南日报》发表《柴晓明：珊瑚岛一号沉船遗址考古工作意义重大》一文，柴指出：“历史上的海上丝绸之路，最早要往南洋去，而三沙是必经之地。”在他眼中，“此次‘珊瑚岛一号'沉船遗址的考古工作收获较多，意义重大。它属于探究中西交流和海上丝绸之路的一个重要环节。过去的水下考古工作还没有如此大规模，这是第一次。从更大角度来讲，也可以从中看整个海上丝绸之路贸易，意味着我们的先人曾在此经营着这片海域。"

古代丝绸之路是国与国、人与人交往的结晶，从中国丝绸、茶叶、瓷器和四大发明，到西域香料、珠宝、医药、汗血马，连通的不只是商品贸易，更是东西方两大文明。

李准命名的珊瑚岛，百年后因发现"南海一号"沉船，浮出水面的实物印证了古代海上丝绸之路，而再次闻名于世！

2013年，我国领导人高屋建瓴提出，共建"丝绸之路经济带"和"21世纪海上丝绸之路"的重大倡议。2015年，国家发展改革委、外资部、商务部联合发布了《推动共建丝绸之路经济带和21世纪海上丝绸之路的愿景与行动》，得到60多个沿线国家和国际组织的响应。新"一带一路"超越国度，跨越时空，又将给沿线各国人民带来看得见、摸得着的实惠。

古老的海上丝绸之路，在西沙群岛海域，将重新焕发蓬勃生机。

四十五、确立主权世公认　邻水岛扬家乡名

李准在珊瑚岛刻石勒碑、升旗鸣炮后，又率"伏波"舰、"琛航"舰和"广金"舰，继续在周边小岛考察命名。

西沙群岛由东七岛和西八岛两群岛组成，西名莺非土来特群岛和库勒生特群岛，现名永乐群岛和宣德群岛。

李准巡视最先抵达西八岛之伏波岛，接着是挨得很近的琛航岛和广金岛，再是旁边的甘泉岛、珊瑚岛等。

巡视完西八岛后，第三天，李准率舰向东七岛驶去。

"第三日黎明又开行，约十余海里，而至一岛……"

当靠近这个大岛时，突然，舰塔上的瞭望兵惊奇地叫起来："快看，海龟叠罗汉啦！"

大家一看，岛上竟满是海龟，几百只一群，层层叠叠，互相攀依，如同在玩叠罗汉，其中一个龟塔高达十余米。

看着看着，大家突然"噢"的一声尖叫！原来最高的龟塔因堆得实在太高，轰然倒下。

一些海龟运气好，落下来时四脚着地，重又争先恐后地继续往上爬，再叠罗汉；另一些运气不好的，倒下来时四脚朝天，没办法翻身，只有在那里干着急，四脚朝天乱蹬。

舰塔上水兵又叫起来：看，那边又来了！

大家看去，果然又有一路海龟爬上岸，攀上岛礁中心，叠起罗汉来。远处清澈透明的浅滩海水里，更黑压压挤动着大小不一的海龟，一个个前赴后继，向岸上爬去。

大家兴奋极了，又看到一幕奇观！

突然，李准的望远镜里出现了一条船！

进入南海深处这几天以来，还从来没有遇到过船只。这是什么船？从哪里来的？深入到南海来干什么呢？

众人都十分惊讶疑惑！

李准再仔细观察，这是一艘渔船，停泊在这个岛的沙滩外面浅水里。

所有人都又惊又喜！

李准更是喜出望外！

在远离大陆数百海里，风高浪急，暗礁险滩密布的南海深处，能够碰到中国渔民，真是奇遇，更是我国渔民经营南海的活例！

更令李准他们惊讶的是，舰队做了那么多准备，远航至此已很艰难，而渔民所驾小小渔船难经风浪，且孤帆只影，孤军深入，淡水粮食皆不能多载，是什么动力让他们来此，又是何以做到的？

李准急忙命军舰靠岸，上沙滩查看。

果然是一艘中国渔船，渔船旁边有四个渔民。再看海滩浅水处，有小树枝插入水内围成一个大圈。

李准好奇地上前观看，只见圈内水里有很多玳瑁和大龟爬动，却出来不得。

李准询问年长之渔人何处人？

老船把头回答：陵水人。

李准家乡来的侍卫长范连仲一听，又惊又喜：邻水人？竟是我们四川家乡人！

李准哈哈一笑：此为海南崖属之陵水，非我们四川华蓥山之邻水也。

林国祥说：西沙群岛行政上就归陵水管辖。

李准自著记载了他们在西沙发现四个渔民的情形，具有重要的史实价值和历史意义——这就是给我们留下南海主权的老祖宗！这也是中国政府高官首次记载在南海亲眼目睹渔民的资料，是南海主权自古以来就属于中国最直接的证据！

“登岸后见有渔船一艘于此，取玳瑁大龟，蓄养于海边浅水处，以小树枝插水内围之，而不能去。余询其渔人何处人。据言为文昌陵水之人，年年均到此处趁天清气朗，乘好风，即来此取玳瑁，海参，海带以归。”

李准赶紧做调研：如此之小船，能盛多少淡水粮食？敢冒险来此谋生计？

船把头说：吃这碗饭的，为了生活，年年岁岁来，祖祖辈辈来。

老渔民告诉李准，他们在近海捕捞，需两个月才能满舱，而来此潟湖，几天就能钵满缸满，回去好卖个大价钱！

他们水和食物都无法多带，就靠山吃山，靠水吃水，主要是吃龟蛋雀肉，鱼虾等，口干则喝椰子汁。至于风浪危险，则全凭他们世代在这片海域“讨生活”，积累的丰富的水文气象经验而避险，有祖传的《更路簿》手抄本作指针。

“余询以尔船能盛淡水粮食若干，敢冒此险乎？渔人曰：我等四五人，食物有限，水亦不能多带，食则龟肉，龟蛋，雀蛋，雀肉，鱼，虾之属，饮则此岛多椰子树，不致渴死。”

李准告诉渔民，前方有甘泉岛，我们打好了井，你们就不愁无淡水了。

年长者惊喜至极，对同行三年轻人说：吃水不忘挖井人。回去告诉大家，都来甘泉岛添淡水。

“余告以前方有甘泉之岛，如往彼处，不忧无淡水也。余视其船内，以石灰腌大乌参及刺参一舱，皆甚小者。”

船把头带李准一行人看舱里，全是苏眉鱼、石斑鱼、金枪鱼、章鱼，还有一舱是龙虾、贝类和大梅花参，都是名贵品种。把李准等人看得眼花缭乱，馋涎欲滴！

我们都吃过海参，在海鲜餐厅也见过活海参，一条小黄瓜已属最大的。可是李准他们在这里，亲眼目睹了一只大海参，说来简直不敢相信！

“余问以海边之大乌参，有大逾一丈几尺者，何不腌之？渔人曰：内地不消此大者，因引余视海边之浅水内有一大乌参，长丈余，色黑如死猪然。余以棍挑之，其肉如腐者，脱去一块，皮虽甚黑，而肉极白，但无血耳。不少动，以为其死也。一工人以十字锹锄之，又脱一大块，而此参乃稍行而前，真凉血动物也。”

海参竟长到一丈，大到像猪！这怕要超过现在的吉尼斯纪录之最吧？

访问了渔民，了解了情况，李准率林国祥、吴敬荣、王雪岑等人上岸登岛。

林国祥告诉李准，这个岛是西沙群岛中的大岛，渔民俗称为“猫岛”，古时渔民带猫上岛繁殖以避鼠，西名唔地埃伦。

林国祥、吴敬荣和王雪岑提议，以大帅家乡命名本岛。

侍卫长范连仲立即拥护：要得、要得，我们家乡在四川邻水，就叫邻水岛！

大家异口同声赞同：好，就叫邻水岛！

这次命名有一个原则，就是原来那些外国名字统统不要，全部要用我们中国自己的名字命名，故除了以军舰和物产命名外，主要就是以参加巡视的官员之籍贯命名。此前张人骏派林国祥、吴敬荣和王雪岑他们初探时，就初步探知西沙群岛中有两个大岛，其他的都是小岛。两个大岛当然非李准和张人骏莫属了，如给其他人，林国祥、吴敬荣、王雪岑等，谁敢接受呢？除这两个大岛以提督和总督籍贯命名外，其他九座小岛还以随行九位官员之家乡命了名，均刻石勒碑、鸣炮升旗。

李准下令：刻石勒碑、鸣炮升旗！

黄龙国旗在高高的杉杆上升起，“伏波”舰、“琛航”舰、“广金”舰上，轰隆隆传来21响礼炮声，余音不绝！

李准张开双臂，像要将大好河山尽揽怀中：南海诸岛从此永属我中华，万代永传！喊声在岛上回荡，惊起飞鸟片片，在万里晴空上翩翩翱翔。

“第三日黎明又开行，约十余海里，而至一岛……岛上情形与各岛相同。游览既周，名之曰邻水岛，勒石竖旗，而往他岛。”

这是从西八岛去东七岛遇到的第一个岛，李准将它命名为邻水岛。现场命名回来后，设在广东省咨议局内的“筹办西沙岛事务处”，又将它拟名为“林岛”报朝廷；1935年，国民政府将它命名为“茂林岛”；1946年美国军舰驱逐日军后，次年民国海军以美国送给中国的驱逐舰“永兴”号，赴南海接收西沙群岛，而命名为“永兴岛”至今。

岛呈椭圆形，东西长约1950米，南北宽约1350米，平均海拔5米，是西沙最大的岛屿，原为南海诸岛中最大岛，现南沙部分岛礁填海扩岛后，退位于第四大岛。2012年国务院批准设三沙市，永兴岛成为西沙、南沙、中沙三个群岛的军事政治文化中心，三沙市政府和众多上级派出机构、市级单位驻地。三沙市地名碑上镌刻了李准巡视西沙的历史功绩。

空中俯瞰永兴岛即李准命名之邻水岛，今为三沙市政府所在地

2014年，永兴岛石岛路与机场之间的礁盘填海造陆后，面积由2.13平方千米扩大到2.6平方千米。2015年，三沙市永兴码头配套设施主体工程竣工。岛上现有西沙海洋博物馆、西沙将军林、收复西沙纪念碑、西沙军史馆、西沙图书馆等。

如今守岛部队在岛上部署了导弹，要让永兴岛成为保卫南海不沉的航空母舰。

总督张人骏为直隶丰润人，因年老未能亲往，但身为两广最高行政长官，对此次大事亲自筹谋、审批、拨款，自然要选一个大岛，以其家乡命名了。李准说：“尚有一岛距离较远，约六十余海里，其岛长二三十里，向名曰林肯，改名为丰润岛，以安帅（张人骏字安圃）主持大事也。”

丰润岛渔民叫猫兴岛，外国出版的海图志书称“林康岛”，李准说“林肯”系音译差异。该岛长约2.4千米，面积约1.7平方千米，是西沙第二大岛。那时李准他们对面积的大小只是凭印象估，误以为“长二三十里”，所以他说“最大”。

后广东西沙筹办处将“丰润岛”拟名为“东岛”，因位于西沙群岛东侧，故名；1935年民国政府又将它恢复成“林康岛”，真不知为啥舍不得丢弃这些外国名。1947年，该岛再改为“和五岛”，以纪念16世纪在菲律宾反抗西班牙殖民者的起义领袖潘和五；1983年中国政府公布该岛名称为“东岛”至今。

丰润岛上遍布南国特有的树种抗风桐和羊角树，绿化覆盖率达95%以

国家投资184万元维修永兴岛上史迹——日本法国侵略罪证炮楼，成为爱国教育基地和旅游景点。

上，以海鸟众多而闻名于世，素有“鸟岛”之称，现有白鲣鸟和白鹭、金雕、海鹤等40多种鸟类约10万只繁衍生息，还惊现野生黄牛，有十四五群300多头，山羊也时有出没，还有野猫野狗、野鸡野鸭等。岛上建有停机坪、导航台、码头、楼房等永久性实施，由海军守备队官兵驻守。

《李准巡海记》载：“而往他岛，均皆命名勒石，有名曰**霍丘岛**者，以余妹倩裴岱云太守为霍丘人也；有名**归安岛**者，以丁少苏太守为归安人也；有名为**乌程岛**者，以沈季文大令为乌程人也；有名曰**宁波岛**者，以李子川观察为宁波人也；有名为**新会岛**者，以林瑞嘉分统国祥为新会人也；有名为**华阳岛**者，以王叔武为华阳人也；有名曰**阳湖岛**者，以刘子怡大令为阳湖人也；有名为**休宁岛**者，以吴荩臣游戎敬荣为休宁人也；有名为**番禺岛**者，以汪益元大令为番禺人也。”

至此，李准巡视西沙命名岛屿**16座**，其中以军舰命名3个，物产命名2个，以11位官员家乡命名11个，共16座岛屿。

此前无论官方还是学者或是媒体，众口一词都说李准“**巡视命名岛屿15座**”，本书第一次提出“**16座**”。

这就出来一个疑问——为何所有人都异口同声说15个呢？其实问题很简单，都少说了个“广金岛”；又为何都会漏说这个广金岛呢？因为大家都少说了那艘“广金”舰。

再出来一个疑问——为何几十年来专家学者都把“广金”舰搞丢了？

笔者开始也百思而不得其解，为何会像笑话中说的农村老婆婆，三个鸡娃数一早上，最后还是错了？笔者反复考证才发现，错误可能源于1933年《国闻周报》发表的《李准巡海记》，如今可见的只有这个版本。李准在此文中说，“乘‘伏波’‘琛航’两舰”，说掉了“广金”舰，自然没了“广金岛”；李准在此还误说，“以为从此我之海图，又增入此**西沙十四岛也**”。

其实，文中列举的岛名就有15个，如今再加上这个“广金岛”，不就是

16岛吗？

文章还错说“余督工刻字珊瑚石上曰：‘**大清光绪三十三年**广东水师提督李某巡阅至此’，勒石命名伏波岛”。

其实李准巡视西沙是宣统元年即1909年，而不是光绪三十三年（1907）；李准同年代的自著《任庵自编自谱》就明确地在“宣统元年”中记载其巡视西沙一事。

为什么李准会记错呢？由于二十多年前巡视所记原始资料在辛亥革命动乱中丢失了，加上李准1933年时贫病交加，已是生命最后一段（三年后去世），记忆难免出现一些小误。

时有记者在《李准巡海记》加了《前序》，可帮助我们推考当时的前因后果：“近因法占南海九小岛，引起国际纠纷，粤省电中央，认为九岛为我最南领土，前清时曾派广东水师提督李准至该岛调查，并鸣炮升旗云。李直绳先生亲来本社，与记者谈此事。谓彼于清光绪三十三年四月间（西历一九〇七年五月间），奉两广总督张人骏之命，巡阅南海，发现十四个岛，各为勒石命名悬旗纪念。缘是年春，李氏先巡海至东沙岛，见悬有日旗，经交涉收回，因思中国领海中恐尚有荒弃之地，乃更有南巡之举。有《巡海纪事》一册。此外并有测绘之图，在辛亥革命时遗失。惟海陆军部及军机处尚有存案可稽也……今当海疆多事，此记之价值乃显。《大公报》近曾刊露李氏笔记之一部分，兹并关于东沙岛者一并刊露之，洵珍贵史料也。”

但该序中“光绪三十三年”实为“宣统元年”之误。中国国家图书馆藏1928年广东实业厅编《西沙岛成案汇编》载：李准“分乘‘伏波’、‘琛航’、‘广金’三兵轮。由宣统元年四月初一日（5月19日）由省起行，是月二十二日（6月9日）回省”。

李准在西沙巡视命名回来后，西沙岛筹办处司道于详报督署拟议办法八条之后，复行拟定西沙东西各岛名称。折呈督署，经批定如拟标题。当时本拟将岛名及发现年月缘起刻碑竖立各岛，自筹办处裁撤，事亦中止。所有各岛西名及各岛命名意义，原折俱有记载如下：

东七岛　西总名莺非土来特群岛

树岛　西名托里埃伦（译音埃伦即“岛”字、托里即“树”字。）

北岛　西名挪司埃伦

中岛　西名密都而埃伦

南岛　西名哨石埃伦

林岛　西名唔地埃伦

石岛　西名乐忌埃伦

东岛　西名林康埃伦（按：林康是西人姓名，故改为东岛，以此岛在各岛之东）

西八岛　西总名库勒生特群岛

珊瑚岛　西名八道罗埃伦

甘泉岛　西名罗拔埃伦

金银岛　西名莫泥埃伦

南极岛　西名土莱堂埃伦

琛航岛　西名登近埃伦

广金岛　西名拔唔埃伦

伏波岛　西名杜林门埃伦

天文岛　西名阿卜苏未绳埃伦

以上谨拟各岛名，“珊瑚”“金银”以出产言，“甘泉”以其地所有言，“南极”以其方位言，“天文”就其地测量言，“琛航”等以该船初到其地言。是否可用，统候钧裁核定，即将原呈发下，以便标题，再行续呈。

现存极少发现关于李准巡视西沙行动的第一手资料。只可见宣统二年第七期《地学杂志》刊过一篇《粤东查勘西沙岛小记》：“西沙之罗弼岛，系鹅卵形，长约三里，高出海面三十尺。中有清水井一，矮林甚密，多礁石环绕。西北方有毕杜劳岛，岛上有大椰树一株，可为指引路途之记号，下有济水井一，岛之南有沙滩可登岸。又登近岛，即现改名之魔壳岛也，该岛分东西二岛，东岛稍大，高十三尺，其南有大椰树一株，旁有井。西岛亦有大椰树一株，岛高十尺。又本岛现改名琛航，西沙以此岛为最大，长约三里许，岸边多沙滩，有渔船停泊该处。群岛十余处，以东北三岛为稍大，西南亦有一岛，均可开作商埠。惟四岛间之无礁石阻碍，可以畅行轮船者，仅得二处，此外并无可行驶轮船之岛，且岛屿面积甚小，不宜开埠，因暂将东面一二岛经营开埠事务，其余则一律兴办种植实业，渔业盐田。”

从短文的内容和行文的口气来看，作者疑为亲自参加了巡视西沙的人员，因此十分珍贵。文中记载之“罗弼岛”，就是李准记载之“甘泉岛”，西名“罗拔埃伦”或“罗伯特岛”；“毕杜劳岛”就是珊瑚岛，“魔壳岛”就是琛航和广金二岛。而文中所说“又本岛现改名琛航，西沙以此岛为最大”，显然是将邻水岛张冠李戴了，琛航岛、广金岛是最小的岛，而他说这个岛“**长约三里许，岸边多沙滩，有渔船停泊该处**”，与李准所记“邻水岛” 相同；其又说“以东北三岛为稍大”，“**因暂将东面一二岛经营开埠事务**”，正是东七岛之两个最大岛——邻水岛和丰润岛。作者又说“**西南亦有一岛，均可开作商埠**”，还真属远见卓识——百年后的今天，国家正在对西八岛之伏波岛（现晋卿岛），实施填海造地开发商埠的巨大工程。

在李准这次代表中国政府正式巡视命名西沙群岛之前，南海诸岛早已有海南渔民在长期航行捕鱼的生产实践中，给各岛礁取的“琼人俗名”，但是却没有中国官方命名的“学名”。而后来英国等测绘出版之中国海图中，多以外国的人名和船名命名，或音译“海南渔民”的称号，在各国书籍海图上，中国的岛礁几乎都是外国名字。

李准这次命名，不仅开了中国官方命名之先河，更有意义的是，他将此前的外国岛名全部抛进大海里去了，16座岛名全部用中国名字。这样的岛名，还有渔民用口语方言命名的岛名，都具有中国特色，从地名学的角度就能证明南海诸岛是中国领土。

这本是中国人都应该感到可喜的事情。可令我们不能理解的是，1935年和1947年中华民国政府两次命名公布南海诸岛名称，却将李准命名这些中国名字的岛屿，大多数又改回译写英文外来地名去了。如1935年中国第二次公布南海诸岛名称时，将“伏波岛”改成“都兰荞岛”，李准以总督张人骏家乡命名的“丰润岛”，也改回“林康岛”，“甘泉岛”改名“罗伯特岛”，“琛航岛”改名“坚岛”。真是叫中国人莫名其妙!

这种命名方式开了一个恶劣的先例——中国南海区域内一个个岛礁的名字，大都是外国人命名的，我们只是翻译过来。这样的地名有损中国人的尊严，违反了“名从主人”的地名原则，忽视了李准代表中国政府的首次命名，忽视了历史上我国古代典籍中和我国海南渔民习用的地名。

1983年4月，中国政府公布了《我国南海诸岛部分标准地名》，这第四次命名，沿用了李准命名的甘泉岛、珊瑚岛、琛航岛和广金岛四个岛名，但却继续保留了大部分音译和意译的外来地名，错失了彻底清除外来地名的机会。

看来，在党的十八大关于“**坚决维护国家海洋权益，建设海洋强国**”战略、在习主席关于“**南海诸岛自古以来就是中国的**”表态之当下，将错失的机会找回来，有必要也是时候了——对中国南海岛礁进行一次完全具有中国特色的重新命名。

2013年8月23日，《新华每日电讯》发文指出：“1909年，两广总督张人骏派广东水师提督李准率领海军官兵170多人前往西沙群岛勘探测量，绘制地图，共查明岛屿15座，一一命名，公告中外。**这是中国政府第一次审定和宣布南海诸岛的官方地名，是中国人自己用汉语命名，与外国无关。**珊瑚岛、甘泉岛、琛航岛就是那次命名的岛屿，这3个名字沿用至今。”

这是中央媒体从20世纪50年代以来，第N次肯定李准巡视命名西沙的历史意义。

笔者要顺便指出这段话的两个错误：不是“共查明岛屿15座”，而是16座；也不是只有“珊瑚岛、甘泉岛、琛航岛就是那次命名的岛屿，这3个名字沿用至今”，还有一个“广金岛”也至今沿用。

四十六、国家命名李准滩　南海维权第一人

李准一行命名完西沙16岛，每岛均刻石勒碑、升旗鸣炮。出发前确定的任务全面完成，煤和水也要用完了，“伏波”舰和“琛航”舰机器也要出问题了。

李准一挥手，下令返航。

“伏波”舰、“琛航”舰和“广金”舰一字排开，在深蓝色的大海上返航。

林国祥和吴敬荣小心翼翼地指挥航行。

宣统元年四月初一日（即1909年5月19日），李准率“伏波”“琛航”“广金”三军舰，随行177人，另有原舰官兵70余人，由广州起行，经海口、三亚榆林港，至西沙群岛，巡视、勘察、命名共计16岛；四月二十二日（即公历6月9日），经由香港回到广州，历时22天。

“以天色骤变，不敢再为流连，恐煤完水尽，风起不得归也。四月二十三日鼓浪而行，历四十八小时而抵香港，次日即回省。盖出门已将一月矣。”（《李准巡海记》）

“始趁好天气径向香港驶回。沿海皆暗礁，危险万分。且‘伏波’、‘琛航’二船与余齐年，朽腐堪虑，若非林、吴二君之老于驾驶，精细谨慎，则恐无生还之望矣。”（《自谱》）

“此次之探险，以极旧行不过十海里之船，数百人之生命，付与林瑞嘉之手，实乃天幸，非尽人力可致也。”

李准舰队可谓历经九死一生，终于平安回到广州。

国家大功告成，个人功成名就，真乃"天佑大德"也!

李准一回到广州，就"将经过情形一一为安帅述之。安帅惊喜欲狂，以为从此我之海图，又增入此西沙十四岛也"。（安帅，即两广总督张人骏，号安圃。）

接着，李准在广州举办了一场展览，展示这次巡视所得照片和西沙奇珍异宝。官商士绅同事部下参观者络绎不绝，李准亲自担任解说。

"所拾得奇异各物，陈列于厅肆中。同寅中及士绅争来面询，余口讲指划，疲于奔命。"

这次展示活动，被学者称为近代中国国民海防教育的一次重要活动。

"所历各岛，皆令海军测绘生绘之成图，呈于海陆军部及军机处存案。"

中国有了第一份南海官方海图。

22天惊涛骇浪之中，李准不是在海上就是在岛上，日夜操劳，感染暑湿太重太久，回来即大病一场。

1909年7月12日《香港华字日报》，以《李水提之生疮》为题报道："因而下髖臂间生一恶疮，痛苦异常，中西各药不能止痛，后以北京独角莲膏敷之，其痛立止。"

百年来关于李准巡视西沙的研究文献和介绍文章，各种说法不一，多有谬误。在此特将李准仅存的几种记载原文收录，供读者了解李准巡海的第一手资料和真正的原始情况。《李准巡海记》记载最详，已在前面分段引用，不再赘述。

《自述》："又有西沙岛，距琼二百程。中有洲十四，版图无主名。余率两舰至（笔者注应为三舰），并带测绘生。各种匠人齐，小工百余人。牲畜多称是，籽种备耕耘。粮食多丰足，淡水惜如金。先至榆林港，天然好港形。惜乎局面小，不可多停轮。在此观天象，西南风好行。更观三亚港，产盐美不胜。再入黎人峒，人民尽狓猺。不衣亦不履，生熟食不均。齿颊黑如漆，周身毛森森。椰林广场下，跳舞结成婚。性情多质实，真乃上古民。畴昔剿黎匪，都缘被欺凌。方铤而走险，以图一逞能。传谕巡防队，不有剿匪名。启碇方出口，远见有山形。甲板查海图，此岛无先闻。此必鲨鱼见，绕道远一程。旋即见隐没，鼓浪直前行。次早到一岛，大约数里坪。此中无猛兽，海鸟结成群。大者与人齐，腥膻气难闻。恒多与人斗，木棍随手擎。大龟多如鲫，重者六百斤。捕之诚易易，照以牛眼灯。夜间闻水响，结队上沙尘。只须灯一眼，缩头不动身。翻之腹朝上，任人宰割频。红白珊瑚树，漂泊海之滨。更有物如橘，紫色兼黛青。间以珍珠点，薄如纸一层。开花蔚蓝色，其味膻而腥。闻之似植物，质乃同石磷。似此珍异物，皆目所本经。小工掘逾丈，甘泉总难寻。又移至他岛，与此同情形。再寻至三岛，大小可同论。且有鱼船二，捕玳瑁海参。此岛有淡水，即以甘泉名。再寻十一岛，大小不相伦。最大曰林肯，华里四十程。各岛多椰树，累若串珠形。高逾数十丈，采椰作点心。汁甘解热渴，各自以口承。岛中纵牲畜，令其孳生。在此十余日，启碇必及晨。绝岛漂流记，几作鲁滨逊。海图测绘竟，汇缄送神京（余笔记中有《西沙群岛记》，恕不再注）。”

《自谱》：“查广东之西尚有西沙十五岛，距香港约四百海里，距琼州之榆林港约一百二十海里。经吴敬荣、林国祥、王仁棠先会同粤海关船员往探，当会商安帅亲往探明，绘成海图，以便呈京师、海陆军部、内阁立案。免又如东沙岛之覆辙，待有外人占据始为交涉为失计。安帅极然某说。当调集‘伏波’、‘琛航’两旧兵舰（笔者注：此处遗漏“广金”舰）分载前往。

同行有宁波李子川观察哲俊、归安丁少荪太守乃澄、霍邱裴岱云太守祖泽、华阳王叔武太守文焘、武进刘子怡大令、番禺汪道元直刺宗珠诸君，又有德人布斯域士，无线电工程师丹人那森同往。余带卫兵一排，以学生范连仲率之。木、石、铁、缝、漆匠若干人，小工百人，测绘生若干人，牲畜、食料极多，淡水、煤炭亦足敷一月之用。以林国祥任驾驶之责，吴敬荣、刘义宽二人分带两船，王仁棠赞助之。

三月初起行。先至琼州海口，买土式小扒艇十只，及添柴米鱼菜之属。四月初一日抵榆林港，添淡水，以天色不佳未能放洋，往距榆林港十余里之三亚港观盐田。又往黎山内地观黎人居处风俗，均另有记载于《粤东从政录》中。

在此候天色约六日，始放洋察视各岛，与东沙岛情形相同，并无高山，不过海中之沙洲而已，大小不一。极大者亦不过三四十里，小者数里而已。**每岛均命名刊字于珊瑚石上，建临时椰子树屋及桅杆于岛上，悬黄龙旗以为标记。**

历二十日，始趁好天气径向香港驶回。沿海皆暗礁，危险万分。且‘伏波’、‘琛航’二船与余齐年，朽腐堪虞，若非林、吴二君之老于驾驶，精细谨慎，则恐无生还之望矣。

回省后，将在各岛采取奇异之物为世人所不经见者若干，呈于安帅及分赠同僚以作纪念（详记《粤东从政录》中之西沙岛一则）。以‘伏波’、‘琛航’二船朽坏不堪驾驶，招商变价以为水师公所建无线电台之用。”

李准对巡视西沙，及逼退英舰队收回西江缉捕权、扣押日本军火船、驱逐日本人收复东沙岛、广东起义等清末民初的重大历史事件，分别撰写了专稿专书，所以在这三种资料中就没更多详述。可惜那些专门书稿，还有巡视每天记的日记、拍摄的照片等珍贵资料，都在辛亥革命动乱中遗失，至今未见现身，令人扼腕叹息。

1909年六月十八日，总督张人骏就李准巡视的情况给朝廷奏报：

“窃粤疆滨临南海。大洋中，洲岛甚多。只因险远难通，遂致终古荒废。而外人之觊觎者，转不惮穷幽涉险，经营而垦辟之。**东沙岛之近事，其明证也。查日人占据东沙岛，经臣与日本领事据理力争，彼已认为中国属土。刻正派员前往会勘，不久即可将该岛收回。**

“兹又查有西沙岛者，在崖州属榆林港附近，**先经饬据副将吴敬荣等，勘得该岛共十五处，内分西八岛，东七岛。**其地居琼崖东南，适当欧洲来华之要冲，为南洋第一重门户。若任其荒而不治，非惟地利之弃甚为可惜，亦非所以重领土而保海权。爰派藩运两司，暨现调广东高雷阳道王秉恩、补用道李哲俊，会同开办该岛事宜，妥为筹划。一面移商署水师提督臣李准督派兵轮，由该道李哲俊带同文武员弁等，前往复勘情形。兹据分别勘明，将各岛逐一命名，以便书碑，并绘具总分图呈核前来。

“查西沙十五岛，大小远近不一，距崖属之榆林、三亚两港，仅一百五十余海里。岛产则有矿砂，为多年动物所积成，可作肥料之用。化而验之，内含磷质。此项销用颇广，日人之在东沙岛，即因此致获厚利。而西沙岛产砂尤富。若一律开采，实足以浚厥利源。且粤人工作于外洋者，勤遭他族之欺凌，欲归由苦无生计。该岛开辟以后，需用工役必多，招徕而安集之，尤为殖民之善策。

“惟各岛孤悬海外，淡水与人物均为难得，即轮船亦无避风处所，必须就近择地，藉资接应。幸与榆、亚海港均近，拟即在岛内设厂，先从采砂入手，派员驻于该处，经理其事。并聘西人之精于化学者，随时化验磷质等物。而于榆、亚委员设局，以为根据之地。一面派轮船往来转运，俾得接济一切。俟东沙收回后，亦即一并筹办。

“至榆（榆林）、亚（三亚）山水环抱，形势天然，地土亦颇饶沃，实据琼崖之胜。物产则盐为最富。如将该处沙滩尽筑盐田，其利甚大。崖州各属之森林，尤极繁盛，林业亦可以振兴。诚于该两港次第设施，收林木鱼盐之利，为通商惠工之谋，他年琼岛一隅，当可蔚然生色。此又与办理东西沙岛连类筹及者也。臣惟西岛之开办，既以杜外患，而固吾圉，亦可以裕国用，而厚民生。今以一再勘明，自应及时区划。其大要：如两港设局，各岛设厂，船舶之经费，饮食之储备，员司工役之薪费，当此创始之初，各款尚难预算。已由臣行令盐运司、善后局暂行酌拨银两，以资兴办。惟南海一带夏秋飓风无定，轮舟未便驶行，且现未修建厂房，无可栖止。拟俟八月后，再派员前往经理。

“臣去粤在即，一切未尽之事，不及统筹。应由新任督臣，谕饬该司道等，随时禀商核办。所有派员筹办东西沙各岛大概情形，理合恭摺具陈，伏乞皇上圣鉴训示，谨奏。”

可惜后来张人骏调离广东，其所设想之事未立即办理。

笔者最近惊奇地发现两篇民国时期关于巡视西沙岛的手稿合订本。令人十分惊讶的是，第一次读来就似曾相识，里面关于巡视西沙的记载十分眼熟。关于永兴岛的记载，竟与李准关于邻水岛的记载高度相似，特别是作者在永兴岛的所见所闻，与李准在邻水岛的见闻大同小异。

前后这两篇文章，一是描述对象都是同一个岛，故内容相同；二是也同为手稿，李准用的是行书，而后者用的是楷书；三是李准是海军长官，这位作者也是海军军官；四是其行动都是代表政府巡视西沙登岛而命名；五是李准写巡海记是因法国殖民者从越南出兵侵占南沙，意在以亲身经历证明南海诸岛是中国的，作者也因法国又出兵侵占珊瑚岛，而动笔撰写此稿。

稿纸上有“孝感龙氏藏”字样，不知是手书者系孝感龙姓人氏，还是手书者写给孝感龙氏藏的，从行文上看应是巡视永兴岛的本人亲笔写的。一篇标题为《西沙岛小志》，一篇则没有标题，是记叙巡视命名永兴岛的日记叙事散文，内容是1946年中国海军接收西沙群岛命名永兴岛的过程。

1935年至1939年，日本军舰将西沙和南沙群岛全部侵占，改为“新南群岛”，划归台湾日本殖民地总督管辖。“二战”胜利前夕，中、美、英三国首脑签署《开罗宣言》规定：“三国之宗旨，在使日本所窃取于中国之领土，例如满洲、台湾、澎湖群岛等，归还中华民国”；促令日本投降的《波茨坦公告》又规定：“开罗宣言之条件必将实施，而日本之主权必将限于本州、北海道、九州、四国及吾人所决定其他小岛之内。”日本接受《开罗宣言》无条件投降后，侵占西沙群岛和南沙群岛的日本侵略军被美军遣返，中国海军因缺乏战舰而迟迟未能接收，以致又使外国人起了觊觎之心。1945年，美国将几艘军舰送给中国，我海军遂组建“前进舰队”收复西沙、南沙群岛，国防部、内政部、空军总司令部、后勤部等派代表前往视察，广东省政府派员前往接收。1946年11月24日，姚汝钰、张君然率“永兴”号、“中建”号抵达西沙主岛“邻水岛”，将其重新命名为“永兴岛”，立“海军收复西沙群岛纪念碑”，“卫我南疆”几个大字赫然在目。

可以肯定，下文的作者亲自参加其役，于次年手书此文字，从未刊印。手抄本原稿文献现藏于中共中央党校图书馆善本书库。现抄录于下，除错别字加括号订正和必要地方加括号注释外，其他文字标点一仍其旧。细读此文不难发现，其文风和记叙内容，亦与李准巡海记相同。

孝感龙氏藏

林木蓊郁，荆棘载道

去年十月间，我们即奉令远航进驻西沙群岛，当时士兵之间，不免有害惶远航之风险者，惟以为国效劳，亦愿作此荒岛之行。出发者有“永兴”舰及“中建”坦克登陆舰，“中建”号较大，约四千零八十吨，道经香港，再驶琼崖，在榆林港碇泊，候命前进西沙。

十一月二十三日正午由榆林港启碇，航向一一〇度，次日正午，西沙已入视线之内，此时，天气晴朗，惟风向不定，我们已入亚热带气候圈。群岛散布海中，若棋盘上之棋子，未几，迫近岛岸，用望远镜眺望岛上，高高低低，尽是草木，未见人迹动静，遂选定最大之林岛（本书注：林岛即李准命名的邻水岛）登陆。时当退潮时分，船在海中较深处抛锚，水浅，橡皮舟仍不能靠岸，只得涉水而前，海底悉为珊瑚，石子，着胶底长靴，尚觉刺痛，好容易爬上岸边，大家坐地稍憩，决定分东西两队向北搜索前进。我领导西队士兵，岛上林木蓊郁，荆棘载途，没有一条可供坦然行走的道路，我们随身带有利刃，一路披荆斩棘，处处担心遇到毒蛇猛兽，可是连山狐也未见一只，似乎岛上仅存的动物，只有天上飞禽。飞禽中最多者为海鸥成群结队，栖息树巅，地下到处鸟粪，有高堆四五尺者，腥臭气，叫人发呕。离岸不一里许，得一小庙，已是断垣颓壁，探身入内，见有矮桌一方，生锈的罐头盒子零乱在地，当系日军所遗留者。

磷质地层，世外桃源

岛上系磷质地层，故肥沃非常，蓖麻子比比皆是，铅笔粗的茎上，长着大如芭蕉的叶子，间亦发现椰子，其余均为不知名的乔木灌木，此处若加开垦，必成世外桃源。

我又与队员分道，只身进入森林，在此漫无人烟之地，孤独行走，心里未免有些胆怯，许多恐怖的幻想，萦回脑际，遂将身畔的手枪摘下，朝天砰的放了一枪，我的用意，一方面壮壮胆子，一方面试试有无故障，以免偶遇危险，遭个措手不及。再向前约里许，发现树丛中依稀有一羊肠小道，但仍蔓草没胫，偶平，又见一树倒折路旁，断面崭新，疑心此处或可发现人际（迹），遂小心翼翼循道探索向前，不数步，到达一开阔地，中立一棋（旗）杆，旁有瓦屋二间，俱有半边倒塌，越过此处，又为密密层层的树林，时近五点，潮水将至，恰会合队上士兵及航委会，国防部代表，他们都被荆棘擦伤，用白布包扎，遂一道沿旧径折回海岸，上船歇宿，当晚派军官一员率领士兵登岸，搭幕守戍岛上。

岩石遍地，海鸥成群

次晨早膳后，又相率下地侦察，同行者有国防部，外交部，联勤总部，空军总部，广东省府，虎门要塞司令部等代表，大批装备，弹药，给养亦用木筏运到岛上，并在小庙处所，立下钢骨水泥碑记一座，上署“进驻西沙群岛中国海军舰队指挥部副指挥官姚汝钰，中建舰长张连瑞”，复分路继续搜索，我又只身由南向北而行，及折往西北，行至岛的尽头处，发现一岛一水相隔。该岛名石岛，俱是岩石，鲜生植物，我涉水而过，行至中途，脚底忽白浪滔滔，疑为潮来，及俯身一看，乃是一群大鱼，逆水而过，它们的背脊露出水面，看去一道黑垠，我对着水中发射一弹，砰然枪响，它们四散奔走，正惊疑未定之时，天空忽闪黑影，抬头一看，大海鸥一群飞翔顶上，大有以我为食之意，遂迅速开枪数响，这才纷纷飞走。到达石岛岸上，坐地休息一会，复登高搜索，两峰凹处，发现一小铁轨，长仅五十公尺许，大概系日军占领时用作运输之物。再前行，拾得玻璃球五枚，其大如足球，外罩线网，不知为何物，后携回舰上，有戏认为乃大珍珠，若果为珍珠，则恐称霸世界，使珠宝商人失色。

各色海产，千奇百怪

西沙位于北纬十六度，气温八十五度（华氏度）上下，我们着单军服爬山越岭，出了一身大汗，看表针已指下午三时，身边干粮只余饼干五块，淡水亦将罄，方匆匆返来，已筋疲力竭，大家都在海滩上仰地而卧，各出所得奇物：有捉得独臂螃蟹一只，这蟹原来寄生于大螺体上，仅生一螯，但奇大，恰能盖住螺孔，两物一体相依为命，倒也十分团结，团缩拢来，有茶壶大小，全身均呈橘红色，颇为美观，我们称之为“海怪”。又有拾得大蛤蜊的重四五斤，以棒捣之，喷出黑水，高达一尺。活海参，在这里不算稀奇，退潮时分，滩上随处可见。老蚌大如草帽，以刺刀刺之，他会死命夹住不放。另有一人在滩上得一穴洞，穴口虽为沙泥所闭，但仍可辨认有动物出入痕迹，戴手套入洵摸索，取出龟蛋三百余枚，均大如鸡卵，但未得大龟，美中不足。白珊瑚到处皆是，但此物腥气塞鼻，我取一枚置船舱中，作一摆设弄得满屋腥臭，秽气充溢。

当日正式部署，派官兵一队留戍岛上，官兵均三倍发薪，并规定三个月换防一次。他们都兴高采烈，在树林中架房搭屋，挖筑防御工事，为了长久打算，连耕牛种籽都随船带来，计牛二头，猪十一只，羊三只，鸡鸭各数十只。

十二月二日，本舰奉命与西沙告别回驶，忆此行任务，圆满达成，心中无限愉快。

民国三十五年（十二月十二日寄）

笔者发现，这篇写于1946年的文稿关于永兴岛的记载，与李准关于邻水岛的记载，有异曲同工之妙！其中关于去岛的路线、远近、大小、形态、林木、鸟粪如山等描述，关于海鸟啄人大鱼掀浪开枪吓走、寄居蟹、掏龟蛋、珊瑚、蛤喇（李准称砗磲）、玻璃球（李准称石瓜）等趣事，还有命名立碑、架房搭屋、随带种子牲畜等行动，甚至对该岛开发旅游的看法，都与李准笔下的邻水岛无一不同，让人感觉他们所说的这两个名字不同的岛，简直就是一对“双胞胎”！

他们所“选定最大之林岛登陆”并命名的“永兴岛”，就是李准三十多年前命名的“邻水岛”，李准也同样手书过这样一篇文笔优美的叙事散文《李准巡海记》。

原题《孝感龙氏藏》的十六开楷书手抄本，还有另一篇写于1947年的珍贵文稿《西沙岛小志》，记载法国染指西沙及西沙主权史实等综合性全面性的情况。现照录于此，除必要处加括号注释外，其他文字标点一仍其旧。

西沙岛小志

（一）叙言

西沙群岛旧称七洲洋，西文名拔拉塞尔，在普通比较详细的中英文东亚史地课本中，并不常见。近数月来，中西文报屡载中法两国争取西沙群岛的主权问题。今年（1947）一月十日，法国派飞机到岛上去侦察，十八日派军舰去访问群岛中的某一小岛，好像有用武力来解决这个问题的趋势。法国最爱采取"失之东隅，收之桑榆"的政策，在欧洲倒了那么些年的楣，想到安南同中国来耀武扬威，以便扬眉吐气，这是可能的。在多事之秋的中国若以为西沙群岛无足轻重把他失掉，那由此可以引起其他列强，侵略中国的野心。我们的国防部长白崇禧同外交部长王世杰已有见及此，一再声明，说西沙群岛的主权是属于中国的。因为以历史地理与学校教科书看来，都可以肯定这种事实。可惜所举的理由，或因电文简略之故，微嫌不充分，难以使世界人士心折。

（二）群岛之位置及气候

西沙群岛，在广东陵水县榆林港东南，现属崖县管辖，约居东经一一〇度十四分，至一一二度四十五分，北纬一五度四六分至十度七分之间，在海南岛的东南一百里，安南之东一百五十里，台湾在其东，婆罗洲在其南，而距离较远。故当新加坡和香港往来的孔道，可扼欧亚海上交通咽喉。岛上气候炎热，虽在至冷之时，仍有华氏寒暑表七十以上的温度。广东琼崖沿海一带居民，每年多照例去西沙群岛采捕水产，因岛上居民不多，所以未设官治理。

（三）群岛之物产

西沙群岛夙以产鸟粪著名，富珊瑚状肥料和鸟粪肥料。据崖县测量委员会报告，这种肥料区域，多至七千多亩，他如磷酸矿，燕窝，海参，海龟，海螺，海带，蚌蛤，玳瑁，鳟鱼等物，产额也富，琼崖渔人，常于秋末冬初，乘北风驾帆船，驰往群岛，采取水产，采到次年春天，才乘南风满载而归。往来自由，毫无阻滞，依此为生活者不下一二万人，足见群岛物产的丰富，虽然在军事上西沙群岛以暗礁太多，不如一般人所想象的重要，而在物产方面，确是一个很重要的地方。西沙群岛共有二十多个岛礁，约方二百里，高出海面二三十尺，其最著者有土莱塘岛（Triton I.即中建岛)当北纬十五度四十六分，东经一百十一度十四分间，诞生各种禽鸟，巴徐礁（Pasu keah即盘石屿）为浅礁，长五哩，阔三哩。觅出礁（Discovery Rf.即华光礁），浅礁，长约十八哩，多盘石绕其旁。符勒多儿礁（Vuladdoro Rf.即玉琢礁）傍俾礁（Born-bay Rf.即蓬勃礁），珊瑚质，蒲利孟滩（Bremen Bk.即滨湄滩）也是珊瑚滩。**林肯岛（Lincoln I.即李准命名之丰润岛、东岛）**，阔半哩，东北有矮树，中央有一井，琼州人用以取盐水，为香港与南洋间航海的要道。库列生特群岛（Grescent Group即永乐群岛）为一群珊瑚礁结成的岛屿，形似新月。此外有侧衡志儿滩（Jehangire Bk.即湛涵滩），檀坚岛（Duchan I.即李准命名之琛航岛），**林岛（Woody I.即李准命名之邻水岛，现永兴岛）石岛（Rocky I.）及拔陶儿岛（Pattle I.即李准命名之珊瑚岛**——著者注）**皆可寄泊**。本年一月十日，法轮即在拔陶儿登陆。其他小岛名称，不必一一细述，但当注意者，西沙群岛之称，尚有南沙群岛（现名中沙群岛——著者注）。西沙群岛尤不可与南海九小岛混为一谈。南海九小岛或称珊瑚群岛，一称堤闸坂，又名团沙群岛（现名南沙群岛——著者注），在北纬八度，东经一百十一度的地方。十几年前，法国说南海九小岛是他的领土，一时引起中法两国的争论。日本也想染指，英、美亦不免忌嫉（详考《东亚学报》二卷一期）。那么，这次法国再想侵略西沙群岛，可说是得陇望蜀了。

（四）历史的考察

西沙群岛，我国国籍尚少记载。大概远在数百年前，便有琼州渔民至岛中捕鱼，因为他们没有多少知识，所以不能作出引人注意的记载。也没有固定的名称，近数十年来，清光绪间邹代钧《西征经程》谓《海国闻见录》所载之千里石塘即西沙群岛。郭嵩焘西使欧洲，道经南海，始言其隶属中国，当时尚系荒岛。无民居。

一九〇七年，日本人侵略东沙群岛时，国人也曾注目到西沙群岛，一九〇八年，粤督张人骏曾建议开辟，选员调查，取其所产之鸟粪与珊瑚状肥料，与东沙群岛之磷同陈列于南洋劝业会。

民国十年间，台湾专卖局长池田氏，利用何瑞年，以西沙群岛实业公司名义，瞒准政府，承办西沙群岛垦植采矿渔业各项，其实际经营者则为日本人所组织的南兴实业公司。日本人经营西沙群岛，已有八九年的时间，甚至修轻便铁道，以运海产及矿物，至是，因招各方反对，至十七年春间，始行撤销原案，稍行敛迹，这一年戴季陶氏发起组织“粤省西沙群岛考察团”，颇有贡献。

经过一九〇七年及一九二八年之调查，地理形势已颇明显。其后数年，广东政府且有开发西沙群岛之详细计划与预算（详见《广东全省地方纪要》第二册）——西沙群岛为中国领土，见于方志《西征纪程》，《使西纪程》，《海国闻见录》等书，又见于《沿海险要图志》，《七省沿海形势全图》，《中日两国形势图》，《中华民国邮政舆图》等编，复可征诸中国琼崖居民例往西沙群岛采捕海物之习惯，更可依据国际公法，首先占领之原则，日本投降时中国军队首先接收西沙群岛，那么，西沙群岛属于中国是毫无疑问的。一九三八年七月十八日，美国《时代》杂志又载法国占领西沙群岛，日本提出抗议一段消息，这可说法国是浑水摸鱼。

（五）条约的含糊

除趁火打劫、浑水摸鱼以外，法国到底有无条约根据或其他口实，这是值得说明的。法国这一次想占领西沙群岛，一方面固然是帝国主义的思想，一方面许是因为条约的含糊。

一八八七年六月二十六日续议界务专条云：广东界务现经两国勘界大臣勘定边界之外，芒街以东及东北一带，所有商议未定之处，均归中国管辖。至于海中各岛，照两国勘界大臣所画经线，向南接画，此线正过茶古社东边山头，即以该线为界。（茶古社汉文名万注，在芒街以南，竹山西南—原注）该线以东海中各岛归中国，该线以西海中九头山，（越名格多）及各小岛归越南。这种条文非旁边有地图看不明白。据外交部海图目录，关于中法界务有好几个地图而现在北大及北平图书馆皆找不着，不知原图究在何处。茶古社，芒街及九头山这些小地名，也不容易查出来。孙传凤中越东西定议全界约文，见渐学庐丛考，然法文条文与中文微有出入，而比较容易明白，今抄录于后，以供社会人士参考。

按法文条约，明说子午线一〇五度四十二分以东之岛屿，属于中国。西沙群岛在东经一百一十度之间，那当然是一〇五分之东属于中国了。且群岛在海南岛东南一百里，安南之东一百五十里，也是靠近中国，法国想夺群岛的主权，实是无理取闹，蓄志侵略，没有条约的根据。这样无理取闹的事，法国早已作过。据《清史稿·邦交志》，光绪十三年，一法船驶进琼州所属崖州东百里之榆林港，测探水道，上岸钉桩插标阻之，法领事又在北海征收渔船照费，政府以有侵中国主权，不许。

这位海军军官所说：“日本人侵略东沙群岛时，国人也曾注目到西沙群岛，一九〇八年，粤督张人骏曾建议开辟，选员调查，取其所产之鸟粪与珊瑚状肥料，与东沙群岛之磷同陈列于南洋劝业会。”这里说的正是指张人骏派李准1909年5月巡视西沙，回来举办展览一事。

笔者认为，这位海军军官记载1946年巡视西沙的资料，与李准记载1909年巡视西沙的资料相互印证、相得益彰，都是我国关于南海主权不可多得的珍贵史料。李准所记资料，百年来早已被官方和学者广泛运用，充分发挥了其作用。而这份亲历者手稿，藏于深宫人未识。笔者特将原文录入此书，让它第一次公开面世，供更多的人研究运用，以实现作者本意，告慰作者的良苦用心。

有学者称："1909年广东水师提督李准统率所部巡视西沙群岛的行动，是对维护中国南海诸岛主权意义最为重大的行动。"

我国政府在外交维护南海主权时，百年来都以李准巡视西沙为证。

2012年我国设立三沙市，地名碑上铭刻："清末李准率师巡航，踏勘诸岛宣我主张。"

那么，李准这次代表中国政府，首次巡视西沙，都做了些什么事情？在当时国内国外都有哪些影响？对后世今天都有什么意义？国家和人民对他又有怎样的评价呢？

首先来看李准巡视西沙做了哪几件大事？

第一件大事：代表中国政府首次命名岛屿16座，一一鸣炮升旗，勒石命名留下铁证！

这16座岛屿是：伏波岛、琛航岛、广金岛、甘泉岛、珊瑚岛、邻水岛、丰润岛、霍邱岛、归安岛、乌程岛、宁波岛、新会岛、华阳岛、阳湖岛、休宁岛、番禺岛。

第二件大事：首次踏勘诸岛测绘海图。

"所历各岛，皆令海军测绘生绘之成图，呈于海陆军部及军机处存案"，又于次年亲笔著成《广东水师国防要塞图说》，系晚清以来第一次将南海诸岛纳入我国领土防卫范围。

《广东水师国防要塞图说》之**《西沙岛图说》首次用了现代科技意识的经纬度说**："西沙岛在琼州陵水县榆林港之东南，星罗棋布，延袤直自纬北一十五度四十六分至纬北一十七度一十七分五秒，横自经东一百一十一度一十四分至经东一百一十二度四十五分。共岛十五处，分为西八岛、东七岛。水深一十三拓至二十拓不等。"

宣统元年，张前部堂派员查勘，现拟招徕华商承办岛务，官为保护维持，以重领土而保利权。

第三件大事：首次考察开发事宜。随行的西沙筹办处人员对西沙群岛地理形势、物产资源、有无泉水等逐一考察，提出了《西沙群岛开发办法八条》等系列文件，上报中央政府。遗憾的是因总督张人骏调离广东，和辛亥革命爆发，而未能很快变成现实。

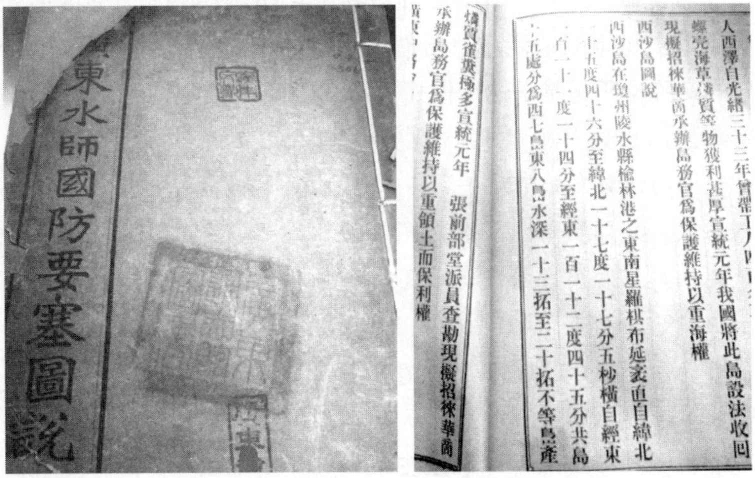

《广东水师国防要塞图说》之西沙岛

李准巡视做的这些事情，对于我国南海主权都有什么影响？有什么意义呢？

第一个重大历史意义——代表中国政府宣示南海主权并得到各国公认，从而在国际上确立了我国南海主权，其重大意义影响百年至今。

这是中国政府对南海诸岛第一次正式以官方名义大规模巡视命名，产生了广泛而深远的影响，得到国际社会的公认，从而确立了我国对于南海的主权。“其后航海各书，皆称其地为中国领土”、“1909年中国政府把该群岛归于中国所有”、“帕拉赛尔群岛（西沙群岛）是分散在海南岛南部中国海上的群岛”。

1921年法国驻越南殖民地总督意图占领南海诸岛时，法总理兼外长白里安说：“由于中国政府自**1909年已确立自己的主权**，我们现在对这些岛屿提出要求是不可能的。”

这里明确称“**确立主权**”。

同年法国印度支那总督府政务和土著局的公函上说：“1909年6月，派第二批官方人员到岛上。他们在其中两个主岛上隆重地升起中国旗，并鸣炮21响。这样，**他们就代表了自己的政府确立了对整个帕拉塞尔的占领。**”这里又明确用了“**确立**”。

1929年，法国殖民当局指令官员查阅档案，想找到西沙群岛是越南的历史证据，结果只找到李准巡视西沙的证据，法驻印度支那总督只好报告说：**“根据多方报告，帕拉塞尔应认为属中国所有。”**

1930年3月，驻河内法国印支总督致法国殖民部的信中写道："广东省决定由华南当局出面声称他们对西沙群岛拥有主权。**1909年发生的巡视西沙群岛的重大行动，是当时的两广总督倡议举行的一次正式的占领仪式，现在广东省政府的声称似乎是基于这个仪式。**"

1933年法国出兵占领南沙九小岛时，法外交部称"该九岛在安南、菲律宾间……实与西沙群岛毫不相关"，言外之意西沙群岛才是中国的。

日本《大百科事典》（下中弥三郎编）称："清末，为防止这些岛屿被外国人夺走，广东政府曾派员对该岛进行经营和调查"；高桥春吉等在《帕拉塞尔群岛磷矿调查报告》中认为："帕拉塞尔群岛是分散在海南岛南部中国海上的群岛。**1909年中国政府把该群岛归于中国所有。**"

这些日本研究学者也认为，是李准这次行动确立了主权。

李准巡视西沙起到对外"**确立主权**"的作用，从历史的角度看，则是中国政府"**宣示主权**""**重申主权**"。

在李准收复东沙、西沙这两次国家行动之前，可以说南海诸岛主权事实上已属于中国，但从国际社会的角度看，尚对此并不完全知晓，是处于一种有待国际社会公认的状态。

首先从起源于西方的国际法理上看。虽然我国渔民在南海讨生活早已实际拥有几千年，**但这种"实际拥有"只是一种初步权利，还需经过国家政府的官方行为，才是真正意义上的确立主权。**

19世纪后的西方国际法又进一步形成规则：**发现并有效占领才能产生领土主权。**

从那时起，发现一块土地只产生初步权利，必须通过以后相当长时间的持续和平稳地行使国家权力，才能产生主权。

当今的国际实践发展更加表明，**有效控制是裁判领土争端案件的重要依据。**对岛礁归属问题的确立，当今国际法也是看**谁最先发现、最先命名、谁最先对它实施管辖，再加上国际社会对此是否给予承认。**

我们可以找出大量证据，证明南海诸岛由我国渔民最先发现、最先使用。但这些还不够，还需要我国官方对其命名管辖并得到国际社会公认，这样才算得上西方国际法所谓的"确立"了主权。

在中日交涉东沙岛时，日本要我国出示中国官方两百年前管辖东沙岛的海图，就一度难倒了中央和地方。当时西泽也说，东沙岛是他们无意中发现的，还在日本国以"西泽岛"注册命了名，而且开发了好几年。张人骏与日本订立条约，并派出水师军舰登岛，从西泽手里收回东沙岛，这是中国政府正式管理统治东沙岛，将“渔民祖产”变成国家领土，将“渔民祖权”转化成了国家主权，从此东沙岛属于中国，百年再无争议。

张人骏、李准收复东沙和巡视西沙的两次重大国家行动，经世界各大报刊报道，让国际社会知道并承认中国对南海诸岛行使了国家权力，实施了有效管辖，从而将这种**实际拥有转化为了西方国家认可的国家主权**。

再从事实上来看。英、德等国军舰已多次对南海诸岛进行了调查测量：1844年，英军第一个到西沙群岛测量；1867年至1889年，英军又到南沙群岛进行测量；1883年，德国曾对西沙、南沙群岛进行调查测量，李准在伏波岛珊瑚石和椰树上就看见刀刻之德国文字。当然仅仅是测量远非拥有主权的充分条件，事实上，英国和德国也从来不曾宣称拥有西沙和南沙群岛的主权。

但是日本人却在直接侵占开发南海诸岛，法国和越南更多次提出对南海诸岛的权力主张。1884年法军在越南北部击败了清朝军队，取得了中法战争的胜利，中国承认了法国对越南的保护权。法国在二十几年后就提出了对西沙和南沙群岛的主权要求。以越南名义的证据也扯到了“爷爷”辈，称安南嘉隆王朝就派员在岛上立下界碑，早李准百余年。虽然中国也可以扯到“爷爷”的“爷爷”辈去，但国际社会却没有法官那样的耐心，坐下来听中国同他们“拼爷”，从而评判谁说的占理。可以说那时南海主权归属到了一锤定音的时刻——就看谁先出手让国际社会承认，谁就确立了主权。

当法方和安南还只是在口头阶段表示拥有主权的时刻，李准一锤定音，以官方名义登岛，通过行使国家权力，正式向世界重申了主权，得到国际社会的广泛承认，甚至还得到法、日等“争议国”的承认，从而确立了中国对于南海诸岛的主权。《人民日报》（1975年11月25日）也指出：李准乘军舰前往西沙岛，命名“勒石”，升旗鸣炮，重申南海诸岛为中国领土，此后南海诸岛是中国领土已为各国所公认。这里的“此后……”，也是说李准的行动从此让世界公认了南海主权。而李准因舰船条件不允许，没有去巡视中沙和南沙。

设想假如不是李准巡视了西沙，而是法国高官率舰巡视了西沙，国际社会会承认谁呢？20多年后的1933年，法国真就学李准的样，派高官率舰队“巡视”南沙，登岛命名、立碑升旗宣示“主权”，史称“南沙九小岛事件”，可惜他们的行动迟了李准一步。

正是有了李准和张人骏行使国家权利对东沙岛收复和管理，对西沙巡视命名并筹办开发，才有我国对于东沙、西沙的主权和治权无可争议的现状。

这是清王朝对中国疆域的最后贡献，也是其覆灭前最后一抹亮色，为中华民族留下的最后一点念想。

自李准确立东沙、西沙主权后，虽然在民国政府手中又先后被法国和日本占领过，20世纪五六十年代西沙部分岛礁又被南越侵占过，但却从来没有改变国际社会公认东沙、西沙是中国的这个基本事实。1974年，我国海军将西沙全部夺回，1992年我国正式公布了西沙群岛的领海基线，其他国家的船舶只有无害通过的权利，否则我国有权进行驱逐。直到今天，除越南外，世界绝大多数国家承认我国对西沙群岛的主权。

李准巡视命名西沙的伟大贡献，不但重申了中国对南海诸岛的领土主权，更向国际社会庄严宣示和确立了中国对西沙、东沙等南海诸岛的领土主权，因此，李准是国家功臣、民族英雄。

李准巡视西沙的第二个重大历史意义：促使中央开始树立“海权”意识，开始强化对全国海岛的保护。

朝廷于当年颁布《外务部测绘领海荒岛之计划》：“嗣后我国勘定各岛，无论何国均不准以无名荒岛任意侵占。并咨沿海各省督抚，随时饬派军舰巡视，以免损失海权。”

1909年6月《海军》杂志公布《详商合办七省领海全图之法》：“中国应绘完全领海全图。现部中提议，领海界线关系国家主权，现值扩张海军，振兴渔业，应将界线划清，绘列精确详图，宣布中外，共相遵守。惟查中国沿边领海，由奉直起，计中经鲁、苏、浙、闽以至极点之广东，绵长三千余里，欲行详全图，自应从测量、研究、编撰入手。”

第三个重大历史意义：留下主权百年铁证，至今仍在发挥作用。

“每岛均命名刊字于珊瑚石上”、勘察绘制海图、放置牛羊牲畜繁殖后代等系列活动本身，还有当时国内外媒体的报道资料等，就是中国南海主权的证据；李准还亲著《广东水师国防要塞图说》，至今是中国政府证明南海主权的重要文献。

《广东水师国防要塞图说》一书，第一次将东沙岛和西沙岛纳入国防要地，其所具有的历史价值是开创性的，而且对两岛的地理位置坐标，使用了经纬度概念，这种海防思想具有浓厚的现代化。后人在李准巡视西沙所绘海图基础上，进而演变发展成南海**“断续线”**。

中国社科院边疆史地研究中心副主任李国强认为，在U形断续线出现前，中国历代南海疆界线并无统一画法，**而近代南海海疆勘测，则始于清政**

府1909年西沙主权宣示。

被称为中国国家历史的杂志《看历史》，2011年第七期发表《南海断续的国界线是如何形成的》一文称：“在这份海图（指李准巡视西沙所绘海图）基础上，地图学家胡晋接、程敷锴在1912年出版的《中华民国边界海岸及面积区划图》中，绘出了南海疆界线。”

综上所述，李准驱逐日人收复东沙、巡视命名西沙、编著《广东水师国防要塞图说》三大宣示主权的行动，得到国际社会广泛认可，从而确立了南海主权，成为百年来证明中国在南海拥有历史性权利领土主权最有说服力的依据。

因此，笔者将李准定义**为南海维权第一人**。

本书特节录李准《广东水师国防要塞图说》之《序》和《广东沿海总图说》，以飨读者。李准在此著中首次提出“中华御侮，南海为先”的观点。

序

中原大势，尽于岭南。历代战争，被兵独后，粤虽海国，盖形势犹重于陆矣。东晋之末，刘裕命孙处、沈田子自海道袭番禺，此为粤海用兵之始。有明中叶，倭患孔棘，缘海驿骚然，重在浙闽，而粤防犹缓。

我朝道光季年，以烟禁与英龃龉，适西人火轮有成，兵事不竞，划界香港。而葡人亦以前明租借濠镜之后，窟穴澳门。粤防之险遂与西人共之，其形势乃重在海。古今变迁之故，虽圣哲有不能前知者欤。余菲材弱植，忝绾军符，素昧宋人洴澼之方，谬膺横海伏波之选，春冰虎尾，夙用兢兢。

去年军谘处檄行来粤，调查海防要塞。余乃命材武之士分道探测，幕下之宾分门编纂，逾时累月，始底于成。复取粤省旧图与西人新图互相参校，经今实测详备为多，为图二十有七，用以上闻，藉资考镜。凡险隘之远近、港湾之大小、沙线之浅深、营垒之废置、阴阳潮汐之变、江海内外之别，畛分鳞列，烂然异观。术以用新而益精事，以后起而易胜，抑亦其势然也。今者天吴肆虐，洞我门庭，云变衡颤难测。朝庭（廷）建设海军，专署习流尤亟。余既以详图贡部，芟繁汰琐，别为是书，筹海图编，敢追昔作，朝夕循省，如履波涛。岂曰老马识途之能，庶免井龟语海之诮云尔。

宣统二年冬月广东水师提督李准

广东沿海总图说

广东带海为疆，西起钦州防城县，东讫南澳厅属地界，袤延二千三百余里。而琼州一府悬在海外，回环几及二千里。**各国自南洋入中华者，粤省首当其冲。内为沿海各省之门户，外接香港英人、澳门葡人、越南法人三国之邻境，兵轮商舶，往来如线。故论中华御侮之全局，尤以粤省海防为先务。**

按广东全势，以四路总挈为大纲，以各口分列为细目。

中路曰广州省防。东出香港，西连澳门，界乎其中，则九龙寨、汲水门、大屿山在焉，是为省防以外之海路；外起虎门，内达牛山、长洲，一由南支之沙路，以抵南石头、白鹅潭；一由北支之鱼珠，以抵中流沙、大沙头，均会于省河，是为省防前路；西自蕉门、横门，以达观音沙、潭州等处，又西自磨刀、虎跳、崖门，以达西海、甘竹滩、五斗等处，均会于南石头，以入省河，是为省防旁路；由鱼珠登岸，西上至省城小北门，又折而西，以达泥城制造局，入东门之陆路则有燕塘，达北门之水路则有增步，是为省防后路；皆中路最要之各口也。

东路曰潮防。其口门为汕头，东北曰南澳，接壤福建，西为神泉、甲子、三洲、范和港，此东路之要口也。

西路曰廉防。其海岸为北海市，又钦州口曰龙门，又西抵越南极边之岛曰白龙尾，其陆路为东兴，北海以东，雷州之海岸曰海安，在水中者曰东山墟，高州之海岸曰水东，阳江志海岛曰海陵，此西路之要口也。

南过海曰琼防。其海岸为海口所，东至文昌口曰青蓝港，南至陵水曰桐栖港，至崖州曰榆林港、大蛋港，西至儋州曰洋浦港，四面际海，皆属琼郡，此海南一路之要口也。

论设守之难易，广州之虎门最为宽深，其旁又有横门可以绕出八塘尾，有磨刀门可以旁突西江，非有炮台、水雷、兵轮三者不足言固。琼岛孤悬，地利未开，久为强邻所觊覦。榆林港内宽口狭，置台较易，我之战舰可资停泊。廉之北海，沙面平衍，不能仅恃炮台，尤须以较大车炮驰骤截击。潮州、汕头口门紧狭，外有角之险，若于放鸡山量增炮台，更足自守。

故广州省防最急，琼次之，廉次之，潮又次之。广府安，则腹心强。琼州完，则门庭固。廉潮密，则肘腋纾。无事则开门而通商，有事则设险以却敌。粤防大端，略具于此。

第十章
广东起义功为最　辛亥革命树伟功

有人说李准是镇压黄花岗起义的刽子手，可起义幸存者自己却说李准是救命人！

起义总指挥黄兴电称：粤省光复，公树伟功，从前公仇，一概消释！

革命政府都督胡汉民公告：粤东省城九月反正，以李直绳君之功为最！

孙中山通告：旷观世界历史，其能成改革大业者，皆必有甲胄之士反戈内向。吾海陆军将士皆深明乎民族民种之大义，故能一致进行，知死不避，以成此烈也。

李准到底是镇压革命党的刽子手，还是革命党人的保护伞、辛亥革命的大功臣？

本章“让历史说话，用史实发言”，以李准自著、清宫档案、时报新闻，更有敢死队队长亲笔鲜为人知的史料，一反学者只从党人角度研究辛亥革命之偏，首次从清廷角度，再看辛亥革命，还原历史。

最后得出真相——李准深明大义，从奉命镇压转为同情保护，放跑起义者，保释被捕者，最后应孙中山之邀率广东起义，避免生灵涂炭，助孙中山广东革命成功。

《自述》：“被杀二百人，七十二烈魂。党人恨入骨，炸伤余腰际，肋骨折三根，犹能跃屋顶，击杀放弹人。潜与党妥协，我亦不问闻。余督水陆队，维持公安平。各省均独立，议迎胡汉民。”

四十七、老虎变成活菩萨　新军起义弹压平

李准巡视勘查西沙回来，总督张人骏“惊喜欲狂”，拟定西沙开发八条奏报朝廷，准备大规模开发。后因张督离任，加上革命党人在两广地区接二

连三起事，西沙开发从此搁置，李准遂奉命弹压起义而疲于奔命。

张人骏奉调两江总督，新任两广总督袁树勋，为争实权而打压排挤李准，不久引发新军起义，自食恶果。

“秋八月，张安圃尚书奉旨调补两江总督。湘潭袁海观制府树勋督粤。安帅以在粤诸事顺手，不以调两江为喜，临行依依不舍，于准尤甚。冬十月，海观莅任，盛气而来。要请余裁兵节饷，每年须裁五百万两。而海观心中先有成见，有挟而来。

“元旦日黎明，正与同官在万寿宫朝贺。忽东郊外之陆军为党人运动。余闻报，即就原有在省之兵分守军械局、子弹库、藩库、官银钱局及增左、土右步、石井之制造局。以无线电飞调出外巡防之亲军各营星夜回省。一面会袁海观制军出示开导，收抚变兵。变兵攻城益急，张哲培畏葸不敢出城，标统刘雨沛逃走，炮营官带齐某不从，死之。黄士龙劝谕无效，当会将军增瑞堂暂为闭城固守，以待援兵。标统王余庆预令马弁等将各兵之枪械拆卸，先运进城，故一标得以保全。”

李准《自谱》记载的，就是中国革命史上有名的1910年“广州新军起义”，是孙中山同盟会发动领导的第九次起义。

在日本黑龙会资金和走私军火的支持下，孙中山于1907年和1908年，在两广地区连续发动潮州黄冈起义、惠州七女湖起义、钦廉防城起义、镇南关起义、钦廉上思起义及河口起义。这些起义都因单纯冒险失败了。孙中山“愈挫愈勇”，又决心在广州发动一次规模更大的起义。他们认为以往依靠的主力是会党，组织涣散，难以节制，就转而以运动清廷新军为重点，派部分革命党人投身新军队伍或各军事学堂，着手运动军队，后来同盟会会员又深入李准防营中去发展革命组织。李准亲军营帮管带李景濂加入同盟会，计划届时率队一同起义。

在广州最早拟利用防营发动起义的是朱执信，他是广东辛亥革命时期文武兼备的革命家。胡汉民在《朱执信先生的人格与学问》一文中说：“辛亥革命时，广东当时的独立，全由先生计划运动驾驭，然后方得成功。”

胡汉民当然明白，全靠朱执信做通李准的工作而率广东起义，才有他这个革命书生当上总督。

1908年11月，朱执信和在新军卧底任统领的赵声等集会，拟乘光绪帝和慈禧太后去世之机，准备发动起义，因计划泄露而失败。

1909年，孙中山与赵声在香港首次会面，两人一见如故，推举赵声为总指挥，倪映典为副指挥，敲定次年发动广州新军起义。

宣统元年十二月十九日（1910年1月29日），黄兴抵达香港主持起事大计，计划倪映典运动新军反叛外，又命姚雨平、张碌村运动省会附近之巡防营，朱执信、胡毅生联络番禺、南海、顺德之民军。“民军”以革命党人临时募集或发动的非正规军队会党、盗匪为主。

《辛亥人物碑传集》《广东辛亥革命史料》记载，黄兴、倪映典与赵声等起义领导人认为，新军起义条件成熟，推倪映典为总司令，邓子瑜任东江，黄兴任西江，赵声任北江，倪映典自控广州，提挈全局。

十二月二十六日，倪映典再到香港向南方支部报告工作，商定于农历元宵节前后发动起义。

新军起义总司令倪映典

这所谓的起义总司令倪映典，是李准所统新军下面一个炮兵排长，根本没有“**自控广州，提挈全局**”，成功掌控指挥新军起义的能力。倪为安徽省合肥县北乡（今长丰县）人，出生贫寒。1904年考入安徽武备练兵学堂，加入革命团体“岳王会”，毕业后任新军第九镇炮兵队官。此间倪与赵声等加入同盟会。后经革命党人朱执信介绍加入广州新军。

而清军呢？李准、吴宗禹和陆路提督秦炳直、蒋尊簋这些将领，都在实战中由文入武，具有很丰富的军事经验，已成功平息孙中山发动的多次起义。所以这次新军起义从一开始就注定了失败，结果演变成一场闹剧。

还没开始行动就发生意外！一兵遗落一张士兵加盟单，协统张哲培和韩国钧立即采取防范措施，收缴了新军营的子弹，李准还命协统蒋尊簋收集新军枪栓入库，以阻止起事，免去清军内部流血。

腊月三十中午又发生意外!新兵吴英元误信倪鼓动起义后要当官升级，故在城隍庙前绣文斋刻印章、印名片，以备提干用，托同营士兵华宸忠代取，因价格与老板发生口角，而打砸该店。老城第一局警察上前干涉，以至动武互殴，警察便拘押了8名新军士兵。军营兵士怒不可遏，百余人持械包围警署。

情况突变！倪映典连夜赴港向南方支部报告，要求提前发难。经商议决定于正月初六举义。

但倪去港时，新军处于群龙无首的状态，被押士兵回营后大讲警察如何凌辱新军弟兄。党人士兵闻言大愤，于清宣统二年（1910）正月初一自动携械入城，逢警察即打，竟将警察一局和五局全都捣毁！

广州新任将军孚琦下令闭城，派旗兵在大小东门和大小北门一带扼守。新军士兵心理上感到被抛弃和孤立。

李准派人安抚。新军协统张哲培到二标训话，将枪机、弹药运进城，宣布全协初二不放假，不准外出。

这就打乱了起义计划。

初二，驻北教场的二、三标被防营监视，驻燕塘的一标因不放假大哗，又传有兵来攻，遂纷纷夺械出防。

当晚，奉命安抚士兵的军官黄士龙回城时，又误被旗兵打伤，新军更加群情激愤，一个个摩拳擦掌，跃跃欲试，成了一桶桶炸药，只要一点火星，随时都可能引爆！

这是宣统二年正月初三，1910年2月12日，倪映典从香港赶回。炮一营管带齐汝汉正按李准安排，集合士兵站队训话，令各兵毋庸惊慌。倪映典已处于恐慌狂躁状态，此时更是情绪失控，突然上前开枪，刺杀了齐汝汉，又率队到一标，击毙了队官胡恩深。

倪遂率炮营提前起义，各营响应者共聚三千多人，众推倪为司令；倪率义军对天宣誓:“愿为革命战死”，随即分三路向广州城进发，他自率千余人经沙河进攻东门。

李准早已在军事上做好了预案：

“时本提督先已电调附近防营来省，陆续赶到，遂会商贵部堂派饬亲军统领吴道宗禹督管带、亲军中营帮带李景濂、先锋卫队管带童常标、队官朱廷栋、巡防队新军右营管带太永宽、副中营管带李得铭、亲军左营管带薛治和、中路巡防队第十六营管带都司刘启璋等会同协统张哲培率队出城堵截。”

陆路提督秦炳直等事先也将部分武器收回，削弱了新军的战斗力。

《自述》描述情况：“宣统纪元后，水提乃即真。年来风潮甚，多唱改革声。朝廷虽立宪，民意总难平。莘莘向学子，革新中脑筋。海外诸亡命，运动注新军。是年除夕夜，借故与警争。元旦（现称春节）群出动，捣毁警区门。军警出弹压，反抗若仇人。新军警队出，一齐来攻城。协标统出定，报告军变情。**炮营齐管带，劝阻一命倾**。乃会增军帅，旗兵任守城。一面守各库，兵工厂增营。飞调亲军队，无线电信灵。两日调回者，已达三千人。齐

队出迎击，初三正黎明。军行牛王庙，叛军整队迎。"

李准坐镇东门，在牛王庙一带居高临下布防。下午两军相遇，倪映典身穿蓝袍，手持红旗，来往驰骋，指挥新军进入阵地，与李准军对峙。

突然，倪映典等四个带头人走出队伍，出面跪地，在阵前做起李准的思想工作来。他们逼请李准率军一同起义，称拥戴李准为领袖，限二十分钟答应，不然就开打。

"为首倪映典，四人跪地平。余本不愿战，意欲其请成。亦派四人往，劝其速回营。彼即呼同胞，非为冲突情。今日齐举义，反清尽复明。愿拥余为主，各省必响应。廿分钟答复，逾限我无情。余亦不之理，但听彼骄横。"

李准见这些人都是他的部下，不愿手足相残，便也派四个人上前，反做叛军的思想工作，劝倪映典带队回营，就不予追究。

李准派出的是什么人呢？一个就是亲军营帮管带李景濂，原计划率队与倪映典一同起义的同盟会员，一个是巡防营管带童长标，倪的旧部和同乡。

倪对李景濂大喊：你不是某某介绍加入我党的吗？今义旗已举，何不响应!

其实这李景濂根本就是李准派出的卧底，他假装答应倪，说此事须回队请示李准。几个人急忙退回本军阵地。**"霎闻散开号，枪弹如雨淋。乃下令还击，崩山倒海声。映典冲战线，立被我生擒。我军追击后，缴械五千根。"**

孙中山、黄兴、胡汉民筹划几个月，寄予很大希望的新军起义，就这样被李准轻易平息。

《自谱》记载："初三日黎明，选老兵之能应战者千人为敢死队，命吴翰香观察宗禹率童常标、朱廷栋、李世桂、刘启璋、李景濂、左永宽等沿东沙马路方行至牛王庙猫儿岗，而变兵大队至，我军即登山顶以拒之。党人倪映典、罗帜扬等倡言革命，欲拥余为首。余下令击之，不三时而全数荡平。是役也，幸各乡之渡尚未开行，土匪无响应之者。"

这个史实，在电视剧《十月围城》里被人为加工变形了：清军管带、同盟会会员李重甲（即李景濂）被加工成革命党在李准军中的卧底，后成了导致起义失败的叛徒；他临事叛变开枪，倪中枪被抓获，当场被砍头；同行的起义军部将4人也同场就义，起义军群龙无首，起义遂失败。

李准笔下的新军起义是这样的。那么党人笔下的新军起义，又是怎样一种情形？他们认为起义失败的原因是什么？

胡汉民在《任南方支部部长与策划广州新军起义之经过》一文中是这样说的：

时先生已任余为南方支部长，支部费用，由港同志负担，林直勉、李海云则倾其家以为助。余更使同志分至南洋荷属筹款，而嘱邓泽如在英属综募军资。

其时克强已由日本到港，赵伯先为清督抚所猜忌，去军职至港。伯先军事学甚优，且有经验，天资豪迈，能为诗文。其为陆军学校监督及将新萃，辄以民族大义鼓励学生士兵，俱悦服之，亦以此为清吏所恶。江南、广东两省军界革命种子，大半伯先所培植也。余与克强、伯先在港规划一切，省中新军运动，则以倪炳章（映典）为总主任。

炳章干才不亚于伯先，而刻苦耐劳，则且过之。一九零七年冬，以兵与熊成基举义于安庆，不克，变名字，走南方，欲至河口革命军，而河口不守，乃入广东，因伯先，得为新军排长，既长于煽动，又精力殊绝。其运动新军，乃进步至速，数月已与本团之连排长结纳。事为某协统（旅长）所侦知，掳其职。炳章乃更为秘密机关，与军中同志分组行事，展转运动，至一九〇九年冬（乙酉），士兵加盟入同盟会者三千余人。

时广东全省军队万余，惟新军有训练，器械精良，得新军则他军无难制驭。余与伯先、克强尚虞其不足，复使姚雨平、张禄村等运动巡防营之在省会附近者，又使执信、毅生联络番周、南海、顾德之民军为响应。

是年邹海滨、陈炯明始以执信之介绍，至南方支部，邹、陈皆广西法政学堂学生，执信、君佩等自东京毕业归，即为此校教授，故邹、陈受盟为同志。陈方为广东咨议局议员，好言事，颇有声誉，克强尤喜引与计事。

至旧历腊月中，倪炳章等至港报告成绩，于是决定于正月元宵前后发动（本拟以除夕举事，炳章言旧历年关商人停止贸易，则供给不便，遂改定十五前后），使各部分主任依期为准备。

炳章等皆返省，新军二标兵士于旧历廿八日忽因刻印名片事，与警察冲突，风潮骤扩大，炳章不及制止，青年军人实躁急，且有主张乘机发动者。炳章急至香港，以其情告，且曰："此所谓小不忍则乱大谋，余料新军运动已成熟，经此事故，勿论如何，殆难抑制，应提前改期，勿待元宵。"

余与克强、伯先审议久之，遂改初六，即时通知各部分同志之有职责者。复与炳章计划临时部署，及发动后一切进行事宜，以炳章，克强分统新军巡防营，为出江西、湖南两路之准备，以伯先留守广东，推余管民政、财政，约余与伯先、克强初六上省。炳章于议事时，神气雍容，至彻晓不倦。次晨以遇旧历元旦，港轮不开，翌晚炳章始得行。

既至省，则新军反形已露，张鸣岐、李准在已严为戒备，协统张哲培

等收士兵子弹，而八旗兵运炮登城，李准更以所部精锐趋牛王庙。新军在燕塘。牛王庙，由燕塘至省城之要隘也。炳章登陆，即入咨议局，不见同志，取手枪二支怀之，突入新军营垒，遇营长（管带）齐某，素反对革命者，炳章伪与贺年，即以手枪击杀之，遂吹号集诸军士。时众方扰攘，不知所措，见炳章，则大喜。炳章即为横陈大义，及所处情势，计惟即举义旗，否且俱死，众然之，**遂推炳章为司令**，搜各团部子弹，仅得万余。众以为炳章所鼓励，无退怯志，遂从炳章进，欲袭攻省城。

将至牛王庙，李准所部营长李某等三人遮道，欲劝止新军进行。炳章见之，识其皆为同盟会会员，即切责之日"君等非革命党党员耶?革命军已起义，当即来附，毋踌躇!"李等则唯唯，谓某等初以为兵变耳，不知公已有部署，今在牛王庙者实某等新部，当听令惟谨。张哲培虽在，无能为，请为公前导，遂跃马去。新军将士有欲捕获李等三人者，炳章不可，而身自执帅旗，骑马率众前进。敌已有备，始抵山坡，炮与机关枪齐发，炳章中枪落马死，前锋死者多人，众悉溃。

是役失败，非战之罪，炳意朱箓，惟在于事急时至港，致无主持之人，及敌已严备，我军复被给缴子弹，则势已无可为矣。然炳章之勇，实不可及，仓猝遇变，形势都非，犹䀹以大义感人，使之趋死不避，即其乎目可见。

初炳章弱冠在学校时，不悦学，而行又不羁，同学颇轻之。及与熊成基等同志游玩乃大改悔，折节励行，前后如两人。伯先才望自顾素在炳章上，后乃诧其进德之猛。炳章死，伯先挽之云"生平几个言能践?死后方知君不多!"盖亦自叹为不及矣。

是役除死事者外，其素为党人入军中运动之干部，为率命香港、南洋，乃分别设法均收容之。时孙眉先生（先生之兄）、邓三各佃有垦地于九龙，遂就某地为耕作。事初定，余乃与伯先、克强往南洋，为筹款善后，且谋再举。

新军兵变时，总督袁树勋惶惧万分，束手无策，竟跑到下级李准面前下跪哭泣。李准平息起义后，袁树勋遂将更多军权全部授予李准，使李准的实权超过总督。

后媒体评论道："**职居水提，而其权力实足以颉颃督臣，广东政治上之实权阴握于其掌中者，**盖十年来于兹矣（袁树勋督粤时尤甚），若其神通广大，则孚琦尤非其比也。犹忆前年新军之变，架大题目，主张痛剿新军者，李准也，幸省中舆论持正不阿，此案得以平反，朝廷派员查办，**自袁督以至统兵武员，皆获严重之处分，独李准反得逍遥事外，此何如神通者。**"

天津南开大学图书馆藏李准著《清末遗闻》，有《袁海观制军遗事》一篇："宣统二年元旦，东关外燕塘陆军受党人运动哗变，日夜攻城，危在旦夕。海观惶惧万分，无以为计，就商于余，且为之泣，跪余前。余掖之起曰：'勿忧，此公事也，必不以前事为嫌，速返署镇定处之，免为属下笑也。'不半日而乱定。海观欣喜欲狂，见余又拜之曰：'你真是一个救苦救难的观音菩萨。'从此前嫌尽释，交称莫逆焉。海观曰：'余在山东，即耳公之大名。以为如虎如狼，噬人者也。人言两广总督如一品教官，一切须听提台之指挥。我之来粤，即架起势来，与公对垒。**此次之变，以为公必袖手旁观，要我好看。殊公竟不以前事为嫌，慨然以平乱自任。**此五日夜中，知公目不交睫矣。连日余与增将军，均在辕门讨口令，真听指挥也，亦甘心听公指挥。**谁谓公噬人者？乃活菩萨耳。**'"

袁树勋对李准由猜忌打压到赞叹授权，变化巨大，总督和钦差将军两个上级领导，竟站在李准门口听下级指挥！这可看出李准的能力，同时说明李准关键时刻不计前嫌，以德报怨的人格魅力，更反映出李准顾全大局，忍辱负重的为官品德。

动乱平定后，李准没有对参与起义的新军秋后算账，而是作了宽容宽大处理。

广东地方各善团代表联谒李准，为新军请命，新军本无反意，多因奸人蛊惑，请李准网开一面。

"各处舆论咸以新军苦练多年，略著成效，此次之变，自係为一二奸人胁从，初无反志，诚恐当道事后多所残戮，吾粤精锐将尽消磨。日昨，绅商多人齐集自治研究社，联名致函袁督、李水提，请其将胁从之众分别资遣回。"

李准接见各善团代表，"再述当日情形，力言此事由该协统、标统等办理不善之过。**新军皆两家子弟**（指新军和巡警两家），**军警、防勇、旗兵谊属一家，闹出此事，我为治安起见，不得已而剿，方深抱歉**，断不敢请奖，以明心迹"。

从这些原始资料看，这次新军起义，李准在事前想避免事件发生，事中也想避免流血冲突，事后还揽责于自己，不追新军之责。

起义领导人之一张醁村总结失败原因认为：**这次意外事变的内因主要是大部分士兵受到革命精神鼓舞，意气飞扬，毫无顾忌。而且个个都争着雕刻私章，以便起事后升级之用，大有天下将快变成我们的天下之势。**

张禄村是广东兴宁县人，清末秀才。他于1905年考入李准建的广州陆军速成学校，这次同姚雨平负责运动巡防营。1911年，他参加黄兴、赵声等策划的黄花岗起义后，得到吴伟康从印度尼西亚带回的华侨捐款2万元，在潮阳募集兵员，成立了广东光复军第四军，并亲任军长，策划潮汕光复，1912年被授予陆军少将军衔。

党人以为条件成熟，实际上根本没有起义的条件，仓促草率，事前泄密。看不出是新军要自觉起义，而是被倪映典鼓动而孤注一掷，故而失败。

领导过多次起义的孙中山远在日本，西装革履加文明棍游走筹钱，安排胡汉民、黄兴在香港遥控起义，对一个没有指挥能力的排长委以总指挥重任。负责直接指挥的“总司令”倪映典，逞匹夫之勇，置新军弟兄生命于不顾，挟他们去以卵击石，往枪口上撞。倪还用错误的方式鼓动，说只要推翻满清皇朝，便可以升官发财。

兵变事件后，都中军谘府、陆军部派员来粤查办，朝廷派两江总督张人骏查办总督和提督的责任。

张人骏查明后奏报朝廷：“署两广总督臣袁树勋、广东水师提臣李准当日因新军七营同时鼓噪，不服劝谕，变生意外，恐致不可收拾，权宜主剿，事本出于不得已。抑应宽免之处，伏候圣裁。”

张人骏对李准是识才、用才、爱才、惜才、护才，看法也客观，建议的处理办法亦公正。

朝廷对总督袁树勋毫不留情地革了职，对李准却革职留任，奉旨加恩宽免。

李准在《清末遗闻》书中记载：“奏入，海观与余（李准）办理失当，海观革职，余革留任，奉旨加恩宽免，我军统领吴道宗禹及督练公所总参议吴道锡永均降二级调用，功罪不准抵消。”

又在《自述》里感慨：“及后军谘府，谓为仇新军。余与袁海观，交部议处分。袁革职去任，余叨宽免恩。**从此军心散，何敢击党人。**”

卖力工作，不但无功，反而遭罚。李准从这时起思想开始悄然发生变化：由尽职尽责、尽忠职守，到消极应付、得过且过，后来进一步转化到同情、保护革命者。

李准虽未因弹劾获罪，却再遭给事中（宫里谏诤之言官）陈善同弹劾，这次对张人骏保护李准的庇护行为也参奏了，但张人骏还是对李准全力开脱而再次保护了李准。

陈侍御《奏参广东水师提督李准折》：“奏为统兵大员，助虐酿乱。疆臣曲予纵庇具，奏报不实，据实奏参，请饬查办，以肃法纪，恭折仰祈圣鉴事。窃此次广东新军滋事，剿抚两失其宜者，革职督臣袁树勋；而助虐酿乱者水师提臣李准也。

“上月二十二日两江督臣张人骏查复广东新军滋事折内声称，督臣袁树勋、提臣李准措置未尽合宜者报告亦有不实，以致舆情不洽，究难辞办理不善之愆等语，是袁树勋、李准两人罪状，均已在圣明洞察。乃同日袁树勋主稿奏陈新军哄营剿抚情形一折，于在事各员均经奏请惩处，且知以未能弥患引为己咎，声请交部议处。**独于督率剿办之李准，庇护之不遗余力，应如何依例处分，一字并不提及，纵谓提臣是统兵大员，督臣未便擅拟，亦应具实声明恭候圣裁。而竟付诸不议不论之列，希图为李准幸免，诚不知是何居心。**

“又革党在粤煽乱，前督臣张人骏饬李准查拏，乃拿到葛谦等多名，在其部下当差者居多数。及邀营务处会讯，仅办葛谦、严国平，而于本部之曾传范、钱占荣则教供开脱，均皆有案可查。粤人言之，无不切齿。袁树勋初到任闻其名亦极恶之，一再裁其用款，削其事权。李准颇自危，继而极力斡旋，纳贿门下认为师生，于是袁树勋依为腹心。

“广东水师提督例驻虎门，而李准在省城内建筑洋式房屋，终年居住。招引奔竞之徒，运动袁树勋贿买差缺，其门如市。

“此次新军之变，李准实躬亲督剿，事发之时，真正革党不过数人，乃李准意在邀功纵勇混杀，遂令数年训练克期成镇之新军十一营，伤毙逃亡几于净尽。仅余四营不满千五百人，将来成镇又在何时。且正月初三日巨魁就歼，乱兵尽逃之后，竟于其夜纵令防兵放火，将国家百数十万金锁经营之营房衣械，先后同付一炬。国家何负于李准，而顾丧心幸乱至于此极。籍曰遗火，而延烧既非出自一时，一标第一第二两营，又非连在一处，何并不遣一弁一兵分往扑救。袁树勋原奏所云遗火，其罔不辨自明。故以两江督臣所查复言之，李准与袁树勋罪相等；而综核其平日事迹论之，则李准之罪实浮于袁树勋。**今在是各员已经分别降革，独李准以遣诃不及逍遥事外，人言啧啧咸谓失平。**似此同罪异罚，不惟无以服天下之人心，亦实不足以伸国宪而肃军纪。应请简派公明廉正大员，按照以上各节认真查办具奏，请旨严惩。**至革职督臣袁树勋此次奏报，有意为李准开脱**，以蔽圣听曲挠国法，业经革职应如何惩戒之处，伏候圣裁。臣职在纠正邪慝维持纪纲，有所见闻不敢不据实直陈，是否有当伏乞皇上圣鉴。谨奏。”

但与历次遭人弹劾一样，李准并未遭朝廷处分，权势反而更加达到顶峰。看来朝廷认为李准是支撑两广地区乱局半边天的重臣，离不开他。

1910年2月22日，李准与两广总督袁树勋、广州将军增祺，和署巡警道王雪岑等广东高官，在三元宫公祭被倪映典刺杀的营队官齐汝汉、胡恩深等。李准亲撰祭文：

“维宣统元年二月乙亥朔越二十二日丙申，头品顶戴果勇巴图鲁广东水师提督李准，谨以清酒庶馐致祭于新军炮兵一营管带齐汝汉、步队一标一营队官胡恩深等之灵曰：

“呜呼！人孰无死，贵得其所，杀身成仁，死亦良可。凄凄碧海，骚骚营魂，青邱有蠹，鬼瞰其门，妖狐一鸣，揭竿仓猝，尘霾涨天，风云变色。连鸡鏁狗，絷马埋轮。涛张小丑，椓我天民。航迷孽海，人饮狂泉，波及军队，反戈倒鋋。刹那之间，叛者四千，嗟嗟公等，乃丁其间。思以大义，醒彼群愚。亦怜介士，横被逼胁，痛哭抚军，既云冥锲。五步之内，丹心碧血。准也不敏，自惭无术，未弥其毒。太息三叹，慨思国殇。履霜坚冰，积渐已久，岂无诿垂，藉以自救。伤彼众怼，倒行逆施，含沙方射，己身先糜。奚若群公，泰山等重，陨我三良，云胡不痛。之死不二，与军始终，临难毋苟，仰何其忠。为国忠臣，亦家孝子。霞熛赤县，永记三忠。呜呼，尚飨！”

李准还亲撰挽联两副：

朝廷縻数百万金钱养成我辈军人岂忍令乱党乘机构煽无端挠大局

天下练三十六重镇悉属良家子弟使共仰诸公抗节赳桓从此尽干城

妖语煽群鸮喋血空争事到万难惟一死

诚心抗单骑狂潮怒吼我从元夜镇三军

李准祭文挽联的思想性和文采，现在读来都令人点赞。不得不承认李准的文治武功，确是在腐朽无能的晚清政府里，确是难得的能吏重臣，少见的文臣武将！

四十八、总督忌才削兵权　险救恶督全家命

1910年12月，广西巡抚张鸣岐新任署理两广总督。

无论哪个时代，总有那么一些小人得志，打压能人的恶官。

物以类聚，人以群分。张鸣岐来广东上任之前，恩师岑春煊就提醒他，李准权力太重，总督就没实权。因此也像当年岑春煊一样，一来就对李准下手争实权。

张鸣岐（1875—1945），字坚白，号韩斋，山东无棣县人。1894年中举

两广总督张鸣岐

人。1898年就馆于广东布政使岑春煊家，充当幕僚。1903年岑春煊署理两广总督，张鸣岐为总文案，兼管两广学务处和练兵处。1904年5月广西民变蜂起，岑春煊入桂督师镇压，张鸣岐随行总理两广营务处。次年，岑春煊荐张鸣岐署理广西布政使、广西巡抚。张在广西一面指挥提督龙济光、总兵陆荣廷镇压民变；一面大举推行所谓“新政”，一时朝野颇著虚名，故得署理两广总督。

张鸣岐一来就对李准提出“以后须将总督、提督权限划清”。

第一招就收回了军队人事任命权：“从前应有之权亦全归总督，甚至委任一小轮之管带，亦须由总督委任”；

接着第二招，剥夺了李准在内河和省城的警察权：“水上警察亦全归巡警道，提督不得过问。省城侦缉队本由余组织，亦拨总督兼管”；

第三招是令李准的军队离开广州城，回到虎门去驻扎。

这就无意中为革命党再在广州发动起义，扫除了最大障碍和威胁，也为自己布下危险。

张鸣岐还将手伸向了李准的水师。“不但将为道员时随身带去权一切收回属于总督，即从前应有之权亦全归总督，甚至委任一小轮之管带，亦须由总督委任，水上警察亦全归巡警道，提督不得过问。省城侦缉队本由余组织，亦拨总督兼管。省城内外且不许我亲军、新军各营驻扎。其言以为省城地面本属广州副将，以后即全归广协黄菊三管理。”

对张鸣岐削弱李准水师权力的做法，敏感的报纸新闻也有关注：“水师李提督因办清乡，统带中路第一至第六防营外，其余中路二十余营虽另派统带，仍奉督院责归统领。故水陆营兵权力以李提为最。兹闻张督以朝廷锐意兴办海军，所有水师事宜最为繁杂，似宜专力筹办，认真整顿，**拟仿李提将兼统防营各差卸去，回驻虎门**，实力筹办水师管辖事理，以免顾此失彼矣。”

《申报》发表《李提督卸统防营消息》《划清防营缉捕权限》；《香港华字日报》发表《陈庆桂奏参李准之严厉》等文。

广东革命领袖胡汉民，发现了张鸣岐打压李准的矛盾，马上加以利用：“龙济光至，则兼为广东新军镇统，位势在李准上，李渐不平。余诇知其情，则使人离间之。**李自被刺伤，虽医愈，然知革命党势力已大，不敢更与**

结怨，故为陈敬岳求免死；护送但懋辛等回里；中路清乡之任务，李亦以让之他人。**张更疑其与革命党人通**，遂夺其中路所统三十营，且收取虎门要塞大炮撞针，李益不安。”

胡汉民还说：**“先是李直绳君受党人林、陈两君所刺伤，即手书致张鸣岐戒勿害陈君，勿兴党狱。以后关于党事嫌疑者直绳俱不问。”**

张鸣岐忽略了李准在广东已经营十余年，实力雄厚，经验丰富，正是他治理广东应该重用倚靠的好帮手，而打压能人，是跟自己过不去，是自断其臂的愚蠢行为。

李准明白张的用意：“讵知在沪上已受西林严嘱，到粤必先从余下手，以余权重而总督无权也，不知何事开罪，至今莫解其故。”

但李准还是尽忠职守，顾全大局，仍然尽力巡防捕盗。二月，李准对阳江一带捕务进行兵力配置。

《申报》刊登的《李水提规划阳江捕务》报道，防营布置零星分布，各据点兵力不足。李准根据这种情况，提出了对阳江一带捕务的规划：“均系浅水洋面，风浪尤为险恶，小轮不能去，大轮亦不能到，其有出海之广全等轮，又派往外海各处洋面巡缉。若每营各拨一哨，作为游击之师，则兵力较厚，随时可以围捕。查阳江、阳春、恩平三属共有六营防勇，每营拨两哨，择要驻扎，抽一哨作为游击之师，并饬令管带游击队之员，不论何处有匪，即应迅速亲督勇队穷追截拿，而各处驻防营勇亦须随时答应，不分畛域，一闻警报，即会同乡练入村搜拿。勒令绅耆将匪捆送，务绝根株，不许漏网骚扰，似此厚集兵力，彼此联络一气，较之处处驻扎裨益良多。”

李准这种布置优势明显，在不增加兵力负担的同时，发挥驻防兵士的机动性，以此弥补驻兵薄弱的短板，同时还较好地利用了各乡党的地利和群众优势。李准的军事才能和头脑的灵活性可见一斑。

前任总督袁树勋吃了不重用李准的苦头，这次张鸣岐因目光短浅妒才，又打压李准，后果是什么呢？

害人即害己，导致自己差点送命！嫉妒人才而打压排挤，是有权人最坏的品质，最终只会自食恶果。

广东是孙中山革命发迹地和大本营，张鸣岐赴任前已发生了七次起义。张鸣岐与李准一政一军，本应同心同德共度时艰。但张鸣岐离心离德的做法，使李准变得消极了：“自袁海观来，意见不合，即心灰意懒，不肯强为出头。今坚白（坚白，即指张鸣岐）又若此，只得放弃一切，得消闲时且消闲。”

李准被较大地削减了兵权，更加向消极中立转变。这也是李准在镇压黄花岗起义中，没有尽心竭力赶尽杀绝，反而网开一面暗中保护的原因之一。

就在此时，孙中山遥控指挥，广州又秘密酝酿着一场惊天动地的大起义。

李准早已察觉这个惊天秘密，嗅到了火药味，还有血腥味。

张鸣岐请客夏同龢（戊戌状元，广东法政学堂开创者，李准女儿嫁其子，为李准祖父神道碑题碑文）、巡警道台王雪岑、缉捕局长李鹤琴等官员，就是没有李准。李准托这几个部属转告张鸣岐将有事发生，张不但不信，反以为李准无事生非。可见张鸣岐的水平和能力，与总督之职不太相称。

“余偶以有党人图谋起事之言，省城之机关始满，间接向坚白进言。坚白冷笑曰‘李某以此恫吓我，岂能再将权交回哉？’我从此知亦不肯言矣。”

1911年4月8日，张鸣岐到任不足百日，广州发生党人温生才刺杀署广州将军、满洲副都统孚琦事件，引起朝廷震怒：“凡有大员出行，遇见竟敢轰击，扰乱地方，实属目无法纪。认真防范，一体严密拿案惩办，如有形迹可疑之人，立即拘案，彻底根究，毋稍疏虞。”

张鸣岐这才想到电调正在顺德巡视清乡的李准急速返省，又慌慌张张电令督练公所、水师行台及各衙署派兵防缉，并下令各城门一律关闭，切断城内外电话线路。

其实李准凭直觉和经验，预判会有突发事件发生，已提前于当天上午刚刚将新军右营从三水河口，调回到他提督府对面。

李准《自谱》记载了这天的情况：“二十九日以新军右营将自三水河口归于天平街水师行台对门，租屋搭太平铺为该营驻所。午后出门，而新军右营已归，鹄立街心，举枪行礼。余催赶将营舍备就，俾右营入住，并令各兵架枪休息，始往拜坚白，尚佯为暇逸之状，故示镇静。”

李准亲到总督府提醒张鸣岐。张鸣岐还是装模作样，以为李准又在逗他玩儿。

“三点，余出城至水师公所，正行至大南门外桥上，见有身着白衣之青年学生多人乘舆入城，心疑而未加检查。及至公所，得邓瑶光自港来电，言党人私运军火，多以头发包退回时暗藏于内。并称本日有多数党人乘永安早渡来省。当即电知海关检查进口各轮船。

“四钟，入城回行台，而右营仍未入屋，各兵手持枪而背囊未卸。正作书以告坚白，适吴宗禹自西江黄江税厂归，坐于案侧，问何事电调来省？余以党人行将起事言次，即闻炮声继续而响，翰香曰：‘是制台出门罢？’余曰：‘其声杂乱响，至八九决非制台出门。必党人已攻入督署’。右营在门口行装未卸，即速同令兄率兵往援，翰香应声去。”

不一会儿，吴翰香手扶一个身着黑洋缎短夹小袄、戴蓝色眼镜的人回来。李准一看，竟然是总督张鸣岐！

张已面如死灰，两腿发软，几乎站不起来了，顾不得自己是总督，竟突然扑通一下在李准面前跪下！

“正出至大门指挥队伍，翰香手扶一身穿黑洋缎短夹小袄、戴蓝色眼镜之人向余曰：大帅在此。一兵士持枪怒目相向，坚白即跪余前曰：速救我。余曰：勿忧，速随我入上楼，并斥退持枪之兵。坚白此时面如死灰，扶之登楼几不能举步。同上楼后，余又下楼以指挥军队。坚白亦随之下，坐门房旁边之一椅上，与余言曰：余倾隘书班房楼上窗口垂系而下，幸得翰香拯救，惟家父及眷属尚在署内，望设法救出，感谢万分。”

吴宗禹（翰香）的哥哥吴云亭说：“我去包救老大人出险！”

张鸣岐看到吴云亭光着脚，穿着脏衣，腰束大皮带，辫子盘在项上，一手拿着铁锤，一手持着手枪，不由得半信半疑，但又别无他法，只得让这个邋遢汉去试试看。

吴云亭带着十数士兵，潜入黑暗，从提督府后墙街，奔督署后墙。用铁锤把墙击穿一洞，蜂拥而入，奔至上房，遭遇党人，与之激战。

后半夜，吴云亭竟在乱军丛中救出张父和全部眷属，带回提督府！

吴云亭还带回一个意外收获——从所毙之党人身上搜到一本绝密小册子，记有党人在广州的秘密据点。第二天李准他们凭此情报，将党人在广州经营多年的据点全部摧毁。

总督张鸣岐感激不尽！

可是总督小妾却哭哭啼啼，求吴将军再跑一次去救人，因为她的初生小儿还在总督府里，没有被救出来。

吴云亭二话没说，又消失在夜色中，救回小儿来。

李准部下往返三次出生入死，救了张鸣岐全家性命。

新闻报道《追录张督出险实情》，与李准所说基本相同：“张督及官眷出险情形，言人人殊。兹再确切调查，得其实情如下：是日，李提一督署有警，即派统领吴占高率弁勇数人入督署迎出张督，再入迎出封翁，往返数次，始将全眷接出。初入署时，遇乱党十余人，在数步之内，党先开枪，幸而未中。吴还枪击之，毙党人一名，余党反奔，乃得入内寻觅，且于党人之身搜出小册一本，因得知乱党机关之所在云。”

李准在水师公所为张鸣岐安排了一间办公室，张鸣岐成天待着不敢出提督府。

密电员送来岑春煊的密电：“你要趁此扰乱时机，以杀李某，为斩草除根之计。”

张鸣岐撕掉电报：“我之生命亦在人之掌握中，人不杀我已属万幸，安能杀人？”

这就是震惊中外的黄花岗起义。

李准想：“自此之后，以为坚白必能捐除意见，同心合力，以谋国是。殊不知其疑惧更甚。”

胡汉民看出了这点：“初三月二十九之役，张鸣岐实只身走匿李准处，李颇挟功凌之，张不能堪，而惧夺其位。”

张鸣岐此前在广西任巡抚时，任命过心腹龙济光为陆路提督，张竟然将其军队从广西调来广州。

“请饬广西提督龙济光，抽调广西防勇八营，亲自统率星夜赴援。”

张鸣岐打压李准，连广州民众都看出来了，担心总督引狼入室。

报纸指出张之用意：“奏调龙济光统领桂军八营驻扎广州。此其布置，不无藉资牵制之意。”

张鸣岐为了打消民众疑虑，出示晓谕：“又有虑及省城主客各军群居杂处，深恐日久或有冲突滋事者，兹特逐条解喻，以释群疑。”

这又成了此地无银三百两。

桂军入粤没有起到稳定局势的作用，反而成为不稳定因素。

张鸣岐还将李准所部调出省城。“以济军在省城内驻扎，广协各营扎城外，恐与我军冲突，调令出省城。乃全调至虎门及附省各要隘以训练之。”

李准只能“于省城留卫队一营，分驻于水师公所、行台两处，且常来往各处，出巡各江，以示不干涉总督军事之权焉”。

其他朝臣都觉得张鸣岐做法不妥，会造成大问题，屡屡上奏朝廷，言其弊端：“又新调广西九营驻扎观音山一带。粤垣人烟稠密，有巡警，有防营，有新军，又有客兵，聚于一隅，猝然生变，其祸较革党为烈。”“桂军初次移驻，风土人情皆不相习，动形龃龉。本省防营因恃生骄，猜嫌日甚。而新军巡警之与防营，亦复不相浃洽。四者同驻一隅，各怀意见。纵无匪徒起事，固已岌岌可虞。”

这样一来，广州城里空虚，孙中山、黄兴、胡汉民就有机可乘了。

张鸣岐夺了李准陆军之权，还想分李准水师之权，请海军部调军舰来粤助剿。

“坚白欲夺余水师之权，以调海军部司长刘子英（名冠雄）来粤为水师营务处，会同两分统全四、胡品坤二人专办水师之事，常咨余之文略云：且以刘冠雄为水师营务总办，凡遇调遣指挥水师军舰，均由刘冠雄章承海军部及贵场处办理，本部堂与本提督均无直接指挥之权。其夺权之巧甚为意想不到之至，坚白之用心实令人难解。”

张鸣岐对李准解释说，水师的事情你这个提督不去管，我这个总督也不去管。

最后，李准负责清乡的治安大权也被张鸣岐另授他人。

清末广东被当时报章和疆吏称作“盗甲天下”之地，因此清乡历来被当局视为消弭匪乱搞好治安稳定社会的法宝。然而“张督日昨出奏，拟俟桂军来粤布置防守后，即调齐水陆各营，大举清乡，并照请在籍编修江孔殷总办广州全属清乡事宜，会商水师提督办理。所有广属水陆防营，均归调遣”。

君子以德报怨，小人以怨报德。

君子坦荡荡，李准以德报怨，救了张鸣岐的命。

小人长戚戚，张鸣岐怕李准超过自己，以怨报德，加快剥夺李准兵权。

李准被总督张鸣岐逼着，加快对自己的前途命运进行新的抉择——要么与他们同流合污，要么洁身自好。

在历史和人生的重要关头，李准作出了选择：“在籍翰林院庶吉士捐纳江苏试道江少泉太史（孔殷，人呼之为江虾者，南海人），坚白以之为清乡总办，隐以待余之职，与邓瑶光朋比为奸。**余则早已视此官为敝屣，决不与此辈为伍。**”

四十九、黄花冤魂谁之过　起义内幕大揭秘

李准被人诟病的，主要是说他镇压了黄花岗起义。

那么，起义的真相和内幕到底是怎样的呢？

失败的真正原因究竟是什么？

孙中山发动多次武装起义均告失败，真的只是李准镇压之过吗？

李准在广东辛亥革命中到底扮演了刽子手还是保护伞的角色？

为什么孙中山在两广领导的十次起义均告惨败，一批又一批革命党人精英献出生命？而最后那次不是其领导的武昌起义，却出人意外获得成功？

此前辛亥革命史学家对这些问题的研究，是全面客观、实事求是的吗？中国辛亥革命史研究会创办人和领导人、《辛亥革命史》作者章开沅老先生，在2011年该书出版10年后承认，辛亥革命研究，**“严格说来，还很不成熟，很多材料未完全被挖掘出来”**。

中山大学孙中山研究所所长、教育部长江学者奖励计划特聘教授桑兵先生，在主编《辛亥革命稀见文献汇编（一）》（2011年出版）时，一针见血指出：**“辛亥革命研究存在一味注重革命党，而忽视其他方面的偏向。”“单纯从革命的角度立论，导致辛亥时期历史整体性的失位，不仅全局往往破绽百出，而且具体也容易捉襟见肘。”**

桑兵还特别指出：**“着重研究保皇党、立宪派乃至清政府，都是补偏救弊之举。”**

中国辛亥革命史研究会副理事长苏全有，在《百年黄花岗起义研究述评》一文中也指出：**“通揽学界对黄花岗起义的研究，大多是从革命党人的角度展开，而从清政府这一视角进行研究的则寥寥无几。”**“长期以来我国史学界流行的是精英史学。因此黄花岗起义的研究有待拓展内容，继续深入。**更可以从清政府角度切入，清政府有何应对？起义镇压下去后又如何善后？**”

原来，我们所看到的黄花岗起义**“很多材料未完全挖掘出来”**，**“辛亥时期历史整体性失位”**。

习近平同志指出：**“让历史说话，用史实发言。”**本章就率先尝试，从清廷的角度，以镇压起义的李准的记载，加上起义者本人的说法，再结合当时的新闻报道，以及在穗的外国官员的看法，全面地再现“清政府有何应对？起义镇压下去后又如何善后？”客观地还原黄花岗起义及新军起义的真实历史，探寻起义失败的真正原因。

在清末时期，要结束旧制度，开创新制度，实现民族复兴，有两种主张、两条道路可供选择：一条路是宪政改革使中国和平过渡，成为像英国一样的民主宪政国家；另一条路就是暴力革命，推翻清王朝，建立新制度。当时的中国，实质上正处于孙中山的“暴力革命”与清廷的“和平改革”两条道路之争。

自1895年孙中山发动第一次武装起义以来，已经十余次了，都遭到了惨痛失败。特别是新军起义失败后，同盟会对孙中山产生了悲观情绪和怀疑态度，正如孙中山自己所说：**“举目前途，众有忧色，询及将来计划，莫不唏嘘太息，相视无言。”**

早在1907年孙中山和黄兴领导的潮惠系列起义失败后，章太炎、陶成章、张继、宋教仁、谭人凤等同盟会人就主张召开大会，罢免孙中山的总理职务，另举黄兴担任。黄兴不愿接受，致信东京同盟会总部代行总理职权的刘揆一：“革命为党众生死问题，而非个人名位问题，孙总理德高望重，诸君如求革命得有成功，乞勿误会，而倾心拥护，且免陷兴于不义。”（《中国通史》）

而孙先生却提出“愈不可为愈为”，“集各省革命党之精英，与彼虏为最后之一搏”。

1910年秋，孙中山由日本来到马来亚槟榔屿（又称庇能），约胡汉民、黄兴、赵声、孙眉等商讨下一步革命计划时，几个人默默不语，精神不振，相顾无策。孙中山鼓动道：“一败何足馁，吾之失败，几为举世所弃，比之今日，其困难实百倍。今日吾辈虽穷，而革命之风潮已盛，华侨之思想已开，从今而后，只虑吾人之无计划无勇气耳！如果众志不衰，则财用一层，予当力任设法。”

黄兴同意再举倡议，陈述了选择广州作为发难地点的主张，赵声说“非数十万大款不可”。

1946年出版的史料集《黄花岗》披露：“此次大举，拟以新军为主干，但鉴于过去的教训，乃决定择同志五百人为选锋，任发难的责任，以领导军队和民军，广州一得，以黄兴统一军出湖南趋湖北，赵声统一军出江西趋南京；武汉及南京一得，全国可传檄而定。”

以三五百人扫平广州城，而后一举得天下！无疑这是革命理想主义、革命英雄主义和革命党浪漫主义，当然也有点革命的乐观主义和冒险主义。

起义副总指挥黄兴

1911年1月18日，黄兴抵香港，主持广州起义筹备工作，成立统筹部，黄兴任部长，赵声为副部长。

4月23日，黄兴给孙中山致绝笔书：“本日驰赴阵地，誓身先士卒，努力杀贼。书此以当绝笔。”

而后由香港乘轮船潜入广州，设起义指挥部于越华街小东营五号。

当时党人对张鸣岐、孚琦、李准这三位广东地方实权人物的评价是：“张鸣岐虽狡谲，势力不属。孚琦庸劣无能。惟李准枭鸷狡诈，纪元前四年，破巡防营之运动，纪元前二年，又破新军之举，我党人之死于其手者，实繁有徒。故同志佥以为欲谋大举，必先杀李准。李准既杀，则张鸣岐、孚琦无能为役，遂议先刺杀之，而后举义。”（《武昌革命真史》278页）

以往的起义都被李准镇压了，这次计划先刺杀李准后再起义，不就得了？

可是，计划没有变化快！

就在统筹部开会研究起义，各路人马向广州聚集这天，突然冒出一个无组织、无纪律的革命“独行侠”来，好心办了坏事，革命党有组织有计划的起义突然被他打乱。

这就是孤胆英雄温生才，一个典型的革命“愤青”！他不是组织上安排的，不让革命领袖们指挥，同样要干出惊天动地的大事来。

果然，1911年三月初八，温生才行刺大获成功！

《东方杂志》报道称：“归时，行至东门城外，突被一身穿蓝衫者迎面放枪击之，中将军额，复续放三枪，中头部腹部，旗兵舆夫均哄散。迨巡警道等趋视，将军已殒命矣，凶手弃枪向东门逸，为巡士尾追捕获。”

可是，温生才以手枪连击打死的轿中清朝大吏，不是李准，而是广州将军孚琦。

原来李准“以外人于燕塘演放飞机。余同司道往观。**是日，以新会、顺德、香山地方有事，夜间即乘龙骧、电安、安太、江大等轮，先往猪头山提勘密行**”。

又一次天意抑或巧合：李准连夜秘密地走了，忙工作去了，免了一场灾祸。

胡汉民说：“是月月初，准备将完好。党员温生才突于初十刺杀广州满将军孚琦，其事至壮烈，然省港党部俱不预知，则此成仁取义之举动，转为革命军发动之妨碍。盖革命军一方面于仓猝中不能利用敌人恐怖之机，而敌军一方面转以此加紧戒备也。”

其实早在起义两个月前的2月25日，香港《士林西报》就报道，广州政府“得到密报，拿获革命党人三人，并搜得一百八十多人的名单，领袖叫黄兴，在香港筹划来广州暴动”。

温生才刺杀孚琦后，暴动即将再次发生的传言满城尽知，盛极一时。尽管党人保密工作做得好，但许多人都已经知道要出乱子，西郊的一些富户在4月27日以前已经逃往香港或澳门。

这次无组织无纪律的个人英雄主义刺杀事件，使本来就风声鹤唳的官员更加恐慌，同时也打草惊蛇，打乱了党人的起义计划。

广州紧急戒严，搜捕党人。两广总督张鸣岐忙调巡防营三营驻广州，严密布防，占领城内高地，还派出巡捕四处搜查，破获了统筹部两处藏匿武器准备起义的机关。

李准更是紧急调兵遣将。

胡汉民说：“克强既入，初使人密报，拟于廿五举事，旋确定为廿九。至廿六日，**闻观音山之防营原已受运动者，忽被他调。**”

李准将准备起义的观音山巡防营调离开，不知是巧合，还是有意为之。

《自谱》载：**“立即回天字码头水师公所，发无线飞调各军回省。二十八日所调各军陆续回省，分扎观音山、龙王庙、天字码头各处。二十九日，以新军右营将自三水河口归于天平街水师行台对门。”**

《辛亥革命》载：“原议三月十五日发难，其后因美洲之款未能到齐，荷属一万五千元亦到于二十以后。加以温生才刺孚琦事件发生，清吏戒严特甚，欲俟其防备稍懈，俾易着手。”

黄兴在二十五日到广州，因日本、安南的军械还未运到，不得不延迟，改定二十九日为起义之期。又有消息称，他们依赖起义的新军二标四月初就要退伍，起义既不能再迟，又不能太早，遂决定三月二十九日发动起义。

此时领导人内部又发生分歧，陈炯明、胡毅生、朱执信要求延期。起义副总指挥黄兴无奈，三月二十六日电告胡汉民：“省城疫发，儿女勿回家。”

好不容易从香港聚集到广州的选锋成员又往回撤。

《黄花岗》载：“黄兴见各部如此，所谓改期，实无异解散，他痛心极了，乃决定自己一人死拼李准，以谢海外同志，而令各部从速解散。不料在退散之后，林文和喻培伦到黄兴处说：河南巡官四川人向喻报告，四五天以前已有搜索户口的命令，旦夕必行，似此不但不能改期，并且须急速发难，方能自救。到二十八日，陈炯明和姚雨平同到黄兴处报告，说：从顺德调来的三个营，里面同志很多，哨官十人有八个是同志，其余两个只有一个反对，另一个且系中立，他们现泊天字码头，即欲乘机起事。于是情势显见好转，因为防营三营如果能反正，不怕其他的防营不投降，况且有新军的大力作后盾、巡警教练所的学生二百多人又决心帮助，枪弹足用，有这几点，不怕事不成，因此黄兴乃决定如期发难。”

陈炯明和姚雨平说的四川巡官，就是李准正要将其升任巡警道台的爱将李天均及其部下邹有章。

黄兴一听，认为出现了“转机”，又立即改变了刚刚集体决议的延期，他决定马上起义！

1930年8月北新书局出版的《中华民族革命史》连载了当时情形，比影视剧还曲折迭变：

“讵张鸣歧、李准自得密报后，于二十六日飞调防勇二营回省，以三哨保守龙王庙高地，令旗兵运炮上城，并加发枪弹与警察，同时收缴新军枪械，胡毅生遂提议展期，陈炯明、姚雨平及伯先代表宋建侯和之，克强决心愿以一死拼李准，以谢海外侨胞，而维党人名誉，保全党人之枪械，留为后用，并令各部退却，免搜索之祸害，遂与建侯承点相商，先遣伯先所部，全数离省，余亦陆续退去。后林时爽、喻纪云报告，警局四日前，已奉到搜索命令，旦夕必发，恐遭敌手，坚欲集三四十人袭攻省署。议已决，而炯明、雨平来言：**李准调到之二营，由顺德返省，皆同志，现泊天字码头，可乘机响应，陈、姚即与彼辈商定，遂变更原定计划。**”

黄兴又赶紧电告香港：“母病稍痊，须购通草来。”

一天之内，发了两个“不要来”和“快点来”的电报，选锋队员尽在路上折腾。当起义领导人胡汉民和起义总指挥赵声又接到黄兴电召，带人赶到广州，才知头天已事败，还没下船就重返香港，根本没参加起义。

而李准在党人中有卧底，黄兴他们的活动已在李准掌握之中。

黄兴后来说：“然此时又发生一极困难问题，则承运枪械之人有陈镜波者，系李准令其投身我党为侦探也，彼已将由头发船内运进之枪百余杆，子弹若干，报知李准。”

李准在《自谱》也说：“余派向充侦探之马镛桂随雪岑，当晚导往司后街及水母湾，破获机关多处。”

4月27日下午，李准“得邓瑶光自港来电，言党人私运军火，多以头发包，退回时暗藏于内。并称本日有多数党人乘永安早渡来省，当即电知海关检查进口各轮船”。

这时城内谢恩里二牌楼机关已被破获，起义行动更为暴露，广州街头已是军警林立，戒备森严。

稍有一点理智的人，都会取消起义计划，保存革命火种，待图东山再起。可惜革命领袖们，凭主观激情就“举全党之力”，飞蛾扑火，结果又使同盟会再遭灭顶之灾，让**“吾党精华，付之一炬”**，全党革命精英损失百分之九十！

黄兴却是骑虎难下，硬着头皮也要上，头撞南墙也只能撞。

原来计划黄兴一队攻两广总督署、姚雨平攻小北门占飞来庙、陈炯明攻巡警教练所，胡毅生以二十余人守大南门。而当最后起义时，只有黄兴一路真正行动，其他三路人马都因一天三变的决定，而在路上来回往返折腾。于是便发生了辛亥年三月二十九（1911年4月27日）黄兴率120人，孤军杀向总督府和提督府，慷慨赴死，碧血染黄花的悲壮一幕！

《胡汉民自传》说：“克强与在省干部同志商，决定展期，即再报统筹部，并遣各组选锋暂先返港，至二十八日，统筹部复得克强密报，则又定于二十九日发动，余与伯先急遣选锋复上省（但多不及行者）遂共入海珠酒店，仲实先返其家，旋使其姑母来，具言‘党人围攻督署已失败，死者甚多，现时提骑四出，旅馆已布侦探，君等宜急避入乡间，绕道往港’。”

起义敢死队长、四川人熊克武之《广州起义亲历记》，披露革命党这边仓促起义内幕：

二十七日，两广总督张鸣岐调回巡防二营驻扎城外，胡毅生（负责购买和运送枪械的储备课课长）、陈炯明认为敌有戒备，应该慎重从事，坚主缓期。黄兴无可奈何，下令除负责的基干外，其余“选锋”约三百人全部撤回港九。

喻培伦、林时爽即往见黄兴，痛陈利害说：“花了海外华侨这么多的钱，南洋、日本、内地同志不远千里而来，于今中途缓期，万一不能再举，岂不成了个大骗局，堵塞了今后革命的道路？革命总是要冒险的，何况还有成功的希望？即使失败，也可以我们的牺牲作宣传，振奋人心。现在形势紧急，有进无退，万无缓期之理！”喻培伦且坚决表示：“就是大家都走了，剩下我一个人，也要丢完了炸弹再说，生死成败，在所不计！”

黄兴听了大为激动，决定集合同志数十人，杀张鸣岐以谢国人。

二十八日，姚雨平（负责运动新旧军）、陈炯明报告，新调来的顺德三营，哨官中十之八系同志。于是决乘机起事，黄兴又最后确定二十九日下午五时半发难，并电报通知香港。

香港方面以时间来不及，留港的三百余同志实难于二十九日的早班船全部赶到，电请推迟一天。

这样一再改期，一切部署都打乱了。

下午5时30分，黄兴、方声洞、徐国泰率队攻打总督衙门。督署东西辕门驻兵一连，管带金振邦指挥，据守城楼拼死还击。起义军伤亡甚重，杜凤书、黄鹤鸣等多人当场牺牲，总督府卫队长金振邦也战死。"敌兵或凭于栏，或躲于柱，以阻击我军。徐广滔血泊于前门；徐临端脑涂于甬道；徐礼明冲锋扑进，及阶而颠；徐进炤伏尸酣斗，饮弹而殒；其他同志之断腿残肢，头破血流者，不可胜纪。"

这是"72烈士"攻打总督府时牺牲的第一批人。

起义军用炸药攻进总督府，发现张已越墙逃至李准提督府。黄兴、方声洞、徐国泰放火焚烧督府。

百余人分成三队，一队去攻小北门以接应起义的新军，一队去攻提督府，黄兴自率方声洞、朱执信等十余人去攻南大门，以接应起义的巡防营。

黄兴率队冲至双门底，却与同盟会会员温带雄起义的巡防营相遇！

温带雄是李准手下的巡防营哨官，被姚雨平策反，密定里应外合，当黄兴起事时，温以保卫李准为名，正打算前去提督府活捉李准，还约定以螺号响为警讯，臂佩白手巾为标志。恰遇李准派人去传令该哨入城镇压起义军。温带雄当即扣留传令兵，率队跑步入城，恐路上发生阻碍，手臂没缠白巾。

黄兴他们看到巡防营大队人马迎面而来，臂上未缠白毛巾，以为是李准的巡防营赶来了，冲在前面的方声洞眼疾手快，打死了巡防营带队哨官。

黄兴他们哪里知道，被他们首先打死的哨官，正是巡防营起义的"总司令"温带雄！温的巡防营人多势众，武器精良，立即猛烈还击，方声洞多处中弹毙命。

1911年7月《平民画报》刊载焚攻督署图

一顿乱枪之下，双方死伤数十人。

1946年史料集《黄花岗》载："黄兴自率方声洞、罗仲霍、朱执信、何克夫、李子奎、郑坤等十人，出南大门，拟与防营接应。黄兴和方声洞行最前，到双门底就和防营遭遇。党人见防营没有配臂号，且举枪相向，**方声洞发枪击毙其哨官，于是防营的弹像雨一样的打来，声洞当即战死，其余的则各自为战，且战且前，最后只剩黄兴一人。**黄兴见情势不对，乃以肩冲进一洋货店，倚门从内还击，打死防营兵七八个，防营连忙退却。远闻营中传语去保护提署。实则这次双门底所遭遇的防营，就是从顺德调回的三营，约定接济发难的，其先行的一营哨官温带雄，因欲直趋水师行台擒李准，所以没有挂白布，不料彼此误会，遂至自相残杀，真可痛惜。”

起义之乌龙：党人方声洞开枪击毙起义的巡防营哨官，巡防营乱枪打死方声洞

这是黄花岗72 烈士牺牲的第二批人，死于起义者自己的乌龙事件。

这次死亡人数最多，这边“**最后只剩黄兴一人**”。起义新军那边更多：**“黄兴等人见势危急，立即带领一部分人从司后街撤退，抵达正南街口时与清兵遭遇，展开激战，清兵当场死伤三四十人。”**（幸存者罗锦泉语）

这就是“72烈士”牺牲的真相——在李准军队还没赶到之前，多数在乌龙误杀中牺牲了！却被史学家全部算在李准头上。

而被辛亥革命史学家称为镇压黄花岗起义的刽子手的李准，此时在做什么呢？

《自谱》记载：“余登后楼，望见督署内白烟漫起，其走楼上有多数白衣人来往奔忙，炸弹、手枪之声若断若续。余下楼，即电令观音山、龙王庙及天字码头船上之兵分批出队往捕。正出至大门指挥队伍，翰香手扶一身穿黑洋缎短夹小袄、戴蓝色眼镜之人向余曰：‘大帅在此。’翰香之兄云亭一手持铁锤，一手持手枪，抢步而出，带数十兵于后墙街督署后墙，以铁锤击穿一洞，蜂拥而入，寻得坚白之封翁及眷属，并魏子京夫妇而出，至行台，坚白谢之。其妾室萧乃初生子未得，云亭又率队往，至天将明，始寻得送来行台。

“夜半，督署火起，余下令不许救火，仍令翰香、云亭率队，分头以御乱党，终夜枪声不绝。幸吴总参议仲言同来行台，随时电告协统蒋百器，以城内击散乱党，善抚新军，勿令外出。且幸先一日已暗将枪机卸下，新军终不敢动。各人均以不得天明为恨。”

李准整夜都在提督府里，先是忙着安排部将救总督一家人，下半夜才得空令部将率队“以御乱党”；而此时72烈士多数已在总督府和误杀时不幸牺牲了。

下半夜，李准电令巡防营大队从观音山赶来，剩下二百多起义者被水陆军警数千人层层包围。

起义之花县选锋队长徐维扬回忆：“时彼众我寡，彼持长枪，我持短械，彼有接济，我乏后援，胜败之数，固不待龟卜。**而敌之援兵忽大至**……”

徐维扬这个说法，证实李准的记载属实。

徐维扬，广东花县人（现花都区）。广州培英书院毕业后进入广东陆军将弁学堂学习，加入同盟会。参与策划1910年2月的广州新军起义，又率部40多人参加黄花岗起义，侥幸脱险。中华民国成立后，任陆军第七团团长兼广东雷廉绥靖处总办、粤军第七支队司令、中华民国政府总统府中将参军、粤汉铁路局局长、广东省民众抗日自卫统率委员会委员兼中路总指挥，1952年病逝于广州。

徐维扬任广东番花同盟分会负责人期间，其拟定入会志愿书曰：**“胡虏乱华，神人共愤。仆驱除志切，百死不移，耿耿此心，天日可表。兹闻贵会提倡大义，与仆平日宗旨相合，故愿入贵会，同心协力，复我华夏，一切章程，情愿遵守。伏维介绍。誓词曰：当天发誓，驱除鞑虏，恢复中华，平均地权，矢忠矢信，有始有卒，有渝此盟，任众处罚。”**

据《花县文史》资料记载，新军起义失败后，孙中山于1910年冬在南洋召集同盟会骨干会议，派黄兴、赵声等筹划广州“三二九”起义。由于起义两度改期，原定800人参加的队伍，起义前夜在广州城内仅有几十人。眼见缺兵少弹的黄兴决定发动这场“明知不可为而为之的起义”，徐维扬怀着必死之心站出来，三月廿八日夜赶回三华村，在其“集之徐公祠”番花同盟会分会点，召集勇敢善战的青壮年百余人，组成“选锋队”即“敢死队”歃血宣誓。第二天“敢死队”赶往广州，却因清军戒严，只有40多人进入城内。是参加黄花岗起义人数最多的，72烈士中姓徐的就达16位，全部是徐维扬花县“敢死队”宗室成员。

当天晚上，徐维扬已经突围，因担心城中黄兴等人，就让受伤的6人先行回村，自己与徐怀波冒死返城。不想返家的6人却遇敌牺牲，徐维扬二人竟侥幸脱险。一心向死却得以幸存的徐维扬，面对遇难的宗室子弟痛彻心扉：**“十八烈士者，其子女均已无父，致贫不能自存，而维扬奔走国事多年，拙于蓄积，又无以赡养，苟埋其名而不传之天下后世，不几疑烈士之不可为。”徐维扬愧疚自责：“黄花之役，徒留此昂藏七尺，偷活人间，对诸先**

烈抱愧深矣！吾欲将烈士之事实留传于后世，而吾实感沉痛，此吾所以迟迟而无报林、邹诸先生之命也。”后徐维扬任广东步兵团长时，呈文民国政府请求抚恤这些烈士。

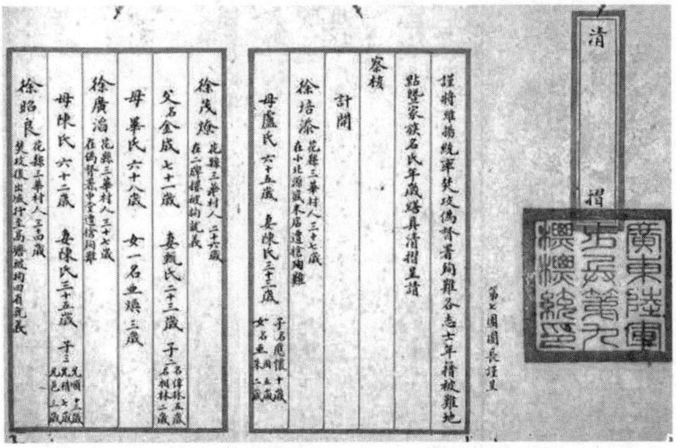

清摺

謹將維揚統率焚攻偽督署殉難各志士年籍被難地
點暨家族名氏年歲縷具清摺呈請
察核
計開
徐培添 花縣三華村人三十七歲 在小北源盛木店遺體殉難
母盧氏 六十五歲 妻陳氏三十三歲
徐茂燎 花縣三華村人二十六歲 在二牌樓被拘就義
父名金成 七十一歲 妻甄氏二十三歲 子二名 偉林五歲 相林二歲
母華氏 六十八歲 女一名亞嬌 三歲
徐廣滔 花縣三華村人三十七歲 在偽督署中堂遺體殉難
母陳氏 六十二歲 妻陳氏三十五歲
徐昭良 花縣三華村人三十四歲 焚攻後出城行至高塘被拘回省就義

廣東陸軍步兵第九標標統

第七團團長謹呈

徐维扬后任广东步兵团长时呈文民国政府抚恤黄花岗烈士

对于黄花岗起义，徐维扬和他领导的花县“敢死队”可谓居功至伟，参加起义的革命党人共约130人，徐维扬的队伍占了三分之一，然而对这支队伍的研究和报道却较少。

起义者能战的多数已在攻打总督府和双方误杀中牺牲，剩下的多为文弱伤残，枪支弹药也已尽，现被李准指挥从几路赶来的水陆军队重重包围，眼看就要全军覆没。

可是李准却突然下达了一个出乎意料的命令——命大部队退回提督府里面去了！理由是为了保卫提督府。起义者趁机四散逃走。

徐维扬的回忆录证实了这个情况：**“敌军为我所慑，且为保卫水师行台计，蜷缩不出。”**

徐维扬不知李准内情，也是想表现他们勇敢，当然要说他们把李准军队打得害怕了而退回提督府了。想想剩下的文弱伤残用匕首和手枪，能将手持德国精良武器的几千水陆军队，打得躲回屋里不敢出来了？

真正原因，则是起义者多是李准友人或防营官兵，昨天还是部下，今天人各有志，实在不忍痛下杀手，赶尽杀绝，还是放他们一条生路吧！

熊克武、但懋辛、林觉民、林尹民一路从总督署撤出后，想去攻击提督府，却没找到地方，遂转攻李准巡防营大队驻地观音山。三次猛扑还是寡不敌众，一些人死伤被捕，于是三五分离，各逃生路。

黄兴一路与起义的新军误杀后，只剩一人，伤右手断二指，见左右已无人，退入一店，得店主同情换衣服逃出广州，到河南溪峡机关徐宗汉家，由她陪护到香港。黄兴因祸得福，与之结为夫妇，成为一段战火中的爱情佳话。

原计划香港这一路人马呢？

胡汉民说：“至廿八日，统筹部复得克强密报，则又定于廿九日发动。

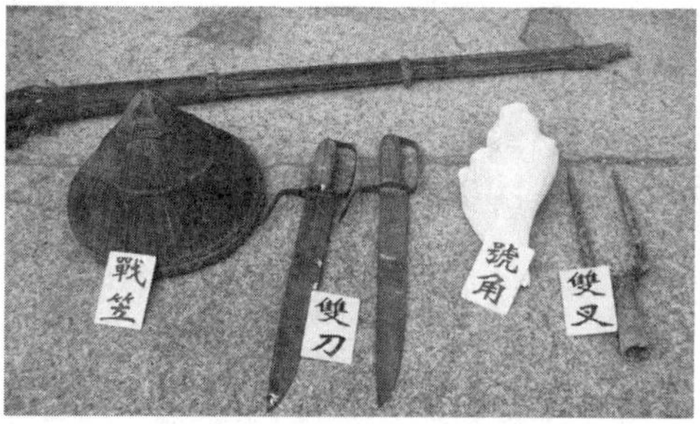

起义军使用的简陋武器

余与伯先急遣选锋复上省（但多不及行者），而余与伯先以廿九晚分船上抵省，则船不得停泊码头，而清军舰派员至船检查，余知征象非佳。时余与仲实、壁君、君瑛、佩书同船，以假辫系帽中，检查员并持有余等照相，乃熟视若无睹。旋登岸，亦有警察盘诘，余以普通话答之，乃不疑，遂共入海珠酒店。

“仲实先返其家，旋使其姑母来，具言‘党人围攻督署已失败，死者甚多，现时提骑四出，旅馆已布侦探，君等宜急避入乡间，绕道往港。’佩书闻言，失声大哭，壁君急止之。余曰此非死所，宜急入城，我料必犹有未破坏之机关，则可据以杀贼。壁君请试探能入城否，遂与仲实姑母去。约二小时，返言城坚闭，不许入，宜作他计。君瑛有戚魏某，为水陆师学堂总办，家在城外，姑往其家，或可因以入城。余然其说，遂借往。至则魏某与眷属避匿，惟余蝉蝇。壁君遂令作饭。余等以日本语私商，共以手无寸铁，求死无术，不宜久留落贼手，遂登港夜船。船中已有警官稽查，惟视余辈乃似外省官眷之避乱者，乃不甚留难。船久之乃启行，在船中犹勉自镇慑。夜半抵港，淑子、宁援乃以廿九夜返港者，至是候船，得见余等，遂同返壁君处，痛定思痛，惟有相对痛哭耳。”

起义总指挥赵声任新军标统（团长）时李准曾指挥其围剿黄冈起义

当起义总指挥赵声带着三百余人从香港赶来广州，已是第二天，此时黄花菜都凉了。赵声是宋高宗赵构第十四皇子后裔，1907年李准平息孙中山发动的黄岗潮州起义时，其卧底新军任一标统领，李准怀疑过他行动不力，后被免职而去，这次他是革命党在军界的最早领导，半月后在悲愤交加中死去。

《胡汉民自述》惋惜道：“余与克强尚能支持，伯先则悲愤无聊辄痛饮，半月而病。病为盲肠炎，既危，始就港医院割治，内已腋化，遂不起。余与克强以严避省港侦探耳目，不能送其丧，其妻欲自杀以殉，赖其父救止之，同志护其丧归里。伯先少于余二岁，有大将才，且能以精神提挈革命青年，大江南北军界同志，尤倾服之。使不死，则南京光复后，决不至任程德奎、庄蕴宽为都督，洪承点、冷通、孙柴辈，亦当奉令惟谨。余等且不能前知，而感于革命领袖人物养成之不易，三月廿九以后又失伯先，其怆悼可知矣！”

起义前夕，同盟会广州支会副会长、《平民报》社长潘达微也想参加，黄兴劝他：“君乃才子，并非武夫，冲锋陷阵非君所长。此次起义成功与否，均需报社仗义执言，君坚守报社阵地，更为有利。”起义失败后，潘达微便与其好友、名绅、两广清乡督办江孔殷一起，收集到散落遗骸72具，安葬于城郊红花岗。

菊花象征节烈，潘达微常以古人“菊残犹有傲霜枝”自勉，遂在《平民报》和《七十二行商报》发表《咨议局前新鬼录 黄花岗上党人碑》记载“综记验棺合七十有二具”。

从此红花岗改名黄花岗，史称“广州三二九起义”“黄花岗起义”；加上被捕后行刑的，1922年国民政府审得死难烈士共计86人，史称“黄花岗七十二烈士”。

“党人见防营没有配臂号，且举枪相向，方声洞发枪击毙其哨官，于是防营的弹像雨一样的打来，声洞当即战死，最后只剩黄兴一人”；“黄兴等人抵达正南街口时与清兵遭遇，展开激战，清兵当场死伤三四十人。”

从起义幸存者说的这些看出，在李准军队还没赶到之前，72烈士多数已在攻打总督府和互相误杀时牺牲了。

而当几千军队赶来包围后，李准以保卫提督府下令部队退回，剩下的起义者才得以逃生幸存。可在史学家们的辛亥革命研究成果中，李准却被“研究”成了双手沾满72烈士鲜血的刽子手。

史实证明，李准不是刽子手，而是保护伞。正是有李准的“蜷缩不出”，起义者才没有全军覆没；如果换了其他清将痛下杀手，要纪念的恐怕就不是“七十二烈士”了。

鉴于史实，笔者在这里为李准正名：

一、李准作为朝廷命官，奉命镇压反政府武装起义，系军人职责，只能说各为其主；

二、李准不是镇压起义、枪杀72烈士的刽子手，而是放跑起义者、保释被捕者的保护伞；

三、李准其后“应乎天而顺乎人，立意反正广东，籍消兵祸，为粤民生命财产计”，率广东起义，是辛亥革命功臣。

五十、正反史料新发现　敢死队长吐实情

我们已经看多看惯辛亥革命史研究专家，站在革命党角度，用起义者的资料，再现给我们的黄花岗起义。

那么，镇压起义的清廷所记载的，和当时报刊舆论报道的，还有驻地外国人看到的黄花岗起义，又是怎样一种情形呢？

可惜此前的研究资料里，只看到党人这一面的说法，就如同只看到原告方的说法，很难看到他们的对方清廷的说法，也难看到第三方即在广州的外国人的看法。

兼听则明，偏信则暗。这里我们不妨从这四个方面都看看，就像也听到被告一方和第三方的说法，以全方位了解那段历史的真实，避免偏见、成见，避免一孔之见。

清廷方面，李准《自谱》记载：“夜半，督署火起，余下令不许救火，仍令翰香、云亭率队，分头以御乱党，终夜枪声不绝，幸吴总参议仲言同来行台，随时电告协统蒋尊簋，以城内击散乱党，善抚新军，勿令外出。且幸先一日已暗将枪机卸下，新军终不敢动。”

《自述》载：“三月廿九日，党人集羊城，群起攻督署，余先已有闻，走告张坚白，怎奈不见听。只得先调队，冀将城保存。党人果发动，迎击都现成。坚白垂墙出，逃入行署门。并救其眷属，一一都得生。连日多巷战，**被杀二百人。击毙亦逾百，七十二烈魂**。党人恨入骨，宣布余死刑。”

总督张鸣岐被李准派人从总督府里救出，躲在提督府里，连夜电奏朝廷，详细汇报这一惊天案情：

“自孚琦被刺后，即闻香港乱党有潜图来省起事之说。当与水提李准会商，广派侦探，酌调防营，密为防范。近旬日内，迭据水陆兵轮营汛搜获私运军火数起，并由巡警道拿获匪党九名，正在研讯讵。本日五点钟，突有乱匪多人挟手枪拥至督署，抛掷炸弹轰击。岐署饬卫队极力抵御，一面飞调防营援救，无如卫队人数寥寥，管带金振邦中弹阵亡，各兵亦有死伤，且炸弹着火处即延烧。因移驻毗邻督署之水提行署会同李准督饬防营分投围捕，旋据各营报，生擒及击毙匪党数十名，夺获手枪、炸弹多件。”

朝廷《宣统三年四月初一日军机处寄两广总督张鸣岐电旨》："经该督会同李准督饬防营，分投扼守围捕，擒毙多名，未致蔓延，办理尚称迅速。所有文武各员，着照所请，免其置议。张鸣岐事前已有防范，临时布置亦尚周妥，所请严议之处，着一并宽免。"

资政院副总裁李家驹等官员责问："惟以革党百余人肇乱，强半文弱，且多他省之人，言语不同，本易发觉。假使先事防维，何至坐听其起事。"

张鸣岐督署总文案刘乃勋回忆说："其（张鸣岐）父张少堂及其一妻一妾瑟缩房隅，革党谓之曰：'不干你等之事，不必害怕。'旋至他处，分头搜索，署中员役均无伤害。张鸣岐因革党对老父及妻若妾暨各员役均不加害，拟从宽办，缘李水提意见参商，概行发交广东缉捕总局，檄饬胡道铭槃赴局帮同讯供，列折禀报。所捕革党，经胡、吴两军讯有初供者，多所平反。剪发学生冤被捕拿者，悉皆保释。"

当时媒体报道的情况又是怎样的呢?

《申报》报道："广州乱事，枢府接粤督电告，颇怪该省文武不能先事预防。闻监国接到粤督电奏后，意欲简派大员查办，嗣因某枢老与张有旧，力陈此次该省乱事，变起仓卒，据该督奏报，事前既非毫无布置，事后又能立时将乱党拿获击散，与前次兵变情形迥异，且该督到任未久，一意将该省赌害禁绝，其功亦足相抵，各枢老均然其说，因有宽免该督处分之谕。"

《字林报》载："三十日香港电云，昨夜有革命党及游勇多人拟以炸弹轰击督署，惟仅烧及外面之屋。张督仓皇逃出，由署中守兵与之对敌。水师提督李准闻警旋亦率兵驰至，围击匪党，**当场击死数人**，拘获多人。"

《文汇报》载："初一日，香港电云，据广州电称，督署半为炸药所毁，粤督张制军逃避新堤地方，水师提督李准私宅亦被革党攻击，幸为官军击退。**死者数人**，现已拘获党首十八人。

"当日乱党起事，张督出险，言人人殊。兹闻其确情，实系当乱党在头门与卫队互战时，有某戈什及家丁仓惶入告张督，随即分派金管带督卫队等出而抵御。无何乱党入至大堂，各收发委员等力促张督出走，张督上洋楼侧之西甬道，入房科楼，上登瓦面，直过致祥押，初欲由该押更楼而入，因有铁枝拦阻不果。及至该押头门之天井，随由差官着卫队解脱脚带，互相续长，紧系凉棚之竹杉，乃由差官在詹口稳扶张督，两手绳带而下。尚距地四五尺，张督一跃而下。"

上述两家报纸均说起义革命党被李准清军"击死数人"。

起义对广州社会和人民造成了怎样的影响？

民众每遇局势动荡，多外迁港澳或到乡下避难，起义造成的混乱本就甚于以往。事变后广东银钱及支那银行发行的纸币贬值。

起义引发的秩序紊乱，因清廷改变粤汉和川汉铁路民办之成案，收归“国有”而愈演愈烈。四川首先爆发保路运动，跟着广东保路运动风起云涌，并引发拒用纸币风潮，震动朝野，导致民变四起。7月末至8月初，广州各处再次谣言四起，社会动荡更为剧烈。

外国驻穗外交人员是怎么看的呢？

日本驻广东总领事向日本外务大臣报告：“数日来革命党再举之谣言盛行，人心惶惶，因此影响到一般经济情况，市面甚为不振。清国官府发出诸般告示，制止谣言，努力安抚人心。但避难者人数益发增多。”

法国驻广州领事伯威致法国驻华公使馆报告，作了细致叙述：“令人不安的谣言仍一直不断地在民众中流传，不仅使老百姓感到惊慌，而且使中国政府也十分担忧。当局的处境实在是没有什么值得羡慕的。不断发生大批大批的广州人外逃的现象。人们特别注意到住在总督衙门附近和旗人居住地区家庭的出走。城里大多数最重要的交通干线由于持续不断的逃难呈现出一片寂寞凄凉的景象，给人留下深刻的印象。”

正在广州学习粤语的香港民政厅实习生林德塞尔，在其编辑的备忘录中感慨：“如果广东官府行动再迟缓些，革命党的暴动就几乎大功告成……总的来讲，广东官府在起义爆发后所采取的各项对策是行之有效的，但有一点却很难理解：为什么他们不防患于未然？”

林德塞尔还提到：“督署卫兵节节溃退，总督本人似乎也是惊惧万分。尽管一些中文报纸虚假地报道总督和卫兵们有秩序地撤退到了相距几百码的水师提督衙门，然而，事实上总督却是被迫从西墙的一道小门仓皇逃出，或者，按另一种说法，是从架在街上的一道木桥上逃走。”

这些外国人属于第三方，其看法少主观偏见，多客观公正，应该说真实可信。

舆论和民意对李准平息起义是怎么看的？

《辛亥革命史》和《辛亥革命史资料新编》主编章开沅，研究了大量资料后认为：**“对此次事变当时以张总督为首李水师提督等所采取的措施，香港清人普遍评价极良。”**

起义幸存者自己披露的起义，又是怎样一种内幕？

起义副总指挥黄兴和胡汉民关于黄花岗起义的《海外之报告》，承认党人自己误杀：“**革命党人温带雄、陈辅臣率领被策反的李准防营军士百余人，拟前去捉拿广东水师提督李准，在双门底迎面碰到刚从总督署杀出的黄兴、方声洞、朱执信等人。方声洞见对方无臂号，且举枪相向，便首先开枪，误毙温带雄，双方互相射击，混乱中方声洞也背身中弹，弹尽力竭而死，陈辅臣伏地匍逃于方言学堂。**”

胡汉民给孙中山信说：“**又发枪与放炸，误伤自己多人。**”

起义失败，孙中山经日本逃往美国，失声叹息：“**吾党精华，付之一炬，损失可谓大矣！**”

后又在《黄花岗七十二烈士事略》说：“死事之惨，以辛亥三月二十九日**围攻两广督署之役为最。**”

1924年孙中山在岭南大学黄花岗纪念会发表演说：“当时起义的情形，是各省革命同志约了几百人集中到广州，**想用那几百人，能够攻破制台衙门和水师行台**，占领广州做革命的策源地，再和满清去奋斗。至于敌人的军队，有新军，有满洲的驻防军，有提督所统带的水陆军，总共有几万人。**革命党不过是几百人，用几百人去打几万人，那般烈士知道要得什么结果呢？明知道是很危险的，以身殉国，**来唤醒一般醉生梦死的人民……”

孙中山清醒地认识到，几百人去打几万人只能是以身殉国的结果，他为什么还决定发动这次起义，让“吾党精华，付之一炬”呢？

起义发动者孙中山远在美国，可他当天晚上就知道起义失败了！当时他正从温哥华赴芝加哥，准备接受对他的盛大欢迎会。

梅乔林，一位芝加哥华侨青年，他在《黄花岗之役国父行踪》一文，披露了很多起义失败后孙中山的情况，还第一次披露孙中山当场赞赏李准儿子支持他革命的史实：

1911年3月29日，国父偕同致公堂大佬李卓文由温哥华启程赴芝加哥，当日下午6时抵达芝加哥车站。当时在车站欢迎的，除了同盟会的同志外，还有致公堂、安良堂、协胜堂的大伦多人。

国父当晚下榻德皇饭店，等到欢迎者陆续散去之后，国父即脱下西装，换上和服，对我们几个留下的同盟会同志说：“广州起义已经失败了，我刚才在车上看见西报上登的消息。”

我们闻讯之后，情绪大为紧张。国父从衣袋中掏出密电码，立刻草拟电稿，发电给香港的胡汉民探询详情，电文说：“行抵芝加哥，闻败，同志如何？善后如何？”

这封密电当晚就发出了。这是1911年3月29日晚间的事。

我们自德皇饭店辞出，回到同盟会，即在唐人街张贴布告，准于30日下午6时在福州酒楼公开欢迎孙中山先生，请各界人士踊跃参加。

30日下午，乔林陪同梅宗周往谒国父。那天晚上的欢宴会，参加者极为踊跃，留学生也不少。国父演讲革命，并劝捐革命军饷。当场解囊认捐的人很多。

当时有一个十几岁的留学生起立发言说：“革命救国是人人应做的事，我是一个穷学生，身上只有美钞五元，我愿全数捐出来，以尽我的一份义务。”

那个青年学生的广东话说得极流利，国父立时赞赏他。乔林即向与他同来的人探听他的出身。据说，他是广东水师提督李准的儿子，名叫李国庆。乔林闻悉之后，不禁倍感惊讶。

李准长子李相枚追随孙中山，后任北平高等警官学校校务主任、台湾中国文化大学永久教授

孙中山秘书说为孙中山捐款而被孙当场赞赏的青年，是李准的儿子名李国庆。这正是李准的长子，名桓，派名李相枚，字景武。1896年4月27日生于广州天平街，1909年奉恩诏为“一品荫生”，次年留学日本、德国等，受孙中山影响而成为革命党人。据《自谱》载：**“宣统二年（1910），庚戌，四十岁。是年春，遣嫁大女菊荪于夏用卿之次子，并令桓儿随之赴德国留学。”**

一直就有李准长子早年跟随孙中山参加革命的说法，但一直没有见到具体证据，现在终于被这份第一手权威资料证实。

李相枚1924年任广东洪兆麟部参谋长及旅长，1931年任北平高等警官学校校务主任，南京高等警官学校代校长。曾任北京大学图书馆副馆长。1949年赴台湾，任中国文化大学永久教授、语文中心博硕士汉学教授。著述颇丰，暮年口述若干重要史料，由其子李夑炘整理，送民国史馆存档。1985年病逝于台湾，葬阳明山，享年90岁。2011年，李相枚之孙李静海邀笔者同至北京八达岭祭拜李准墓，一了其祖父李相枚终生未了之情。

黄花冤魂谁之过？史实资料已经做了回答。

《中国革命史》（中国政法大学出版社2006年5月出版）一书认为：**“孙**

中山领导的包括黄花岗起义在内的武装起义失败的根本原因则是其阶级局限性问题。”

《辛亥革命史》（中国政法大学出版社2010年修订版）一书认为：“黄花岗起义尽管看起来筹备得比较周密，**实为黄兴等100余名热度可沸的选锋队的军事冒险。”**

《黄花岗起义——中国历史小丛书》（中华书局1963年版）认为：**“由于起义领导人看不到广大人民群众的力量，不发动人民群众参加革命斗争，因而就使这次起义成为少数人的军事冒险，终于遭到失败。”**

1911年4月5日，孙中山在芝加哥召集会议商讨黄花岗善后事宜

孙中山当时没有依靠人民大众，而是依靠“会党”。孙中山说自己“余持革命主义，能相喻者，唯所称下流社会，故余先从联络会党入手”（《总理全集》）。有三合会、哥老会、洪门。

孙中山问：“几百人打几万人会是什么结果？”当然应该是全军覆没。但是很多人却逃脱了，这是一个天大的奇迹！

可是为什么会发生这个奇迹呢？当然不会是天上掉下来的！

起义者能够从千军万马中突出重围，真正的原因是什么？当天晚上的真相到底是什么？

还是起义逃脱者自己最知道真相。

起义逃脱者罗锦泉说：**“清兵由将军衙门出发经惠爱路抵达卫边街，攻打选**

锋队伍之后，另一部分清兵从督练公所出发向后祥街方面夹击，同时水师行台方面亦派出援兵从正南街出，形成包围之势，督署内被困的清兵亦拼死冲出。”

选锋队长熊克武说：**“同志们一手拿短枪，一手拿大刀。”**

选锋队长徐维扬说：**“时彼众我寡，彼持长枪，我持短械，彼有接济，我乏后援，胜败之数，固不待龟卜。”**

除了开始攻打总督府牺牲的和稍后误杀牺牲的以外，剩下几十个起义者，被李准指挥赶来的几千水陆军重重包围了。只要扣动扳机，全军覆没是不可避免的了。

然而战况却突然上演惊天大逆转！徐维扬接着说：**“敌军为我所慑，且为保卫水师行台计，蜷缩不出。我军冲锋猛击者再至三，卒有能胜，乃突围出。”**

为什么水陆两军几千人被几十人用手枪大刀打得退回提督府“蜷缩不出”？如果李准下令几千军队扣动扳机，几十人能从层层包围的德国枪口下**“乃突围出”**吗？

李准随后又公开将被捕的党人想方设法保释出来，这也前后印证镇压当晚是故意网开一面。

1911年5月6日，《香港华字日报》刊登的《宽赦自首党人之文告》报道：“督宪张、水提李为出示晓谕事，照得省城此次乱匪滋事，其中实系悍匪，愍不畏死者固多，而强被迫胁或误受诱惑者，亦不乏人。为此出示晓谕，如有从前被匪迫胁，或误受诱惑者，均准其一律自新，迅速赴官投首，**均概予宽赦，免其治罪，此乃本督院、本军门法外施仁。”**

黄花岗起义被捕者有的被李准保释

总督府文官刘乃勋在《辛亥三月二十九日黄兴焚攻两广督署纪实》记载也相同："张鸣岐因革党对老父及妻若妾暨各员役均不加害，拟从宽办，**缘李水提意见参商**，概行发交广东缉捕总局，檄饬胡道铭槃赴局帮同讯供，列折禀报。**所捕革党，经胡、吴两军讯有初供者，多所平反。剪发学生冤被捕拿者，悉皆保释。**"

敢死队长徐维扬说，他带领的花县人"陈镇卢、徐振益、陈洪基、徐纪垣、徐满枢则先后被擒，**后均获保释出，亦云幸矣**"。

熊克武、但懋辛说他们和更多四川籍起义者为李准所救。

可惜这些亲历者回忆揭秘的史实真相，还有李准的自著，几十年后才逐渐被披露出来。而辛亥革命史学家们在没看到之前，就已将李准"研究"成了镇压72烈士的刽子手，连起义者自己说误杀的几十人，也被史学家算到李准头上。

客观与公正，是研究评价历史的生命。辛亥革命研究专家苏全有在《百年黄花岗起义研究述评》中指出："长期以来我国史学界流行的是精英史学。研究历史我们需要的是用客观理性的态度去对待。总揽黄花岗起义研究的书籍和文章，大多是从积极方面对此役做评价，多引用孙中山对此役'与武昌革命之役并寿'等正面的赞扬，而对此役使'吾党精华，付之一炬，损失可谓大矣'这一类的评价则不甚涉及。"

带着成见去研究，研究时又只听一面之词而再致偏见，这种偏见、成见自然失去客观与公正，当然导致对李准的评价"破绽百出、捉襟见肘"。

可李准身为朝廷地方政府大员，镇压乱党本是其职责，他为什么要想方设法暗地保护革命者呢?

同现在我们个别官员暗地充当黑恶势力保护伞一样，必定有其原因。现在官员做保护伞是因为"钱"。而笔者认为，李准做"保护伞"，却是因为"情""义""气"。

首先缘于情：无论是新军起义，还是黄花岗起义，主要依靠力量都是新军，又多为四川老乡。平时都是很熟悉的部下，不到万不得已不会赶尽杀绝，能放人一命的都会网开一面。只要不是生性歹毒，嗜血如命的杀人狂，多数人都会这么做。李准出身于书香门第，自幼受太祖母、祖父和父母亲儒家传统思想教育，显然不是杀人成性的刽子手本性。从李准镇压新军起义和黄花岗起义的全过程，加上保释几位重要人犯来看，每每都不是赶尽杀绝，而是得饶人处且饶人。

再是源于义：李准曾聘汪精卫为家教，送胡汉民日本留学，其弟李次武和长子李相杦就是革命党人，留学时就追随孙中山；又李准部下得力干将大多偏向革命，与多名同盟会领导人如朱执信等有来往，所以孙中山、黄兴他们两次重大起义，都依赖新军。近朱者赤，近墨者黑是也。

李准是深明大义之人，自然受这些思想影响而同情革命者，只不过道不同不相为谋而已。后李准为两广民众不再陷入战火灾难，通过其弟李次武和朱执信，与孙中山、黄兴、胡汉民联系，率广东和平起义，更是大义之举。

还有一个就是“气”：两任总督岑春煊和张鸣岐都打压收权，一次次挫伤积极性，李准由雄心勃勃变成心灰意冷，由卖命工作转而消极应付，由气愤转而赌气——你不要我做事？我不做就是嘛！

李准当时的思想心理变化是**“从此军心散，何敢击党人”；“自袁海观来，意见不合，即心灰意懒，不肯强为出头。今坚白又若此，只得放弃一切，得消闲时且消闲。”**

除了“情”“义”“气”这三个因素外，还有一个最让人信服的原因——给自己留一条后路。这或许是李准暗中充当革命党人保护伞最有说服力的理由，是李准得饶人处且饶人最重要的动机。此后李准就开始与孙中山、黄兴、胡汉民等革命党领袖人物联系起义之事。

连清廷派出监督地方官的御史言官们，也多次看出李准多年来有庇护党人的行为，密告朝廷，说李准在1907年镇压孙中山多次起义时包庇通匪：“李准贪纵包庇匪人。及调任北海镇总兵，逗留不前，坐视防城失守，戕官害民，文武驰往而李准不一救援。”

新军起义后又密报朝廷：“此次广东新军滋事，助虐酿乱者水师提臣李准也”；“又革党在粤煽乱，李准拿到多名，在其部下当差者居多数，而于本部之教开脱”。连胡汉民也看出总督“张更疑其与革命党人通”。

这次起义后，资政院副总裁李家驹等官员也提出疑问：“惟以革党百余人肇乱，强半文弱，且多他省之人，言语不同，本易发觉。假使先事防维，何至坐听其起事。”

在2011年纪念辛亥革命100周年之际，《南方周末》发表《“三二九”广州起义之罗生门》，对黄花岗起义失败的原因提出了新看法：

黄兴一生，真可谓“时运不济，命途多舛”，自投身革命，凡统兵作战，无不以失败告终，辛亥三月二十九日广州之役，尤为惨烈。此役经过与失败原因，黄兴在“致海外同志书”、“与胡汉民致谭德栋等书”、“在南京黄花岗之役周年纪念会上的演讲”中，所述甚详。

本拟四路出击，战时却只有黄兴一路进攻督署，姚雨平、胡毅生、陈炯明不遵将令，玩忽职守，着实难辞其咎。而三人临阵脱逃，陷同志于死境，事后未见一人道歉、认罪，反倒二三其说，互相推诿；亲历者或为亲者讳，或为友者讳，辄以“误会”之由，曲意回护；或以陈叛孙、胡杀廖，已沦为“阶级敌人”，落井下石，构陷谤毁；以致种种回忆文章，众说纷纭，真假难辨，读者如坠雾中，一场悲壮惨烈的起义，竟成了一出罗生门。

黄兴在《致海外同志书》中通报姚雨平责任：“平日专任调度处之人匿不敢出，伪言其众有枪无弹。是日再三言巡防营必反必应，克等因之再定二十九之期，讵伊临时并不一往接应（防营与我党相遇，亦随处敌视），非诈伪欺人，即忍心作壁上观耳。此姚雨平误事之罪也。”“姚雨平专任运动军界兼选锋，而临时并不与军界接洽，其选锋有枪有弹，在省坐视。”

黄兴通报胡毅生责任：“毅生既有任务，初岂不知炯明之众为海陆丰人，何至临时方始悟及？轻将守大南门之任并还于炯明，其误事一。惟其任守大南门，故克听其多分驳壳枪，否则克部战斗力增，伤亡减少，其误事二。”

黄兴还通报了陈炯明的责任：“陈炯明本不知兵，然既承指挥之任不辞，乃便造为克已允改三十之说，自误误人，殊不可解。先担任攻巡警教练所，因毅让还其部二十人，则云，如此我并以全众守大南门，不攻督练公所，既已非矣。后则并大南门而不守，徘徊于城外，此皆陈炯明周章误事之处也。”

五十一、英雄相惜林觉民　冒险义释但懋辛

李准救了一位朝廷钦犯同盟会会员毛凤鳌，他是同盟会重要成员，是四川大竹县石桥铺人，与李准家乡邻水县相邻。毛凤鳌被朝廷画像捉拿，在广州城无法脱身。毛早听革命党人中的多位四川老乡摆龙门阵，说李准深明大义，家乡情重，李准父亲还义葬了北京戊戌变法“六君子”之四川老乡。何不去试试看，能否在他那里避一避？

毛凤鳌说明来意，李准道：“四川人胆子大，不怕辣不怕麻！”

门外官兵捕捉甚急，毛却在李准家享受大酒大肉。

毛凤鳌见李准的宝马可爱，想骑马一玩。谁知刚跨上马背，马儿发现不

四川荣县人但懋辛被捕后被李准保释，成为陆军上将、四川省代省长、中华人民共和国成立后任全国人大常委、西南军政委员会委员

熊克武和但懋辛是民国著名的四川长衫子军官

是主人，乱踢乱蹦，颠得坐也坐不稳，下也下不来。

这时李准回来，马儿看见主人归来，欢天喜地奔去讨好。毛凤鳌慌了手脚，一勒缰绳，这下糟了，马儿前蹄腾空，猛地一跳，碰翻了李准的轿子。李准跌下轿来，头部被撞一时晕过去。

李准部下把毛五花大绑，要杀他抵罪。李准夫人黄氏阻止道："等大人醒来再说"。

李准醒来认为不是有意，不必追责，还设宴给毛压惊。

风声过去，毛凤鳌要回老家，李准送他很多路费，帮助他回到大竹县石桥铺。在大竹和邻水一带，毛逢人便说李准是他的救命恩人，还说起义被捕的党人，凡是放得了的，李准用其他死囚犯代替，把这些人放了，实在放不了的，才让其杀身成仁。

毛凤鳌还摆了一个真实的龙门阵：有个革命青年，记不得他的姓名，临刑前慷慨陈词，救国救民。李准被他的言行感动，舍不得杀他。可是总督张鸣岐怀疑李准暗中保护党人，亲自坐在刑场上监审。李准亲自端痰盂上去让他吐，还吩咐部下拿块红毯铺地，让他坐着就义，红毯为他裹尸。

毛凤鳌说的这位年轻党人，就是林觉民。

起义前夕，和众多人一样，一位青年写下诀别信后慷慨赴死，留下怀孕8个月的妻子和5岁幼子。这就是林觉民，这封诀别信就是情感天地传颂百年的《与妻书》。

林觉民能参加广州起义，黄兴高兴地说："意洞（林觉民字）来，天赞我也！运筹帷幄，何可一日无君。"

当即安排林觉民回福建召集壮士，他顺便回家最后探望了父母和怀孕的妻子陈意映。

1911年4月9日，林觉民告别陈意映，带着20余人从福建马尾登船驰往香

港，再赴广州，参加“三二九”起义（1911年4月27日）。

《民立报》刊登的《革党林觉民小史》载：“巷战既久，飞矢洞腰，翻然身扑于地，纵声一呼，忍痛跃起，复杀多人，又被数创，鲜血暴注，遍体淋漓，力竭始见擒。”

总督张鸣岐对李准说：这党人从海外回来，只用英语说话，我听不懂，你会英语，你来审。

张鸣岐亲自监审。

李准用英语审问，林觉民用英语作答。

李准：你为什么要造反？

林觉民：是革命，不是造反！

李准：你们革命的目的不是要实行宪政民主吗？现在朝廷已下诏改革，期以5年实行宪法，你们还有什么理由造反？

李准与林觉民辩论的宪政改革，指清朝“清末新政”对各方面进行的系列改革中，最重要的政治改革——“预备立宪”。

林觉民反驳：朝廷是拖时间，几年后，中国何在？

林觉民认为，宪政改革来不及实现了，仅同盟会发动领导的黄花岗起义，就是第十次了，还有全国各地其他大大小小起义不计其数。

李准与林觉民在一问一答的过程中，觉得此人了得。看到林觉民遍体鳞伤，不由想起自己在外留学追随孙中山的长子李相枚，顿生恻隐之心。这位主审官竟下令刀斧手去掉其镣铐，搬来椅子让他坐下。

张鸣岐问：林觉民，你知罪不？

林觉民回答：NO、NO！

李准质问：国家花钱组织你们到海外求学，指望你们学成归来报效国家，没想到你们在日本盲目崇拜暴力革命，国家这是养虎为患啊！

林觉民答：我们是虎，但不是患。朝廷韬光养晦、苟且偷安，人民卑躬屈膝、麻木不仁。走出大海看看西方，才知道什么是自由、什么是人权、什么是人道、什么是民主！

李准驳斥：只要你不违法乱纪，忠心报国，也没有谁将你怎样，怎就没有自由、没有民主？

林觉民反问李准：说民主，官员可以让人民推选吗？可以谁有能力谁上吗？整个官场都是卖官买官，若遇一个能吏，就有十个无能的贪官将其打压下去，这有民主吗？

李准觉得林觉民说的有道理，就从驳斥变成规劝：历朝历代不都是这样吗？你要去适应它。

这哪里是对罪犯居高临下的审判，简直是双方平等地进行思想观点辩论！可见李准的开明和对林觉民的惜才。

林觉民慷慨激昂起来：这就是国人的愚昧与无知！你看看国外，人民有言论自由，官员要尊重民意，他们是用能力论高下；我们有什么？所谓泱泱大国，连一个小小的日本岛国都不如！

李准被林觉民一席话说得瞠目结舌，心里暗想：小小年纪，说得句句在理，我李某自愧弗如啊！

林觉民痛心疾呼：如果国人再不觉醒，再不将腐败无能的政府推下台，我们的泱泱大国就要落后挨打！腐败亡国啊！

林觉民高谈纵论：我要纸笔。我要把心中所想书写出来，我要奉劝你们官员，洗心革面，都来革除亡国之政府，建立共和！

李准被林觉民的慷慨陈词所动，竟下令去掉其镣铐，端上桌椅，笔墨伺候。

李准本来就喜作文又爱书法，看到林觉民一手好辞亦好字，不觉欣赏起来。当看到林觉民书第二张时，情绪激烈，想要吐，主审官居然亲捧痰盂到他面前，让林吐出血痰。

林觉民以笔立言，立尽两纸，书至激烈处，解衣磅礴，以手捶胸。“至时局悲处，拍胸顿足，劝清吏洗心革面，献身为国，革除暴政，建立共和。”

他告诉李准，只要革除暴政，建立共和，能使国家安强，死也瞑目也！说到高潮处，林觉民血脉贲张，嗓门嘶哑，手势激烈，身上镣铐铿锵作响。

李准和张鸣岐都被林觉民的大义凛然、侃侃而谈所吸引，以至于没有打断他的慷慨陈词。

李准跟张鸣岐最大的不同，就在于他是文人出身，听得懂林觉民讲的大道理，所以会英雄相惜，产生同情怜悯之心。

林觉民刚写满一张纸，李准立即趋前取下，给张鸣岐看。

张鸣岐不觉叹道：惜哉！此人面貌如玉，肝肠如铁，心地如雪，真奇男子也！

李准赶紧向张鸣岐提出，可以留下林觉民为朝廷所用。

张鸣岐认为这样的人留下对朝廷是养虎为患，对革命党是为虎添翼。

林觉民被押回狱中，从此滴水不肯入口。三日之后行刑，林面不改色，大笑曰：“吾今日登仙矣”，遂在李准给他铺的红地毯上引颈就戮。

李准审问林觉民，让人记住了林觉民的侠肝义胆，豪气冲天；而林觉民留下的《与妻书》，则让世人感受了他柔情似水的另一面。

林觉民赴广州参加起义前的4月25日，在香港滨江楼对几个同志说，此举若败，死者必多，定能感动同胞。于是挑灯写下两封诀别书：《禀父书》和《与妻书》。

给父亲林孝颖的《禀父书》言简意赅：不孝儿觉民叩禀：父亲大人，儿死矣，惟累大人吃苦，弟妹缺衣食耳。然大有补于全国同胞也。大罪乞恕之。

《与妻书》则情深意长。不久后的一个夜晚，福州早题巷5号的陈意映，正在思念担心丈夫彻夜未眠，心神不安的她发现门缝塞有东西，取出打开：

吾作此书时，尚为世中一人；汝看此书时，吾已成为阴间一鬼……

已怀孕数月的她顿时泪如泉涌。

陈意映出身县官之家，通文墨，曾著《红楼梦》人物诗一卷。6年前，17岁的她嫁18岁的林觉民为妻，精琴棋书画、富诗情画意，是人人羡慕的小家庭。林留学日本时作文《原爱》说：吾妻性癖好尚，与君绝同，天真浪漫真女子也。

陈意映从此终日含泪，在林觉民牺牲一个月后早产，两年后伤悲而终，追随丈夫而去。

林觉民与妻陈意映

李准没能救成林觉民，却成功救出起义领导人但懋辛。

但懋辛是四川荣县人，同盟会元老，同孙中山、黄兴、胡汉民一起筹划领导了黄花岗起义。受伤被俘后，被李准救出，派人护送回四川老家。

但懋辛在1991年纪念辛亥革命八十周年时，亲笔撰写回忆录《广州起义亲历记》，以他同孙中山、黄兴、胡汉民一起筹划领导黄花岗起义、受伤被俘，又被李准释放并送回家的亲身经历，揭秘出李准奉命镇压起义时，暗中保护革命者的一段内幕。

当时但懋辛带着10万元汇款，去日本采购枪弹，和林觉民、吴玉章等人，分六批运回广州。起义时黄兴带队攻打总督府正门，但懋辛、熊克武、喻培伦等16人组成另一队袭击后门。

放火焚烧督署后，但带一个小队向观音山冲去，准备阻击李准来援之敌。刚冲到莲塘街口，就见水师冲下山来了。喻培伦高叫："同胞，打不得！我们是革命党，请派代表过来办交涉！"清军愣在那里，没向他们开枪。喻培伦立时甩去一颗炸弹，双方顿时对打起来，互有伤亡。

熊、但、喻所在小队准备从小北门越城撤出，被打散，熊克武去找四川同志李天钧巡官寻求帮助。但懋辛在厕所等候，后不幸被捕。李准用各种理由说服总督，又将革命党人四川老乡李天均升任巡警道道台，主管所有被捕者的命运。终于，在牢里关押88天的但懋辛，又重获自由。他说李准还以各种借口，释放了好几个四川同乡，派人护送回老家。

但懋辛被李准释放后，成为声名显赫的军事及政治传奇人物——广州起义有他，刺杀清摄政王等朝廷要员有他，辛亥革命有他，北伐讨袁有他，护法讨段有他，抗日救亡有他，策反刘文辉、邓锡侯、潘文化起义有他，新中国出任要职还有他。从政60年，历任四川军政府成都府知事，四川靖国军第一军军长，代省长、陆军上将；后任全国人大常委、西南军政委员会委员，享年81岁。

关于李准保护革命党人的事例，在但懋辛《广州起义亲历记》（节选自《四川文史资料》第四辑）中《被捕和脱险》一节有详细记载：

委员带我到了督练公所(督署烧了，张鸣岐住在此处)。**首先是李准出来见我，很客气。**即问是不是赵尧生（四川最后一个翰林）的学生？李准又问：黄兴是不是打死了？我答：我们又不是一起的，弄不清楚。

李准转身入内拿了一堆相片出来，叫我认有无黄兴的尸体，我看了照片说，面目模糊，分辨不出来。此时，参议官吴锡永和协统蒋尊簋及总办李湛阳（天均）都来了。

李湛阳一来就说："好同乡，你们干得好，把我们的脚都震跛了。"

李准说："那是你自己不小心，跑慢点就不会受伤的。" 李准随即令副官找医生来与我医治伤口，刚刚把伤包好，忽听外面炸弹轰然一声，所有的人跑得干干净净，以为革命党又来了。

我一人独坐了良久，**李准才转来说是吴锡永把炸弹踩爆了。跟着命委员仍把我带回，并致意示好，要委员转达王道台，不可像其他犯人一样，给我另外找个地方住，略为优待。**

端阳节后，董副科长来说："制台已下手谕'如无应讯情节，着派员押送回籍，交地方官严加约束'。"

李湛阳接任巡警道，于7月2日派一个官带我回川。

新闻《督练公所之虚惊》也报道了此事：初六日下午三点半钟，**张督、李提等正在督练公所审讯自首党人但懋辛**，并将起出炸弹多枚放在阶下，公所参议吴锡永下阶，以脚拨之，忽轰然一声，炸弹爆发。吴参议登时倒地，其左脚自脚跟下全被炸去，右脚板炸去一半，并伤兵丁五名。

另一新闻《党人自首不加诛戮》也说："初五日有但懋辛，并供出莲塘街某号屋尚存炸弹、火药甚多，由区官解交巡警道，电请张督示谕办法，张督立命赦免，并饬督练公所往该处起出炸弹、火药各种，不谬。**当即会同李提出示以后凡有党人自首，一律援例赦免，不加诛戮。李提并拟自行捐资将但遣回原籍云。"**

从起义者自己披露的史实可知，身为提督的李准，和其爱将省警察局局长王雪岑、李天均及副科长董国桢，还有明知是假话也当真记的区官（相当于派出所所长）柳绍东，他们上下串通，以"自首""立功"等各种借口，说服或者瞒过上级领导，释放被捕者，还出路费，送人千里回老家，完全就是一群大大小小的党人"保护伞"。

五十二、次次暗杀皆幸免　大难不死谋重生

一个个暗杀高手，一次次神机妙算，上演了一出出精心编导的传奇大片！

可不知为何，次次行动皆失败，个个高手皆失手；遭必杀令的人大难不

刺杀李准的同盟会“支那暗杀团”团长刘思复

死，搞刺杀的高手反倒一一丧命！

李准一生有太多传奇，如其母的“大水螃蟹梦”、祖母的“铁船梦”和祖父的“寇准梦”以及书生平盗、文官剿匪、冒险巡海等，件件事情都带传奇色彩。然最神奇最令人咋舌，甚至不敢相信的，莫过于屡遭暗杀，却每每逢凶化吉，就像神话中的金刚护体，菩萨佑身！

李准思想转变，深明大义，在辛亥革命最关键的时刻起义，除了朱执信等党人的联络说服之外，也跟持续不断的暗杀有关，用胡汉民的话就是**“一炸之功”**。

早在李准1907年镇压了黄花岗起义后，党人就开始了暗杀李准的行动，挑选炸弹专家刘思复执行。

刘思复被称为中国“无政府主义之父”，与孙中山同乡，香山县（今中山市）石岐镇“水楼刘家”，是当地望族，院内有池塘桥廊亭榭。1884年，刘家添一子，两次应童子试和乡试，得补博士弟子员。20岁的他赴日本留学时，因立志光复故国，更名刘思复，与孙中山一起发起成立同盟会。刘思复在日本时学习制造炸药。1905年底受孙中山安排由日返粤，在故乡石岐镇创办“进德女学”和“武峰阅报社”。

1907年革命党人先后在潮州黄冈和惠州组织七女湖起义，但都因李准镇压而失败。革命党人愤慨于其“日以拿捕党人为能事”的行径，决定除之。

刘思复摸到一个情况——李准驻虎门水师公所，每月二日清晨，李准都要进城去总督衙门参谒，相当于参加现在的每月例会，每行必策马急驰。遂制订周密的暗杀计划——在路上伏击，突然扔出炸弹。

1907年4月29日行动那天，刘思复、卢汉生躲在广州旧仓巷“凤翔书院”内装配炸弹。望风人报告：李准骑马过来了！

此刻还有一枚炸弹没有装好，刘思复一急，炸弹突然爆炸，将自己的脸和左腕炸得血肉模糊。

刘思复受伤后被岗警抓入牢中，李准命医生将他左手截肢，保住了他的性命。

审讯时刘思复称因化学实验而不慎受伤。可李准幕僚原香山知县郑荣指认出了刘思复，遂将其判为嫌疑犯，解归香山县监禁；李准也不记仇，不会冤冤相报。在郑彼岸等香山知识界知名人士数百人的联名禀保下，两年后刘思复出狱，名满江湖，更加迷信暗杀的作用。

《胡汉民自述》说：“黄兴受此刺激，乃有实行个人暗杀之计，展堂（胡汉民）先生素反对暗杀之举，至是亦赞同黄之主张。”

“三月廿九失败以后，余则极端从克强之议”，“此不止为复仇计，亦为寒敌之胆而张吾军。”

最近才发现之《黄兴致孙中山总理述革命计划书》说：“李准原有之亲兵队约千余人（内同志甚多），总共巡防计有三千之谱。若此兵数一能运动，则外无反对者。其方法俟大款得手，先刺杀李准一人，使其部下将校自相混乱。”

孙中山指示，要“惟与革命进行事机相应，及不至摇动我根本计划者，乃可行耳”。

黄花岗起义之前，黄兴等人就认为须先行除掉李准，否则起义断难成功。

《武昌革命真史》载：“纪元前（即民国前）之一二年，孙总理由美洲抵南洋庇能埠，即召集黄兴、赵声、胡汉民等到埠，开会决定党中大举，集中人力财力在广东发难。时广州清水师提督李准，拥兵狡狠，党人在广州起事者多为所败。此次举义，本拟对之先行炸毙。特在善后费内提三千元为暗杀费，而特注重于李准。

惟李准枭鸷狡诈，纪元前四年既破巡防营之行动，纪元前二年又破新军之举，我党人之死于其手者实繁有徒。故同志佥以为欲谋大举必先杀李准。李准既杀，则张鸣岐、孚琦无能为役，遂议先刺杀之而后举义。”

他们先安排党人冯忆汉刺杀李准，谁知他拿了钱却迟迟不敢行动。

企图暗杀李准却错杀了广州将军孚琦的温生才

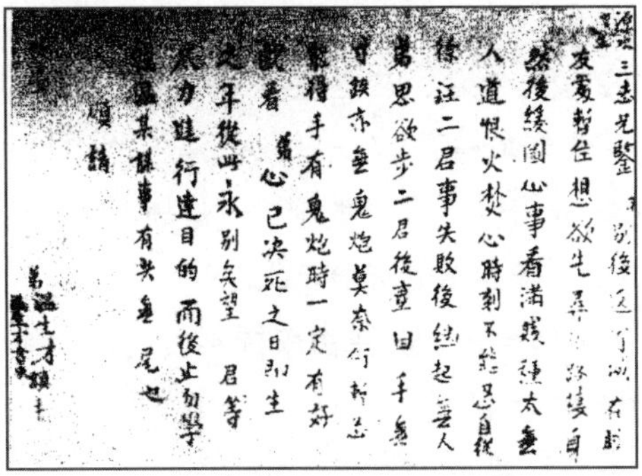
[illegible]三志先鉴
友爱暂住想欲先[illegible]
然後缓图心事看满[illegible]太無
人道恨火焚心时刻不能忍自[illegible]
往二君事失败後继起无人
当思欲步二君後尘由手無
寸铁亦無鬼炮莫奈何有志
难得手有鬼炮时一定有好
戏看 弟心已决死之日犹生
之年从此永别矣望 君等
尽力进行达目的而後止勿学
温某谋事有头無尾也
顺请
[illegible]
弟温生才頓首

温生才行刺前绝命书

同盟会会员温生才对冯忆汉极感不屑，决意要做个独行侠，不声不响就干出一件惊天动地、令人肃然起敬的革命大事来，遂由南洋只身前往广州。温生才在行刺前给几个革命党人写信：“自徐、汪二君失败后（1907年徐锡麟刺杀安徽巡抚恩铭，1910年汪精卫等谋刺清摄政王载沣均败），继起无人，弟思欲步二君后尘。能得有鬼炮（手枪）时，一定有好戏看。弟心已决，死之日即生之年，从此永别矣。望君尽力进行，达目的而后止，勿学我温某有头无尾也。”

就在黄花岗起义前几天的4月8日，机会来了——华人飞机制造师冯如在燕塘举行试飞表演，军政要员应邀观看。下午表演结束后，温生才在大东门外咨议局处（今广东革命博物馆），见一绿呢大轿呵道而来，突奔轿前，掀开轿帘抬手就是一枪。卫兵听到枪响作鸟兽散，连其儿子也逃入咨议局中躲避，真是犬门无虎子。温生才得以从容地上前补开三枪。轿内人身中四枪，当场毙命。可那是广州将军孚琦，朝廷重臣荣禄的堂侄，性格和平，来广州任职将军，“到基层锻炼”，不过是“镀金”的“官二代”。

轿内人怎么不是李准呢？他哪里去了？原来“初八日，以外人于燕塘放飞机，余同司道同观。是日以新会、顺德、香山有事，夜间乘轮往猪头山提勘盗犯……忽得电称将军孚琦为党人暗杀”。李准因忙于工作又逃过一劫。

温生才在东濠涌被捕时，对巡捕大喊一句“丢那妈”，这句粤语粗口一下成为当年年度流行语。上海《民立报》借题发挥：“粤语‘丢那妈’三字，经温烈士一呼，而增无上之荣誉。”于右任更在文章中冷嘲热讽：“以一人吓走数十卫队，卫队之价值可知。卫队个个荷枪，而怕一手枪，奇事。温生才骂卫队语，真可作军界座右铭。”

李准亲自审问，温生才“侃侃而谈，词气镇定”，竟对李准大谈革命，称“不是暗杀，是明杀”。甚至当起李准的老师，教起他怎样做官来：“为将之道，凡为统领者，应恩威并济，军士方能用命，纪律严明，方为良将。自言自语，絮絮不绝。”

在这一点上，温生才的观点倒是与李准一致，李准正是这样做的。不久李准再遭刺杀时，“李提从者皆能死战，……有一二护卫受伤过重，不能起立，犹坐地放枪不绝，不顾生死。**此皆由李提平日善遇士卒，故士卒咸能捐躯以报**”。

《香港华字日报》1911年4月18日《李水提亲提讯供》报道细节：“李水提往营务处亲提该凶审讯，据供实系嘉应州人，讯至行刺情形，该犯竟眉飞色舞，洋洋得意，双手拍腿而言曰：放第一枪时，各卫队走散，已甚快畅。

见连放四枪，均中要害，更为欣慰。并对李提云，吾二十余年前经已识尔，尔此时方为大少爷，现已为大人。”

可惜的是，黄兴等革命领袖在黄花岗起义失败后，指责温生才，怪咎其无组织无纪律的独行侠暗杀行动，不但没起到为“三二九”起义扫清障碍的效果，反而打草惊蛇，扰乱计划，甚至导致了黄花岗起义的失败。

温生才身材极为矮小，而被人轻视，不意创出壮举。死时已42岁，为执行暗杀任务的党中最长者。革命者多年轻气盛支撑暗杀行动，而温生才以不惑之年行此暗杀之举，令人嗟叹不已。

温生才谋刺水师提督李准，阴差阳错把广州将军孚琦击毙，这一“歪打正着”的成功，使刘思复等人大为振奋。接着黄花岗起义又被李准镇压，黄兴因此愤而吐血，于是暗杀团对李准的暗杀行动更加升级。

接替孚琦的满族将军凤山，刚到广州走马上任，即被黄兴派的姨甥李沛基炸毙，李准再次幸免。

“初四日，将军凤山到粤，甫登岸，即被炸死于仓前街，余独幸而免。”

那是1911年10月25日，一乘绿呢大轿在荷枪实弹的清兵护卫下，从天字码头向广州城内耀武扬威而来。孚琦血迹未干，李准伤体未愈，是谁就不怕党人的手枪和炸弹，胆敢如此招摇过市？

这是从京城来的新任广州将军凤山。他知道前往革命党人活动中心广州凶多吉少，所以只带一妾一婢一妪二仆，秘密南下香港，再转乘“宝璧”号军舰来广州天字码头，行动之密，连总督也未通知。

天字码头在清雍正年间形成。据乾隆《广州府志》记载，雍正七年布政使王世俊在码头旁修日近亭，又称接官亭，供接官之用，官员卸任离开广州时，也在此亭恭请圣安，然后才下船起航赶路。码头只供官员使用，民船不得在此停泊，所以称为天字码头。

凤山从“宝璧”号军舰下船，上了天字码头，看到接官亭冷冷清清，感到有失体面。自己已闯过数千里，党人也未发现行踪，现在入城了，就要摆出应有的气派。可他做梦也没想到，栽在最后一千米！刚到仓前街成记洋货号门口，就从楼檐上滚落三枚重磅炸弹，绿呢大轿炸飞，街石炸裂，店铺震塌，几十具尸体焦黑难辨。

新闻《李提纷接党人恐吓书函》：“惟闻李提前日曾接香港寄来一函，外署香港黄。缄内多悖逆之语，并云速将被获同胞放出，不然定以炸弹对待等语。”

李准还收到美洲洪门发来檄文威胁。

孙中山在众人反对下坚持发动“三二九”起义，致同盟会遭灭顶之灾，许多内地“同盟会”如“中部同盟会”“湖北军队同盟会”等领导人，对孙中山要么回避要么仇视，不再接受他的领导。孙中山经日本逃往美国，按母舅杨文炳建议，依附洪门，借美洲致公堂之力东山再起，还要求逃亡海外的同盟会会员降低身份加入洪门。

《美洲洪门总会檄清朝广东总督张、提督李》：

我洪门人士决然奋兴，与少年志士联合为一，誓即扫灭胡尘，廓清华夏。限于接到此檄之日三月内，率尔部下反正，为国民军之先驱，扫除胡虏，光复中华，以为抵罪。否则，决以尔等野蛮之法，还治尔等野蛮之人。一旦革命功成，必诛灭尔二人之九族，以为今日之报复。我洪门令出必行，决无宽贷。尔读书识字，当知民族大义、汉满大防，毋待踌躇而抉择去就也。能否办到，限内详复。此檄。

已坐在炸药桶上的李准，这段时间都在干些什么呢?

黄花岗起义后，仅几天就有一万多人逃往澳门，躲避即将卷土重来的革命党之乱；各地盗匪也趁乱而起，英轮又多次被劫，又想趁机派军舰入境，而葡澳当局则欲扩大葡澳边界。

李准一边忙于整顿治安，以防英舰再次入侵，一边忙于和葡澳当局斗争保界，完全没时间考虑自己的安危。

1911年6月23日报载《函请保固西江捕权之原因》：**粤督昨函李水提云，英领事奥泰蔚近以英轮迭次被劫，拟自派兵轮前往，以保商旅**等语。查西江捕权，英人屡次干预，近自滇桂铁路之议起，于西江行轮尤为注意。**英领事拟派兵轮前往桂省，即与前年广东之事同一。**

7月11日新闻：英国又欲派船巡逻西江，香港某西报载广州消息云：近来梧州及西江上游各处常有海盗抢案，英领事已照会粤省官吏，谓将派炮船游弋西东保护英国商务利益。**现水督李准已往巡江，拟重行组织中国炮船及防艇巡逻队，以清江上之患。**

《李准今始严申军律》报道：**李水提发出告示数万张分发各营勇，其大要系不准妄取民间一草一木，违则军前正法云。**

《责成李世桂整顿保商卫旅广东》报道：粤省前因轮渡出入多被匪党拦劫，特设保商卫旅营，每船分派勇丁，以资保护。**闻张督据此已咨行李提，责令该营统带李世桂按照指陈各节查明禀覆核办。**

新闻说这被李准责罚的李世桂，就是八年前文官李准被总督岑春煊强逼剿匪时，给李准推荐“三怪”帮了大忙的省缉捕局长，现在是李准手下保商卫旅营统带官。

李准同时还为防止葡澳扩界奔忙。

澳门划界问题是清末中葡外交史中一个重大事件，葡萄牙企图用武力来达成其扩大侵略的目的。1908年葡萄牙就开始了所谓“疏浚航道”工程，均设置浮标，表示该段已为其所占领。1911年澳葡当局又大搞“疏浚”，派遣军舰2艘、快艇10只，运载工逾100名，两次闯入前山内河。勘界维持会上书李准，希望出面阻止疏浚工程。

7月10日新闻《葡人强浚河道至紧急交涉》：葡人违约强浚河道，事关危急，**特禀请水提，乞希会商制府，早为照会葡督阻止。李提特于初五日致函督院云，澳界未定，之前彼此两国一切皆暂仍其旧，不得有所增加。**香山民心因划界事已极骚动，若竟浚河，恐生意外之事。且来禀言，浚河之后，二十余里之海面断无收回之望，其说亦极中肯，似不能置之不问。

《葡人违约浚河之对待办法：恐非可以口舌争也》报道：葡人违约浚河一事，**经李水提函请张督交涉**，已纪前报。现闻督院已接到海军部来电，略云澳门浚河请即据约力止，勿稍推让，以固主权。

在李准的强硬态度下，澳葡当局被迫停止扩大边界的行动。

就在李准为国家主权，外斗英、葡，内整治安之时，党人又开始了对他的暗杀行动。

林冠慈自告奋勇做杀手，前去执行刺杀任务，陈敬岳、潘赋西、赵灼文则执行运送炸药、配制炸弹、侦察行踪等支援工作。制成了38枚强力炸弹，摸清了李准的出行规律，选择了伏击地点。

万事俱备，只欠东风。

林冠慈原名冠戎，归善县梅湖(今惠州下角)人。早年务农，后到香港、广州做工，学习轮船驾驶，学会制造炸药。29岁的林冠慈有一张四方白净的脸孔。在团部饯行宴上慷慨陈词：“我以身许国，早视死如归。此无所系念，老母在家，不及一面为憾耳！”遂改名林冠慈，以纪念母育之恩。

时年42岁的陈敬岳是广东嘉应州（今梅县）人，30多岁时避居马来半岛从事教育工作。黄花岗起义失败后，愤激不已的陈敬岳立即典尽衣物，赶回香港参加革命。

这次李准运气还有那么好，还能神功护体吗?

计划周密万无一失，李准这次插翅难飞、在劫难逃，必死无疑。

陈敬岳侦查到一个情报，如但懋辛所说——监狱里不小心炸弹爆炸，李准部下吴锡永受伤，在长堤中法韬美医院就医，李准常到院探望。

陈敬岳便装病住进医院，等着李准自投罗网。但却成了守株待兔——不知为何，从陈敬岳进医院后，李准鬼使神差再没去医院了。

陈敬岳又侦察到李准经常赴顺德清乡平盗匪之乱，便制定了第二套方案，化装成乞丐，趁李准清乡之际，在乡下行刺。

但还是找不到机会——又不知为何，李准每次就是不下船，始终没有上过岸。

暗杀行动总指挥高剑父抵达广州，在郊区一个农场研制了强力炸弹38颗，同时查明李准的活动规律，把行刺地点选在从水师提督衙门到城外水师公所的途中。

林冠慈、赵灼文负责城内路段的伏击；陈敬岳、潘赋西负责城外路段的伏击，每段均有辅助员配合。

闰六月十九日午后，即1911年8月13日午12时许，暗杀小组探得李准由虎门水师公所进城回提督府。

陈敬岳化装成卖烟者，“持吕宋烟箱所储之炸弹而出，李准乘轿已过”。

新闻《凶手之蓄意》报道：“当时有一凶手窜至文明门内，为东一区巡士拿获，先解督练公所。供是陈敬岳，系嘉应州人，身中有炸弹二枚，曾在大吡叻明新学堂，三月底回粤，决意行刺李提，探得吴参议在韬美医院养病，李提恒往问候，因伪病状向该院就医，本拟乘机暗杀，因恐牵连医院，不果。继闻李提往顺德乡清乡，遂扮乞丐跟踪旬余，又因李提不登岸，无从下手，故迟至今日行事，目的仍不得达，不能为温生才之第二，实为恨事，惟死亦无悔云云。”

此时林冠慈则手提藤茶萝在店铺门口徘徊。当李准的人马快到时，清道衙役把街上的行人全都轰走，林冠慈便躲进一家缝衣店。当李准轿子到达门口，林一个箭步冲出店门，右手炸弹向轿子猛掷过去。

李准因频遭暗杀也是高度警惕。1908 年《香港华字日报》就报道《李准请照运回瑞记军火》一文时说：李准自费购了瑞记洋行“无烟手枪廿五支、码子一万颗、七响无烟手枪一百支、码子五万颗、八响无烟手枪五十支、码子二万颗”。

高度警觉的李准，此刻隐约感觉路旁突然有人影蹿出，向他奔来并作投掷状，下意识地抬手就是一枪，林冠慈应声倒地，左手还握着一颗没有扔出去的炸弹。

说时迟那时快，炸弹爆炸之际，李准也同时跳出轿子……

李准《自谱》及张鸣岐奏折和《申报》等，均记载了此次行刺的经过细节，李准《自谱》记载那电光火石惊心动魄的一幕：

“党人经此失败之后，恨余尤甚，在港宣布余之死刑而暗杀焉。闰六月十九，余从城外出公所午后入城治事。行经双门底陈李济门外极繁盛之处，由人丛中**以炸弹击我，余应手还枪，毙林冠慈。及跃出藤舆，而炸弹始发，伤手腕及腰际。余不知，奔广中和药店，正入门，而街心之炸弹又发，余伏门限内地下，以枪应之，忽对面有枪射来正中余之左肘。**

其时街心地上之石板为炸弹炸裂，地下自来水总管子亦炸裂，水石泥土横飞天际，烟焰障天，对面不见人。而对面文玉堂书铺楼上似有人自高射击，弹掠余头而过。**乃起而上天台，扳铁枝而上，直登屋顶**，于瓦面屋脊上，尚见有两人假充修电话线工人形状，踞电杆之横铁上持炸弹下视，作欲击状，不知余已登屋顶也。**余持自来得手枪遥击之，二人下坠而炸弹发矣**，响声极大，血肉横飞，肚肠挂电线上，盖此二人已为炸弹粉碎矣。”

当时报纸刊革命党放炸弹图

参与暗杀李准致重伤的陈敬岳，李准为其保释

新闻《李提遇刺记》描述更为惨烈，印证了李准所记并非虚言：“是日，**李提从者皆能死战**，尤以护卫为最得力。当护卫前行时，闻后面炸弹声，回顾轿内故多伤足及前部，有一二护卫受伤过重，不能起立，犹坐地放枪不绝，不顾生死。**此皆由李提平日善遇士卒，故士卒咸能捐躯以报其上**，而无肯居逃避之列也。查此次受伤者共二十有二人兹录其名于左：护卫曾全胜，重伤胸旁；韦国俊，重伤腰腿；蒋集臣，重伤腿及胫骨；邓桂清，重伤两

腿；轿班李书广重伤两腿下部，已锯去其一；陈兴发，重伤两足，已病故；黄金，伤腹部，病故……”

报道中说的轿夫李书广，是李准老家人，李准为李书广治愈后，送其回老家四川邻水柑子铺，在李公馆看管大门，并为之娶妻室，养终身，当地人称“广拜子”。广拜子以亲身经历向乡亲讲述：人说黄花岗72烈士是李准杀的，这是天大的冤枉，当时我们故意放跑了好多人，就是捉到关起的人也放了好多，还用刑事犯的人头充数。

民国出版的《辛亥人物碑传集》描述：路边卖茶叶蛋小贩“实则藏两弹于茶箩中，伪为卖物，俟于道旁。李至，烈士持弹掷击，适落李之舆前，舆毁，舆夫断足，李仆地，随从死伤十余人。烈士复取第二弹掷之，而卫队之枪已乱发，烈士当场就义，年仅二十有九”。

《自谱》记载：“城厢内外之兵队云集，枪声不止，余下令吹号停放，奈济军（指张鸣岐调来广西龙济光军）不谙号令，仍不肯停止，再三呼喊，始停放焉。及余由瓦面下至平台砖地上，见鲜血顺瓦沟流至砖地，凝结至数分厚矣。察看再三，始知**手腕及腰际受伤颇重**，以兵士之裹脚布及包头以裹之，而血仍不止。

“余仍步行，从双门底往北而行，沿街铺户均已关门。**余一路仍呼各铺开门，照常营业**。及行抵藩署……少间，坚白同胡引之观察及清乡总办江少泉太史等来视余。余仍将遇险情形历历言之，及解伤与视，坚白天良发现，眉为之皱，几欲下泪。自以为必不起，即待备后事。医生不许多说话，乃以贡川纸以图钉钉于图板上，空悬余身上，以笔书之，至四五张，医生以为太劳乏，不令写乃止。”

李准被刺，引起民众和媒体极大关注。

新闻报道：“李提初不知受伤，督率护卫跑至广中和店瓦面，瞥见护卫邓姓桂清血迹斑然，问以如何受伤，邓望见李提衣襦尽赤，答言或为军门致血所染，李提至此始觉遂用手指摸腰际，深入寸□，遂解去长衫，将伤口裹扎，下至该店柜面，再借出丝带条束缚，更□伤口不至露风，事后与人寻及感谢该店。”

又报载：“当十九日医生来诊毕，李提卧床上，因恐因暗杀事牵累商民，因取纸笔卧书手谕四条：一，盖车衣店未必知情不必牵累，左右邻之店铺更属无干，不必追究。若因此牵累，余心更觉不安。我如死，必增罪戾。一，余所避之店甚好，应嘉勉之。一，当时受伤之护卫、兵士、轿夫，应速为医治，其出力御匪者，亦应酌嘉奖犒。一，东一区所获之匪，应究其同来是几人，何处人，何等人?已当场击毙者，有无误伤，应查明云云。”

报载《李提拟祭死亡卫兵》："李水提拟将被毙之军勇，每名加赏恤费一百元，暂停四川义庄，俟痊愈，亲自祭奠埋葬云。”

《李提之伤势》说："当李提被炸时，怡兴附近书摊侧二人为流弹所毙，又伤卖生果之黄湘一人。时达医生已用朦药将李水提腰部炸弹余质取出。**李提逢客慰问，缕述当时情形，手舞足蹈，神致如常，若不觉其痛苦者**，医生来始禁止其二十四点钟内不得来客谈话。”

李准在重伤之际，还想到下属和民众，甚至担心影响老百姓店铺的生意；在医院救治期间仍在安排工作。清廷也有这样一心为民的高官，难能可贵。

李准受重伤，中外震惊，朝廷、各国领事及各界纷纷担心慰问。

“次日，桓儿自德国来电询问。日、英、美各国及京、津、沪、川均有电来询，余均一一复之。广州各国领事均来看视。”

李准所说桓儿，就是追随孙中山的李准长子李相枚。后为国民政府北平警官学校校长、台湾中国文化大学终身教授，像李准一样能文能武。

朝廷震惊并担心：览奏殊堪诧异，广东水师提督**李准此次经受重创，犹能奋不顾身，亲自格毙匪徒，洵属勇猛异常，深堪嘉尚。该提督伤势究竟如何，朝廷殊深廑系**。著张鸣岐传旨慰问，并赏给御药房治伤药品，迅速发交，妥为疗治，俾得早日就痊，仍将医治情形随时电奏。广东省城地方屡有匪徒轰击大员之事，足见伏莽甚多，岂容任其猖獗。著张鸣岐、李准督饬兵警，严密侦踊，认真搜捕，毋得少留余□，免再滋生事端，钦此。监国摄政王钤章，奕劻、那桐、徐世昌署名。

《自谱》载："奉旨慰问，赏给人参四两，及平安丹六瓶、回生第一仙丹六十个，并赏假一个月，安心调理，军事由张鸣歧暂行兼理。一月期满，伤仅小愈，电奏陈请开缺。奉旨着再赏假一个月，安心调理，勿庸开缺。”

报载《中外各官对于李提之关切》："沙面英美各领事俱亲到慰问，京外各官其电问讯者亦数十通，闻李提已一一电复，并致谢一切矣。”

陈敬岳被捕后，李准不但没杀他，反而设法救他，亲自写信给张鸣岐，请求免其死。

报载《李准真不欲杀仇耶》一文有记："行炸李准凶手陈敬岳逮捕后，连日讯供，均无如何实在党情吐出，昨发交缉审局郑道刑讯，只供同党三人而已。**闻张督本将陈立即斩决，而李提不欲，有意不杀云。”**

报载：“张督、李水提会商此次暗杀，仍主宽大处理，以故对于哨弁掠抢即行正法，店东无辜，即行省释，商店损失允行赎偿。**闻李水提于赔偿项款，拟捐廉俸，不欲开销公款，追究革党一人，李提仍欲宽大主之云。”**

香港文汇报也报道暗杀的新闻：“冠慈，敬岳，赋西，镜源分四路守候，观察张、李行动，伺机行事。1911年8月13日午12时许，李准至双门底，冠慈乃取弹引爆。”

香港《士林西报》15日报道：“李准右手受微伤，腰部则有两寸阔的伤口，二十卫兵中有八人受伤，而轿夫受伤最重，一轿夫足被炸断。冠慈因为已抱定必死的信念，乃是携带炸弹冲入队中，当场殉难。敬岳在城外，载两弹于小木箱内，由长堤尾追李准至大南门口。闻巨响，知冠慈已行动，折入仙湖街，给警察发觉其神色有异，且剪短发，西装，遂被捕。张鸣岐亲自审问，敬岳直认党人不讳，说可惜无温生才之幸运，能成功地完成其任务。”

当时陈敬岳被李准所保虽然得免一死，但到11月初，在广东光复前夕，还是被张鸣岐命李世桂杀害。

李准于广东光复后致函陈炯明：“**至陈敬岳一事，准于受伤时，即缄告张鸣岐，免其一死**，斯事已登之报章，准已不杀之于前，岂于将反正时，复处之于死地？乃民贼张鸣岐密谕李世桂，使其杀之而不告准，推其意，故欲使民军仇准，则准虽反正，亦将无容身之所。故于鄂省起义后，即杀陈敬岳，准在虎门，实未闻其事。呜呼。事若不白，粤人嫉我日甚，准将何以立于世也。陈敬岳事亦请代为表白，使准他日犹可为民国一分子之力，不致被嫌疑以终身。”

胡汉民也为李准发声明：“**先是李直绳君受党人林、陈两君所刺伤，即手书致张鸣岐戒勿害陈君，勿兴党狱。以后关于党事嫌疑者直绳俱不问。”**

李准多次对党人予以宽宥，从镇压新军和黄花岗起义，到这次不杀陈敬岳，最后率广东全省起义，是大义之举，也是政治智慧的表现。

这次暗杀受伤后，李准更加谨慎小心。

报载：“李水提以突有疯汉自称为温生才兄弟陆兰清先锋抵衙求见，故日间夜晚均加派兵勇多名守卫衙前一带，往来行人行迹略有可疑，则多方盘诘，有事公出，则乘小轿，着便衣，前后左右长枪短戟不计其数。”

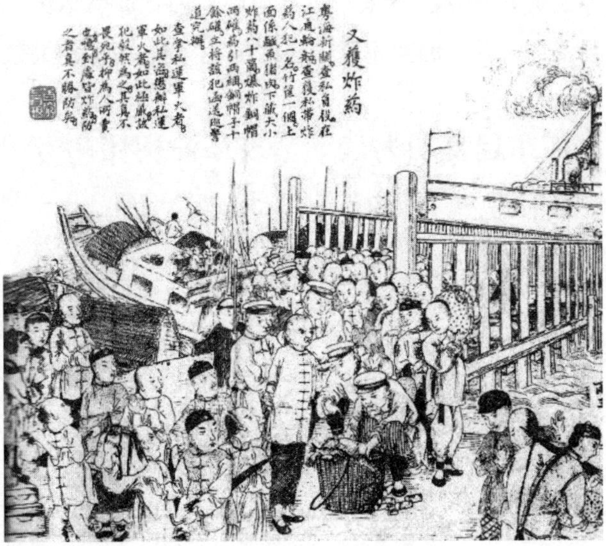

李准被炸伤后清政府加强缉查，这幅《又获炸药》刊于《时事画报》

新闻《李准之自卫可谓巧矣》说：“水提李准此次回省，闻穿有网线衫一件，上护至项，下长过膝，系用幼网线织成，极为轻巧，乃法国领事送的，闻可以挡得快枪码云。”

《署局委员之大惶恐》说：“粤省自十九日李水提遇险后，凡各署局所委员出入多不乘舆，甚至有改穿短衣者，较之昔日之舆，从赫赫叱咤道途，自昨至今，颇罕见矣。”

李准遭暗杀，当时的媒体和舆论是什么看法呢?

《炸伤李水提之先兆》：“此次广东水师提督李准被人炸伤，粤人于数日前已约略得其消息，群情惊扰，争先迁避。”

《党人炸伤李提督》：“粤省官民自广州将军孚琦被刺后，杯弓蛇影，惊魂未定。讵十九日水师提督李准忽又被人以炸弹轰伤，事出后，旅沪粤人即得消息，咸谓孚琦之事，李水提株求太甚，结怨已深，此次之变，固意中事，**惟深望官场勿再株连，免酿大祸，则桑梓之福也。**”

《李提对客之言》：“此次李提被刺，外间谣传多有谓其已萌退志，一月假满，奏请开缺者。今据调查实在不确，昨日有某绅往谒，先问病状，李提答云精神已不至昨日之倦，但见伤口极痒，又不能用手摩擦，最难忍耐耳。言时频频饮茶，该绅料其必甚作渴，遂乘机问之，李答云最渴，系十九、二十两天，今日天凉，已不至日前之甚，且云据西医告知温度已减至九十九度，该绅听毕，□广东今日荆棘满途，语未毕，**李提即答曰：粤中多事，正效忠国家之时，今次不得已请假一月，心实不安，言时神色飞舞，病容顿减。”**

五十三、广东起义功为最　辛亥革命树伟功

暗杀行为促进了李准广东起义，用胡汉民的话说是“**一炸之功**”。

孔子曰：“四十而不惑。”辛亥年李准40岁。屡遭暗杀，九死一生，逃过劫难后，重新审时度势，抉择何去何从。

他可以选择冤冤相报，率大军与党人战斗到底，更加疯狂地逮捕屠杀党人。他明白，这样做可以报私仇，但要两败俱伤，生灵涂炭，自己也凶多吉少。

李准在《光复广东始末记》文告中，说出了他当时心里的想法：“准默察天心，俯窥人事，知民心思汉，大势所趋，非人力所能维持。**纵报私恩，徒伤公义，无裨于国，贻祸生灵。”**

在历史进程的关键时刻，李准最终选择了民族大义，避免刀兵相见、人民遭殃。

由镇压起义到自己起义，为何有这么大的转变呢？皆因武昌起义成功，给孙中山带来了巨大压力，不得不转变思路——与李准为敌，不如化敌为友；与李准对着干，不如拉他一起干。

当孙中山、黄兴、胡汉民发动领导的第十次起义即黄花岗起义失败后，宋教仁领导的以文学社和共进会为主的革命党人，把目标转向长江流域。

时正发生四川保路运动，成为辛亥革命的导火索。

保路运动领袖广安名绅、大汉四川军政府都督蒲殿俊

1904年，川人为争取中国铁路建设主权，在成都设立“川汉铁路公司”，采取“田亩加赋”，抽收“租股”的集股方式，自办川汉铁路。1911年5月，政府见有利可图，便与民争利，强收川汉和粤汉铁路为“国有”，与美、英、法、德四国银行团订立借款合同，总额为600万英镑，就贱卖了川汉和粤汉铁路修筑权。

激起川鄂湘粤人民反对，四川最为激烈。在成都岳府街铁路公司成立“四川保路同志

会”，推举立宪派人士、李准家乡四川广安人蒲殿俊为会长，邻水人熊吉、任正格、王襄等为骨干。全川各地纷纷成立分会和女子保路同志会，罢市罢课、抗粮抗捐波及全川。

9月7日，署四川总督赵尔丰诱捕蒲殿俊、张澜等领导人，当数万群众赴总督衙门请愿时，赵尔丰竟下令开枪乱击行人及学生小儿，死三十余人。第二天城外居民头裹白布，冒雨奔赴城下示哀请愿，赵尔丰又下令开枪击毙群众数十人。

当赵尔丰镇压保路运动，屠杀川人之际，在京川人电请李准出面入川，保我川人免遭屠戮。李准遂请调回川任职。

大汉四川军政府旧址

新闻《李水提接京电》报道：“**广州李水提鉴。四川祸变至，亟请速殷法维持，旅京川人泣恳。**”

《李准自讨奋勇》一文报道：“现因川省乱事，**李提关怀桑梓，拟再商张督奏请派回四川，设法劝散。**”

报纸还说：“**水提李准、法司王禀恩（王雪岑成都华阳人）关怀桑梓，特电鄂督瑞澂，转致端岑两大臣，以乱民既散，应从宽办法，请勿徒尚杀戮，使川民手足无措云。**”

可广东乱局离不开李准，两广总督张鸣岐坚意挽留。《不放李提赴川》报道：“**李提昨日返省面商，张督坚意挽留，不令去粤，李提无奈，已于今日遄返虎门矣。**”

与匹夫之勇的赵尔丰不同，李准有武功更有文治，从来都认为水宜疏而不能堵，堵则有导致溃坝的危险。可惜李准没能如愿赴川“灭火”，失去了挽狂澜于既倒，扶大厦于将倾的机会。

官逼民反，不得不反。镇压只能一石激起千层浪，更加激发民变！

果然，本来是文明争路的保路风潮，因当局的血腥镇压，而演变成了全川武装大起义！

川东北的会党首领李绍伊趁机揭竿而起，各州县一呼百应。李绍伊是大竹县观音镇傅家沟人，曾对人曰：“**天下将大乱，英雄崛起草泽，吾辈生逢此时，应有所作为。**”1906年经同盟会会员萧德明通过“大竹书报社”，灌输革命思想后，参加同盟会，支持掩护熊克武的革命活动。

大竹人李绍伊趁保路运动揭竿而起，自号川东北都督，火烧李准家乡邻水李公馆

孝义会是川东的三大袍哥组织，与哥老会、三合会齐名，26年前孝义会匪首张豪仪打算攻打大竹邻水县城，被李准父亲李征庸成功化解，作鸟兽散了。现在的孝义会成了孙中山最为关注的四川会党组织之一，熊克武还亲赴孝义会总部大寨坪商磋“兴汉排满”大计，把孝义会员组建成孝义军杀富济贫，在川东北发展数万之众。

李绍伊率“孝义军”占领大竹县城，自号川东北都督，发布檄文宣布驱逐鞑虏。又占邻水、垫江、广安、岳池，攻达县、通江、巴中、南江，渠江流域各州县纷纷自行推举官吏，宣布脱离清政府独立。他们也付出了相应代价，仅在巴中县丧命的陈英奇部就有两千多人。

第二年孙中山建立中华民国时，李绍伊在大寨坪聚义厅前书下一副对联：**天真有意，未数日挽回一十八省汉山河，人果同心，不两月推翻二百余年清政府**。可也是这一年，李绍伊被袁世凯在四川的干将胡景伊杀害，参加孝义会者无一幸免。

大竹与李准家乡邻水相邻。李准老家人说，位于邻水柑子铺的李公馆，就在那年遭李绍伊党人一把火烧毁了。后李准向民国袁世凯《上大总统电》“告状”：**准首率军队，先树义旗。不料横逆之来，庐墓为墟，宗族失所，川粤财产，丧失殆尽。准若有罪，罪在个人，僚属何辜？先人何怨？**民国政府遂拨款修复李公馆，中厅可见烧焦的余木，左侧外墙可见金瓜花饰用以遮掩。李公馆1958年改为邻水县柑子中学，于1993、1997和2002年三次拆毁殆尽。当然，火烧李公馆的李绍伊并不知道，他们的最高领袖孙中山、黄兴、胡汉民这些人，正在广东倚仗李准“打翻身仗”呢，更不知道他的顶头上司熊克武还靠李准部下救了命，才得以回川领导他们革命。

朝廷紧急起用端方，委以铁路大臣之职，督办粤汉、渝汉铁路所有一切事务，并令端方率军到成都去灭火，欲将赵尔丰押解京师问罪。

赵闻讯后立即释放会长蒲殿俊等人，还设宴为他们压惊。手握兵权镇压民众的赵尔丰，却因此将自己变成了丧家之犬。

端方官至直隶总督、北洋大臣，是清末四大能臣。时人称“岑春煊不学无术，袁世凯有术无学，张之洞有学无术，端方有学有术”。他支持戊戌变法，是中国新式教育和图书馆创始人，创办了农工商局，建了暨南大学。在历任封疆大吏期间，鼓励学子出洋留学。1905年赴欧美考察政治，力主制定宪法，所编《欧美政治要义》被后世认为是中国立宪运动的重要著作。端方曾考察欧洲诸强国现代改革，对于铁路国有和“洋商包工”持反对意见，还上折弹劾赵尔丰镇压川民，更不愿入川进剿镇压。遂行“拖”字诀，故意绕道乘轮船，经宜昌往重庆溯江西上，两个月才到资州（今资阳、资中），又停留下来长达14天。

端方率军逗留资州，其时端方因无军饷正向成都银行借款。军中居心叵测者诓骗鼓动军人反水哗变，夺取军饷。四川党人张培爵趁机派田智亮率三百人，持炸弹八十枚，星夜赶往资州。军中叛首议定杀端方，三十一标标统曾广大认为：“端大人有情有义，待我们不薄，何必杀他？”曾广大同协统邓承拔溜出会场，劝端方逃走。端方与弟端锦相拥而泣，认为自己反对镇压川民，又是去成都押解赵尔丰进京问罪，相信起义军不可能对他行“不义”。

十月初七晨，变军冲入端方住所，没找出银两来，便把他们架到天上宫行辕。起义官兵说：你虽然对官兵不薄，但那是私恩，我们今天报的是国仇。

起义军将二人诛杀，割下头颅浸以洋油，押解重庆，交到刚成立的蜀军政府，再由重庆民军代表李某运抵武昌，一路向公众“展示”其“革命功绩”，最后到武昌把两颗头颅交呈鄂军都督黎元洪邀功领赏，黎下令将两颗头颅游街示众，武汉万人空巷，围观此头。

端方不愿镇压川人

就在端方被杀次日，他从成都银行商借来准备给士兵的4万两饷银就到了资州。

《补录端方被杀之详情》载：**“十月初七日，军士借要饷为名直入方坐帐。先一日方之幕僚剽客已尽逃，独方与其弟二人在帐中。遂挟方与其弟偕行至天上宫，三十二标军士荆州人卢保清者，素骁健，挥刀直劈其颈，断其半遂仆，更截之，其弟骤欲奔往，任永森拔指挥刀自后击之，应手头落。是日也。”**

《清史稿》记载：“命以侍郎督办川汉、粤汉铁路。时部议路归国有，而收路章条湘、川不一致，川人大哗。川、鄂为党人所萃，乘机窃发。端方行次汉口，亟入川，并劾川督赵尔丰操切。命率师往按，寻诏代摄其事。所过州县，辄召父老宣喻威德。至资州，所部鄂军皆变，军官刘怡凤率众入室，语不逊，端方以不屈遇害。”

可惜端方从北京带来及沿途收集的几十驮架古籍和珍奇古玩，包括那部令所有红学迷梦寐以求的珍贵“端方本”《红楼梦》抄本，从此失散。

数十年后，当年湖北新军、武汉居民陈某，向武昌起义纪念馆捐献了手稿3册《生平记》，该书记载了1906年至1912年在湖北新军的从军经历，有亲历端方在川被杀情形，言端方曾想在川响应各省独立。据陈老记载，端方爱兵如子，有士兵生病，端方派其弟端锦到军营问候；有的士兵亡故了，端方修书哀悼；沿途官民送吃的喝的劳军，端方先尝毒，有的士兵受不了跋涉之苦，端方竟令雇轿抬着他。端方如此仁义，当军中倡议杀掉端方、响应武昌起义时，不少人认为不可，而且为端方准备了三项应变之策：一是退守西藏，静观待变；二是取道陕西，护送端方返京；三是拥护端方在川宣布独立。

三年前张人骏、李准收复东沙岛时，就是靠端方最早报告朝廷日本人侵占开发东沙岛，并力主收复主权，立了头功。

很多人为端方抱屈——荼毒川人的赵尔丰还没死，不愿杀戮川人的端方却冤死。

英国《泰晤士报》记者莫理循说：“他属于满人中之佼佼者。野蛮杀害端方，引起人们普遍的谴责。”

上海《字林西报》、美国《纽约时报》等英文媒体，纷纷报道端方之死，感慨一代伟大政治变革者死于贪财的军士之手。

文化大家左全孝在祭文中称：“端澄（湖广总督）以压制亡国，赵尔丰以嗜杀毒川，公力反二竖之所为，而福寿大不及端澄，受祸且烈于尔丰。依古今之常理，终有信于碧空。公暂屈于一隅，终必伸于大同。”

笔者于此再现这段秘史，相信读者会对冤杀端方的行为不齿，而对端方反生敬意和不平，以慰端公之灵。

赵尔丰被迫交出政权，大汉四川军政府成立，广安人蒲殿俊任都督。冬月初三日（12月22日）晨，赵的部将督练处会办尹昌衡，发兵将赵尔丰抓至明远楼侧，公审处决，枭首示众。手握大权镇压民众时不可一世的刽子手，终有多行不义必自毙的一天！

手握军权镇压民众的赵尔丰多行不义必自毙，被公审斩首

镇压从来不能巩固统治，只能激起更大反抗，加速统治者的灭亡。镇压保路运动导致清朝覆灭，无疑是给动辄镇压的执政者敲了个历史警钟。

孙中山十年“有心栽花花不发”，而武昌起义却“无意插柳柳成荫”，难怪孙中山说“武昌之功，乃成于意外”。孙中山于12月20日从美国回国，30日被推举为临时大总统。

广东这边党人也觉得李准罪该万死，但他的军队是左右广东局势的主要力量，他对革命具有相当大的价值。所以孙中山、黄兴和胡汉民一直想做通李准的思想工作。

李准有个幕僚汪兆铨（1859—1929），任李准提督府总文案，著有《惺默斋集》《苌楚轩诗集》传世，随李准巡视西沙时以其家乡命名有“番禺岛”。1902年李准聘其族人汪兆铭（精卫）为家庭教师，又公派他和胡汉民出国留学日本，二人才得以结识孙中山，而成为同盟会元老、革命党领袖人物。

汪兆铨的外甥朱执信，代表孙中山和胡汉民等领袖，望其举义：“军门姓李，四川省人，乃是无可否认之汉族，何必眉事满人？大符（朱）与军门有一日之雅，谨尽忠告，望即魁期举义，戴罪图功，统率所部来归，不特前事可不计较，大符且当于**全体党人共同拥戴军门为创造大汉民国之首领，维**

军门实图利之。”

朱执信（1885—1920），广东番禺人，原名大符，中国近代革命家、思想家。他于1904年官费留学日本，结识孙中山、廖仲恺，任过《民报》《建设》等刊物编辑。1907年任教于广东高等学堂、政法学堂及方言学堂，以此为掩护联络发动新军、绿林和会党。1910年策动新军起义，翌年参加黄花岗起义，发动顺德一带民军响应，还操起剪刀，拿起炸弹，同黄兴一道扑向总督衙署。炸弹用尽，又从牺牲同志身上捡起短枪与敌巷战，负伤后乘船逃香港。广东起义后任革命政府副都督。

朱执信与李准早有恩怨故事。李准镇压新军起义时，就知道朱执信是主谋，经舅父汪兆铨的疏通，对朱没有留难。这次朱执信给李准写信，劝他举义戴罪立功，李准没有答复。

李准还有个幕寮谢义谦，字质我，书香世家，才智过人，尤擅书法，其高雅品尚深得李准赏识。其侄儿谢良牧早在1907年就和许雪秋一起，被孙中山委为潮、嘉起义领导人，弄得李准东奔西跑好不容易才平息。谢后又提议“三二九”起义被孙中山采纳，靠李准网开一面才得以突围幸存。这次谢良牧也力主策动李准起义。

10月25日，李准与谢质我在虎门会面。谢质我向李准转达了党人希望他能够“反正”的意图。随后，谢质我于张鸣岐宣布取消广州独立的当晚，匆忙找到李柏存，谈及李准欲反正，但又担心革命党人不会宽恕他的想法。李柏存于翌日晨从广州赴香港向谢良牧汇报。谢良牧认为争取李准反正的时机已经成熟，于是，旋即在港约集胡汉民、陈炯明等，一同研究争取李准反正的方案。此后，李准与革命党人书信往来，就“反正”事宜多次磋商。

11月3日，谢良牧、陈炯明致信谢质我，希望他能对李准晓以大义，促使其做出抉择。为了打消李准担心革命党人找他秋后算账的疑虑，谢、陈二人在信中表示：“岂为个人之感情，亦以翦彼族之羽翼，而锄其抵抗之势力而已。则为民国立大功勋，当不在黎元洪下。”

十四日，谢良牧又以南方军事部特派员的身份致信李准，以此坚定李准反正决心。

直绳足下：

今者，满洲政府已亡，中华各省大都已告光复，惟两粤尚悬而未地，仆等不愿桑梓糜烂，知足下亦必不愿，为已亡之满清效无益之死，故敢进一言释足下之疑虑，若足下能即反正，取粤省之抗拒民军若张鸣岐、龙济光之属而诛之，断绝清政府，服从民国，则足下与两粤俱安。前兹国民对于足下之恶感俱可涣然冰释，足下值此时会，当审明哲保身之义。须知豪杰作事贵于见识，蒙辱生死只在转机一发之间，仆等更不必为劫持之言，惟足下善自择之。粗举数事为约如左，且企鉴行：

一、以兵省城，杀张鸣岐、龙济光、江孔殷、李世桂等以谢粤人。二、树国民军旗通告各国领事。三、约束旗满人，不使生反抗力。四、布告全粤以举兵反事正。布告文中须表明断绝清政府关系，服从民国新政府令，并誓守民族、民权、民生三大主义。五、召集各界欢迎民党，同时推出兵职各权听众推举任事人员组织机关。

南方军事部特派员谢良牧等具。

他们同时也警告李准务不可步张彪后尘，否则“身败名裂，死丧无所”。

张彪同李准一样，是湖北提督，陆军副都统，农历八月十九日武昌起义爆发，时为第八镇统制兼统巡防营的张彪，率部三千人坚守总督衙门，与起义军巷战两天，后反攻夺得龟山炮台，重新占领汉阳。

李准那时是怎么想的呢：“武汉起义，准默察天心，俯窥人事，知民心思汉，大势所趋，非人力所能维持，纵报私恩，徒伤公义，无裨于国，贻祸生灵。利害相权，宜审轻重，于是应乎天而顺乎人，立意反正广东，藉消兵祸……”

李准接受了孙中山、胡汉民、黄兴、陈炯明等人的思想，按他们的意见，李准还在养伤时就开始做举义的工作。当然李准并未对总督等人一杀了之，而是做工作让他一起举义。

“司道有二三人来言：坚白又欲独立，且北方信息不通。传言京陷帝崩，人心惶惶，莫知所措。就商于余作何主张？**余‘以为邻封各省既已相继独立，广东亦独力难支。今如再不战不和，忽独立，忽取消，首鼠两端，时下民军蜂起，地方糜烂，谁尸其究？**旋坚白（总督张鸣岐）以电话与余谈，余亦以‘或战、或和，即刻定局，以免地方糜烂’为言。咨议局议员及学报各界、九善堂、七十二行、自治会来见，**余仍以‘维持公安、保全人民生命财产’为言，各各皆感泣。**”

李准委派其弟李次武，带着“反正”约书，到香港会见同盟会南方统筹部负责人胡汉民，传达“反正”诚意。

李准为什么要派弟弟去和胡汉民谈判呢？原来胡汉民（展堂）和汪兆铭（精卫）当年被李准公派，留学日本，也才得以结识孙中山，从此和黄兴成为孙中山的主要助手。李准后来成为“民国书法名家”（李准逝世中央社发通电时称），胡汉民也被人称为民国四大书法家之一。

革命成功后，胡汉民在南京临时政府、中华革命党、广东非常大总统府及国民党政府中担任要职，曾任国民政府主席，和汪精卫、蒋介石并称“民国政府三巨头”。

被李准公派留学的胡汉民、汪精卫和蒋介石成为民国三巨头

李准《自谱》记载：“是年（1902），延番禺汪季新茂才兆铭授弟妹女儿读。陶勤肃选送子弟赴日本留学。季新（汪精卫）、激弟及胡展堂孝廉衍鸿、沈次裳直刺之子沈雁、谈司马之子多人，交吴稚辉、纽锡生两君带去。适和甫公使（钧，江西人）不许各生学陆军，致激弟亦随众闹公使馆，因此退学不归，多非为之事。几经托人促令归，因而不可得。陷此弟于不肖，我之过也。”

李准当年聘汪精卫做家教时，逢总督陶勤肃选子弟公费留学，他就趁机推荐汪精卫和胡汉民，与自己的子弟一起出国深造，培养人才。令他没想到的是，自己的弟弟和儿子跟着他们也成了革命党人，成为他这个当长辈的要去拼命镇压的敌人了；更奇遇的是，现在他们又成为迫使李准起义，化敌为友的线人了。

胡汉民回信李准：“吾党与子为敌，非敌个人，敌助满政府有势力之人耳，若能翻然改图，舍昔日之助满政府，而助民国，则去敌为友，党人当知此义。”

11月6日，李准又派李次武再度带信前往香港，表示：**“愿率部下水陆各军全行反正以救国民。如国民军定期以文明举动来省，当率部欢迎。俟军政府举定有人，即将兵权交出与军政府。”**

胡汉民回书表示：“**革命党不报私仇**，特为汉族请命耳。”还说，只要李愿意“尽忠于革命”，可以“以功赎罪”。

胡汉民提出四项条件：（1）李准亲书降表，通电反正；（2）驱逐张鸣岐并迫龙济光投降；（3）欢迎民军；（4）交出所辖要塞、兵舰、军队。

李准遂按胡汉民要求，说服总督张鸣岐，劝告他“勿恋虚荣，贻害地方”。但张鸣岐犹疑不决，知大势已去，无力回天，逃走香港。

“当派无线电总管黎凤翔及江大管带吴光宗、嘉应举人谢义谦即日往港。胡汉民、陈景华、李君佩、李纪堂、李煜堂诸人，于二十一日一同来省，过船话旧。胡、陈、李诸君均多年旧交，徒以迈年彼此各尽其职，致相隔膜也。”

各界开会，推举李准为光复后广东新政府都督，李准以伤病为由推之，以他部将巡防营协统蒋尊簋出任都督。

“自治各议会，公推都督人。首推张坚白，副为龙子诚。十九送印往，坚白逃无形。子诚惟有泣，余病难担承。公推蒋尊簋，都督暂摄行。余督水陆队，维持公安平。各省均独立，议迎胡汉民。”

7日李准乘“宝璧”号兵轮到广州城说服龙济光。此时陆路提督秦炳直正在惠州率兵据城，与陈炯明等民军激战，李准派员去说服开城反正。《胡汉民自传》说：“陈（炯明）等攻惠，久不能克。余既入省，即使李准密致电秦炳直，使投降，言清廷已覆，张鸣岐已去，苦守无益。秦不得已，乃开城。”

1911年11月12日广东军政府成立，图为越华路前军政府头门（今广东省民政厅）

11月9日晨，李准宣布反正，下令炮台、部队皆挂青天白日旗，通告全省水陆部队不得与民军对抗；电告胡汉民：“张鸣岐已走，咨议局开会已举公为都督，盼即来省。”

9日夜，胡汉民偕家属及同志乘船赴广州，李准率大小官员，列队欢迎胡汉民一行就任都督。12日广东军政府成立。

“当推胡汉民为都督，陈景华主民政，为警察厅长。余与汉民约曰：‘此次不伤一兵，不折一矢而告成功。万勿招集民军以乱地方，不许擅杀一旗人。且余已先发枪械，令将旗营编为十营巡防队，以保旗界。如民军有不法之事，当力击之，勿谓言之不预也。’汉民即就都督兼民政长之任，即以水师公所为都督驻所。次日，汉民夫人及其妹亦到。每日汉民到咨议局办事。**余仍以旧有名义辖制水陆各军，尽保境安民之责。**”

这是1911年11月9日，当10月10日武昌武装起义爆发后一个月，李准率广东起义，兵不血刃而告独立！李准起义引发多米诺骨牌倒塌：11日，进攻汉口的“海琛”“海容”“海筹”等军舰在九江起义；12日，“舞凤”军舰在烟台起义，“镜清”等13艘军舰在镇江起义；接着十五个省纷纷宣布脱离清政府而独立。1912年1月1日，中华民国临时政府在南京成立，孙中山为临时大总统。

1911年11月23日，李准发表《广东光复始末记》文告：**“应乎天而顺乎人，立意反正广东，藉消兵祸。准力图反正原因，为粤民生命财产计。”**

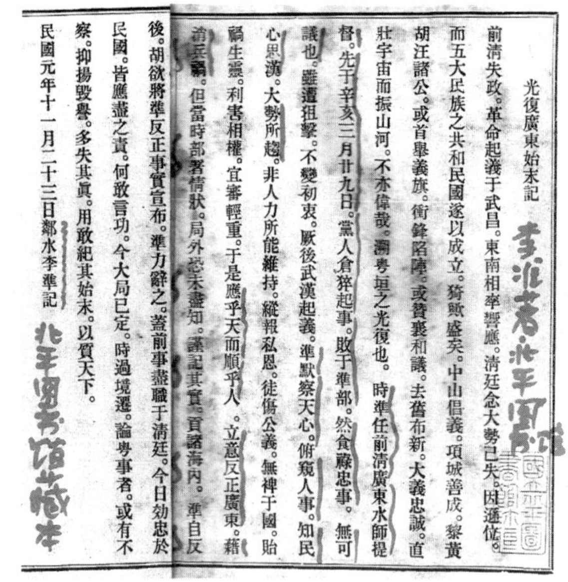

光復廣東始末記

前清失政。革命起義于武昌。東南相率響應。清廷念大勢已失。因遜位。而五大民族之共和民國遂以成立。猗歟盛矣。中山倡義。項城善成。黎黃胡汪諸公。或首舉義旗。衝鋒陷陣。或贊襄和議。去舊布新。大義忠誠。直壯宇宙而振山河。不亦偉哉。溯粵垣之光復也。時準任前清廣東水師提督。先于辛亥三月廿九日。黨人倉猝起事。敗于準部。然食祿忠事。無可議也。雖遭狙擊。不變初衷。厥後武漢起義。準默察天心。俯窺人事。知民心思漢。大勢所趨。非人力所能維持。縱報私恩。徒傷公義。無裨于國。貽禍生靈。利害相權。宜審輕重。于是應乎天而順乎人。立意反正廣東。藉消兵禍。但當時部署情狀。局外恐未盡知。謹記其實。頁諸海內。準自反正後。胡欲將準反正事實宣布。準力辭之。蓋前事盡職于清廷。今日効忠於民國。皆應盡之責。何敢言功。今大局已定。時過境遷。論粵事者。或有不察。抑揚毀譽。多失其真。用敢紀其始末。以質天下。

民國元年十一月二十三日鄰水李準記

李准发表《广东光复始末记》

黄兴致电李准：**“粤省光复，公树伟功，从前公仇，一概消释。”**

胡汉民发表文告：**“粤省城九月反正，以李直绳君之功为最。”**

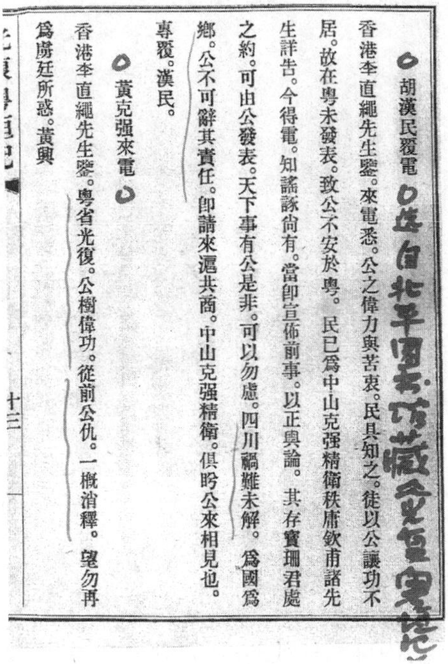

胡漢民覆電

香港李直繩先生鑒。來電悉。公之偉力與苦衷。民具知之。徒以公讓功不居。故在粵未發表。致公不安於粵。民已爲中山克強精衛秩庸欽甫諸先生詳告。今得電。知謠諑尚有。當卽宣佈前事。以正輿論。其存寶珊君處之約。可由公發表。天下事有公是非。可以勿慮。四川禍難未解。爲國爲鄉。公不可辭其責任。卽請來滬共商。中山克強精衛。俱盼公來相見也。專覆。漢民。

黃克强來電

香港李直繩先生鑒。粵省光復。公樹偉功。從前公仇。一概消釋。望勿再爲虜廷所惑。黃興

十三

李准起义后黄兴电文：粤省光复，公树伟功，从前公仇，一概消释

胡汉民是辛亥革命领袖人物，是孙中山最倚重的助手，孙中山曾论其曰：“其学问道德，均所深信，不独求于广东难得其人，即他省亦所罕见。又谓：迹其平生之大力量，大才干，不独可胜都督之任，**即位以总统，亦绰绰有余。”**

孙中山发表临时大总统《通告海陆军将士文》：**“旷观世界历史，其能成改革大业者，皆必有甲胄之士反戈内向。文独有以知吾海陆军将士皆深明乎民族民种之大义，故能一致进行，知死不避，以成此烈也。”**

2007年广州金羊网发文称：**“两千年历史独一无二的事件——在没有流一滴血，没有响一声枪的情况下，广州完成了政权的更迭！**11月4日，香港的胡汉民对广州提出‘逐张（鸣岐）迫龙（济光）’的策略，得到驻广州的水师提督李准的支持，他表示愿意反正。

“广州商绅在尽力维护城里的形势，但效果仍不大，双门底（今北京路）只有陈李济药铺、两广官书局、永和隆膏店等五家开门，其余仍不营业。那时未开马路，城内都是街巷，到农历十二，大新、小市、濠畔、高第、一德

社、状元坊等只有百分之一二开铺，四牌楼、桂香、雨帽、龙藏、大小马站、仓边、小北等街，各铺多以铁链锁门，或用木板钉盖。街上行人稀少，满目荒凉，有人哀叹：'平时最热闹的广州，竟有弄成今日之惨象，良可慨矣！'

清末广州街头商铺林立

革命时冷清的广州城门

"谁也没想到，农历十九（新历11月9日），政府贴出支持共和的告示：'今者国民军大起，各省响应，涤二百六十余年之秽垢，复四千余年之祖国，谋四万万人幸福……能不流血，而革命可以成功，岂非军政府之所大愿，'正式宣布广东独立！如同一声惊雷，全城先是目瞪口呆，然后半信半疑，最后才欢喜若狂。1911年11月9日，广州人没响一枪，没流一滴血，和平进入了共和。"

2011年11月5日《羊城晚报》载《辛亥，广州易帜前后》一文称："全国八旗军队在辛亥革命期间，因情势不尽相同，出现过不同的战乱。而广东的独立不费一枪一弹，在粤省绅商、八旗子弟的努力下，用的是和平过渡。实在是广东三千万人之幸，驻粤八旗子弟之幸。"

《辛亥革命史稿》指出："像李准这样手握重兵而原来一贯忠于清朝、同革命派为敌的实力派，转而采取这种同革命派靠拢的态度，在其他各省中还不曾有过。这是广东独立过程中富有特色的一件事。"

笔者认为，广东是清廷重兵掌控之地，革命党在广东的多次起义都遭镇压，这次却兵不血刃和平光复，李准起了决定性作用，从而对辛亥革命的成功，起了推动作用。事实再次证明：李准不但是三平海盗剿灭乱党，勇斗列强维护主权的军事家，还是在民众生死存亡关头，化干戈为玉帛的政治家。

第十一章 编剧书法成名家　著书留史泽今人

李准率广东起义后，孙中山十多年的南方革命终于成功，中华民国成立，孙中山被推为临时大总统。

胡汉民致电李准：“为国为乡，公不可辞其责任，中山、克强、精卫俱盼公来相见也。”

媒体：“热心民国，维持最力者，则李准尤能满粤人之意。”

李准：“革命军聚集省城者尽属盗贼，多寻仇报复，今日击此，明日打彼，甚至包围都督府，拿着炸弹要钱，以抢水师公所，都督仓皇而逃。今民军遍地，生灵涂炭，大非初念所及，是余之罪也，即遂返香港，作世外人矣。”

李准弃武从文，著书立说，成为民国著名剧作家和书法家，给后世留下一座珍贵的清末民初历史宝库……

五十四、热心民国助汉民　中山难挽退隐心

李准率广东起义后，孙中山还因黄花岗起义流亡美国未归，胡汉民便作了广东革命政府都督。大量涌入省城的革命军人员多系原会党、习气未改。胡汉民对此有自知之明，说其**“以赤贫农民与其失业而流为土匪者为基本队，更裹胁乡团及防营之溃散者，以成其众”**。

这样的革命军自然难免会出现纪律败坏、肆意扰民的行为。

广东军政府正值用人之际，都督胡汉民慰留李准，协助维持秩序，军政府发布照会：**“以贵军门以前所统中西两路及水提亲军、巡防新军营勇，暨各兵轮扒船，应请贵军门照旧统辖，共保治安。专顾城外各处。”**

胡汉民请李准照旧统辖水陆各军，利用李准及其影响力，在广东继续维持秩序。后来的事实证明，革命政府善用李准，对维护广州秩序不至于完全

失控大乱，起到了决定性作用。

1911年11月19日报载：“**热心民国，维持最力者，则李准尤能满粤人之意。**”

然而，李准交出全省军政财大权后，胡汉民安排他的两个将领，去任李准亲兵营之统领，好受自己直接掌控。然而那些亲军无论是官还是兵，还是只听李准的。胡汉民后来说：“张鸣岐削李兵权，仅留其六营，余则置分统二人，使直接于己；然统领偏裨，为李旧部，故**李犹有号召指挥之实力**。”

革命军中那些匪盗会党之徒，趁乱四处抢掠，而李准巡防营却肩负着维持治安之责。

“余已先发枪械，令将旗营编为十营巡防队，以保旗界。如民军有不法之事，当力击之。”

所以革命军与李准所统巡防营队如冰炭水火之不相容，不断发生冲突。

诚心留李准任职的胡汉民，心有余而力不足，心里着急却无力调和军事冲突，认为“李亦只以一时之利害，归命于革命党耳”。

11月17日，革命军石锦泉部“竟逼踞水师行台，并将大炮掠去。军政府下令勒其迁出，亦不之理”。

洋人柯姆伯《广州事变日记》披露：“三四百名暴徒袭击了水师提督衙门并夺取武器。”

《自谱》记载：“连日各路民军到省者络绎不绝，遇有民团及水陆军队收缴枪械不可以数计。余与汉民严禁而不能制止。”

民军没有仗打了，就全部开进广州，来势汹汹如虎狼之师。

虎狼之师在战场上是英雄之师，可涌进一座大城市则为洪水猛兽，是这个城市和全体市民的灾难了。

“连日到省之民军达十万以上，于长堤一带及东校场、咨议局等处，多如猬集，叫嚣喧嚷，纷如乱丝。忽而此处失火，**忽而彼处开枪，索饷索伙食者不可以数计**。一人每日伙食以一毛计之，亦非万余元不办，财政司李煜堂亦无法支持。”

民军几欲抢夺金库粮库等要害部门。李准连忙派兵死守保护。

“自各官去后，**我军之守藩库者，民军屡次争夺其地**，均严行拒止。熊长卿于汉民到省之日，即以汉高入关先收册籍为言。余当派谢义谦往藩库点收，虽无现金，仅有官银钱局之钞票八皮箱，抬回宝璧（军舰）。有已作废者若干，一并发交财政司李煜堂领去，共计七百余万元。其各军之应领正饷者，由汉民亲笔签字批发，再交财政司发给，旧纸币虽一律通用，然无现金，仍多不便。

“次日，即有港商备饷六十余万元运解来省，必交余收，乃为之收存宝壁钱仓内。财政司应领若干，都督以印文来，如数交领。

“有统带广九铁路巡防队三营之李声振，向称缉捕能手，与匪徒结怨甚深。一日，由长堤鹿角酒店出，为民军枪杀之。又如**亲军营管带李景濂，为生擒倪映典之人，亦遭枪毙**。军政府亦不惩办，以致寻仇之事日多。向办盗匪各军多不安于其位，纷纷去职。**人民之安宁既不能保，其困苦情形盖可想见。**”

北京联合大学台湾研究院副所长胡文生著《黄埔北伐》记载：“广东光复的时候，胡汉民作都督，副都督有三人，为陈炯明、朱执信、黄士龙。**是时各路英雄集结广州，土匪民军甚多，龙蛇混杂，黑白不分，甚至包围都督府，拿着炸弹要钱，因而被抓到枪毙的很多。**”

李准说：“汉民本一书生，初经就职，漫无章法，紊乱已极，而民军扰乱，种种怪现状莫可究诘。而**石锦泉且拥众以抢水师公所，都督仓皇而逃，其眷属且不知去向。**及寻汉民归，余嚷之曰：‘民军之不可用也如此，今广东兵不血刃，安用此民军为哉？今石锦泉不法如此，连都督府亦遭抢劫，罪不容诛，必将锦泉一股诛灭，以儆其余。’汉民唯唯称是。当即知会蒋率陆军堵截长堤及入城一路，余调西江快炮连日近亭堤工局、水师公所，凡锦泉盘踞之处一律击毁，以除此贼，但须都督传令，不然又言余打革命党也。如以为革命党，真革命党之羞。汉民犹欲令锦泉来请罪为言。余愤极曰：**革命如此，将来必无幸理。余当立即走香港，决不再预闻其事矣。**”

李准为躲党人刺杀避住兵船，“民军之匪徒恨余最深，日夜恒持炸弹、手枪环余坐船而恐吓之。故余每到夜间即过别船住宿。夜即开出黄埔或琶洲海面定椗，黎明乃回省，日以为常。”

从李准1902年刚由文转武，学着统领巡防营起，吴宗禹翰香就任统领，跟随李准出生入死达十年，尤以“三二九”之役表现神勇，兄弟二人出入于万军之中，连救总督张鸣岐全家。这次却被逼得只好离开他追随了十年的主子李准。

“亲军统领吴宗禹以三月二十九日之故，结怨于党人，不肯留而去，以冯馥斋、唐维炯分统其众。”

李准对民军虽然气愤，但恐引起生灵涂炭而不敢反击。

怎么办？三十六计走为上计。

为了顾全大局，最后不得不选择离开，用四川话说——惹不起躲得起。

李准称病辞职。“连日，余庶母、余妻、妾均自港来视余，不愿余久留粤垣。余既决心去粤。”

李准“临行犹切谕所部，严奉都督府的命令”。

这时，广东全省财政资金数十万全在李准住的“宝壁”号军舰上，“官银钱局之钞票八皮箱，抬回宝壁。即有港商备饷六十余万元运解来省，必交余收，乃为之收存宝壁钱仓内”。

如果李准就这样开船至港，带走巨金，港英之地，无人追责；而民军无钱无粮势必大乱，革命政府自己就要垮台。

当时的情况万分危急，四乡赶来的民军50多支数万人，有的十人才一两支枪，要购枪支弹药、要吃要喝要发饷。胡汉民派人到银行库清点，全省库存共10万元左右。原来各级官吏已经将库存席卷一空，有的借口“忠于朝廷”把钱拿走，如总督张鸣岐先期电汇50万到上海给父亲；运司、提学司、提法司等几个政府部门高官，都把属于自己管辖的钱银调出，换成汇丰钞票。督练公所参议吴锡永等分得十数万再逃往香港……

胡汉民无法，竟依靠捐助军费活动来解燃眉之急。师范学校教员7人，女士文翔凤捐30元，另金指环重1钱7分，廖侣环捐金耳环一对重1钱3分；朱清霞、张我志各10元，李秉文、毕幼超各5元，岑君伯捐50元……广州人这天共捐十余万，杯水车薪能维持几天呢！

李准是怎样做的呢？是不声不响顺手牵羊带走，还是主动告知把钱留给革命政府？

“余既决心去粤，而经手银钱之事必交代清楚，免去有后言。连日分派卫队队官吕钦广排长、高世昌、范连仲、杨云鹏、欧阳铭等带队押运港商寄仓之现金数十万及钞票，于旧大清银行财政司办公处交纳。”

这就是李准和其他清廷高官的不同之处，主要还是其出生于书香世家，青少年在家乡邻水受父母亲和祖父母的传统美德，耳濡目染，受他们传统文化和传统道德教育。一个人从小就形成了高尚的人格和品德，会始终不变，终身受益。

李准还致函军政府都督胡汉民，解释为何被迫离去：“所陈危险情状，弟虽不言，诸公当已见及。前日之所以不忍轻去者，以张督既已宣布独立，弟不能不与龙子澄军门维持治安，以免生灵涂炭。讵数日以来，凡足以痛哭流涕之事，层见迭出。揆之始愿，实不及此，即欲勉为其难，徐图补救，无如权力不及，徒唤奈何。若再坐误事机，恐即粉弟一人之身，亦无以谢全粤，再四思之，只有毅然舍去，不敢复留。”

又提出建议，殷殷希望：**“惟愿粤东父老，外师泰西组织政党之法，以补助新建政府；内筹永久安治之方，以保卫性命财产。使民国之基，安于磐石，则弟身虽去粤，心亦安慰矣。**临别赠言，依依不尽，知我谅我，是在明公。”

胡汉民对李准极力挽留。“坐卧不离守余，不令去。曰：君如去，我亦同去。余曰：君谋革命多年，今得成功。反言同去，万勿是理。非同事我之宗旨不同也。今留此十日，不过与粤人感情素惬，有此一段香火缘，**不忍人民之涂炭，亦与君有旧交，故为之维持大局耳。**当君就任之日，曾先事声明有不合则去之宣言。今违我初衷，不能尽保境安民之责，是余之过也。”

11月23日李准乘船离粤，前往澳门再转港。

“今民军遍地，生灵涂炭，大非初念所及，是余之罪也。一俟部署初定，数日内亦即**遂返香港，作世外人矣。**家人见余之归，悲喜交集，以为重庆更生也。

“当余未行之日，陆路提督秦子质军门自惠州东下，来船相见，唏嘘流泪者久之。据云与陈炯明等革命军战，本甚得手，惟省城既独立，无处接济饷械，又不能似他人之向民间就地征发，自得余电后，知大事已去，无可如何，即双方停战，议定让城。临行尚以万元交余发饷。**今孑然一身，将归老于故乡，无颜再出而问世矣。**公好自为之。”

这是李准爱将吴宗禹去后，李准又一次与爱将惜别，且是无颜再出而问世，孑然一身归老于乡的英雄末路，真是令人唏嘘不已。

胡汉民见广州局面离不开李准，派民政厅长追到香港去，诚心请李准再出山。

孙中山和黄兴也商请李准回军政府任职，胡致准电曰：**“为国为乡，公不可辞其责任，中山、克强、精卫俱盼公来相见也。”**

李准虽没答应回来，却给胡汉民分析广州局势，预言走向，尽心竭力给他们出治理好广州的主意。

“余回香港之次日，汉民命陈景华来港要余回省。余曰：**地方糜烂若此，殊无面目见粤中父老。**余所有水陆军队概交汉民。一俟競存（陈炯明）到省，苟能尽去民军，与民相安，尚有见面之日。君前官广西知县，具干练之名，能除暴安良，与民党增光。景华曰：**我警察厅所用之人，皆公之旧人，无一绿林出身之人。**稍假时日，必渐复秩序也。余曰：现在龙子诚之济军约二千人尚驻西关，虽非纪律之师，较之民军胜万万倍，君当力任保全。

自独立后，民军日多至十余万之众。粤人排外之心益盛。子诚屡欲求去，余亦派定有船送之回广西。济军多有家眷，至八百余房之多，行之不易。有由广三铁路去者，中途亦为民军截回，以致滞留粤中。君如能保全其众，必能感激用命。景华曰：诺，敢不如命。自后龙、陈之交谊益深，且结为盟兄弟矣。”

果然不出李准所料：“陈炯明到省，以力除不法之民军为己任。逐周廉，诛石锦泉，击黄和顺，关仁甫等于虎门各要塞。省会之地渐归平静，商民亦渐复业。”

11月26日又发生一件事情，对李准又是一个何去何从的大抉择大考验。

《自谱》说：**“奉廷官密谕署理两广总督**，会同梁鼎芬规复粤省事宜。”

报载：闻初十日满政府有廷寄，命李准兼署两广总督。

梁鼎芬系晚清学者、藏书家，广东番禺人。曾因弹劾李鸿章而名震朝野。后应张之洞聘主讲广东广雅书院，再后任宣统皇帝溥仪的毓庆宫行走。

李准如果接受两广总督之命，便可集总督和水师提督军政大权于一身了，完全有实力与乌合之众的民军抗衡，广东革命史又将重新改写。但李准保持着清醒的头脑。他说自己“默察大事已去，莫可挽回，**与其涂炭生灵，以求一逞，仍于事无济，不如俯顺潮流之为得也**”。

著名近代史学者、中山大学历史系主任邱捷，在《学术研究》杂志发表“民军问题与辛亥革命时期的广东社会”一文指出：“绝大多数民军是11月初才起义的，从各种记载看，多数民军也并无进行过激烈战斗。广东清军两支主力——水师提督李准所部和统制龙济光所部，收缩到省城一带，直至11月9日广东实现‘和平光复’，**这两支清军都未受过打击，实力仍在。而民军人数虽多，却没有统一指挥，多数是几百人的小队伍，手持五花八门的冷热兵器，并无大炮，没有统一指挥，也没有后勤保障，要强攻广州不能说稳操胜算。**”

李准在《自述》中也说：“虽奉清廷谕，会同梁鼎芬，规复粤省旨，总督两广荣。不闻家国事，日惟学书文（十月初六，奉廷寄署两广总督，会同梁鼎芬规复粤省事宜，梁鼎芬赏给三品卿衔，会同李准规复事宜。余以大局已定，徒滋纷扰，反令生民涂炭，不报）。”

李准坚辞不受这虚幻的荣华富贵，**“弥大乱而救危亡”**，避免了刀兵再起，民众遭难，这是李准又一大义之举。

媒体舆论对此高度评价。《李准能知大义》一文说：“内阁命梁鼎芬会准共图粤事，无任惶骇，准离粤已久伤病增剧，万难任理，况民心已去，莫可挽回，**与其荼毒生民，以速瓜分之祸，曷若俯顺舆情，速改共和政体，以弥大乱而救危亡。**”

李准自“反正”后不复存与革命为敌的想法，反而有心成为民国之一分子。纵观民国成立后直至1936年离世，李准均洁身自好，几次拒绝和反对袁世凯复辟称帝的倒行逆施之举。

胡汉民后来醒悟，忆及李准对广东军政府的态度其实是**“服从惟谨”**，党人不该那样对待李准，没有善用李准。

五十五、民国顾问上将军　南北调停平纷争

李准起义后，广东成为孙中山革命成功的大本营。孙中山于1912年1月1日当选为中华民国临时大总统。

当李准率广东起义之前，袁世凯出任清廷内阁总理，陈兵长江北岸，与湖北革命军政府对垒。

英、美、德、日、法、俄等国，对革命政府政治上拒不承认、经济上封锁扼杀、军事上武力恫吓，敦促革命派向袁世凯妥协。革命阵营的立宪派和旧官僚也竭力把革命引向拥袁的道路。同盟会内部也支持袁世凯，请孙中山辞职。

黄兴说袁：“明公之能高出兴等万倍，非但湘鄂民众拥戴明公为华盛顿、拿破仑，及南北各省亦当无有不拱手听命者。”

孙中山也说：“今日之中国，唯有交项城治理。”

湖北军政府与袁世凯南北双方进行和谈，主要是大总统权力之争。孙中山在内外交困和重重压力之下，发表声明：“只要清帝退位，袁世凯造成共和，即举袁作大总统。”

1912年2月12日，清帝溥仪下诏退位。孙中山依诺辞去中华民国临时大总统职务；15日临时参议院选举袁世凯为临时大总统。

南北议和成功，避免了更大的战争流血。

1912即民国元年九月，李准被民国政府授陆军中将、高等军事顾问。十一月受袁世凯邀请，从香港到北京。

袁世凯首任民国大总统时聘李准、蔡锷为军事顾问

“奉项城令，聘为高等军事顾问，月薪八百

元。命入军事处办事，为参议，凡关广东一方面之事，归余主任，与唐执夫在礼会商办理，请调龙子诚三军转驻梧州，保全其众尚可为中央之用，项城从之。”

民国二年，宋教仁被刺案发生以后，南北两派矛盾激化，为避免战端，李准又在胡汉民和袁世凯之间斡旋调停。

他致信胡汉民：“南北恶感迭起环生，**争在党人，祸沦家国**。保国爱民，公之素志。**畴昔准随诸君子后，光复粤垣，翼同享共和，免遭兵祸**。当此国步飘摇，决裂恐难收拾，又况人心厌乱，胜算未必可期。公固达人，为国家策安全，为人民谋幸福，自有卓见，毋俟晓哓也。”

李准联络拥袁的龙济光部占领了广州。袁世凯担心龙济光未必能掌控广东的形势，认为只有李准才能压得住邪镇得住妖。于是“袁总统令李准为广东宣抚使，加上将衔”。

李准看出袁世凯有称帝之念，对派遣并未接受，反而上书辞去广东宣抚使职务：“以准谙悉粤情，时以军事咨询，用得贡其愚戆，稍效万一。溯粤省自辛亥改革以后，胡汉民、陈炯明辈，党帜愈张，凶焰日烈，自居功首，显抗中央，隐然割据一隅，以为南方根据地。幸蒙下才刍议，委派王若周、蔡国英、隆世储密赴广东联络军队，趋向中央。未几，赣宁事起，而陈炯明果以独立响应。使非军队携贰，翦其羽翼，黄兴诸逆趋赴合谋，大局实不堪问。今龙济光已入省城，乱事已定，善后建设各事宜，是其专责。果能审慎筹维，与时因应，秩序可期完复，准似可免一行。当此时局艰难，民生待治，敢不勉竭诚悃，仰报知遇。仍当留京宣力，借备驰驱。”

袁世凯批准了辞呈。自是以后，李准留居京津地区。

1915即民国三年，李准45岁时，袁世凯组建混成模范团，自任团长，聘任李准、蔡锷等二十余名对时局有影响的人为副官。

“是年，项城为帝之念起。六君子之筹安会人多加入，余独不敢预闻其事而避之若浼。项城深虑新旧军人之反对，乃设混成模范团于参谋部。”

研究洪宪史的学者认为，这是“袁世凯猜疑部属，已经不相信他的小站伙计，混成模范团的出现，就是段祺瑞、冯国璋等一群军阀头子对他背叛的起始，也就是加速袁世凯失败的许多因素之一”。

李准所记印证了学者的分析是正确的：“每日各副官均到处画到，项城则不拘早晚，偶服团长之服亲来团阅探，盖借此羁縻各军人不离开北京以谋反对。且常有便衣侦探随时随地侦察各员之行动，人皆栗栗危惧而不敢私自宴集，余以眷口住津亦不敢无故回津。”

1915年12月，袁世凯在北京宣布接受帝制，改中华民国为中华帝国。

李准又记如下：“每早到团食中饭。午后即约同陈秀峰、陆秀山、蔡松坡（蔡锷）、张敬舆、欧阳南雷诸同事同至广德楼观剧。及在福兴居食晚饭，再观夜剧毕，回寓就寝，日以为常。即戏院之座位亦永久定下，不移他处。各人轮流给费，以释项城之疑。余等举动，便衣侦探盖已随时报告项城。**松坡且于八埠眷一妓曰‘小凤仙’**，沉迷不返，松坡卒至因此得潜逃至滇，谋独立以抗洪宪。”

李准《自谱》记载之蔡锷与小凤仙

李准所说这件事，1981年被北京电影制片厂搬上银幕，片名《知音》，由谢铁骊导演，王心刚和张瑜主演。袁对李准和蔡锷他们猜疑，他们则用韬晦之计麻痹袁。蔡锷装着沉迷于小凤仙，在“高山流水遇知音”的琴曲中，小凤仙掩护蔡锷离京，逃归云南后打响讨袁第一枪。

电影《知音》剧情中主要史实属实，与李准《自谱》所记相符：“民国五年，丙辰，四十六岁。仍充公府高等军事顾问及混成模范团副官，仍居化石桥之宅。蔡松坡（蔡锷）倡反洪宪，独立于滇南。陆干卿上将军和之，独立于广西（干卿名荣廷，广西武鸣人，行伍出身，广西提督，宁武上将军）。龙子诚（济光）上将军亦徇梁任公张坚白之请，独立于广州。”

蔡锷将军是眷妓小凤仙“混日子”，李准呢？一生难得如此清闲，正好趁此时光，一编剧二书法。

“余则每日除读史外仍学书。日必作篆一二千字，临汉碑数百字，自黎明以达夜分，无一刻之辍业。”

于是当时便有了《李将军篆书心经》和《李将军篆书五箴》书帖问世。

“于学书之暇，偶至广德楼观奎德社改良新剧，颇有感触：概自民国以来，道德沦亡其不至于禽兽也。几希将欲借戏曲为改良社会之利器。与梁巨川、林默卿、尹徵甫、韩补菴诸人各编新剧，提倡旧道德，将借伶人之口以唤醒国人。于是，余有《薄倖郎》、《青梅》、《荆花泪》、《香妃恨》、《秦晋配》诸作，咸注意于忠孝节义，五伦八德，报应循环之理，昭然若揭。而奎德社之班主杨韵甫亦能体会斯旨，教演各坤伶善合剧情，表演真切，能得社会之欢迎。盖亦无聊之极，借此以消永昼，而挽回末世之颓俗也。”

百年后笔者案头也有虫蛀的原版《妙峰山新剧》一册，《李将军篆书心经》一册，款识“甲寅（1913）立春日中华男子李准敬书于宣武城南”；《李将军篆书五箴》一册，款识“中华民国三年二月七日蜀人李准学篆于京师之石桥”。目前，仅见1912年成立的广东省立中山图书馆有藏。

2016年我国出版《中国经典书画书画丛书》，颜真卿、柳公权、王羲之、李准等名家入选，李准字帖正是笔者收藏两原本的合印新版，编者评价“李准的篆书，无论是列名晚清或民国大家之林，均无愧色”。

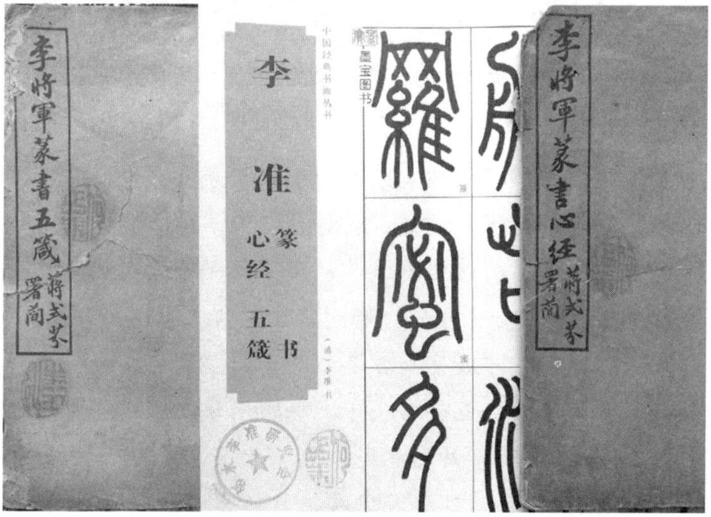

本书作者何正华收藏之李准字帖百年前老版及2016年新版

1916年5月8日，独立各省在广东肇庆成立军务院，唐继尧为抚军长，岑春煊为副抚军长，梁启超为政务委员长，蔡锷、李烈钧、龙济光等为抚军，指挥全国军政，与袁世凯政权相对立。

在广西宣布独立的陆荣廷，和在广东独立的龙济光，以前都是李准部属，所以袁世凯派李准到两广调解紧张局势。“项城忧之，嘱国务卿王聘卿上将军士珍商请余赴粤和解。”

李准在大是大非面前从不含糊。他本不赞成袁世凯复辟帝制，便借机离开北京，脱离袁世凯。

“余允之，而不受何种任命名义，以个人资格往港，实将借此脱离虎口也。故尽室以行，即家具亦转送与人，不作归计也。四月下旬，挈妾张氏由津附太古洋行之夔州轮船直放香港。五月端午日，抵香港，乃知项城已于先一日逝世。”

6月6日袁世凯忧愤交加，因病而亡。曾任过广东水师“广甲”舰三管轮，在甲午海战中死里逃生的黎元洪继任大总统，宣布遵行《临时约法》，召开国会。

“子诚（龙济光）使其兄怡庭将军来港晤商办法。余主张由子诚通电取消独立。大意略云，‘各省之相继独立者，以项城欲帝，自为破坏共和，反对洪宪之新纪元耳。今项城已逝，黄陂继任为大总统，重建共和，尚对何方而独立哉？**慨自改革以来连年用兵，人民困苦，何堪再有战事**？应即日取消独立，服从中央命令’等语，电稿拟定，怡庭携至省。子诚以西林（岑春煊）正在肇庆为都司，令不敢发。余乃令旧部中将赵月修将军、知事董再堃往福建福州，请李培之督军厚基代发。去后，果奉黎大总统电令嘉奖。

“西林必欲去子诚，逼桂军攻之。仍由中央政府解决，调子诚琼崖矿务督办，以陆干卿为广东督军，朱庆澜为广东省长（朱字子桥，山东人，清充四川陆军统制官），张坚白本为广东巡按使，因与梁任公逼迫龙子诚独立，至是亦为西林所不容，而住香港罗便臣道六十二号，拥姬为乐。

“当余之初至港也。西林在肇庆，以镇守使李耀汉之署为都司令部，闻信正食饭而失箸于地。闻余奉项城密命来，将不利于己也，坐卧不宁，往梧州求陆干卿保护。”

岑春煊以前手握两广总督大权时，多方整李准。现在听说李准回广东，虽然是军务院副抚军长，但还是吓得筷子都落了。从现在做贼心虚之程度，可见当初打压李准之程度！岑以为李准必定要报复他，其实完全是以小人之心度君子之腹。

“而李子云（耀汉）不知内情，密派其叔李华秋来港谒余，是否加害于西林？余曰：‘并无此意。速归告尔侄勿轻举妄动。余之来港，盖借此脱离北京，非有他意也’。及后，西林去粤，亦不敢经过香港，搭船径赴上海。做

1916年李准纳妾阎氏
(1899—1988)

贼人心虚，其西林之谓也。”

看来一个人在有权有势之时也不要得意忘形，整人害人，不然迟早会有提心吊胆、睡不着觉的时候。

1916年李准46岁，纳妾阎氏（1899.12.7—1988.1.17），生二子七女。

1917年6月，发生张勋复辟帝制事件。

张勋原是江南提督，民国成立后他的队伍还留着发辫，人们称这个怪模怪样的军阀为“辫帅”，队伍被称为“辫子军”。1913年，张勋镇压孙中山“二次革命”有功，被袁世凯提拔为长江巡阅使。从此他拥兵徐州，成为声势赫赫的地方军阀。时逢有实权的总理段祺瑞与没有实权的总统黎元洪发生争权矛盾，段被免除总理职务，跑到天津组织安徽、奉天、山东等八省军阀宣告“独立”，打出反黎旗帜，准备出兵讨伐。此时张勋以“调停”为名，率5000“辫子兵”于6月14日进北京，同时急电各地清朝遗老进京“襄赞复辟大业”。7月1日撵走黎元洪，把12岁的溥仪抬上龙椅宣布复辟帝制，张勋自任首席内阁议政大臣兼直隶总督、北洋大臣，康有为为“弼德院”副院长。张奏请复辟说：五年前“隆裕皇太后不忍为了一姓的尊荣，让百姓遭殃，才下诏办了共和，谁知办得民不聊生。共和不合咱的国情，只有皇上复位，万民才能得救”。

这就是史家称的“张勋复辟”。

李准立即向副总统冯国璋通信，坚决反对：“逆贼张勋借调和政局为名，行推翻国体之事。准民国分子，前清旧人，不忍使艰难缔造之共和坏于竖子，更不忍视安富尊荣之清帝陷于危机。闻变冲冠，仇不共戴，夫处今日，环海交通，民气大昌之世，万无返共和为帝制而可久安长治之理，袁氏前车，可为殷鉴。诸公手造民国，功业灿然，对此神奸同怀义愤，万望整率貔貅，声罪致讨，奠安清室，巩固共和。”

同李准“闻变冲冠，仇不共戴”一样，全国各地尤其是南方各大省会召开万人大会，各家报纸发表大量文章声讨张勋。

段祺瑞在天津发表讨张的通电和檄文，组织起讨逆军，自任总司令，7月12日攻进北京城，“辫子兵”一触即溃。“辫帅”张勋被段祺瑞出卖，逃到荷兰使馆躲藏起来，只做了12天“皇帝”的溥仪再次宣布退位。段祺瑞重新担任国务总理，掌握了实权，住在南京的副总统冯国璋被他请到北京，代行大总统职务。

在李准等多数要人的反对下，张勋复辟仅12天即破产。

五十六、著书立说泽后世　编剧书法两成名

1918年，李准在天津“售戈登路十八号之宅，得二万六千五百元。三月开工建筑法租界三十二号路之屋，自住洋楼两所，出租两楼两底屋九所。八月工竣，名之曰泰安里。建筑之费八万余元。九月迁入第十一号”。

“十二月初十，八女如璧，字静仪，乳名大毛，生于泰安里之宅，阎妾出也。”

时年李准48岁。

1988年7月17日，《人民日报》发表新闻《退休教师李如璧捐献重要史料，清末水师提督曾巡视南海诸岛》：

“新华社上海电　上海市退休教师李如璧，出于爱国热情，最近主动将其父亲李准生前所著《任庵自编年谱》捐献给国家。**李准，清末广东水师提督，曾奉命率师巡视南海诸岛。《任庵自编年谱》中记载了当时的有关情况。对于我国历史上对于南海诸岛的行政管辖，是一个有力的证明，具有重要的史料价值。**”

外交部致信李如璧：“您捐赠给政府的《任庵自编年谱》一书我部已正式收到并将妥为保存。对于您出于爱国热情、主动地无条件地将家传历史史料捐献给国家的爱国义举，我们谨表示高度的赞扬和崇高的敬意！”

李准八女李如璧捐献的《任庵自编年谱》，系李准本人晚年期间，在天津泰华里住处，用毛笔书法的手迹孤本。从1871年出生那年起，按年份记载亲身所历之大事。封面立书大字“任庵自编年谱”，下有小字“丁卯夏五月平叔自记”。开篇说“准也不才，倏逾艾岁。遭时窃位，行止多愆。鲜功绩之可述，岂嘉懿之足矜。顾历世既久，更事遂多。追忆生平，觊存陈述。客中有暇，滞笔叙之。自兹以往，随年续赓。匪云垂示方来，庶几自省愆疚，并俾后人，无所增饰云尔。民国十六年岁在丁卯夏四月 李准直绳甫自识”。

艾岁即50岁，李准说“遭时窃位，行止多愆”，意即我的才能有限，不过是遇到好的时机窃居高位，言行举止上会有很多过失。愆（qiān）意为罪

过、过失。

1927年开始起笔，记到1936年3月止。在李准所著众多书稿几乎尽皆遗失的情况下，唯此稿历经战乱和“文革”，仍得以完美幸存，故而极其珍希。

《自谱》手书稿三百多页，洋洋洒洒七万多字，从1871年出生于四川邻水柑子铺，一直写到1936年在天津泰华里去世前几个月。以李准生平为线索，几乎可以窥见整个国家，在清末民初那几段重大历史变革的缩影，内容涉及清末民初政治、军事、外交、经济、文化、教育、医疗、伦理、风土民俗等方方面面。它的价值，不仅提供了研究李准一生的完备资料，也提供了研究广东清末民初的史料，甚至成了直接证明我国政府百年前行驶南海管辖权的文字依据。

尤其是此前广东辛亥革命研究，几乎都是凭借革命者单方面的资料，难免多有偏见和成见。唯独此书是从革命相对面的角度，即从清廷高官的角度，来看待和记载革命党人即辛亥革命的资料，更有重新认识、重新评价那段历史的全新价值。

此前一直以为该手稿孤本轶失，却有幸被李准八女李如璧秘藏家中，1988年捐献后被外交部珍藏。直到近年，李准家乡才拥有一部复印版年谱。李准研究会包述安老先生费半年之功，查《说文解字》《书法字典》，对其行草书法手迹逐字辨认，逐句点校，录成电脑文字版本。与李准外孙女、北京中医药大学段天旋（笔名舒岚）女士联系，又意外得知，除了李准亲笔稿本之外，她手里还藏有一部他人手稿，名《任庵自编年谱重誊本》。这是李准女婿陆庆兆先生，用毛笔一字一句照抄下来的版本。段女士亦一字一句辨认点校，录成电子版本。我们遂将这两种电子版本综合对照，再核对李准原稿手书字迹，自谱的电子稿才得以问世流传。

数十年来，我国因为没有一部李准一生完整的史实资料，而导致学术界和媒体，以及史志资料上，有关李准与南海的各种说法千奇百怪，错漏百出，互相矛盾。《自谱》的发现，为这些谬误的匡正，提供了准确的史实。

笔者特拟《李准研究宣介中的谬误匡正》在网上发表，纠正史志媒体及学者论文中十多种主要谬误，如李准只巡视了东沙和西沙，却有专家及各大报刊误称“李准这次巡海视察抵达了南沙群岛，最远还到了曾母暗沙”；国家命名的“李准滩”在南沙，却误称“今日西沙尚有李准滩”等原则性错误。

李准家乡邻水收藏有一幅李准家人在天津的合影，被称为李准全家福照。李准幼子李相普老先生2009年来函指出："全家福照片上三女一男是：大姐如璧，09年去世；二姐如璋，已九十高龄，三姐如琇十年前去世，四哥相度为加州美籍华人，08年去世。"

他们都是阎夫人所生。

李相普先生1929年"生于天津泰华里三号宅"，原"震旦"号后名"重庆"舰之海军军官，他说："1949年于吴淞口起义参加人民解放军，是我子承父志的一点纪念。"曾任大连船舶工业集团公司营业部主任、辽宁省造船工程学会咨询部主任、大连国际海事会展览部主任。

李如璧手头都没有李准全家福照片，又怎么千里迢迢到邻水来了，又是谁保存到现在的呢?

1926年，李准老家邻水柑子铺有个青年王国宇，因逃婚竟逃到李准那里去了。因为他是李准外祖父王宗玉的三子之孙，与李准是老表，所以在天津泰华里住了三年。1929年，李准派新管家董再坤回邻水管理李公馆，王国宇和他一起回邻水，出发前从天津和平饭店寄回一个大皮箱。

王国宇之子即李准表侄儿王华昌，现已八十多岁，至今清楚地记得，其父这次寄回的物品较多，有十一张照片，除那张全家福照片外，还有李准母亲王秀香的大幅精美画像，可惜"文革"时被迫烧毁了。李准与阎夫人、与王国宇的合影及李少爷的珍贵照片等，他家保存了七张。1988年文物普查时，他将李准全家福照片等全部交给了县上。

1914年即民国三年，李准44岁。

"年来以为人作书，如屏、如立轴、中堂、斗方扇面，商周以前用大篆，秦汉以后用小篆。"

八月十五日，齐白石到天津宿李准家，李准与其谈书论画。

梅兰芳先生在《舞台四十年》一书《我和余叔岩合作时期》一文回忆：民国初年，四川人李准（号直绳，前清时做过广东水师提督，大家都叫他李军门）家里办堂会戏。我和王惠芳合演《虹霓关》《樊江关》两出；大轴是叔岩第一次唱《失·空·斩》。黄山（润甫）的马谡，

齐白石到访宿李准家谈书论画

金秀山的司马懿，鲍吉祥的赵云，王长林、慈瑞泉的老军，这些都是和谭老（鑫培）配戏多年的老先生。

李准青年时代由文转武，现在又由武转文，从此潜心著述、编剧、书法。

文武之道一张一弛。李准从一位叱咤风云的将军，提笔代刀而成编剧，依然是宝刀未老，一鸣惊人。我国许多名伶，如荀慧生、金少梅、章遏云、马金凤等等，就是因为当年主演李准写的剧本，而一举成名天下知的。

近年有老先生撰文回忆：清末在广东水师衙门为官、民国初年曾任督军的李准，人称李军门，聘请时任国会议员的广东人彭秀康为总经理，建城南游艺园（今友谊医院西院），成为北京最大、最红火的戏剧等文艺场所，特点是所有演员都是坤角，无论主角或底包（打旗、龙套等等）全是女的。当时外地来京的演员，凡是坤伶，必须先在游艺园露演一阵子，才能够“走红”。20年代初露头角的坤伶孟小冬、碧云霞、秦雪芳、金少梅、雪艳琴等，李慧琴、程艳芳，这些唱青衣花衫的，全是在游艺园唱红的。

李准认为辛亥革命后，中国内战不断，出现了政治和社会混乱的状况。到后来又爆发了新文化运动和五四运动，对中国传统文化和传统道德几乎完全摧毁。盲目崇拜西方、全盘西化，政治上高举“民主”和“科学”两大旗帜，人格上要自由解放，打倒孔孟之道，打破传统道德伦理约束。其实，被这些热血青年视为至高无上的所谓“科学”，不过是“分科而学的意思”，将知识细化分成数学、物理、化学等来研究。可是“五四”时期却把在西方问世才几十年的科学奉上神坛，作为判断取舍一切的标准，中国的一切都要合乎西方的所谓科学，否则都得打倒——打倒几千年实践证明了的传统文化、打倒中医、打倒“孔家店”，否定一切老祖宗留下来的东西。

李准对此痛心疾首，认为这是“**末世之颓俗**”，怒斥其“**道德沦亡其不至于禽兽了**”！

李准因此身体力行，“**编剧晓世人，提倡旧道德，改良社会心。**”

李准编剧本数十部上演，主题都是弘善扬德，注意忠孝节义、五伦八德、报应循环之传统道德观念。奎德社各坤伶善合剧情，表演真切，大受社会之欢迎。

奎德社是中国近代从事改良新戏的女子戏曲演出团体，又名奎德坤剧社，后改名同德社。她们认为戏剧是通俗教育的有力武器，以编演新戏，移风易俗为宗旨，专门编演梆子、皮簧新戏，配制机关布景，采用西乐、歌舞，尤以反映现实生活之时装新戏驰名京津。1937年抗战爆发，北平沦陷，被迫解散。从创建到解散的24年间，共编演新戏93种，几乎都是李准操刀编剧，有的新戏因抨击时弊而遭受刁难或查禁。

直到二十年后的1933年，奎德社还从北京专程到天津，请李准编剧。

“秋间，北平同德社即奎德社旧人来津，出演于北洋。余亦为编剧为之排演，如《悔婚》《采茶奇缘》《可怜的阿毛》等。”

1917年即民国六年，李准47岁。“二月，与陆干卿上将军同北上，经津浦线晋京。住崇文门外南官园王若舟之宅。晋谒黄陂及段芝泉总理，奉命授为直威将军。”

李准所说“陆干卿上将军”，是指李准向慈禧太后推荐的军事人才陆荣廷；“黄陂”即黎元洪，湖北黄陂人，民国政坛多以里望称人名，故人称“黎黄陂”，至今在汉口有一条路称为“黎黄陂路”。

李准也是这样，从清末到民国，无论是官方文书，还是书法题字，都署名“邻水李准”，连其著《广东水师国防要塞图说》这一军事文件，名下也为“邻水李准署”。

黎元洪出身广东水师管轮，是辛亥革命武昌首义的都督，也是中国历史上唯一一个两任大总统和三任副总统的人。段芝泉即段祺瑞，时任总理。故二人有权授李准为将军。

1922年冬，李准被推举为四川铁路公司股东维持会会长。

“以川路公司股款事，乡人公推余组织股东维持会，以张金波上将军（名锡銮，前山西巡抚，奉天都督）、施鹤笙廉访（名纪云，癸未翰林，前湖北按察使）与余为会长，电吴子玉（吴佩孚）巡使、鄂督萧衡山将军及川路各董事，合力维持保存路款。而川人之痞棍在汉口者勾结军人，擅拘管款之人，强提路款以充军费。我虽大声疾呼，而欲瓜分路款之人，如总理、董事等悍然不顾，穷极计巧，必欲将路款耗尽而后已。各股东呼吁无效也。”

李准亲向吴佩孚荐广安人杨森督川而成川王

1923年，“以川路股东维持会之故，乡人公推余偕议员廖劲伯、刘鸿岷，由京汉路往汉口，解决保存路款事，驻汉一月，不得要领而归”。

是夏，为保举杨森任四川都督，李准代表四川乡人，去见吴佩孚。吴正值第一次直奉战争得胜，成为北洋军阀首要人物，操纵着政局。

“乡人公推代表赴洛阳，谒吴子玉，因与顾巨六、刘鸿岷同赴洛阳，卒争得以杨森督川而归。秋间，赴保定谒曹仲三巡阅使，商陈粤省之事，承聘为直鲁豫巡阅使，署高等军事顾问。”

杨森是四川广安人，与李准老家山水相连，一个在华蓥山这边，一个在山那一边。李准还记得儿时常听老人摆龙门阵，说他家对门的官斗山上官斗寨如果起了火，广安的县城就要有火灾，这当然只是传说而已。李准这位晚辈老乡杨森，也与李准一样颇具传奇色彩。历经辛亥革命、护国战争、军阀混战、抗日战争等，既有早年讨袁护国，炮击英舰，保护朱德、陈毅、胡志明的正义之举，又有追随吴佩孚破坏革命、制造“平江惨案”和追随蒋介石打内战的劣迹。杨森任川军第2军军长时，在与李准保释送回家乡的但懋辛领导的第一军之内战中战败，逃宜昌依附吴佩孚，任为陆军16师师长。

经李准亲往吴佩孚府上推荐，杨森于1924年加上将衔，兼任四川前敌总指挥，率部返川占领重庆，又攻克成都，将孙中山广东军政府委任的建国联军川军总司令熊克武逐至川南。5月任四川军务督办，成为北洋政府在四川的代理人。杨森遂与“水晶猴子”邓锡侯、“巴壁虎”刘湘、“多宝道人”刘文辉、“王灵官”王陵基，并称川军五行。

李准以其巨大的影响力，不但荐得杨森督川，他自己也被聘为高等军事顾问。

1924年，“仍居天津。二月，与王子铭、陆秀山诸人赴洛阳，为吴子玉祝寿。九月初，吴子玉率师来京，称讨逆联军总司令，仍聘余为高等军事顾问”。

1925年“二月初一，逊帝自京日使馆逃出。借日本租界张虎臣军白之张园为驻所。余以旧主关系，日夕往朝而照料一切焉”。

李准不忍两广生灵涂炭，辛亥革命期间率广东起义。当退位皇帝溥仪落难到天津，在旧臣张彪处借住时，李准重昔日君臣之感情，每天去事旧主。

《清史稿补》有《李准传》记此事：

“丁丑，行在（逊帝溥仪）天津，准约彪请驻园，日趋侍，并为筹供应。张九卿，津商人，愿进煤米；又某屠，日进肉，皆不受值。其余时有献奉者，惜不能详记。而张作霖独进十万，时奉军入关，作霖过津，主瑞记军衣庄。一夕夜半，车驾忽临，作霖大惊，迎入，行三跪九叩礼，谓金梁曰：上可有为，而左右无人，惜哉！后其子亦运进十万。津园恃以给养。未几，彪先卒，张园易主，上（指溥仪）乃别赁屋曰靖园，辛未东迁，准数往谒。”

1925年，“是年夏，售法租界泰安里房产于周樾恩督军（荫人），得价十五万元，除还押款五万元，尚余十万元，购英租界墙子外五十八号，该地八亩八分，建自住大楼两所，出租楼房十三所。冬月租房竣工，名曰泰华里”。

李准晚年故居天津泰华里一号（李准外孙女段天旋摄）

李准“年来摭拾旧闻而编《任庵闻见录》及《粤中从政录》若干卷。《广东革命史》一卷。又将此十余年来所见上古金石文字编写成书，按字典分部，名《古籀类编》，共十二卷”。

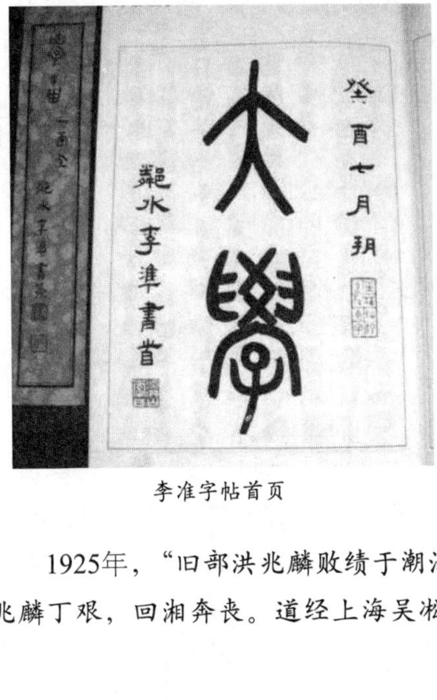

李准字帖首页

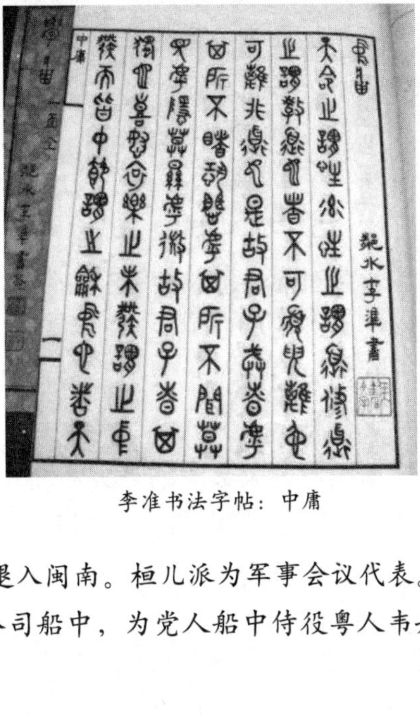

李准书法字帖：中庸

1925年，“旧部洪兆麟败绩于潮汕，退入闽南。桓儿派为军事会议代表。兆麟丁艰，回湘奔丧。道经上海吴淞口公司船中，为党人船中侍役粤人韦姓暗杀，中三枪殒命。余命桓儿往湘经理其丧事。冬初，桓儿顺道回川，驻渝三四月，以道阻而返”。

洪兆麟和吴宗禹（翰香）、隆世储等均为李准培养提拔的爱将、身经百战曾百胜的一代枭雄。可惜吴宗禹早在起义后不久即被暗杀，洪兆麟转为革命军之将军已15年了，还是被暗杀。

洪为湖南宁乡人，出身贫穷，生性勇武好胜。20岁时投广东防军永字营，后任李准巡防营管带。李准率广东起义时，命其在惠州反正，官至粤军副总指挥兼第二军军长。后追随陈炯明，被广州国民政府东征击败，只身逃往香港。1925年12月9日，因回乡奔丧，在搭轮赴上海的途中，被船员韦德击毙。1926年中华民国北京政府追赠其陆军上将军衔。有文《洪善人》载：“洪兆麟微时，以卖包子为业，人呼‘洪包子’。与乡人隆世储同应募为惠州协亲兵。时副将方绥德，湘人也，所部多三湘子弟。无何，方被岑春煊劾免，洪等已擢为哨官，转辗入六路提督秦炳直部下，仍驻防惠州。鼎革后，陈炯明从中山之后，与防军通声息。陈既脱颖而出，洪亦扶摇直上。惟隆官至镇守使，与龙济光战，没于军，故其名不彰。洪固粗犷，而慷爽过人，微时旧侣从之者如归市，洪一一款接，剪烛话离衷，不以为辱，其倦游思归者，必以厚赆，人以是义之。周旋乡党间，温恭一如畴昔，建桥葺路，解巨金为倡率；戚畹旧雨贫无以自存者，辄躬诣其门，馈遗无难色，乡党又呼为‘洪善人’。”

1926年李准56岁，“仍居天津。三月，吴子玉（吴佩孚）率师至长辛店。余两次往访，陈粤事之不可收拾，宜注意在南。子玉骄而不纳。旋津，仍以学书、编书为事”。

“七月，王雪岑廉访自沪上，来谒逊帝，住于余家，纵谈大局及往事。十年契阔，至是始摅积素焉。八月十四，雪岑南归。”

王雪岑是四川华阳人，与李准一样是藏书家、书法家，一直是李准部下文官，任过“宝壁”号军舰管带。不想1911年广东起义后，一别已是十年。难怪主属二人要“纵谈大局及往事”，长达一月之久才难舍难分。

1926年9月，“十六日，余同王子春上将军南下，至南京，应孙馨远将军之召也。”

李准应召去会晤的孙馨远即孙传芳（1885—1935），直系军阀首领。1925年起兵驱逐苏皖等地奉系势力，11月在南京宣布成立浙、闽、苏、皖、赣五省联军，任总司令，号称“东南王”，成为直系后期最具实力的军阀。

孙传芳为何要请李准来南京？当然不是请他来旅游。此时北伐军已打进江西，孙亲赴九江督战，阻挡北伐军东进，双方战事正酣。孙以李准的影响力和号召力，想请李准再次出山，助其一臂之力，以阻止孙中山革命军北伐。

“二十一日晤馨远于江新商轮中。旋即回宁，奉命为援粤海陆军招抚使，意欲招粤中旧部起而讨赤。”

李准接受其请，准备再度出山，还在上海设了办事处，“因于沪公共租界北成都路东升里设一办事机关，旧部之闻信来归者极众，而苦于经费无着不能进行。九月，留黄伯龄在沪接洽各事，余于月初北旋”。

李准旧部果然纷纷又来投奔，可是没有经费而无所作为，李准没能帮上孙传芳。孙失利后潜赴天津向张作霖求援，任安国军副司令。1927年8月，孙率部渡江反攻，与蒋、桂军在南京龙潭一带激战五天五夜，主力军消耗殆尽，从此一蹶不振。1931年“九一八”事变后，孙传芳隐居天津。冈村宁次利用其和孙中山在日本是同学关系，多次登门拉他出任伪职，而遭他严词拒绝。孙传芳大起大落后看破红尘皈依佛门。1935年11月13日，国民党利用施剑翘为父报仇的心态，诱使其将孙刺杀身亡。

李准写《再生缘》连台戏剧本，至1933年李准63岁时，已写共至14本。

《再生缘》原是中国清代弹词作品，由杭州女诗人陈端生著。被学者称为可以和印度、希腊有名的大史诗相比的作品，郭沫若将它与《红楼梦》并称为“南缘北梦”。全书是七言排律的韵文，间以说表，写元成宗时尚书之女孟丽君，与都督之子皇甫少华的悲欢离合的悲剧故事。女主角孟丽君有着独特的经历、非同寻常的胆略，在她身上发生过接连不断跌宕起伏的故事。《再生缘》问世后，评弹、木鱼歌、潮州歌、鼓词等均有改编本，京剧、话剧和地方剧种，也竞相改编演出，现有香港拍摄42集电视剧《再生缘》。

李准所编京剧本《再生缘》14本，连台好戏不断上演。

1926年李准观剧时，被一饰演孟丽君的女角所迷，遂作一诗赞那演员：

余素不好为诗。今秋九月在宁，客居无聊，偶至歌台观剧。见坤伶孟丽君技艺超群，为诗以扬之。诗云：

偶来白下客心孤，闲步歌台人若堵。
台柱共称孟丽君，色艺双佳冠侪伍。
掀帘一出坐客惊，光艳动人照眉宇。
玉貌花容步步娇，问年盈盈才十五。
婉转歌喉一串珠，娇声欲滴彻天府。

腰肢活泼胜惊鸿，袅娜身段歌且舞。

表白字字清而真，一一送入人耳鼓。

刀马娴熟艺绝伦，不但能文亦臻武。

侨办男装若子都，潇洒风流愈媚妩。

有时改着武士装，英姿飒爽腰负弩。

或持大戟与长矛，力能扛鼎万人俯。

短打真刀兼真枪，矫捷如猿猛如虎。

刀光耀雪剑光寒，直当绘入英雄谱。

我欣后起有人才，从前所见皆陈腐。

噫嘻乎！

技诚天授非由人，量珠当聘作台柱。

李准这首七言排律，被北京和上海各大报纸争相发表。

这位被李准赞赏的15岁小演员名字也叫孟丽君，李准聘用她包银高达1200两，从此孟丽君演《孟丽君》，红遍京、津、沪。1930年，19岁的孟丽君当选四大女伶皇后。1949年，周恩来总理在全国文代会上握着孟丽君的手说："好名字，孟丽君演孟丽君。"

1927年李准57岁，又著《女伶金月梅、金少梅母女事》。

金月梅、金少梅穷途末路之际，因主演李准剧而名声大振，整个北京京剧界坤伶又因金少梅而重振雄风。二人均成京剧名旦，金少梅与碧云霞、琴雪芬

金月梅主演李准剧而成京剧名家

金少梅主演李准剧而成名，带动京津京剧界重振雄风

同称坤伶三杰。

金少梅聪敏容美，当时李准推荐她们母女入城南游艺园演剧，为编新剧《婴宁一笑缘》《玉琴缘》《画中缘》《海波义全缘》《棒打春桃》《文君当炉》《恩仇血》《拾金不昧》等剧，并为排演旧编之《香妃恨》《秦晋配》等剧，大为社会所欢迎，少梅之名誉鹊起。

李准非常高兴，能借伶人之口表达自己想说的话。他提倡旧道德，改良社会之念更加强烈，因此也乐此忘疲，不断为她编剧。

“数月之内，又编了《吴越春秋》《骊姬祸》《嫌贫爱富》《金锁记》《妙峰山》《文姬归汉》《梅妃泪》《苦恨纵虎记》《活捉王魁》《玉女通年书》等剧。而少梅仅演《嫌贫爱富》《活捉王魁》《妙峰山》及《骊姬祸》。”

李准还作诗《赠金少梅二律并序》：

一

舞袖歌扇女儿香，各凤银鹅各擅场。
出水芙蓉争艳色，随风珠玉散余香。
新词唱和唯苏柳，旧院传呼此顿扬。
莫怪林逋老成癖，南林小生冠群芳。

二

葳蕤春色要平分，调入天风响遏云。
丝竹中年陶谢传，弦筵今日醉司勋。
台前骏足能羁客，宫里娥眉总妒春。
我有笠翁家法在，霸陵休说故将军。

金少梅母亲金月梅因病去世时，少梅写信给李准，请他回天津为她母亲料理后事。

后来金少梅与程雪栋中丞的次子程仲藩结婚时，李准去做证婚人，并书一副对联赠送她：

小雪落灯天，愿此日风怀便结束长安歌舞
画眉喜神谱，忆旧时月色莫更灰疏影横斜

2009年5月11日《深圳商报》还载文提及李准与金月梅母女事：“金少梅，生卒年不详。她是和周信芳搭班的名花旦金月梅的养女，擅青衣。尝师从戏曲表演艺术家江顺化学花衫，颇传其神。**1920年代，北京女伶渐衰，几及末路，此时少梅入京，势乃大振。曾当过广东水师提督的李准，为少梅编剧多折，无论新编抑或旧戏，少梅登场，无不叫座。**”

李准又著述其曾祖母、祖父在老家四川邻水的生平事迹："《先曾王母旌表节孝刘太夫人苦节记》《先王父舒锦公行述》《先母王太夫人行述》《先兄绍基行述》，又编其父李铁船生平《先大夫阁学公年谱》，并撰《各亡友事略》。"可惜这些稿本至今都没有发现。

1929年，历年所书之《古籀类编》分订六册，《临池誊稿》分订十六册。

七月十六日，李准三子李相普生于泰华里三号本宅。

李相普后为民国及新中国海军军官，现已至耄耋之年。1951年9月，人民日报社曾致信李相普："在美帝国主义阴谋侵犯我西沙群岛和南威等岛领土主权的今天，你提供的材料，毫无疑问，对于我国对该岛屿不可动摇的主权，将有很巨大的参考价值……"

1930年二月初六，李准在国民饭店举办六十大寿宴会。据天津市政协文史委编《京剧艺术在天津》记载，各大京剧名家全部到场庆贺，都有节目奉演。演出的剧目有：马艳芬的《洪鸾喜》，沈丽莺的《女起解》，李芸香的《宇宙锋》，李艳香、李沁香的《回龙阁》，冯素莲的《宝莲灯》，程君谋的《捉放曹》，雪艳秋的《骂殿》，章遏云的《坐楼杀惜》和《大登殿》，等等。

我国著名京剧表演艺术家章遏云（1912—2003），因主演李准剧本而出名，20世纪30年代与胡碧兰、孟丽君、雪艳琴一起被誉为中国京剧四大女皇。

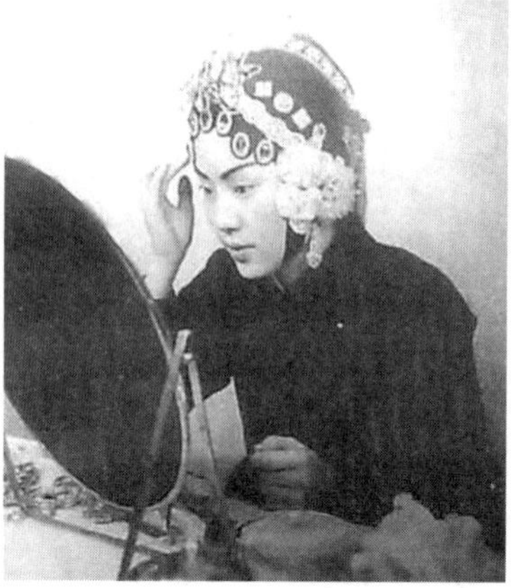

主演李准剧本出名的四大坤旦章遏云

章遏云为李准生日献唱

章遏云用京剧向李准奉上祝寿贺词：

奴家章遏云，小字珠尘，舞袖郎当，邯郸学步，幸得李将军教导，博得微名，感谢鸿慈，无可报答，今天是他老人家六十大庆，宾客满堂，俗语说得好，三句不离本行，且待我粉墨登场，现身说法，将他老人家的家世，以及生平事实，表白一番，权当寿屏寿对，岂不有趣！诸公请坐，容我细细道来——

自古道李老君长生不老，今日个李将军寿算尤高。

想当初任水提扬威岭表，逢国变挂冠去解了战袍。

卧东山评乐府好词绝妙，倡风雅奖艺术延揽英豪。

有多少经品题自他有耀，有多少承指点直上扶摇。

撅铁苗傍宫墙李□酷好，还有那李龟年供奉唐朝。

李笠翁清客串后堂施教，总不及李将军世业金貂。

袁仓山女弟子诗名虽好，哪里有小排当粉墨逍遥。

看你老人家，九如又天保，好一似老郎神颊上添毫。

这也是梨园部常把好香烧，我本是拜门墙亲承色笑。

愿我老将军千岁千千岁，长此乐陶陶。（见《章遏云自传》）

李准“本年（1930）为奎德社编新剧《采茶春绿日》《四少奶的扇子》《荆树影》，并为之排演《棒打春桃》等剧达二十余场，均为满坐。又改编粤剧《鲍将军》为京剧，更名为《真假太子》，交荀慧生排演”。

李准说编剧本交其排演的荀慧生，为中国京剧旦角四大流派创始人（梅兰芳、程砚秋、尚小云、荀慧生），有“无旦不荀”的美誉。

李准不仅编剧演出轰动京津，同时还是书法名家。因求字之人越来越多，遂在《北洋画报》刊登启事，求字开始收润笔：“鄙人年届六旬，思假岁月，研究金石，然翰墨应酬堆案盈几，弊精疲神，无暇自修。现从己巳年起，实行收取笔润，至亲好友不在此例，转托代求照润。条例列后附以赘言，对联、条屏、横披中堂整张每尺二元，半张每尺一元。折扇、斗方、册页每件五元，过小不书，劣纸不书。先润后书，限日取件，磨墨费加一成。”

荀派创始人荀慧生请李准为其编剧本

这是推辞减少别人求字的方法，也因为经济情况开始拮据。

笔者手头一幅来自天津的李准书法，就系其辞世前两年作于天津，无题赠语，即为备售之作。

李准书法流传至今的已为文物，在世界各地流传甚广，书画拍卖会上时有所见，当然已不再是几元，而是动辄好多万计价了。

李准一直重视弟妹子侄的教育，尽力培养他们成才。在《自谱》中多次记录子女侄儿外孙的学习。

1930年“七月，以外孙夏柏林及胞侄相崇考入南开中学，相景、相尹、六女如瑾、八女如璧、九女如璋均入天津公学，十女如琇、次子相度均入育仁小学”。

“今年暑假后，外孙夏柏林在南开升高中二年班。相崇侄以不及格留级一年班。如璧在高小二年，英文、算学欠四分，补考足分，升初中一年；相度以太小不用功，恐荒功课，在家读书，延同乡塾江谢生旅阶按学堂功课教以二三年级之课本，且加读经，俟明年再入学堂。是期共交学费三百余元。余力竭矣！倘再不好好读书，何以对吾乎？”

李准说留级的胞侄李相崇，《自谱》说他“1914年十月二十日酉时，八弟次子相崇生于港寓”。

李准八弟次武（1894—？）派名新潮，官名涛，俗称八大人，因父亲李铁船为李准取名继武，继承寇准武前贤之意，所以李涛字次武。从小跟着李准培养成才，懂四国文字，留学德国、日本，成为革命党人。李准对其特别看重，广东起义前夕就是派李次武多次赴港与胡汉民、黄兴等联系。现在又“以家藏书籍、碑帖、字画，改革时在粤垣多未带出，于是在京略为购置，寄回香港，交涛弟收藏，以其好学性耽书史也”。李准还作主，为李次武迎娶了两广总督周馥的孙女周沅君为妻。

李次武长子中国外语教学泰斗李相崇系李准培养成才，图为李相崇与其子三联书店总编李昕

李准这时已近贫病交困，靠卖房、租房、写字卖画度日，交三百元学费都深感困难，连想回老家都没有成行。但是在李准的精心关照下，无论其子女、侄儿、外孙，个个都发愤学习，人

人都得以成才，尤其是侄儿李相崇。

说也奇怪，李准担心“倘再不好好读书，何以对吾乎”的相崇侄，后来却成长为我国著名外语教育家和翻译家，精通俄语、英语、法语、德语、日语、意大利语、葡萄牙语、西班牙语和捷克语，系高校教材《新英语教程》主编、《大学英语》及《大学外语教学研究》两本杂志主编，清华大学外文系主任，于2012年98岁高龄辞世。

李准一门自入川始祖“明末有讳诣元公者，以江南拔贡生授四川邻水县教谕”，到九代李征庸、十代李准，再从十一代李相枚、李相普、李相度、李相崇和中国音乐学院女高音歌唱家李如瑜，到十二代李昕、孙女美籍华人李萱轩四姊妹、外孙女北京中医药大学段天旋等，无一不是诗书传家，能人辈出。

李准手书五言韵文《任庵六十自述》完稿，《任庵自编年谱》也手书了数万字之多，还有《粤东从正文录》《广东革命大事记》《任庵闻见录》等手稿。李准想留下自己传奇一生，留下任水师提督期间所做的国家大事，连同清末民初广东政治军事和社会方方面面的历史，供后人研究运用。

五十七、法占南沙九小岛　李准怒发巡海记

1933年，已经隐退多年的李准，正在埋头著书立说。

时逢法国从其殖民地越南出兵，占领了南沙九岛，史称“南沙九小岛事件”。

早在清末，法国就对西沙群岛提出主权要求，不想被李准及时出手一锤定音。1930年，法国炮舰“麦里休士”号又到南沙南威岛进行“测量”，无视岛上已有中国渔民居住的事实，悄悄插上法国国旗而去，法国政府遂在一份公报上向其他国家宣告，法国已占领了南沙群岛。

1932年3月30日，法国防部在给外交部的信中说：“你们要求我们一有可能就占领该群岛，但是，这种行动需要在很好的天气下执行。我们将把你们的要求转达印支海军司令，请求他们，在他们认为天气条件最有利时，即安排占领该群岛。”

这份文件暴露了法国想吞并整个南沙群岛。

1933年4月，法国西贡海洋研究所所长薛弗氏，带着炮舰“阿美罗德”号和测量舰“阿斯德罗拉勃”号，占领了太平岛、中业岛、西月岛等九个

岛，举行了一场正式的占领仪式，在7月26日的官方报纸上公布。12月，交趾支那（越南南部）总督克劳泰默签署法令，把南沙群岛这些小岛合并到安南的巴地省。法国的侵占行为一经公开，中国各地纷纷呼吁捍卫中国领土，民国政府立即向法国提出严正交涉。这就是历史上有名的“南沙九小岛事件”。

滑稽可笑的是，在这期间，日本政府竟然也向法国提出抗议，称法国侵占了他们的岛屿，因为日本人已经侵占开发南沙一些岛屿好多年了，这次却被法军赶走了。这才是，小强盗又遭大强盗撵，一个更比一个不要脸！

李准还在二十多年前任水师提督时，就知道日法两国对我南海诸岛垂涎三尺。

法国于1895年取代中国成为安南宗主国后，就想得到南海诸岛。法政府编造出所谓“国家继承”法理，提出：**“19世纪初期安南嘉隆王与明命王时，均曾出征西沙，现安南既归法国所有，则西沙群岛亦当归法国所有。”**

后来见李准巡视西沙铁证如山，连他们的总理兼外长白里安在1924年也承认过：**“由于中国政府自1909年已确立自己的主权，我们现在对这些岛屿提出要求是不可能的。”**

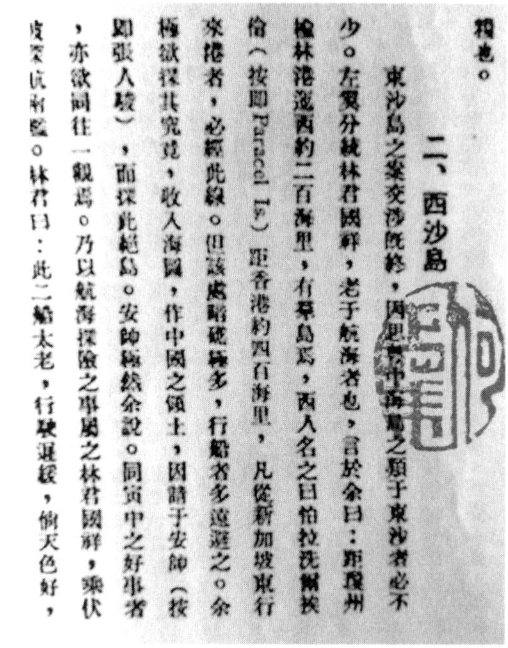
粮也。

二、西沙島

東沙島之案交涉既終，因思[illegible]中海島之類于東沙者必不少。左翼分統林君國祥，老于航海者也，言於余曰：距瓊州榆林港迤西約二百海里，有羣島焉，西人名之曰帕拉洗爾挨倫（按即Paracel Is.）距香港約四百海里，凡從新加坡東行來港者，必經此線。但該處暗礁極多，行船者多遠避之。余極欲探其究竟，收入海圖，作中國之領土，因請于安帥（按即張人駿），而探此絕島。安帥極然余說。同寅中之好事者，亦欲同往一觀焉。乃以航海探險之事屬之林君國祥，乘伏波琛航兩艦。林君曰：此二船太老，行駛遲緩，倘天色好，

法国从越南出兵占领南沙九岛，李准发表《李准巡海记》振奋全国，图为西沙岛部分

法国这才放弃西沙，而将贪婪之手伸到南沙。

其时，太平岛被日商占据开发着，法军就把日本人驱逐了。当时法国军舰登上中业岛升起法国国旗后，还拉着岛上的中国渔民在旗下合影，照片上，渔民王安庆手里还拿着一把二胡。

法国人在岛上挖个坑，埋下一个玻璃瓶，里面装有法文文书，想为今后留下历史证据。谁知当天晚上就被王安庆等几个渔民挖出来丢到海里去了！文昌县龙楼镇星光村渔民郑兰锭爬上树去，把法国国旗

也扯下来丢了！

从这些史实可见，南海主权确实是我们“老祖宗留下的”，而且是冒着生命危险维护下来的！

虽然前面的法总理兼外长承认过李准巡视西沙确立了主权，但现在的法政府却对李准巡视西沙的合法性提出了质疑。

1930年3月，驻河内法国印支总督致法国殖民部的信称：“1909年发生的巡视西沙群岛的重大行动，是当时的两广总督倡议举行的一次正式的占领仪式，现在广东省政府的声称似乎是基于这个仪式。这种占领对于法国来说，仅是武力的表现，从未得到正式的承认，如果要在法律上生效，只能假设西沙群岛在当时是无主地。”

意思是说西沙群岛本来是安南的，1909年遭李准武力侵占了，才变成中国的。

1933年7月19日，法国公开在报上发布对南沙九岛的占领告示，中国军民群情激愤！

李准怒不可遏，再次出山惊爆新闻——在《大公报》《国闻周报》《申报》等发表《李准巡海记》，再现他亲率军舰巡视南海，收复东沙、命名西沙的史实。虽然李准巡视的只是东沙和西沙，但同样证明了整个南海诸岛的主权不可侵犯，所以立即成为国内外的舆论焦点，被世界华文报刊广泛转载，极大地振奋了中国军民捍卫主权的决心，后又长期成为中国政府对南海诸岛行使管辖权的文字依据。

法国外交部通过中国驻法公使顾维钧发来电报，辩称：“该九岛在安南、菲律宾间，均系岩石，当航路之要道，以其险峻，法船常于此遇险，故占领之，以使建设防险设备，并出图说明，实与西沙群岛毫不相关。”

言外之意，他们也不得不承认李准巡视西沙确定主权的史实。

中国照会反驳法国：“根据国际法和习惯法，拥有远离大陆的一个岛屿的主要条件是最先的有效占领，换言之，是国民最先在那里定居，从而使其国家拥有这些领土。海南渔民在西沙群岛定居，并建造房屋和渔船以供其需要，自古以来就是如此。”

在国民政府外交部表示要提“严重交涉”之时，日本外务省也示意要向法国提出抗议，并收集主权证据，酝酿向法提抗议。“日本驻巴黎代办奉政府训令，于1933 年8 月19日向法政府提出说帖（抗议），反对法占领介于越南菲律滨间之九小岛。”

《申报》觉得不可思议："我粤海九小岛，日本竟思染指。"

《大公报》谓："不容日本蔑视！"

自1935年到1939年，日本军舰又将法国军队赶走，将西沙和南沙群岛全部占去，改为"新南群岛"，划归台湾（日本殖民地）总督管辖。

菲律宾1946年刚取得独立，也想对西沙、南沙群岛下手，外长季里诺声称："中国已因南沙群岛之所有权与菲律宾发生争议，该群岛在巴拉望岛以西200海里，菲律宾拟将其合并于国防范围之内。"

五十八、晚年生计卖字画　贫病交加将星陨

"九一八"事变后，有旧日同僚某君到津门邀李准同赴"满洲国"任职，李准相拒。

前广东省长李耀汉致函李准："粤为公旧游之地，端江风景更足流连，兹已为公建庐一所于端江之上，做公高隐之地。"不知为何李准未携眷南下，李耀汉报恩之心难酬。

李准于1933年发表巡海记时，其实是其一生最困顿的时期，但他仍不忘忧国忧民。当时李准已年过六十，日常生活已捉襟见肘，日不敷出。

"困处津门，欲归不得。而房产不易脱手，日用维艰，节衣缩食亦难支持。盖川中战事已开，不知何日才止？苦累吾民，真不堪命，言念及此，不知涕泗何溢也。"

1988年李准八女李如璧给家乡邻水来函提供的资料，回忆父亲那时家中的生活来源，主要靠"变卖房产、卖字画"，她手头还保存有父亲20世纪30年代的字画，上面可见手书"五元""拾元"字样，可能是还未卖出去的。

李准在人生最后几年，用毛笔亲笔手书，一笔一划一字一句，著成近8万字的《任庵自编年谱》，为后世记载了清末民初风云变幻的时局、波澜壮阔的人生和波诡云谲的官场，为国家记载了风起云涌的南海争端和一锤定主权的百年证据。三百多页宣纸手稿价值连城，最后记下的一句话竟是："正月赴长春祝嘏，召见六次，赏旅费千元。六月，又赴长春，召见五次，赏千元回津……"

一代上马叱咤风云、下马舞文弄墨的英雄，一个募捐千万白银、救灾八省民众的李准，视财物为下品，崇名节为至上，在他手握财权准备隐退避走

香港的乱世之际，不忘将手中国库所有财产全部交给革命军政府。可二十多年后，竟因生活窘迫，不得不到长春找退位皇帝溥仪资助才能生活下去，令人唏嘘不已！

李准因三平海盗积劳成疾、剿灭乱党疲于奔命，致晚年贫病交加，于1936年12月22日（十一月初九）辞世，享年66岁，葬天津。

12月23日中央社对李准去世发通电，24日《申报》转载通电：名书家李准22日晚津寓逝世。曾任前清水师提督……

李准《六十自述》总结从政坛退隐后二十余年的生活："壬子冬北上，乃看共和成。公府充顾问，匡救其恶行（壬子冬，应项城之召赴京，聘充公府高等军事顾问）。洪宪帝制见，借故离都门（项城有帝制之心，余借回粤解散民军为名，回港避之，小住一年，次年回京）。

香江一年住，丁巳旋燕京。黄陂为总统，授我为将军。直威贯字号，亦徒有其名。

往来京津间，编剧晓世人。提倡旧道德，改良社会心。日作大、小篆，钟鼎彝器临。古籀汇成编，集字万有零。分书十二卷，便于初入门。临池有誊稿，依字数编成。集之廿余载，敝帚还自珍。取自便翻阅，不敢出示人。

《任庵闻见录》，十册自保存。守我固穷节，保我岁寒心。天壤虽然大，何处可容身？举世尽狂易，天翻地覆倾。仅此廿年中，民困已难伸。若徒再扰攘，同胞尽绝尘。追思前朝事，吾泪已沾襟。

只此十余载，七女二男生。教养尽吾责，难期尽成人。作此长歌曲，聊表身所经。命名曰《自述》，敢希没世名。"

戒烟者注意
悼李直绳先生
李直绳先生遗象

民国《语美画刊》《悼李直绳先生》文图

1936年《北洋画报》第10卷刊《挽李直绳将军》诗二首：

其一

开疆功业在南溟

（海南有群岛焉，昔为某国人私占，公据理交涉，并检陈氏海国闻见录旧图示之，始得收回）

卫道心长晚写经

菊部競传新乐府

（斗山山人所著戏曲约数十种，梨园争相表演）

何殊红袖唱旗亭

其二

解甲归来鬓未皤

壮怀历劫不消磨

遗编在笥高盈尺

蕴蓄光宣史料多

（公尝出所著笔记二十余册示余兄弟，中多晚清朝野轶闻，足资参考）

此诗作者不详，其说“公尝出所著笔记二十余册示余兄弟”，可知系李准晚年文朋诗友；其亲眼所见李准手稿有二十多本，如今完整现身的只有《任庵自编年谱》《清末遗闻》等三四本。

1937年《北洋画报》第31卷载马仲莹怀念李准诗：

儒冠抛却思飞将，

壮岁登坛话粤东。

津市寓公知蜀叟，

郑虔座上识元戎。（识公于海藏楼）

若云正乐犹余事，（所撰戏曲梨园争相表演）

所惜传经未竟功。（以大篆写十三经尚欠数卷）

遗著堪珍巡海记，（曾载国闻周报）

长留伟绩一编中。

作者马仲莹所说“长留伟绩一编中”，就是李准去世前几个月还在写的八万多字的自传体《任庵自编年谱》，与较短的五言韵文《任庵六十自述》互相印证，记载了李准一生丰功伟绩，是李准大量著作中，没有遗失，保存完好的资料。

李准晚年有个常相往来的文友名金梁，是近现代著名学者，曾任京师大学堂提调、校勘文溯阁《四库全书》《清史稿》校刊总阅。金梁1942 年出版《清史稿补》，载《李准传》：

李准，字直绳，四川邻水人，广东候补知府，以善治盗名，短小精悍，李鸿章尝称为小李广，保道员，改提督。辛亥，广州将军孚琦被炸，准督捕党人，枪子伤腰不退，昭嘉奖赐医药。鄂乱粤应，命督战，以伤重不能起，遂携印北上，寓津。

张彪，字虎臣，山西人，随鄂督张之洞为中军，累至统制。辛亥兵变，偕瑞徵退，后亦寓津，筑张园。

丁丑，行在（天子巡行之地）天津，准约彪请驻园，日趋侍，并为筹供应。张九卿，津商人，愿进煤米；又某屠，日进肉，皆不受值。其余时有献奉者，惜不能详记。而张作霖独进十万，时奉军入关，作霖过津，主瑞记军衣庄。一夕夜半，车驾忽临，作霖大惊，迎入，行三跪九叩礼，谓金梁曰：上可有为，而左右无人，惜哉！后其子亦运进十万。津园恃以给养。

未几，彪先卒，张园易主，上（指溥仪）乃别赁屋曰靖园，辛未东迁，准数往谒。准晚与金梁往还，老不忘世，颇有连结，乃寄意优伶，以避耳目，众或笑之，不顾也。

己卯，以病卒。有篆书十三经及笔记，多记粤官异闻。

文中说请李准到张园去一起伺候逊帝溥仪的张彪，就是辛亥革命之初率军对抗革命军的湖北提督。张彪同李准一样，被张之洞赏识，由随从侍卫、武官把总、湖北陆军第八镇统制，升任湖北提督，成为官居一品的“封疆大吏”。武昌起义爆发后，他一度率军对抗起义军。民国元年他被国民政府聘为高等军事顾问，授陆军中将衔，在天津日租界置田二十亩建花园住宅“张园”。而且他像李准一样，既是晚清王朝的旧臣，又是中华民国的“建威将军”；既有“保皇”思想，对朝廷和皇上感恩戴德，又有革新改良倾向，同情革命。辛亥革命后激流勇退，部下黎元洪任总统时7次请他出任湖北军政府都督，均遭拒绝。1924年，孙中山北上和谈，偕夫人宋庆龄住张园。1925年2月23日，溥仪全家连同宫女太监、遗老遗少来到天津，也住张园。溥仪所选择住房平远楼东侧房间，竟是孙中山此前居室。一个民国总统，一个亡命皇帝，不同道路水火不容的两个人物，在张园竟然殊途同归，栖身同一。1927年张彪去世前溥仪赶来看望，亲书“心如金石”匾额，赐陀罗经被为他送行。

张彪于清末民初在家乡所建张彪祠堂，有建筑共计24间，建筑面积约600平方米。1981年公布为天津市文物保护单位，现在成了闻名海内外的景点。而李准清末在家乡四川邻水所建李公馆，有108间房屋，建筑面积近万平方米，现被撤毁。

1936年7月22日，《申报》发表署名梅花馆主的文章《李准小志》。

梅花馆主名张友仁（1876—1974），广东惠州人，20岁时考补清朝禀生，后参加同盟会，曾联络会党，协助革命军攻克博罗和惠州；新中国成立后任广东省文史馆副馆长，第三、四届全国政协委员。

《李准小志》：

李准号直绳，别署斗山山人，四川邻水人。幼有大志，壮游粤东，年未而立，官至两广水师提督兼两广陆军总督。鼎革后，隐居津沽，不问世事，洹上袁项城总统慕其才，聘为将军府将军，今之人无不知有直威将军其人者。

将军性豪放，在粤东从政时，杀贼五千余人，躬身临征，不稍畏怯，西江、东江、李北海诸役杀人尤众，至今粤省诸匪徒有谈及将军当年事绩者，无不为之毛骨悚然云。

西江之役，获匪数百人，中有一人年甫及冠，温文尔雅，不类强徒，询之知为某邑富家子，系为匪党威迫所致。将军闻言，知无欺饰，即归去。少年匍匐稽首，嚎啕大哭，曰愿处大人狱中，宁死不归。将军大奇，问之则曰，此次生还，彼匪党羽卒见之，亦绝不肯饶我独存焉。将军曰，汝邑枭悍，予所素知，今闻子言益信传说之非谬，子既不愿还乡，余当为汝设法保全，乃遣勇仆二人，命伴往南洋群岛为商，赠以多金，藉作经营之资。少年三叩谢而去，抵南洋贩树胶为业，获利甚厚。今少年在南洋群岛中积资百万之巨，有人与之谈往事者，辄称将军恩人云。

将军兵法之外，兼习文艺。政之余暇，辄著书自娱，已脱稿者有《粤东从政录》暨《任庵闻见录》二卷。居津后，尝为文怜工金少梅编戏剧脚本《文君当炉》《婴宁一笑缘》《香妃恨》《骊姬祸》《梅玉配》《荷花三娘子》《画中缘》《金锁记》《活捉王魁》《邓霞姑》《宓妃传》《棒打春桃》《秦晋配》诸剧，尤为脍炙人口，少梅演之，声誉因以大涨。

将军筑室沽上泰安里外，更赁居于京师宣武门外半截胡同，往来京津，绝对无政治作用。暇尝寄迹歌榭，藉声色以自娱，对于未成名之坤伶提携爱护，不遗余力，**如金少梅、碧云霞、琴雪芳（即马金凤）、苏兰舫、任绛仙、雪艳琴等皆为将军一手识拔而成者**。将军尝谓愚曰余至捧角，绝对不为

李準之晚年

李準，字直绳，四川邻水人。宣统元年六月，任广东水师提督（武官从一品）。宣统三年三月二十九日，革命党起义失败，死难者七十有二人，丛葬于黄花岗。是役也，李实统兵督战，为清廷效命之高级军官。民国后，李居天津为遗老寓公，于英租界置房产，有胡同一条，自住一宅，余出租，月得房租银元数千元，养尊处优如故，有姬妾及小儿女数人。一日，小儿女跳踉庭中，李以是日非星期日，问何以不上学。小儿女曰：“今日黄花岗七十二烈士殉国纪念日，故放假。”李曰：“什么黄花岗烈士！”于是小儿女竞讲历史，谓满清奴才如何残害志士仁人，李大怒，斥令入小屋静坐，不许出门。盖小儿女初不知乃翁即斯役之奴才，而李亦不能以告小儿女也。李虽失势，犹得优游终老，喜作字，商贾以其名重，求书者多，以故署名“邻水李準”之市招及楹帖随处可见。其书似汉隶、题款亦如之，拙劣乃如小儿弄笔者，盖不能为行草也。扬州方尔谦，字地山，号“大方”，以老名士寓津，每戏侮之。一日于筵宴中相值，方笑曰：“今日见一西洋女子裸体画册，有人告我女子之美，全在曲线。”李颔之。方忽曰：“以曲线女子对直绳将军，可谓工巧。”闻者大笑，李亦无如之何也。此方翁亲为予言者。予友朱君，赁庑与李对门居，予访朱君，曾见李出入，长袍外加黄半臂，盖黄马褂无用，去其袖改制者。体貌魁梧，果武夫也。房客皆呼为“军门”。若小儿女说黄花岗之事，则朱君亲见亲闻者。

（原载《文坛杂忆》卷十一）

民国《文坛杂忆卷十一》之《李准晚年》

前兩廣水師提督現山東軍事參贊李準

李準、號直繩、別署斗山山人、四川鄰水人、幼讀詩書、長入戎伍、二十八歲、官至兩廣水師提督、兼廣東陸軍總督、鼎革以還、歸居沽上、臨歐自娛、不聞政事、坤伶金少梅碧雲霞雪豔琴蘇蘭舫任綠仙等、皆得其提攜而享大名、袁項城總統、慕其才、聘爲將軍府將軍、黎黃陂總統、封爲直威將軍、安國軍總司令張雨帥、聘爲軍事參贊、山人精書法、篆隸尤工、所著任盦見聞錄及粵東從政錄二集、現已殺青、不久即將行世、二照係水師提督任內所攝、時年三十有一云、（梅花館主敬識）

报载梅花馆主写李准的另一文

色相，谓借人杯酒，浇我块垒，彼讥余为好色者，其荒谬殊可笑。将军之胸襟豁达有如此。

有人询将军近来之生活者。则曰余平生无嗜好，每日惟打麻雀十六圈，写大字千，小字二千，如是而已，岂有他哉，观此说可知将军之淡泊矣。

将军书法甚工，大小篆尤佳，临峄山碑已出神入化，愚丐得楹贴三、中堂一、屏幅四、小品数种，什袭藏之珍如瓌宝也。

将军与大方（地山）先生友善，同居津门，时相过从。大方性滑稽，好作诙谐语，将军性磊落，好作豪俊语，一如小丑，一如须生，一生一丑，相映成趣。

大公子景武（桓），毕业德国农林大学。回国后，从事于农林一途，吴子玉将军颇器重之，聘为高等顾问，继长潮梅副总指挥部参谋，代表洪兆麟参与全国军事善后会议。及洪氏遭惨杀，景武（李相枚）为之痛哭失声。按：洪氏乃将军一部卒也。

尾声　邻水岛铸千年证　李准滩留万世名

青年李准募银千万救灾八省、三平海盗保境安民，中年时期几度维护南海主权、广东起义，晚年著书立说等诸多方面，于国家于民众，于当时于现在，功在当代，利在千秋，不失为国家功臣、民族英雄。

百年来，无论是国家和民众，还是专家学者，不管是大陆还是港台，都对李准一次次肯定和褒扬。

国家层面对李准的肯定和评价：

1947年和1983年，中国两朝政府在南沙命名**“李准滩”**。

2012年，国家在李准命名之“邻水岛”，今天之“永兴岛”上设三沙市政府，地名碑上铭刻：**清末李准率师巡航、踏勘诸岛宣我主张。**

中华人民共和国外交部1980年发布文件《中国对西沙群岛和南沙群岛的主权无可争辩》：宣统元年（1909年）四月，两广总督张人骏派遣广东水师提督李准率领海军官兵一百七十余人，分乘伏波、广金、琛航三艘军舰巡海视察西沙群岛，查明岛屿十五座，命名勒石，并在永兴岛上升旗鸣炮，重申主权。1921年8月22日，法国内阁总理兼外长白里安在西沙群岛问题上承认：“由于中国政府自1909年已确立自己的主权（指上述李准巡视西沙群岛事），我们现在对这些岛屿提出要求是不可能的。”

1975年11月24日《光明日报》刊登《南海诸岛自古就是我国领土》：1909年4月水师提督李准率一百七十余人，分乘“伏波”“琛航”等军舰前往西沙群岛，查明岛屿十五座，命名勒石，并在永兴岛升旗鸣炮，公告中外，重申南海诸岛为中国神圣领土，此后南海诸岛是中国领土已为各国所公认。

1980年4月30日《解放军报》刊登《中国对西沙、南沙群岛主权无可争辩》：清宣统元年（1909）四月，两广总督张人骏派广东水师提督李准率领海军官兵一百七十余人，乘军舰巡视西沙群岛，查明岛屿十五座，命名勒石，并在永兴岛上升旗鸣炮，重申主权。

1980年第4期《红旗》杂志刊登《从国际法看中国对西沙群岛和南沙群岛的主权》：清末广东水师提督李准奉两广总督之命，率舰三艘于1909年巡视西沙群岛，在岛上升旗鸣炮，命名勒石，向世界重申西沙群岛为中国领土。李准回广州后展览了西沙产物。

2012年央视播出纪录片《南海纪行》：从宋代以来，中国各个朝代对南海诸岛行使管辖。**最著名的是李准巡海**，率“伏波”“琛航”等三艘军舰巡视西沙群岛，甘泉、**邻水等15座岛屿**，树碑升旗、宣示主权。这是中国政府行使管辖的重要证据。

2014年6月26日《人民日报》刊登《听，南海之名》：南海诸岛的主权历来属于中国，但又屡屡受到一些国家的侵扰，许多爱国使臣和志士为维护南海主权作出了贡献，他们的名字也以地名的形式竖立在南海的石碑上。清宣统元年，为阻止日本的侵扰，广东水师提督李准奉命率官兵及相关技术人员170余人，分乘“琛航”“广金”“伏波”三舰，历时22天，对西沙群岛进行逐岛测绘、查勘、调查、逐一命名。**这是对西沙群岛实质性的行政管辖，效应巨大，意义不凡。**

李准与黄夫人、阎夫人墓，系子女美籍华人相度与相普、如琇、如璧、茹璋等1992年从天津迁葬八达岭（2011年何正华拍）

1992年，定居美国的李准次子李相度携子女回国，与在国内的李准三子李相普和姐妹如璧、如璋、如琇等，将李准之墓迁葬于北京八达岭公墓。

2011年6月，李准长子李相枚之孙李静海从香港，邀笔者从李准家乡四川邻水殊途同至北京，结伴到北京八达岭公墓祭拜李准，为其扫墓，并在清宫档案馆、国家图书馆等处查阅有关李准的史料。

2014年6月，李准孙女（李相度女儿）李萱轩、李月月、李珠珠、李融融率儿女一行13人，从美国等地回邻水寻根问祖后，再与李准幼子李相普等后裔40余人至八达岭为李准扫墓。

李准长子之孙李静海2011年与笔者至北京清宫档案馆查阅李准的历史档案

李准幼子李相普2014年率李准后裔40余人从国内外至八达岭为李准扫墓

港台民众对李准的肯定和褒扬：

香港九龙观塘区茶果岭天后宫，百年来一直供奉着李准先人之神像，表达香港民众对李准护卫南海和三平海盗、保境安民的崇敬。

台湾《国魂》杂志刊文《西南沙群岛战略地位与李准水师提督》，将李准作为国魂人物宣介。

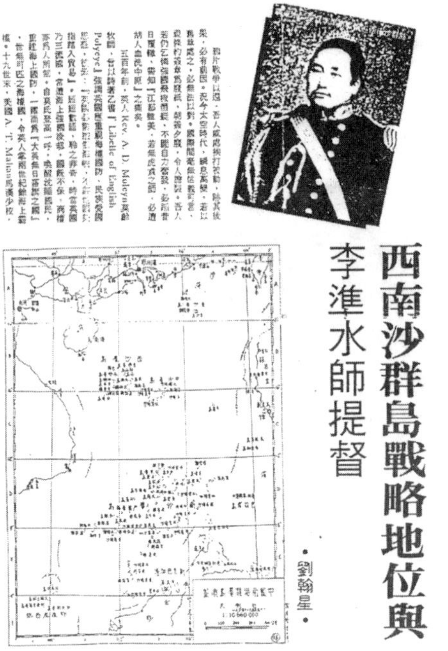

西南沙群島戰略地位與李準水師提督

·劉翰星·

91／國魂

台湾《国魂》杂志褒扬李准文（李准重孙李静海提供、何正华藏）

笔者评价：

李准是腐朽无能的晚清政府难得的文武全才军事家，是力挽狂澜于既倒的政治家，是斗法列强的南海英雄，维护主权的国家功臣；其平息匪乱镇压反政府武装起义，系忠于职守。

李准于青年时代募银千万救灾八省，三平海盗保境安民，**于人民有功**；

人到中年临危受命，担当水师提督励精图治长达七年，治盗匪逼退英舰、扣日船没收军火抵制日货、驱“岛主”收复东沙、巡西沙确立主权，**于国家有功**；

辛亥期间深明大义、暗护党

人，顺应潮流广东起义，孙中山南方革命得以成功，**于革命有功**；

晚年潜心著述，编剧书法，留下文化遗产，著书立说留下传世史料，**于后世有功**。

李准在晚清至民国的半个多世纪里，在国内国际风云际会、民族阶级矛盾纵横交错的汹涌大潮中，惊涛骇浪，大起大落，一生充满传奇。笔者用一幅对联概括李准一生主要功绩：

民族英雄　救灾八省　三平海盗　智退英舰　捕扣日船　引爆中国首次反日运动；

国家功臣　广东起义　驱日岛主　夺回东沙　巡视西沙　从此世界公认南海主权！

附录一
李准大事年表

1871，同治十年，辛未。

二月初六子时，生于四川邻水县东之太安乡太安里活水沟里第。

原籍江南江宁府上元县（今南京）。入川始祖明末诣元公，以江南拔贡生授四川邻水县教谕，垦业于邑东之太安乡太安里河堰，呼李家坝；于乾隆中叶迁活水沟。

曾祖母年轻守志，刺目为瞽，抚孤有成，享寿八旬。**光绪初，奉旨给银两建坊于本乡之新桥头**。生长子舒锦公逢春，为一乡之仰，是为祖。生三子**征庸字铁船，是为准之父，官至头品顶戴，钦差督办四川矿务商务大臣**。

准生之夜，舒锦公梦宋臣寇莱公来见，故名继武，继武前贤之意也。稍长即**名曰准，字志莱，别字直绳，号任庵，又号平叔**。

1873，同治十二年，癸酉，三岁。

曾祖母抚准之顶曰："此子顶平额宽，声如洪钟，长大必贵胜于其父。吾闻苦节之后必有兴者，兴必及于此子耶！"

1874，同治十三年，甲戌，四岁。

父仍留京，应礼部试，又不第。

准常患积食之疾。母以饭或米炒焦，煮水饮之，食积消而疾愈矣。母本精越人术，传于外祖父也。偶有肚痛牙痛等，即以灯草渍油燃火炙之，立愈。祖父常襁负准于背，头顶一书，牵牛往野外观稼，教之识字知解。

1875，光绪元年，乙亥，五岁。

母教子以严。如口出一恶言，必责之。衣履不整洁，亦责之；祖父每日教以读《三字经》《百家姓》《千字文》之类。

1877，光绪三年，丁丑，七岁。

父再应会试，中式第二百八名贡士，钦点主事，签分刑部贵州司。

准仍在家受祖父训读。偶与先大伯父佑弼公对弈而胜。大伯父曰："七岁小儿即能下棋，长大当称国手。"

1878，光绪四年，戊寅，八岁。

二月中旬，祖父卒于里第，享寿六十三岁，葬活水沟宅后。父奔返故里，准年八龄，首见父。

父守礼家居，兼课准及诸兄弟；读《诗经》，旁及《小学集注》《小儿语》《老学究语》《幼学琼林》《唐诗》等书。

1879，光绪五年，己卯，九岁。

先大夫守礼家居，设馆授徒于屋侧，以教子弟。每日五更母即令准起床读书。准至少至壮至老，皆不俟黎明即起者，自幼习惯而成自然也。

八月十一日，祖母张太夫人寿终正寝，享寿六十有七，与先王父合冢。

父就乡间田园凿池养鱼，种桑养蚕，设造纸厂，精究种植畜牧等事，又察附近山间矿产，煤铁之属，集资开采，得舅祖张旭斋资助，推广至于县属之蓝家沟、集福寺等处。

1880，光绪六年，庚辰，十岁。

父善写寸楷，令准影而写之，并教握管之法，究运腕运臂之力。日习之，终不能改。

1884，光绪十年，甲申，十四岁。

父主讲本邑邻山书院。准从钟炳灵先生读于伍家山之翠竹山房。

1885，光绪十一年，乙酉，十五岁。

里人张豪仪，倡乱于大竹之神禾场，扰及邻封州县者数百里。有曾在余家为缝工之张牛儿，为运党供奔走于邻竹广岳之间。**母竟得其起事日期、攻城各计划，父缄告邻封州县戒备之。致各鸟兽散，不迎月悉平之。**

距家四五里穿心硐，在峭壁悬崖之中，山下即为煤厂。八月中旬，准随父母率全家避于此山之石硐中约两旬，乱定始归。

1886，光绪十二年，丙戌，十六岁。

邻水奸官以父"舍官不作而与民争利"为言参劾朝廷。父愤然将各矿厂生意分给亲族中之非官者，五月北上入都供职，改官知县，在吏部投供候选。

1887，光绪十三年，丁亥，十七岁。

父选授广东河源县知县。缄谕为准娶妻黄氏。是年值邻水小试，准名列十三。

八月，母携准等一行十一人，由广安州沿渠河东下，抵广东河源任所。

父公余之暇亲为讲解、改文，准之学作小篆，自此始。

1888，光绪十四年，戊子，十八岁。

仍在河源，读于署中。

准以饕餮之故，食河邑所产鸡蛋卷过多，屙红白痢。以大橘饼入红花五分于饼内，加楂肉、陈茶叶各五钱于饼上，冲入开水大半碗，在饭面蒸透。初起者一二服即愈，重者三五服，无不愈。

冬初父调补首邑南海。十二月，调署香山知县。

1889，光绪十五年，己丑，十九岁。

夏四月，命准入京读书，应顺天乡试，落第归。七月廿七日，长女生于香山县署。先大夫为之命名“菊荪”。

1890，光绪十六年，庚寅，二十岁。

六月，先大夫奉调署海阳知县。母自香山航海至任，感受暑热，大病几不起。

海阳产水晶，**准素喜篆刻，用钢钻刊水晶章以为乐，因积至数百方之多。**

父令专学唐碑，每日仍抄《说文》，作小篆，并读《史记》、前后《汉书》文选。

1891，光绪十七年，辛卯，二十一岁。

父仍任海阳县。三月晋京读书，应顺天乡试，仍不第归。

先母以己身多病，劝先大夫纳莲室；是年秋，庶母杨太淑人来归。

冬十二月十九日，准次女生于海阳县署，先大夫命名“梅荪”。

1892，光绪十八年，壬辰，二十二岁。

三月，父奉调署揭阳县知县。母病甚，至七月初四日卒于任所，年仅四十有三。

是年学照相，从上海购照相器具药料归。又**兼学绘事，花卉虫鸟之属**，亦稍有研究。

1893，光绪十九年，癸巳，二十三岁。

二月，**扶先母柩归里安葬**。由万县起旱，经梁山、大竹，七月至邻水，葬先母于柑子铺新场碥本宅之右，**并守礼居家数月，练书法编族谱。**

1894，光绪二十年，甲午，二十四岁。

二月二十七日巳时，**弟次武生于揭阳县署，派名新潮，官名涛。**

应秋试仍不第。十月二十七日，准三女生于省寓，先大夫命名曰

“芝荪”。

1895，光绪二十一年，乙未，二十五岁。

父以准屡试不第，为捐同知，分指广西，无实任。

是冬，**准奉鄂督张之洞公委办湖北赈捐。**

1896，光绪二十二年，丙申，二十六岁。

父以忤粤督谭云觐尚书，奏参以通判降补，而开缺之愿遂矣。

四月赴香港汕头各处劝捐，月余积款十万有奇，**张之洞奏保以知府补用。**

四月二十七日，**准长子生于粤垣之天平街，父命名曰“相枚”，后名桓，字景武。**

1897，光绪二十三年，丁酉，二十七岁。

二月，奉四川总督鹿文端公委兼办四川赈捐，三月奉直隶总督王文勤公委兼办顺直赈捐，四月奉安徽巡抚王灼棠中丞委兼办安徽赈捐，与湖北赈捐统归直隶总督代咨。秋间先后又奉两江总督刘忠诚公、山东巡抚福少农中丞，委劝办江苏徐淮海及山东黄河工赈各捐。

是秋“奉上谕：着盛宣怀、李征庸各筹垫五十万两，解交考查河工大臣李鸿章备用”。父电准由粤筹垫，如期解交。**“奉上谕：李征庸、李准，着先行传旨嘉奖。”**准从此渐知名于时。

1898，光绪二十四年，戊戌，二十八岁。

父“奉旨着仍以道员用，并交军机处存记”。

准四月出京回粤，而戊戌政变事起，六君子同及于难。**行刑之日，父独哭杨锐、刘光第于菜市口，备棺殓，资送其眷属回川。**

广西巡抚为黄植庭中丞槐森，委准充梧州通商提调，以经手各省捐事太繁，仍回广东办事。**适鹿文端公来抚粤，留粤委充钱局提调。**

父以捐助京师蜀学堂经费二万两，**奉旨赏给头品顶戴。**

1899，光绪二十五年，己亥，二十九岁。

又奉委兼充海防善后局提调。

鄂督张之洞以劝捐劳绩，保以道员用。又由安徽巡抚王灼棠中丞奏保，以道员交军机处遇缺题奏。川督奎乐峰制府、江督刘忠诚公坤一奏保，仍以道员交军机处存记。

父奉旨开去道员，赏给三品卿衔，专充督办四川矿务商务大臣，准其专折奏事。至上海考察商务，与英商摩赓订立合同，办四川矿务。

李鸿章到任，奏派准为广东厘金局总办，一年从百余万两增收至四百三十余万两。

东、西、北三江多盗。乃就原有内河小兵舰力加整顿，并拨善后局之小轮船归厘金局差遣，又加造“广福”等小兵舰若干号，以为各江护商提饷之用。商旅得以畅行，厘金因之起色。

1900，光绪二十六年，庚子，三十岁。

正月，纳妾张氏。

李鸿章又委营务处会办，分投往办各江之匪乡。

造舢板三百余号，曰“广安水军”“惠安水军”“肇安水军”，“韶安水军”，防西江、东江、北江，及省南港汊纷歧之地。此准入水师，弃文就武之先声。

北方之义和团兴起，八国联军入北京。两宫乘舆西幸，命李鸿章入京议和。

准总持广东财政权、兵权。而惠州、三州田及高州、钦廉等处之乱接踵而起，筹兵筹饷日不暇接。

九月下旬，署督奉庆王及李鸿章电饬：“如过期不交，于和局有碍”。准以藩库、运库、关库、厘金局库、善后局库拨出现金三百万两，如期电汇上海交纳。

父以病重催准“速归省亲，迟归即不得见”，请假回川省亲。冬月十九日，由万县陆行三日抵邻水原籍，乘夜拜扫先母之墓。次日黎明拜扫先王父母之墓，并谒二先伯父母。二十三日宿于广安代市场妹襟王迪吉之家。二十四日赶行至岳池县宿。二十八日午抵成都，盖日行常二三百里也。

父谕准曰：“惟两宫蒙尘西幸，余恨不能奔赴行在，惟有毁家报效，以酬万一”。乃倡捐二万两，合川省绅民凑成十万，解赴行在，蒙赏收备用，传谕嘉奖。

1901，光绪二十七年，辛丑，三十一岁。

正月初五日，四女生于粤垣之天平街寓所，命名曰“蕙荪”。

二月初八日，父由成都水道启程回广州，兼办秦晋赈捐。又准直隶总督北洋大臣李鸿章奏请，父移驻上海督办顺直善后赈捐。父在病中，仍饬准尽力劝筹，先后劝集赈款三四百万两，分别解济。

就厘局之破烂房屋者，而改建洋式大楼，以为局所，并增设水师巡船及小兵舰，以护商船之来往。

十二月十三日戌刻，父卒于广东省城天平街差次，享年五十四岁。粤督陶勤肃公模以遗书上闻，**奉旨追赠内阁学士衔，照侍郎出差积劳病故例，从优赐恤御赐祭葬。**

是年，以劝捐出力，保加二品衔。

1902，光绪二十八年，壬寅，三十二岁。

陶勤肃公传谕：**以统巡各江水师、兼统粤义军，仍兼管厘局及营务处。**再三辞不获允。

于新会县属之猪头山岛中设行营，为清乡办公之所。内河外海大小兵舰约五六十艘皆腐败不堪。准全数裁撤，而以新造之楚式舢板分防各江。粤义军不过一营，则扩充为两营，调陆军毕业生如隆世储等为教练官，以吴翰香茂才宗禹为管带，作为游击之师。

厘金收回官办第二年期满，收数至五百余万两。

鄂省初开签票彩票，月派额票得中头彩，即以是款捐助黄埔武备学堂经费二万元，奉旨赏头品顶戴。

五月陶方帅以病免，保荐人才，准奉旨交军机处存记。继之者为德寿署任。

准聘请汪兆铭（精卫）授弟妹女儿读。陶勤肃选送子弟赴日本留学，季新、澂弟及胡汉民多人，交吴稚辉、纽锡生两君带去。

1903，光绪二十九年，癸卯，三十三岁。

五月，**准兼充粤汉铁路工程局总办**，盛宣怀电商粤中大吏，以准为总办。

三月，岑春煊由川督调署粤督，督办广西军务。责令一月内将历年扰害西江股匪区新全数荡平，生擒首逆来献。乃访素著缉捕闻名之李世桂，为荐千总傅赞开，本粤中巨盗投诚者，潘斯铠与区新为乡邻。傅眇左一目而跛右一足，潘眇右一目而跛左一足，都司潘灼文亦有足疾。**调集各营率兵分道围之，全数荡平，生擒区新。奉上谕：李准着交军机处存记，但遇有道员缺出请旨简放，并赏赐果勇巴图鲁名号。**

巨匪李北海扰乱于肇阳、罗高州等属，官兵往剿屡败于贼。冬初率队抵肇庆新兴县属之天堂墟。匪党中有李亚汉与北海曰：“李统巡统兵不追，绝我生路，不如缴械投诚，当有生还之望。”群匪来降。准为之更名李耀汉，与翟汪等十人编入亲军营。至民国则多为将领，耀汉、翟汪均为省长。

西林以准能治兵，以中东西北四路巡防营全拨归统领，镇将以下悉归节制。

香山东西二海及沙田河匪甚多，有龙凤堂匪首林瓜四尤为凶悍。是冬率队西往，击毙匪党无算。

1904，光绪三十年，甲辰，三十四岁。

仍充统巡各江水师，兼统中、东、西、北防营营务处总办、京汉铁路工程局总办各差。以事繁不暇兼顾厘局事辞之。

准足着草鞋，身先士卒，故兵虽不多，而乐为之用，所至克捷。**编练粤义军更名曰“亲军营”**，中左两营以吴宗禹为统带官，兼带中营，隆世储为左营管带，添募一营为右营，祝寿椿为管带官。

添造内河小兵舰十四艘分巡各江，又添造较大之内河小兵舰七艘。

屡请辞差扶柩回籍安葬，均不获允。夏六月十九，**以声东击西之法击林瓜四大股，林逆受重伤乘小艇而逃。我军驾长龙艇追击至大小横琴岛，忽有葡兵出而阻我，谓“此地为葡属地，华兵不应过界击匪。”乃上书西林，请与葡人划界，收回领土。**

派香山都司李炎山及李耀汉、翟汪、余启福等，假扮葡兵乘夜至路环，缘树上楼入屋，拘林瓜四上兵舰。而葡兵不许带走，必解澳门审明再为引渡，将林逆解澳门监禁。彼此互请律师辩护交涉至数月之久，准亲赴澳门参与审讯。后于次年二月始引渡回粤凌迟处死。

年来疲于奔命，咯血衄血之症时见。是年，**直隶总督袁世凯奏保人才，奉旨交军机处存记。**

1905，光绪三十一年，乙巳，三十五岁。

尽辞本兼各职，西林不允，准假三个月回籍葬亲，并会同张人骏保奏送引。

二月初六扶柩，三月中抵四川邻水。正拟安葬，奉川督八百里滚单谕旨：“李准着迅速来京，预备召见。”

四月十五日黎明赴朝房，内侍传呼：“李准第一起入见。”慈禧皇太后声音清越：“你今年多大岁数？”对曰：“三十五。”后问曰：“现在俄国波罗的海舰队快出来了，不知日本能抵得住么？”对曰：“俄国舰队劳师袭远，日本以逸待劳。以臣观之，俄国必无胜理。”后曰：“你很有见识。”

上谕：李准着开去道员，以总兵用，署理广东水师提督。五月初三，在广州靖海门外水师行台接印视事。

六月初一日奉上谕：**补授闽粤南澳镇总兵，仍署广东水师提督。**

就虎门督署旁之十六营公所及裁缺两守备衙门**改建虎门速成学堂。**

是冬，**陆提李福兴开缺，奉命以准兼署。**

适惠州三多祝、白芒花一带有匪患。余率吴宗禹等亲军三营往剿，平之。

1906，光绪三十二年，丙午，三十六岁。

仍任水师提督兼陆路提督。

五月，水陆归并一缺，奉旨以萨镇冰补授，准仍署理水陆提督。

秋七月，以两江总督周玉山尚书任粤督，军事由准主之。

自筹款造内河坐船“龙骧”，又置电捷等小电汽船多号。**设无线电学堂于长堤之增沙**，延聘丹国人那森及德人布朗士为总教习。**设要塞学堂于沙角，又于省城内天平街添购民房，改建水师行台于省城，以为驻省办公之用，共费八万余元，皆自筹款，未取之于公款。**

1907，光绪三十三年，丁未，三十七岁。

仍任水陆提督。

夏四月，**党人从安南运动土匪，扰乱廉钦各州县**。六月与福建接壤之黄冈、庞城为党人余丑等袭破据之。

准先平黄冈之乱，匪弃城走福建之云宵、绍安等处，我军追击讨平之。**会郭人漳之师以平廉钦之乱**，而惠州之乱起，调赵定国、钟子才、姚洪阶、赵声等营赴惠，会洪兆麟、李声振、吴宗禹等，与匪战于淡水、三多祝等处，不数日乱平。

奉上谕：“李准着调署北海镇总兵。广东水陆提督着秦炳直署理。”

皇太后以李某在粤很得力，西林奏曰：“本来很好，都给周馥纵坏了。”**准灰心已极，将挂冠而去**。其先调往廉钦之队伍各将领闻准获咎降官，人皆栗栗危惧，咸请假入北海之外国医院养病。

廉钦之乱再起，防城失守，宋大令全家殉难。东兴相继失陷，钦州、灵山县亦被围。廉州合浦戒严，连电告急。七月初四日奉上谕：**“西林开缺养病，以张安圃尚书补授两广总督”。安帅急电来遣准往援钦廉，准奉命即行。收复防城、东兴等处，次日即解灵山之围，防城、东兴相继收复，余党窜十万大山。**

忽奉旨调准回省办理西江缉捕之事。西江以此数月之内屡出劫案，有枪毙外人之事，各国遣浅水兵舰入西江自由行动。乃与英国水师提督马镇迪交涉，不许自由行动，妄行开炮轰及乡镇，又新造浅水新式兵舰四艘分巡西江。英人始允退兵，将西江捕权交回准自行管理。

准会商安帅，严禁军火进口接济匪人，香港总督亦以西江获安允为

严禁。

十二月，仍将水陆提督分而为二，**奉旨：“广东水师提督着萨镇冰补授，仍着李准署理，秦炳直着补授广东陆路提督”。**

1908，光绪三十四年，戊申，三十八岁。

密派吴敬荣、林国祥、王雪岑、李炎山，率“宝璧”“伏波”等兵舰，于除夕驶至九洲洋，捕日走私军火船“二辰丸”。澳门葡人以小火轮拖带舶艇多号正待起货，吴敬荣率员强下日本国旗，驱葡兵，将“二辰丸”扣押，起出毛瑟步枪六千支、子弹六百万发，小炮六门。

日公使要求朝廷惩办准，粤中各界愤激抵制日货。日声言将与我国开仗，其海军“吾妻”等号由台湾入粤，美国舰队亦由太平洋来中国，菲律宾之英国舰队开至闽粤洋面。外务部尚书袁世凯答应日方要求，准率各员至淡水河，各界人士往参观者数百人。**日领事及日本商人船员至二辰丸船上升日旗，我舰放礼炮二十一门。日人欢声雷动，我船之人多有痛哭失声者。从此抵制日货之风潮遍于中国，日本经济遭重创，内阁集体辞职。**

三月，有湘人葛谦及鄂人严国丰等谋乱，运动新军及防营，事泄破获多人，概不追究，仅置葛谦、严国丰二人于法。

是年秋，德皇赠送冕旒宝星一座，奉旨“准其收受佩带”。

于省城设水上警察厅，于两江海口香山、外海之徐闻、琼州建无线电台。以靖海门外原有之水师十六营公所房地，**易大南门外天字码头长堤之新填地建水师公所，旁设水师练营及无线电台。购英国遭风损之邮船，改修练船名“广海”。**

又出巡外海，见有岛悬日本国旗？当执日兵西泽而问之，据云“*已经营于此二三年矣。向以此地近澎湖，以为台湾属地，故认为日本之领土*”。**不许再行采取磷质、玳瑁之类，已采之货亦不许动，派兵监视。回省请于安帅，电外部，与日本人交涉。**日公使索海图证据，必中国二百年以前之图乃可为凭。王雪岑观察博览群书，以康熙间高凉镇总兵陈伦炯著《海图闻见录》中有此岛之图，送外部与日公使，证明为我国版土，而交还，仍名为东沙岛。

绍基兄自川来，**以调查族谱完备，准乃为之编成付印，次年印成带回，分给族人。**

十月，美国海军舰队至厦门，朝廷派大员来厦招待。准率林国祥、吴敬荣、王仁棠等海军职员往与会，以尽东道之谊焉。

1909，宣统元年，己酉，三十九岁。

奉上谕：“李准着补授广东水师提督”。奉恩诏：“荫长子桓为一品荫生”。

购附近东山二沙头三闲地二百余亩，为制皮革公司以为军中之用，会同督练公所官商合办。

以川云贵三省人之宦粤及经商之人为数不少，向无团体结合，乃倡议建设“川云贵三省会馆”。

自备电汽座船一艘曰“电安”，船上配马克沁机关枪四门，礼炮两门，由香港庇利公司承造。其餐房所用银器、铜器、瓷器、玻璃器均定自英国，无不有准之名。改革后，胡汉民以一万五千元卖给广西陆乾卿都督。

三月初，**李准因公务繁忙，辞去广东赤十字会长一职。**

查广东之西尚有西沙十五岛，当会商安帅亲往探明，绘成海图，以便呈京师、海陆军部、内阁立案。免又如东沙岛之覆辙，待有外人占据始为交涉为失计。当调集“伏波”“琛航”等旧兵舰分载前往。木、石、铁、缝、漆匠若干人，小工百人，测绘生若干人，牲畜、食料极多。以林国祥任驾驶之责，吴敬荣、刘义宽二人分带两船，王仁棠赞助之。

三月初起行，先至琼州海口，四月初一日抵榆林港，往距榆林港十余里之三亚港观盐田，又往黎山内地观黎人居处风俗。

放洋察视各岛，与东沙岛情形相同，并无高山，不过海中之沙洲而已，大小不一。极大者亦不过三四十里，小者数里而已。**每岛均命名刊字于珊瑚石上，建临时椰子树屋及桅杆于岛上，悬黄龙旗以为标记。**历二十日，始趁好天气径向香港驶回。沿海皆暗礁，危险万分。且“伏波”“琛航”二船与余齐年，朽腐堪虑，若非林、吴二君之老于驾驶，精细谨慎，则恐无生还之望矣。

夏六月，美国实业团男女二宾百余人招待于水师公所。

又于水师公所之练营三层楼上设私立中小学堂，以教涛弟及侄辈及同寅中之子弟读，注重中文、英文、算学及各种科学。

秋八月，张安圃尚书奉旨调补两江总督。冬十月海观莅任，盛气而来。

顺德一带家家养蚕，机器缫丝厂多至五六十家，遍地金钱而盗贼益为猖獗。**乃于顺德属内建筑碉楼，每相距十里一碉。俾匪无隐身之所，而地方获安。**

1910，宣统二年，庚戌，四十岁。

东郊外之陆军为党人运动，图谋起事，史称广州新军起义。准以无线电飞调出外巡防之亲军各营星夜回省。选老兵之能应战者千人为敢死队，命吴宗禹率童常标、朱廷栋、李世桂、刘启璋、李景濂等，行至牛王庙猫儿岗，而变兵大队至，**我军即登山顶以拒之。党人倪映典、罗帜扬等倡言革命，欲拥准为首。下令击之，不三时而全数荡平。**

海观以余不记前嫌能维持大局，从此言听计从，曰："我初自山东来，以为李军门为一只活老虎，必噬人者也。今乃知为救苦救难的观音菩萨。"

新从湘省募来之新兵四营令交吴宗禹统领，编为左右前后亲军四营。

四月，郡王衔贝勒载洵会同海军提督萨镇冰来粤考察，见"四江""广海""电安""龙骧"各舰之新美，赞不绝口，初不料广东能有如此。

都统林国祥于七月病故，洵王、鼎铭各有赠恤，以其为海军耆宿也。

十二月初六日，**张坚白鸣岐到任，以准权重而总督无权，将为道员时随身带去之权一切收回属于总督，省城内外且不许准亲军、新军各营驻扎。**

年来公余之暇即学书，临唐碑。每日必作小篆数百字，临石鼓及大篆又若干字。印族谱带回家乡分发族人。

是年春，遣嫁大女菊荪于夏用卿之次子，并令桓儿随之赴德国留学。

编印《广东水师国防要塞图说》报朝廷存档。

1911，宣统三年，辛亥，四十一岁。

仍任水师提督。

准乘"龙骧""江大"等轮，往猪头山提勘盗犯。忽得无线电称：署将军孚琦为党人温生才暗杀。

三月二十九日（1911年4月27日），所调各军陆续回省。四钟入城回行台，望见督署内炸弹、手枪之声若断若续。即电令观音山、龙王庙及天字码头船上之兵分批出队往捕。翰香手扶一人曰："大帅在此。"坚白即跪余前曰："速救我。"

夜半督署火起，余下令不许救火，仍令翰香、云亭率队，分头以御乱党。且幸先一日已暗将枪机卸下，新军终不敢动。史称广州"三二九"起义、黄花岗起义。

四月初二日，佛山、乐从及花从各县之土匪亦闻风而起，均由吴宗禹率队分路讨平之。

奉旨：此次广东变起仓促，幸赖将士用命用能，迅速扑灭，逆首就歼。广东水师提督李准着赏穿黄马褂。

党人恨准尤甚，在港宣布准之死刑而暗杀焉。闰六月十九，准行经双门

底，由人从中以炸弹击准，应手还枪毙林冠慈。忽对面有枪射来正中准之左肘。乃起而直登屋顶，见有两人踞电杆上持炸弹下视作欲击状。准持自来得手枪遥击之，二人下坠而炸弹发矣。

日、英、美各国及京、津、沪、川均有电来询，广州各国领事均来看视；奉旨慰问"赏给人参四两，及平安丹六瓶、回生第一仙丹六十个，并赏假一个月，安心调理"。

八月初九日，又再电奏请开缺。奉旨着再赏假二十日，务当以国事为重，勿再固辞。

九月初一，**张鸣岐设鸿门宴欲杀李准**，准手握两枪，吴翰香带数人而至。坚白见准手枪不离手，且闻卫队及亲军均在大堂严阵以待，而不敢下手。

初四日，刚到广州的将军凤山为党人炸毙。

司道会同统制龙子诚军门来电，坚求准至省主持大计。咨议局议员及学报各界、九善堂、七十二行、自治会来见。**准以"邻封各省既已相继独立，广东亦独力难支。**今如再不战不和，时下民军蜂起，地方糜烂，谁尸其咎？维持公安、保全人民生命财产"为言，各各皆感泣。

各界来商，要求于准为都督，准以伤病之余，难肩此重任。乃议迎胡汉民、陈景华来主持其事，派江大管带吴光宗嘉应举人谢义谦即日往港相请。

11月9日晨，准下令各炮队军舰一律升国民军旗，并主持咨议局和各界代表开会，举定胡汉民为都督，陈景华为民政部长。

10日，胡汉民、陈景华、李君佩、李纪堂、李煜堂诸人来省，过船与准话旧。

17日，军政府在总商会召开各界代表会议，**汉民推举陈炯明为副都督，广东军政府正式建立，以水师公所为都督驻所。准仍以旧有名义辖制水陆各军，尽保境安民之责。**

汉民本一书生，漫无章法，而民军扰乱，种种怪现状莫可究诘。石锦泉且拥众以抢水师公所，都督仓皇而逃。号称民军之匪徒恨准最深，日夜恒持炸弹、手枪环坐船而恐吓之。准愤极曰："革命如此，将来必无幸理。"向汉民及自治会、咨议局辞职而去。

准连日分派卫队队官吕钦广排长、高世昌、范连仲等，押运港商寄仓之现金数十万及钞票，于大清银行财政司办公处交纳。

准至港后，十月初六日，**奉廷寄密谕"署理两广总督，会同梁鼎芬规复粤省事宜。"准默察大势已去，莫可挽回，与其涂炭生灵，不如俯顺潮流之**

为得也。故始终秘而未宣。

孙中山、黄兴、胡汉民等数次商请李准回军政府任职。胡致准电曰：**“为国为乡，公不可辞其责任，中山、克强、精卫俱盼与公相见也。”**

准推辞：**“今民军遍地，生灵涂炭，大非初念所及，是余之罪也。”**

买罗便臣道二十三、二十五两所之屋为居室，自号“居夷道人”，从此埋头海岛作世外人。

李准发表《广东光复始末记》文告：**民心思汉，大势所趋，非人力所能维持，纵报私恩，徒伤公义，无裨于国，贻祸生灵。利害相权，宜审轻重，于是应乎天而顺乎人，立意反正广东，借消兵祸，为粤民生命财产计。**

孙中山发表《通告海陆军将士文》：**旷观世界历史，其能成改革大业者，皆必有甲胄之士反戈内向。文独有以知吾海陆军将士皆深明乎民族民种之大义，故能一致进行，知死不避，以成此烈也。**

黄兴致李准电文：**粤省光复，公树伟功，从前公仇，一概消释。**

胡汉民发表《宣布李准反正实情始末书》文告：**粤东省城九月反正，以李直绳君之功为最……**

1912，民国元年，壬子，四十二岁。

南北共和告成，推袁世凯为临时大总统。一月，授准为“陆军中将”。

与马笏庭合买汇丰银行抵押之房地产四十万，准占八成，笏庭占二成。每日在家学书，究心金石文字。

六月廿四日为涛弟行结婚礼于亨利大饭店，弟妇为周玉山大帅之孙女。

十月，**奉袁大总统电召入京，聘为高等军事顾问，凡关于广东一方面之事，归余主任。**

十二月初八日，大女菊荪以产子致病而死于港寓，外孙则由余妻黄夫人抚养之。

1913，民国二年，癸丑，四十三岁。

仍为公府顾问，加上将衔。时“南方二次革命”之说起，派旧部少将隆世储等回粤，逼都督陈炯明离粤出去，而广东之事定。粤第一师长张我权迫代理都督走，而自封都督。准电令李耀汉、翟汪等军入省，并电令张我权自行取消，张遵办。遂荐龙济光为都督。

以四川未定，**黎副总统在鄂电项城，请派余回川，奉命为四川宣抚使。忽得川中父老来电：“以川中年来苦于客军之纷扰，闻公率粤军及北军来。公爱惜桑梓，当不出此。”准以为不如辞去，以免乡人之责难。**

租居化石桥。段祺瑞总长每日下午必邀至其宅看竹为戏，无日不至。

1914，民国三年，甲寅，四十四岁。

李准为大股东投资建北京最大娱乐场所“城南游艺园”，有京剧场、文明戏场、电影场、曲艺杂技场，坤伶三杰和四大坤伶如孟小冬、孟丽君、碧云霞、程艳芳、章遏云、金少梅及荀慧生、梅兰芳等在此唱红。

仍居京师，充公府高等军事顾问。每日除读史外仍学书，日必作篆一二千字，临汉碑数百字，自黎明以达夜分，无一刻之辍业。**书字帖《李将军篆书心经》和《李将军篆书五箴》，为时人所求一得。**

偶至广德楼观奎德社改良新剧，颇有感触：自民国以来，道德沦亡其不至于禽兽也。几希将欲借戏曲为改良社会之利器，提倡旧道德，借伶人之口以唤醒国人，遂编剧有《薄倖郎》《青梅》《荆花泪》《香妃恨》《秦晋配》诸作，上演广受社会欢迎。

是年十月二十日酉时，八弟次子相崇生于港寓。

1915，民国四年，乙卯，四十五岁。

项城为帝之念起，六君子之筹安会人多加入，准独不敢预闻其事而避之。项城乃设混成模范团于参谋部，以准、蔡锷等二十余人为副官，借此羁縻各军人不离开北京以谋反对。蔡锷于八埠眷一妓曰“小凤仙”，沉迷不返，因此得潜逃至滇，谋独立以抗洪宪。

1916，民国五年，丙辰，四十六岁。

蔡锷倡反洪宪，独立于滇南，陆荣廷独立于广西，龙济光独立于广州。项城商请准赴粤和解，准反对称帝，借此离京脱离虎口。

袁世凯病逝，副总统黎元洪继任大总统。准电告龙济光取消独立：**“慨自改革以来连年用兵，人民困苦，何堪再有战事？”受黎大总统嘉奖。**

六月纳妾阎氏。于天津英租界广东路购地三亩余，由桓儿、杰侄等经手建一五楼五底之洋式楼房。

1917，民国六年，丁巳，四十七岁。

二月，与陆干卿上将军同北上晋京，晋谒黎元洪总统及段祺瑞总理，奉命授为直威将军。八弟次武纳妾卢氏。

1918年，民国七年，戊午，四十八岁。

仍居津门。开工建筑法租界三十二号路之屋，八月工竣，名之曰“泰安里”。

十二月初十，阎妾生八女如璧。

1919，民国八年，己未，四十九岁。

八月，荐坤伶金少梅入城南游艺园演剧。余为之编新剧《婴宁一笑缘》《玉琴缘》《画中缘》《醋海波》《义合缘》《棒打春桃》《文君当炉》《恩仇血》《拾金不昧》等，大为社会之欢迎，少梅名誉鹊起，被称“坤伶三杰”。

1920，民国九年，庚申，五十岁。

仍居天津，常往来于京师。四月十三日，生九女如璋。

又编剧《吴越春秋》《骊姬祸》《嫌贫爱富》《金锁记》《文姬归汉》《梅妃泪》《云娘纵虎记》《活捉王魁》《玉萧在世》等。金少梅演出爆棚，而至剧场厢楼垮塌伤人。年来以为人作书，每苦不得恰如字数之文而书之，因自选金石文字及上古文，或格言成语编列成书。

1922，民国十一年，壬戌，五十二岁。

每日作篆作隶之外，仍以编新剧发抒自己意见，借挽末俗为事。是冬，以川路公司股款事，乡人公推余组织股东维持会长。

1923，民国十二年，癸亥，五十三岁。

乡人公推代表赴洛阳，谒吴佩孚，争得以杨森督川而归。

秋间赴保定谒曹锟巡阅使，商陈粤省之事，承聘为直鲁豫巡阅使，署高等军事顾问。

是年发起组织国民大饭店于法租界三十二号路，认股二万元，推为董事。

1924，民国十三年，甲子，五十四岁。

二月，赴洛阳为吴佩孚祝寿。

七月二十八日酉时，次子相度生于津寓。

九月初，吴佩孚率师来京，称讨逆联军总司令，仍聘余为高等军事顾问。

桓儿在粤洪兆麟处为参谋长及旅长。十月，派为善后会议代表入京。

是年其编演之《妙峰山新剧》，由永明印书局出版，以家乡邻水之官斗山署笔名“斗山山人”。

1925，民国十四年，乙丑，五十五岁。

摭拾旧闻而编《**任庵闻见录**》及《**粤中从政录**》若干卷，《**广东革命史**》一卷。又将此十余年来所见上古金石文字编写成书，名《**古籀类编**》，共十二卷。

二月初一，逊帝自京日使馆逃出。借日本租界张虎臣军白之张园为驻所。准以旧主关系，日夕往朝而照料一切焉。

旧部洪兆麟败绩于潮汕，桓儿派为军事会议代表。兆麟丁艰，回湘奔丧，为党人粤人韦姓暗杀。是年，吴佩孚再起视师，聘准为讨贼联军总司令部参赞，而南北之战祸又起。

夏，**售法租界泰安里房产于周樾恩督军，购英租界墙子外地八亩八分，建自住大楼两所，名“泰华里”。**

1926，民国十五年，丙寅，五十六岁。

应孙传芳将军召，奉命为援粤海陆军招抚使，意欲招粤中旧部起而讨赤。

1927，民国十六年，丁卯，五十七岁。

追叙**《先曾王母旌表节孝刘太夫人苦节记》**，及**《先王父舒锦公行述》《先母王太夫人行述》《先兄绍基行述》**，又编**《先大夫阁学公年谱》**，并撰**《各亡友事略》**，又书**《女伶金月梅金少梅母女事》**。

八月十九，晋京晤张作霖大元帅。

十二月二十三日，阎妾生十二女，名之曰“如莹”。

开始撰写《任庵自编年谱》。

1928，民国十七年，戊辰，五十八岁。

元旦日，蒙上赐御书“大吉春”帖子。

南军北犯，张大元帅出走，归奉天，炸死于皇姑屯北。

准仍以学书为事，向写之古今成语格言、金石文字，名曰**《任庵临池誊稿》**，已至千六百余页。李准因求字人多，翰墨应酬堆案盈几，经济情况开始拮据，始收润笔。

1929，民国十八年，己巳，五十九岁。

历年所书之《古籀类编》分订六册，《临池誊稿》分订十六册。

七月十六日，三子相普字赵卿，生于泰华里三号本宅。

八月，请董再坤回川代理家事，表弟王国宇字廷栋，亦令同归。

1930，民国十九年，庚午，六十岁。

二月为准六十初庆，各戚友咸聚金为寿。京津戏剧名角齐聚拜寿，名女伶章遏云、新艳秋等送戏，为宴客国民饭店。李耀汉省长自港汇五百金来为寿。

本年为奎德社编新剧《采茶春绿日》《四少奶的扇子》《荆树影》，并为之排演《棒打春桃》等剧达二十余场，均为满坐。

又改编粤剧《鲍将军》为京剧，更名为《真假太子》，交荀慧生排演。

1931，民国二十年，辛未，六十一岁。

相崇侄以不及格留级一年班。相度以太小不用功，在家读书，俟明年再入学堂。是期共交学费三百余元。余力竭矣！倘再不好好读书，何以对吾乎？

桓儿暑假奉部派赴日本考察警务，一月归，仍供职于北平高等警官学校校务主任。

1932，民国二十一年，壬申，六十二岁。

正月十九日，三妾产一女，命名曰“如瑜”。

秋间，北平同德社即奎德社旧人来津，出演于北洋，准编剧为之排演，如《悔婚》《采茶奇缘》《可怜的阿毛》等。

年来困处津门，节衣缩食，家中款项亦难接济，盖川中战事已开，苦累吾民，真不堪命，言念及此，不知涕泗何溢也。

1933，民国二十二年，癸酉，六十三岁。

日仍作篆、编剧。辛未所编连台《再生缘》至十三本，续成之共十四本。

川中仍不来一钱，穷困达于极点。

8月10日，《大公报》（天津）发表《李准巡海记》。

1935，民国二十四年，乙亥，六十五岁。

正月赴长春祝嘏，被溥仪召见六次，赏旅费千元。六月又赴长春，召见五次，赏千元回津。

1936，民国二十五年，丙子，六十六岁。

正月又赴长春，被溥仪召见五次。

《任庵自编年谱》记事于三月十五日，戛然而止。十一月初九（12月22日）病逝，葬于天津。

附录二
李准主要著作及现存状况

政治军事自传类：《广东水师国防要塞图说》《任庵自编年谱》《任庵六十自述》《李准巡海日记》《西沙群岛记》《光复粤垣记》《广东革命史》《粤中从政录》若干卷、《清末遗闻》之《记黄冈钦廉之乱》《戊戌政变刘杨二君事略》《袁海观制军遗事》《陈景华事略》《刘永福事略》等篇。

史料笔记类：《邻水李氏懋熙堂族谱》《先大夫阁学公年谱》《先曾王母旌表节孝刘太夫人苦节记》《先王父舒锦公行述》《先母王太夫人行述》《先兄绍基行述》《任庵闻见录》《李准日记》《记张豪仪事》《记李北海之役》《女伶金月梅金少梅母女事》《端砚》等。

文学剧本类：《赠金少梅二律并序》《坤伶孟丽君技艺超群为诗扬之》《妙峰山新剧》《香妃恨》《文君当炉》《吴越春秋》《文姬归汉》《孝义传奇》《青梅荆花泪》《薄情郎》《左迁获配》《婴宁一笑缘》《玉琴缘》《海波义全缘》《棒打春桃》《恩仇血》《画中缘》《拾金不昧》《骊姬祸》《嫌贫爱富》《金锁记》《梅妃泪》《苦恨纵虎记》《活捉王魁》《玉女通年书》《毁名全节》《杀狗劝夫》《雌蝶悟》《煤山恨》《血指痕》《红拂记》《洛神》又名《宋妃新》《荆树影》又名《贞妇全骨肉》《红玫瑰》《悔婚》《采茶奇缘》《可怜的阿毛》《采茶春绿日》《四少奶的扇子》《真假太子》（荀慧生排演）、《再生缘》14本连台本戏等。

书法类：《李将军篆书心经》《李将军篆书五箴》《大篆四书》《古籀类编》12卷、《任庵临池誊稿》20册；另有大量书法作品流传于世。

著作现存状况：（仅为已知部分，大量著作因战乱遗失期待新发现）

附表　李准主要著作一览

题 名	出版状况	原件收藏者	备 注
任庵自编年谱	自传 1936年去世前手稿	外交部、清宫档案馆	1927—1936年
任庵六十自述	五言韵文自传 1930	天津图书馆	K827.6/RC
广东水师国防要塞图说	宣统二年政府军事文件		
李准巡海记	1933年《大公报》《国闻周报》	南开大学图书馆	
光复粤垣记	民国元年1912	国家图书馆	
清末遗闻		南开大学图书馆	
邻水李氏懋熙堂族谱	宣统元年（1909）铅印	河北大学图书馆 何正华	789.2/151
李将军篆书五箴	篆书字帖1914年44岁于京	何正华、 广东省立中山图书馆	自刻印三：居夷道人、李准字直绳又号任庵、上马击贼下马作露布
李将军篆书心经	篆字帖，民国三年（1914）44岁于京	何正华、 广东省立中山图书馆	自刻印二：李准作篆私印、任庵四十后书
纪李北海之役	1926年4月2、3日《申报》		
妙峰山新剧	甲子（1924）编，永明书局印	何正华	署斗山山人，老家官斗山为笔名
记张豪仪事	1926年6月27日《申报》	张为李准家乡邻水大竹一带匪首	1886年因李准父母告发匪乱始作而先败
赠金少梅二律并序	1927年作	发京沪各报	演李准剧本而成京剧名家
记坤伶金月梅母女事（金月梅小传）	1927年作未刊手稿本	天津社科院图书馆	金与周信芳搭班，李准为其编剧十多台
坤伶孟丽君技艺超群为诗	1927年作	发京沪各报	被李准捧红成了名伶
画中缘	1914年至1920编德奎社演	国家图书馆	剧本
云娘	同上	国家图书馆	剧本
骊姬祸	同上	国家图书馆	剧本
雌蝶悟	同上	国家图书馆	剧本
文姬归汉	同上	国家图书馆、上海师范大学图书馆	剧本

续表

题 名	出版状况	原件收藏者	备 注
红拂记	1922年52岁时作	上海师范大学图书馆	剧本I236/3422
再生缘	同上	上海师范大学图书馆	连台戏14本 114I236/3422.1
醋海波	同上	上海师范大学图书馆	剧本I236/3422.2
血指痕	1922年 52岁作	上海师范大学图书馆	剧本I236/3422.3
雌蝶悟	1922年 52岁作	上海师范大学图书馆	剧本 I236/3422.4
云娘	1922年 52岁作	上海师范大学图书馆	剧本I236/3422.5
杀狗劝夫	1922年 52岁作	上海师范大学图书馆	剧本I236/3422.6
毁名全节	1922年 52岁作	上海师范大学图书馆	剧本I236/3422.7
秦晋配	1919年作	上海师范大学图书馆	剧本I236/3422.8
棒打春桃	同上	上海师范大学图书馆	剧本I236/3422.9
嫌贫爱富	同上	上海师范大学图书馆	剧本I236/3422.10
义合缘	同上	上海师范大学图书馆	I236/3422.11
薄情郎	同上	上海师范大学图书馆	I236/3422.12
香妃恨	同上	上海师范大学图书馆	剧本 I236/3422.13
金锁记	同上	上海师范大学图书馆	I236/3422.14
大篆四书大学一卷 中庸一卷	1933 影印本	湖南图书馆	书法183/12
古籀类编六册	历年所书字帖		1929民国十八年59岁订
大篆四书	1933 年石印本	国家图书馆	书法
大篆四书二卷	1933 石印本	天津图书馆	书法P26523
学庸各一卷	1933 石印本	天津图书馆	书法P29705
汉碑		天津图书馆	书法P34316
大学		国家图书馆、何正华	书法

附录三

何正华：李准故里遗迹探奇

诰封“神道碑”和“女宗坊”

邻水县柑子镇外二里处，桅子村三组活水沟旁，巍然高耸着圣旨李逢春神道碑，令人叹为观止（见彩页）。

李准祖父名舒锦，号逢春。饱读诗书，教子有方，为一乡之仰。李准从小由祖父教读。李准说：“先王父事亲之外兼督耕稼，常襁负准于背，头顶一书，持旱烟筒，牵牛往野外观稼，每于肩头教之识一二字。到野外坐树下观书，亦教之识字知解。”

李准编修《邻水李氏懋熙堂族谱》载：“第八世长房逢春公，派名鉴史，字舒锦，以子征庸贵，屡赠光禄大夫；以孙准贵，屡赠建威将军。生于嘉庆二十一年丙子（1816）五月初七日亥时，卒于光绪四年戊寅（1878）二月十五日亥时，享寿六十三岁，葬活水沟老宅后，未山丑向石墓。”

清光绪二十七年（即1901年），曾任南海等地县令的李准父亲李征庸，被慈禧太后任用为督办四川矿务商务大臣。奉圣旨：“四川产矿处所甚多。查李征庸籍隶四川，素为乡人所推重，前曾服宦粤东，政声卓著。即派李征庸以三品卿衔专充督办四川矿务商务大臣。准其专折奏事。”李准父亲从广东回四川，不料在成都重病，李准遂从广东回川探父。神道碑疑此期间所建。

神道碑基座高三尺，宽四尺余，就地在岩石上凿成一神兽名赑屃（Bìxì），又名霸下，龙之子，貌似龟，力大，好负重，其形如龟，故称乌龟碑。石碑系一块整石，高一丈八，宽三尺七，嵌入龟背凹槽上，高高挺立，令人仰视。

石碑边框雕刻精美图案，顶部镂空九龙奉圣，围着阳文竖排“圣旨”二字。正中竖刻阴文正楷大字“诰封光禄大夫讳逢春李公□□道”，左下方小字“赐进士及第翰林院修撰夏同龢敬题”，还有“夏同龢印”“戊戌状元”两方石印。《邻水县志》和《邻水文化志》认成“翁同龢”。经李准研究会考证此说有谬——翁同龢早于1898年被慈禧贬困常熟虞山老家，无缘于1901年为素未谋面的李准题字；而广东法政监督夏同龢是李准姻亲，李准长女李菊荪1910年嫁其子夏建寅。其家乡贵州麻江县委政府编印《戊戌状元夏同龢》及《戊戌状元夏同龢图集》，两书收入此碑图可佐证。

“文革”时驮碑石龟头颈被打断，“神”字也砸没了，石碑却岿然不动。村干部贾定雄建议做成“毛主席语录碑”，得以逃过一劫，至今巍然矗立，高山仰止。

李准祖父神道碑顶九龙圣旨图

夏同龢敬题，其系戊戌状元，李准亲家

广安市级文物保护单位神道碑风化起层急需保护

隔河相对，原有御赐李准曾祖母刘氏贞节牌坊，规格级别更高，更宏大壮观。

李氏一门诗书孝道传家。曾祖母大竹人，26岁起“青年守志，刺目为瞽，抚孤有成”，1875年八十二岁寿终正寝。老祖母把三岁李准“抱之于怀而不肯释，抚准之顶，与先王父言曰：此子顶平额宽，声如洪钟，长大必贵胜于其父。吾闻苦节之后必有兴者，兴必及于此子耶！”其预言果然应验。

李铁船于1877年中进士，李准《自谱》载：“光绪初，经同乡京官工科给事中（笔者注：给事中是进宫谏诤言官官职）赵树吉专折奏请，特旨‘旌表节孝’，诰赠一品太夫人，并给银两建坊于本乡之新桥头。”

《族谱》载：“刘氏寅，大竹处士永宽公之长女。生于乾隆五十九年甲寅（1794）九月二十七日戌时，卒于光绪元年乙亥（1875）四月初六日寅时，享寿八十二岁，葬于李家坝老宅右菜园，亥山巳向石墓。以孙征庸、曾孙准贵，屡赠一品太夫人。生平苦节冰霜，事实详列于传。计从二十六岁守节起

至八十二岁止，共守节五十六年。经同乡京官工科给事中赵树吉专摺奏请，特旨旌表节孝，已建坊于新桥头。生子二：逢春、逢华。”

李征庸特地从下江（三峡以下）请来南、北两派石雕名师，就近取石修了三年才大功告成。

牌坊高约两丈，三道门，中间大门可过十轮大卡车。坊顶刻光绪皇帝御笔“旌表节孝”“圣旨”“女宗”文字，另有历代闻名的全家福、金玉满堂等古装戏32幅图，人马俱全。两边各镶嵌一巨大海螺，大风时呜呜作响。“文革”时“破四旧”，一群人炸了两天没炸垮。负责炸牌坊的“平头”和“瓜子脸”想出一个办法——在牌坊镶嵌海螺处装上炸药，历时三年千锤万凿建成的牌坊瞬间毁灭，现仅存几个牌坊石头，被农民抬回家打成水缸。第二天就传来上级通知，说牌坊之类古建筑属于历史文物，不必破掉。

九旬老农贾三元告诉我们，对岸石壁有牌坊的草图，可我们遍寻不得其踪，至今连一张牌坊照片也没找到。

此地上行两里即李准出生地桅子塆，门前小溪名活水沟，两岸耸立着顺天寨和官斗寨，两山形似两只巨蟾，屁股都坐在活水沟下游两里处，两山夹一水，节孝牌坊和神道碑分别镇守在溪水和道路两边。当年奉旨建牌坊和神道碑，风水师选址此地就是取关门之意，避免老宅的官运财运随水而下。

经李准研究会包述安、何正华等众多人士呼吁多年，神道碑与李准祖父墓于2011年合定为邻水县级和广安市级文物保护单位。令人担忧的是石碑下半部多年来风化脱落，2016年2月，《华西都市报》记者再次赴邻水专访笔者，一起探访李准故里，发现碑文毁损更加严重，刻字一面整块起了层，若一剥脱，该碑将成无字碑，即无价值了！急需采取保护措施，以保已屹立百年高山仰止的神道碑，让它和李准的历史功绩一起，成为邻水人引以为豪、为之骄傲的历史丰碑。

李准修祖父圣旨墓与官斗石

父李征庸在京数年修成正果，中光绪丁丑进士，“**先王父母闻之喜曰：吾母苦节数十年，恨不亲见吾子成进士也。因寄书先大夫曰：吾虽老而强健，尔第居京，勤所司，勿遽归也。**”老父要儿子以工作为重，不料却生离死别。李征庸仓惶返乡奔丧，将父亲葬于宅后香炉山顺天寨下睏牛坪。

李准书祖墓“仙李蟠根”，今人誉为篆字精品

李准祖父母墓顶九龙捧圣图和孝道图

李舒锦墓始建于1878年（光绪四年），李准于1901年（光绪二十七年）奉旨重修现墓面。

墓高一丈六，宽一丈四，夫妻同冢，墓面石料为黄浆石，坚硬异常，经百多年日晒雨淋仍无一丝风化，手摸无一点砂石脱落。两边翘角飞檐，布局着石刻花鸟虫兽和多出古戏图案，镂空精雕，造型精美，突兀遒劲。左棺正中直刻《诰封光禄大夫显考李公舒锦老大人之墓》，右棺直刻《诰封一品夫人显妣李母张老太夫人之墓》，两边刻祀男祀孙曾孙名字，李准在此名新业。墓顶刻九龙奉圣图和“圣旨”二字。

第二层刻四个篆字，经包述安老先生考证为“仙李蟠根”，今人评价“其篆书之成就亦与古人名家相伯仲，所书其祖父李逢春之墓盖‘仙李蟠根’等及碑联，亦均足以说明其纯厚之气质”。“仙李蟠根”意誉李氏宗族昌盛，典故出自晋郭洪《神仙传·老子》：“老子之母，适至李树下而生老子，生而能言，指李树曰：以此为我姓。”1991年版《邻水县志》错认成“仙李蟠秋”，1985年版《邻水县文化志》错为“仙李蟠桃”，《邻水文史资料选集》第一辑误为“仙李盘根”。

第三层横刻隶书《辉流乡国》，墓门两侧隶书对联“环绕峰峦卜此地饮驼兆象 遥看城郭待他年化鹤归来”。

2009年至2016年，李准研究会连续十余次考察探秘李准故里，发现祖父墓上面还有一座小墓更加古老，碑刻“道光……祀孙逢春”字样，竟是祖父建的祖墓。

可惜李舒锦墓多次被盗，2012年冬再次被挖一个盗洞。笔者与范宜陪《华西都市报》记者专访，清理遮盖坟头的芭茅草，报道了《南海主权第一人李准祖墓被盗》，以期引起重视受到保护。

李舒锦墓未山丑向，中轴正对官斗石。官斗山顶为避匪而建有官斗寨，寨旁天生一方奇石独自兀立，上方下圆，既似农家米粮大斗，更像官场大印。看似能工巧匠巧夺天工之作，却是大自然鬼斧神工。官斗石外形奇特，内涵丰富，既喻农家大斗衣食无忧，又含魁星点斗出大文人之意，更预兆此地要出执掌官印的朝廷大官！故李准晚年以“斗山山人”作笔名。更令人称奇的是每逢天地人间发生大事，官斗石会事先发出报警声响，“5·12”汶川地震它提前几天呜呜作响。研究称地震前确有“地声异常、生物异常”等预警现象发生。

李准建御制父母学士墓

李准母亲王氏，1887年随夫至广东，1892年卒于广东揭阳。次年李准23岁时，千里扶柩魂归故里，叶落归根。由上海乘船溯长江，至万县码头起旱，经梁平、大竹到邻水，二月出发，七月方达。葬“柑子铺新场碥本宅《光禄第》之右，坤山寅向”，李征庸为妻撰墓联：墓旁可万家，斯歌斯哭斯聚族；德配堪千古，此人此土此有财。

李准自幼受母亲严管教养，从小得天赋慧根。他在《自述》中感慨：“七月初四日，春晖忽西倾。今生未能报，不孝辱家乘。次年扶柩归，船破险遭沉。葬母宅之右，千古此佳城。”

李准父子编修之《邻水李氏懋熙堂族谱》载：“王氏，邑处士宗玉公第三女，同知衔绍羲，詹事府供事复旦之胞姊。诰封一品夫人，旌表乐善好施，其生平嘉言懿行，详见实录。生于道光三十年庚戌正月十一日戌时；卒于光绪十八年壬辰七月初四日巳时在广东揭阳县署内寝，享年四十三岁。十九年癸巳扶柩回籍，九月二十四日葬于新场碥新宅右，坤山艮向石墓，与先大夫光禄公合冢。生子准，女珍贞。”

李准守礼居家一整年，练书法编族谱。

1901年十二月十三日戌刻，李征庸病故广州天平街，享年五十四岁。但李准因忙于平息海盗保境安民之公事，无法请假回乡葬父。直到1905年平息了最后一股海盗巨匪林瓜四之后，李准遵父遗命，又千里扶柩回邻水，与母合葬。

“奉旨从优议恤，谕赐祭葬，赠内阁学士兼礼部侍郎衔，诰授光禄大夫，诰赠建威将军。有诗、古文集、公牍若干卷，待梓。”

《上海图书馆藏稀见方志丛刊》之光绪版《邻水县续志》载李征庸：“他字铁船，光绪丁丑进士，刑部主事，改官广东，历任河源、南海、香山、揭阳等县……督保办川矿，赏戴花翎，加头品顶戴，续奉充南洋赈务大臣，裨益饷款，惠济灾黎，旋以勤劳在差次病故。粤督请于朝，加赠内阁学士衔，赐全葬银三百两。”

《族谱》载：“第九世三房征庸，舒锦公三子，派名佑钧，号铁船，生于道光二十八年戊申（1848）十二月初一日午时；卒于光绪二十七年辛丑（1901）十二月十二日戌时，寿终广东省城太平街寓所。三十一年扶柩回籍，葬新宅右边，坤山艮向石墓，与王太夫人合冢。

“光绪三年丁丑科中式进士，以主事用，分刑部贵州司。旋丁外艰，回籍守制。十一年（1886）回京供职，改知县，选授广东河源县知县，调补南海县知县，历署香山、揭阳、海阳等县知县。钦派专充督办四川矿务商务大臣，兼管铜政，准其专摺奏事。

“奉旨从优议恤。谕赐祭葬。赠内阁学士兼礼部侍郎衔，诰授光禄大夫，诰赠建威将军。生平事实，另详列传，并有诗、古文集、公牍若干卷，待梓。”

1878年李征庸建李舒锦墓时，连九品芝麻官的县令都还不是。而李准建父母墓时，总持广东财权兵权，身兼广东钱局和海防善后局提调、厘金局总办、委营务处会办，统巡各江水师兼统粤义军，创建“广安水军”多营，更有皇帝赐葬银三百两，故墓葬级别更高。惜于20世纪50年代被挖毁，改为区公所，现为镇政府。

李准祖父墓占地三分，是市级“文保”，李准父母墓大十倍，占地三亩，如不人为挖毁，该是什么级别呢?

李征庸学士墓为坤山艮向石墓，墓联刻“潜龙隐豹，蟠根李仙”。墓园有李准专程从广东运回的马鞍形苏铁和六棵古桂花树，还有梅州沙田柚。墓被破坏时，笔者一朋友老母亲那时是区公所年轻干部，亲眼看见衣物等东西颜色如新，挖开敞风后化成灰了，还看见挖出金筷子等宝贝。柑子中学退休教师包述安撰文回忆，1958年在柑子中学即李公馆上初中，见一匹石马、一个石人和几棵大桂花树。1927年生老人李名培告诉他，挖墓时尸体和衣物像新的，金丝楠木棺材也是好的，被人偷了。墓前有一对石人石马守着，和真人真马一样大，两耳直竖，双目有神，像在等主人的命令。一石人头戴官帽、身着官服，一手执卷，一手半握拳于胸前，似观书沉思，或要做一个重要决定；另一尊石人手执缰绳，像在遛马缓行，十分闲适。石像前的石梯两旁，矗立两根巨石桅杆，高二丈五尺五寸九分，顶端各立有一只吼天狮子。可惜它们也不知何时被人毁了。唯遗李准亲植桂花树，仍存4株百年流芳，始终陪着主人地下之灵。政府现已亡羊补牢，挂“古树牌”保护起来了。

2015年，《南海纵横》摄制组专访笔者时拍李准亲植的百年桂花树

李公馆“光禄第”

李征庸墓旁是大气磅礴的李公馆“光禄第”，因皇帝诰封李准高祖父、曾祖父和祖父三代“光禄大夫”而名。

李公馆始建于清光绪十六年（1890），占地20多亩，建筑面积上万平方米。大门三开两重，门板竟有五寸厚，全部是金丝楠木！大门上方正中横排黑底红字楷书大字《光禄第》，字高80厘米。

大宅门外面包着长宽56米的高大青砖围墙，四周有两丈多高的风火墙，四角有三层炮楼三丈多高，使整个大院显得雄伟壮观！

笔者连续八年十多次深入李准故里考察探奇，在李公馆对面的佘家湾惊人发现，李准姑婆的婆家之穿窦结构老木板屋，历经三四百年的风雨，依旧住着人！原来这是李准祖父李逢春之妹，即李准的姑婆嫁给佘安泮为妻时所居老祖屋。佘家人告诉我们，李准父亲李铁船上京为官前，姑父佘安泮送给他大片坡土地，建成李公馆。此说印证了李准《自谱》所记父亲1886年“遭奸人之忌，地方官以先大夫‘舍官不作而与民争利’为言。先大夫愤然将各矿厂生意，概分给亲族中之非官者，入都供职”，分至广东任河源、南海、香山、海阳、揭阳等县令，后任四川矿务商务大臣。

可叹李准姑婆的婆家的老祖屋，三百多年的建筑还尚存，而仅百年的李公馆却早已灰飞烟灭！

李公馆围墙里面，整个房屋布局呈四阶三重倒“品”字形，为穿木结构楼房，前有三个大门，中有四个小门通左右四方，共一百零八扇门，大小房屋上百间！

主体为前后两个四合院，前排两楼一底，后面两排一楼一底。二楼中间是戏楼和下人住房，两厢是酒作坊和仓库，两头是走马转角楼。二三重中间有四根高大圆柱支撑的天棚，大礼堂两边有厨房和管理人员房间。

改为柑子中学的李公馆大门
（20世纪60年代秦遂隆摄）

李公馆石柱礼堂1995年开学典礼
（刘凤勇摄）

李公馆中殿（20世纪90年代谢世伦摄）

李公馆遗存之中高大石梯，右还有部小石梯

中间和两边穿堂各有两重八扇门组成的排门，左右两边各有两个双合门与外面相通。后面一排中间是厅堂，雕梁画栋，庄严肃穆，悬挂着各种牌匾。光绪皇帝和慈禧太后的朝廷嘉奖，彰显着李准于国家的赫赫战功；各地方大吏之赠送则铭记着李准赈灾八省恤民千万的政绩。厅堂两边是主人和家室住房，常年有一个班的人做安全保卫。院内名贵花树如梭萝松、柑子树、红白茶花等错落有致，清雅宜人。

全院共六个天井，中厅为一楼一底穿木结构的中西式两个大客厅，一次摆过五百席寿宴，四五千人人声鼎沸，举杯同庆，那场面，是怎样的热闹，何等的壮观！

辛亥革命中，大竹孝义会匪首李绍伊，带领大竹和邻水会党火烧李公馆。这李绍伊是大竹县观音镇傅家沟人，组建"孝义会"，和袍哥组织哥老会、三合会一起，是孙中山最关注的会党组织，曾派熊克武赴总部大寨坪商磋"兴汉排满"大计。1911年，以广安人蒲殿俊、邻水人熊吉、任正格、王襄为领袖的四川保路运动爆发同志军起义，李绍伊响应，率"孝义军"杀富济贫，自号川东北都督，占邻水、广安、岳池，垫江、达县、通江、巴中、南江，第二年被袁世凯在四川的人胡景伊杀害，参加孝义会者无一幸免。

经孙中山、黄兴、胡汉民多次做工作，李准于1911年11月率广东起义，交出兵权不久却被反攻倒算。为此李准《上大总统电》"告状"："准首率军队，先树义旗。不料横逆之来，庐墓为墟，宗族失所，川粤财产，丧失殆尽。准若有罪，罪在个人，僚属何辜？先人何怨？"民国政府遂拨款修复李公馆，中厅可见烧焦的余木，左侧外墙可见金瓜花饰用以遮掩。中华人民共和国成立初期做了柑子区公所，1958年改为柑子中学，并于1993、1997和

2002年分三次拆毁。现只能从犹存的巨大青石广场和十米宽的青石大梯子，想象李公馆的雄伟壮观和它的文物价值！

巨大的李公馆里不知有多少东西是文物？现仅见一套徽雕檀木饰金屏风、两把官帽椅和一张大案桌。屏风系安徽巡抚送李准的，代表安徽民意。时青年李准应八省总督争相邀请，为救灾民而奔波广东南洋，募捐筹银数百万两：“光绪二十三年（1897），二十七岁。二月奉四川总督鹿文端公委兼办四川赈捐，三月奉直隶总督王文勤公委兼办顺直赈捐，四月奉安徽巡抚王灼棠中丞委兼办安徽赈捐……”李准将屏风从千里之外运回老家（见彩页）。共九块，高五尺，长一丈二，重三百多斤。镂空刻花饰金图案，雕全家福、四下河南、穆桂英等18堂古戏。1949年后李公馆文物大多焚毁，屏风却独善其身，为李氏家族共有，由李名川等三家分藏于棺材内方幸免于难。

邻水文管所藏二级文物李公馆漆金檀木屏风18台古戏图之一

檀木屏风仙山琼阁之一

桌椅均由李准研究会范宜先生近年觅得。两张官帽椅出自原李公馆员工某家，系撤毁时分得的八张，四儿女各两张，其他六张早已做柴烧了。官帽椅靠背顶部雕花“二龙戏珠”，中有团花篆字“福禄寿喜”；中部透雕“拐子龙”图纹，中间仙童托盘伺候一仙人，手持葫芦往口中倒酒憨饮状，疑似八仙过海之铁拐李。另一椅有男女三仙人，云纹缭绕中作彬彬有礼状，疑何仙姑等。椅子很是沉手，什么木材未能确定，现为笔者收藏。

桌椅无一钉子和胶水，全凭隼卯结构穿孔相连，至今一百多年摇它纹丝不动！比一般椅子高，如想靠背坐起安逸，脚就吊起，在堂屋议事的正式场合才靠前正襟危坐。“站有站相，坐有坐相”，这正是古人的智慧——虽然那时他们还不知道，沙发席梦思等现代科技的东西害得连娃儿都椎间盘突出了。特大案桌亦来自李公馆对门人家，原主人在李公馆改的区公所工作，把这个被丢弃的东西捡回家。案桌有两米长，前后各有相同的七只抽屉，均可作正面，故称“褡裢桌”。比现代办公桌高十多厘米，不适宜坐着办公，不知究竟是书画用还是别的什么用途？

何正华藏李公馆流散之官帽椅

椅背“二龙戏珠”“福禄寿喜”团花篆字、“拐子龙”及仙人图

李准剧本书法现真迹

李准文武双全，青年时期由文转武，广东起义后弃武从文，成为民国著名编剧和书法名家，章遏云因主演李准剧本而成四大坤旦，荀派创始人荀慧生也请李准为其编剧本。

李准说他民国三年（1914）四十四岁时，“于学书之暇，偶至广德楼观奎德社改良新剧，颇有感触：概自民国以来，道德沦亡其不至于禽兽也。几希将欲借戏曲为改良社会之利器，将借伶人之口以唤醒国人”。民国九年五十岁时，值北京女伶渐衰几及末路，李准推荐和周信芳搭班的金月梅、金少梅入京，主演李准剧本无不叫座，而带动京剧界势乃大振，竟至于“北京城南游园，正月初四日以人多拥挤，至厢楼塌下伤人”。“余于数月之内又编《吴越春秋》《骊姬祸》《嫌贫爱富》《金锁记》《妙峰山》《文姬归汉》《梅妃泪》《云娘纵虎记》《活捉王魁》《玉萧在世》等剧。”

李准为金少梅所写剧本《妙峰山》，演出场场爆满，少梅遂成“坤伶三杰”。笔者就有原本收藏，署名斗山山人，系以家乡邻水老宅对面之官斗山为笔名。妙峰山是北京门头沟著名自然人文景区，清末庙会被誉为中国的狂欢节。剧情感人，表现“黄孝女”的孝道主题，不知真有其事还是民间传说。巧的是笔者也编剧有《大孝女》舞台剧本和电影剧本，是李准家乡邻水县的全国道德模范，曹于亚捐肾救父真人真事，获得中央和省级文艺奖，搬上舞台和银幕；又东施效颦，编剧了李准《南海亮剑》，获第三届重庆杯全国电影剧本评选第四名、四川省文化厅戏剧剧本一等奖。

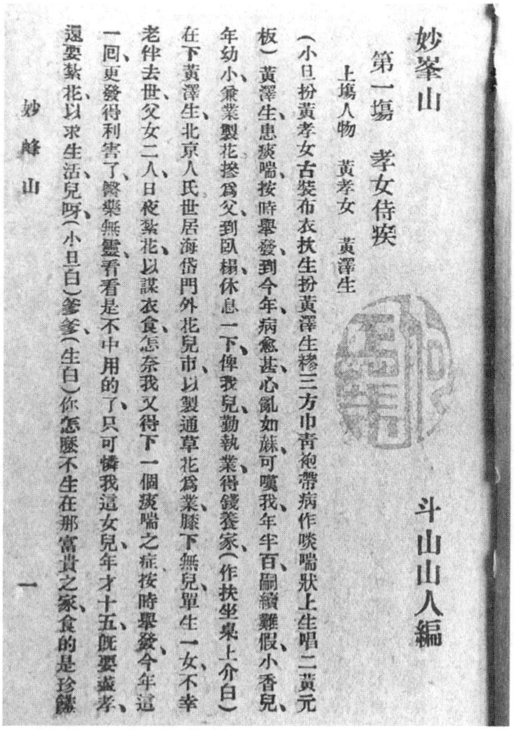
妙峯山　斗山山人編
第一場　孝女侍疾
上場人物　黃孝女　黃澤生
（小旦扮黃孝女古裝布衣扶生扮黃澤生穇三方巾青袍帶病作咳喘狀上生唱二黃元板）黃澤生、患痰喘、按時舉發、到今年、病愈甚、心亂如蔴、可嘆我、年半百、嗣續難、假小香兒、年幼小、秉業製花、摻爲父、到臥榻、休息一下、俾我兒、勤執業、得錢養家、（作扶坐桌上介白）在下黃澤生、北京人氏、世居海岱門外花兒市、以製通草花爲業、膝下無兒、單生一女、不幸老伴去世、父女二人、日夜紮花、以謀衣食、怎奈我又得下一個痰喘之症、按時舉發、今年這一回、更發得利害了、醫藥無靈、看看是不中用的了、只可憐我這女兒、年才十五、既要盡孝、還要紮花、以求生活、兒呀、（小旦白）爹爹、（生白）你怎麽不生在那富貴之家、食的是珍饈
妙峰山　一

何正华藏李准孝道剧本《妙峰山》内页，以老家官斗山署笔名斗山山人

李准更擅书法和篆刻，亲笔篆写书名的《广东水师国防要塞图说》，落款“邻水李准署”，不仅是墨宝，还是国宝——国家用作证明南海主权的直接证据（见彩页）。尤其暮年作品在京津一带为时人所重，去世时中央社通电称李准为“名书家”，民国《文坛杂忆卷十一》之《李准晚年》载：“喜作字，商贾以其名重，求书者多，以故署名“鄰水李準”之市招及楹帖随处可见。”

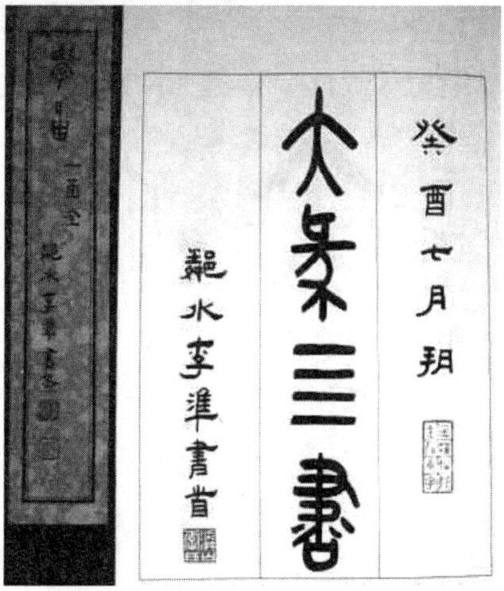

何正华藏李准《大篆四书》之封面

李准书法深厚功力，源于自幼至老终生不辍：10岁时“先大夫写阴骘文寸楷，令准影而写之，日习之，终不能改”；17岁始临《说文解字》之小篆，40岁时“年来公余之暇即学书，临唐碑、房梁公颇有所得道。每日必作小篆数百字，临石鼓及大篆又若干字，日以为常”；五十五岁时“将此十余年来所见上古金石文字编写成书，名

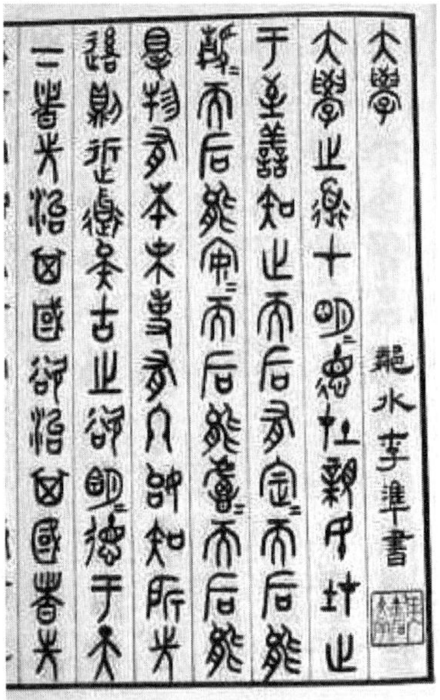

李准《大篆四书》之《大学》首页

《古籀类编》，共十二卷”。

李准于隶书、行书均有深研，成就最高则为大小篆书，堪与古人名家媲美。集李准篆书篆刻之大成的，当数字帖《大篆四书》数册、《李将军篆书心经》《李将军篆书五箴》各一册（见彩页，笔者有藏）。

《心经》和《五箴》各有十七页，洋洋五百字之多。作于甲寅民国三年即1914年，在京任民国政府高等军事顾问闲职时：“余则每日除读史外仍学书，日必作篆一二千字，临汉碑数百字，自黎明以达夜分，无一刻之辍业”。题署书名的蒋式芬原系李准属下，1907年署广东按察使时，曾负责查核言官历年对李准的参劾，上长折奏报慈禧太后，对各条罪名一一开脱。

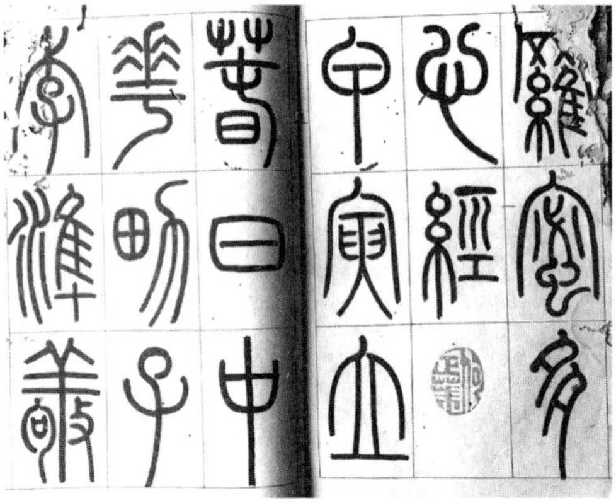

何正华藏李准《心经》款识：（波）罗密多心经甲寅立春日中华男子李准敬（书于宣武城南）

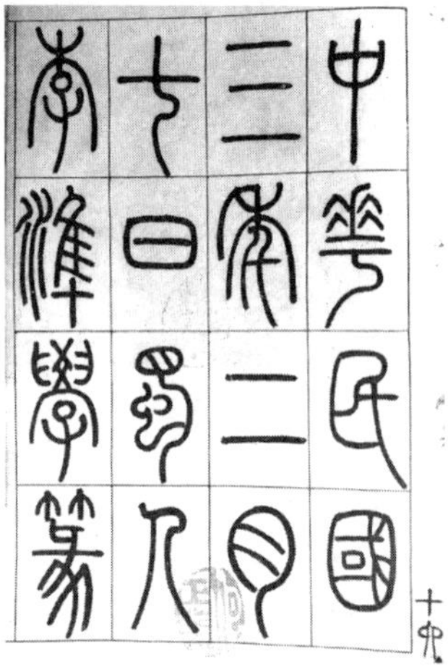

何正华藏李准《五箴》款识：中华民国三年二月七日蜀人李准学篆

《心经》是大乘佛教极为重要的经典，言简义丰、提纲挈领、博大精深，出家在家之信徒均需日常背诵。款识为：“甲寅立春日中华男子李准敬书于宣武城南”；自刻钤印两方为“李准作篆私印”“任庵四十后书”。李准说“余别号任庵，盖凡事均负责任，无游移两可之事也”。

《五箴》原文是韩愈谪居阳山时所写自戒之作，不屈精神蕴含其中。款识为“中华民国三年二月七日蜀人李准学篆于京师之石桥别业”。别业指本宅以外的住宅或别墅。有自刻钤印三方，一枚“居夷道人”，李准说他广东起义后退隐香港后“自号‘居夷道人’，从此埋头海岛作世外人”；第二枚“李准字直绳又号任庵”，取自南朝诗人鲍照诗“直如朱丝绳，清如玉壶冰”，用以自励做人格高尚的人；第三枚刻“上马击贼下马做露布”，露布是写有文字通报四方的帛制旗子，多用于传递军事捷报，此印是李准文韬武略的自我写照。

《五箴》自刻钤印三方：居夷道人、李准字直绳又号任庵、上马击贼下马做露布

李准书《心经》和《五箴》字体珠圆玉润，古意盎然，为小篆之玉箸篆风格。箸即筷子，字体笔画线条如玉箸，给人挺拔秀丽的美感。清陈沣《摹印述》说：“篆书笔画两头肥瘦均匀，末不出锋者，名曰玉箸，篆书正宗也。”明甘旸《印章集》说：“玉箸，即李斯小篆。”

李准百年前字帖《心经》和《五箴》，目前仅见本书作者手中有两原本珍藏。2016年，我国选编再版《中国书画丛书经典》，李准这两部字帖，同王羲之、颜真卿、柳公汉、米芾、赵孟頫等历代名家作品入选，供全国书法爱好者研习。

李准晚年生活拮据，遂改书法送人而为收取润笔，靠卖字为生。李准八女李如璧说她保存的李准书法上，还标有“五元”“拾元”字样。笔者也查到1929年《北洋画报》有李准发布的收润笔公告：“鄙人年届六旬，思假岁月，研究金石，然翰墨应酬堆案盈几，弊精疲神，无暇自修。现从己巳年起，实行收取笔润，至亲好友不在此例，转托代求照润。条例列后附以赘言，对联、条屏、横披中堂整张每尺二元，半张每尺一元。折扇、斗方、册页每件五元，过小不书，劣纸不书。先润后书，限日取件，磨墨费加一成。”

李准书法幸存至今的已属文物级宝贝，在国际性大型拍卖会上偶有露面，当然不再是以元计价，而是以万元计了。笔者幸获一副对联，十分老旧，上联：古柳荫中来走马，下联：好花深处有鸣禽；款识：甲戌九月李准，钤印两方：平公六十二后所书、李准大小篆。李准又号平叔，故老年时自称“平公”。字体为石鼓文风格。

石鼓文系刻有古籀文的鼓形石上的文字，至今共发现十礅七百一十八字，藏故宫，是九大镇国之宝。字体在古文与秦篆之间，一般称“大篆”，为我国最古老的石刻文字。李准说他民国十七年（1928）五十八岁时，“仍居天津。日写《古籀类编》，并将搜集古文补遗于后。其向写之古今成语、格言、金石文字，暂定名曰《任庵临池誊稿》，已至千六百余页，仍嫌不足，当继续搜集写之，以便临池之用”。

经查，此墨宝书于1934年李准辞世前两年，尤为珍贵，功力已达炉火纯青之境。字形圆融浑劲，体势整肃，笔力稳健，果有秦朝强悍霸主气势。横竖折笔之处圆中寓方，转折处竖画内收，下行则舒展大方，用笔起止均为藏锋，形与字浑然一体，既有古朴雄秀之美，又含灵动飞翔之意，其势风骨嶙峋又风致楚楚。

李准为邻水乡亲书赠过大量墨宝，但大多已毁。仅知李准夫人黄氏后裔黄次威有1935年书条屏，古籀体管子名言：一日之计莫如树谷，十年之计莫如树木，百年之计莫如树人，被县文管所收藏，但未见到过。另有李准八女李如璧1988年送家乡三幅对联，现藏史志办。一为1934年篆书“执事道原吴衍（道）子，好司（词）方驾帛（白）乐天”，款识隶书“甲戌三月李准”；一为1935年篆书“殴（驱）马来时杨及柳，沔（泛）舟深处水如天”，款识“乙亥六月李准”；第三幅上联“驾舟涉水载西子”，下联前几年还在，现不知所踪，文字应为“驱车走阪有王公”。

何正华藏李准辞世前两年之大篆石鼓文书法：古柳荫中来走马，好花深处有鸣禽

李准书法最有意义的发现，莫过于本丛书主编张良福于2015年构想《南海百年风云人物》期间，亲访两广总督张人骏曾孙、书法家和古文字专家张守中老先生，发现李准写给其曾祖父张人骏（字安圃）的篆书四条屏（见彩页），落款“安帅年伯大人训

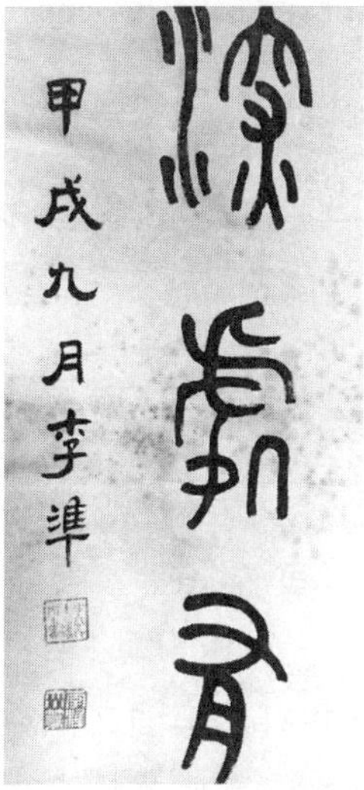

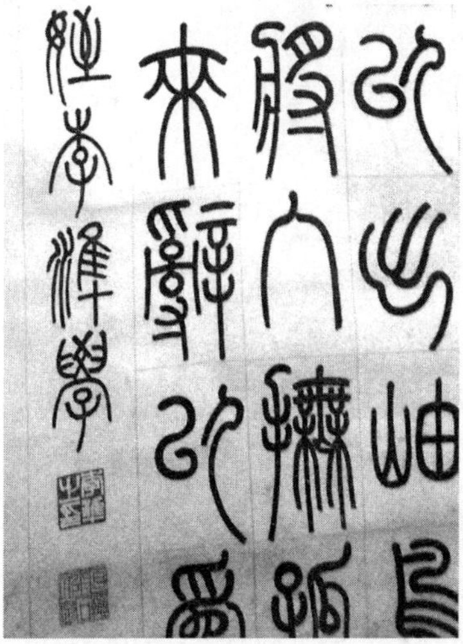

总督张人骏曾孙张守中藏李准大篆四条屏之款识：安帅年伯大人训正甲寅冬任李准学

正甲寅冬任李准学”，内容系陶渊明《归去来辞》，李准书此赠张人骏，以祝愿张人骏退隐生活闲适乐趣。

李准民国三年书赠张人骏墨宝，百年后惊现于世，印证了当年这两位南海英雄，在两广总督和水师提督职上，勇斗列强维护主权的同仇敌忾、志同道合！

2016年立冬日于四川邻水

李准与南海研究会

后 记

自羊年春节《南海百年风云人物》主编张良福将撰稿李准传记的重任交我后，便关门谢客潜心著述，未敢稍懈，初一都和李准一起“过年”，我明白李准传记事关南海主权，责任重大。所幸我打造李准文化十年，2009年即有数十万字电视剧本和长篇小说初稿发在网上。在此基础上闭关一年半，放弃报酬不菲的稿约，推掉有滋有味的聚会，婉拒难得一遇的活动，终于完成。欣慰没有辜负海洋出版社的厚望和主编重托，却怠慢了亲情，得罪了友情，付出了颈椎病加重的代价。

就在本书撰稿之际，2015年10月18日，国家主席习近平答路透社记者问时指出：“南海诸岛自古以来就是中国领土，这是老祖宗留下的。”

李准正是这样一位在南海风起云涌、列强虎视眈眈之际之时及时出手，一锤定音确立主权的百年风云人物。我在前几年出版的《南海主权第一人李准故事》书中，首次将李准定义为“南海主权第一人”，因其于南海创造了多个第一——保卫南海的最高海军将领；首次从列强手里夺回被占岛屿；首次以官方身份用中文命名西沙群岛（此前各国海图多以英文命名）；首次让国际社会公认我国南海主权；首次将南海诸岛纳入军事文件《广东水师国防要塞图说》，证明我国对南海早已行驶军事管辖，成为对南海拥有历史性权利最有说服力的国家层面证据……

挽狂澜于既倒——南海主权最先一位功臣；扶大厦于将倾——大清王朝最后一员名将。由于时代的局限，李准是史学界对其一正一反两种评价反差最大、最具争议的人物。早年的辛亥革命研究用偏见和成见对李准妖魔化了，这位国家功臣没有取得应有的地位，甚至在家乡也当了百年无名英雄。“李准是镇压革命最有力的清廷悍将，双手沾满黄花岗烈士鲜血的侩子手”——这是改革开放前那个“向左看齐”的年代的教科书，教给我们的

“历史”；“李准是有争议的人物，不宜宣传”——这是个别“左视眼”后遗症患者还在继续的唠叨。可我从大量史实资料里看到的李准，却是勇斗列强、维护主权最力的南海英雄，是率广东起义助孙中山建立政权的革命功臣，是扶大厦于将倾，挽狂澜于既倒的军事家，是募银千万、赈灾八省，救万民于水火的能吏，是化干戈为玉帛，避免生灵涂炭的政治家。

两种截然不同的看法和评价，哪种才是真正的历史呢？为何孙中山多年发动的每次起义，都能被李准轻易镇压？我研究革命党人和清廷双方写的原始资料后，惊讶地发现，辛亥革命史专家再现给我们的黄花岗起义，只使用了起义者单方的材料。只听一面之词研究出来的不是历史而是偏见——李准是被存见和偏见“研究”成镇压72烈士的侩子手的。

中国辛亥革命史研究会副理事长苏全有在《百年黄花岗起义研究述评》中指出：“通揽学界对黄花岗起义的研究，大多是从革命党人的角度展开，而从清政府这一视角进行研究的则寥寥无几。因此，黄花岗起义的研究有待拓展内容，继续深入。更可以从清政府角度切入，清政府有何应对？起义镇压下去后又如何善后？”

本书即从清廷的角度，用十多种李准自著和上百份清宫档案，和新闻报道等第三方材料，加上起义幸存者的原始资料，客观披露起义和镇压双方对决的内幕，首次揭秘各次起义被李准镇压失败的真相。这是迄今没有一位学者尝试过的“禁区”，没有一本书表现过的难题。好在有习近平同志“让历史说话，用史实发言”的观点作指导，得以真实还原了这段众说纷纭的史实。

对黄花岗起义，笔者根据起义领导人和亲历者自己写的原始资料证实，李准奉命镇压的同时，还采取多种措施暗中保护了革命党人——如果不是李准放跑大部分起义者，而是下令赶尽杀绝，我们要纪念的就不是“72烈士”了，而是全军覆没；如果不是李准以民族大义为重，应孙中山、黄兴、胡汉民之请率广东起义，引发全国多米诺骨牌倒塌，多少革命党人还要抛头颅洒热血，辛亥革命也不会很快成功。

孙、黄、胡在起义前给李准写信表示，要拥戴李准为“创造大汉民国之首领”，起义后又作出“粤省光复，公树伟功，从前公仇，一概消释”的承诺。革命领袖都没计较，百年后的我们，似乎没有理由抓住李准身后那条清朝留下来的小辫子不放。何况，作为军人，食君之禄而忠君之事，执行朝廷命令平息匪乱镇压反政府武装，是其职责，无可厚非。

百年来，对这样一位文韬武略、文治武功，在清末战功卓著、威震世界的武将，在民国成果累累声名显赫的文人，无一部研究专著，无一部人物传记，更不像其他名人那样被打造得光鲜亮丽，搬上舞台和荧屏，不能不说是史学界和文艺界以及地方上的一大憾事。

历乱世国家功臣尘封百年，逢盛世南海英雄浮出水面。2009年，在李准1909年收复东沙、巡视西沙百年之际，笔者在中国剧本网和新浪网何正华博客等媒体上发表李准题材电视剧本、长篇传记和研究资料等，《南海亮剑》在重庆杯全国电影剧本征集评选中名列第四名，颁奖词表现出评委的惊讶：《南海亮剑》让我们看到了李准这位尘封百年的重量级历史名人浮出水面，令人震惊和震撼！

近水楼台先得月。我作为李准家乡作家，打造李准文化得天独厚，独家拥有鲜为人知的第一手资料，还得益于李准本身就是清末民初的传奇人物。他一生屡建奇功，丰功伟绩自带精彩，其自刻印鉴“上马击贼下马作露布”（捷报）就是文治武功的真实写照。故我坚持十年要将李准文化打造成全国有影响的品牌，并以政协委员提案等多种方式，呼吁将李准故里打造成旅游品牌，以提高地方知名度，提振家乡人的精气神，现已成为共识。市县政府部门正在出版乡土教材《南海英雄李准》、社科专著《邻水李准与中国南海》，另有《准绳人生—李准廉能故事》《李准与孙中山起义》、学术专著《武将李准的文化成就》《李准自著研究》《李准文史资料》和《李准故里探秘》等在撰稿中。

2012年，有读者在网上向我提问：“从您博客了解到您在研究宣传李准，现将有关问题向您求教：李准巡视西沙广金舰是否参与？李准没有到过南沙群岛，没有到过曾母暗沙，不知您是否认同？”我惊讶于他思考的这几个问题层次很深——因为很多学者或中央级媒体在说李准巡视西沙时，都漏掉了“广金舰”和“广金岛”，还误称李准巡视过“南沙群岛”，“最远还到过曾母暗沙”，还说“西沙至今尚有李准滩”（国家在南沙命名“李准滩”）。这些原则性和常识性谬误至今还在以误传误。后来才知“求教”者张良福先生竟是北京大学海洋法学博士、我国南海问题专家，长期在外交部研究国际海洋法和中国海洋划界争端，已出版《让历史告诉未来——中国管辖南海百年纪实》等系列专著，多次携论文出席国家层面的南海研讨会如博

鳌亚洲论坛，真是虚怀若谷、大道无形！从此我向张先生“求教”了——请他作我研究李准的顾问，于是便有了张先生任主编，我和两广总督张人骏家乡河北唐山的文化局长刘天昌先生，分别撰写李准和张人骏的传记，并与张先生联名编著《张人骏、李准与南海史料选编》。

数十年来，有关史志书籍、学术论文和报刊台网，涉及李准与南海的说法十分混乱，谬误很多。故本书特别注重以史实为准绳，对所见谬误进行匡正，向世人呈现一个真实的李准，另撰写有《李准研究宣介中的谬误匡正》发在网上，以求拨乱反正。但因年代久远、历经战乱，所见百年前史料繁杂而不全，期待专家和知情者指正，提供更多史料，以求后续完善。笔者素来反感对真实人物展开戏说，几十万字的作品，子虚乌有的“虚构”占多半，还标称“某某传”或“历史小说”。搜集资料研究史实是戴着脚镣与手铐跳舞，东拼西凑、胡编乱造却可随心所欲，当然来得容易。天马行空的创作方法，对于已过去几百上千年而缺乏资料的历史人物来说，是不得已的无奈之举，但对李准这样有史实记载的近现代名人，也热衷于无中生有，这种“加工厂”的做法，是对历史的不尊重、不敬畏。

从李准维护主权起，南海地区风云不断。如今，更由于重要的国际战略意义，加上蕴藏着可供中国使用两百多年的油气和可燃冰，形势更加严峻！周边国家“近水楼台先得月”，已钻井上千口，某邻国也趁机浑水摸鱼，想把手从东海伸向南海，忘了李准南海亮剑，驱日“岛主”收复东沙，捕扣走私军火船，引爆中国怒焚日货将其内阁烧倒台的历史。李准再次成为国人关注的焦点、热点和亮点，央视纪录片《见证南海》《中国影像方志》和《南海纵横》等媒体纷纷请笔者，以李准与南海研究学者身份展示原始证据、讲述维权史实，再现百年前我国在南海的历史性权利。

百年前国运衰微，列强环伺，朝廷内忧外患，自顾不暇，李准只能无奈慨叹：“中国向不以领海为重，故于海面之岛屿任外人之侵占而不知也。”

如今的中国不再慨叹，而是行动！国力强盛的我们响亮提出“建设海洋强国”战略，习主席代表中国人民强硬表态、掷地有声：“任何人要侵犯中国的主权和相关权益，中国人民都不会答应。”

随着国家维护南海主权的力度加大，李准的历史功绩愈发彰显，作用越来越大。南海百年风云人物李准，与“李准滩”和三沙市的地名碑一起，彪炳史册，铭记千秋！

笔者作诗颂李准

南海亮剑镇风云，颂我李准大将军。
八省救灾千万银，三大海盗三连平。
驱英逐日收东沙，巡视命名定海针。
广东起义树伟功，著书立说史长存。
李准滩铸千秋证，邻水岛刻万世名。
国家功臣今犹在，南海维权第一人。

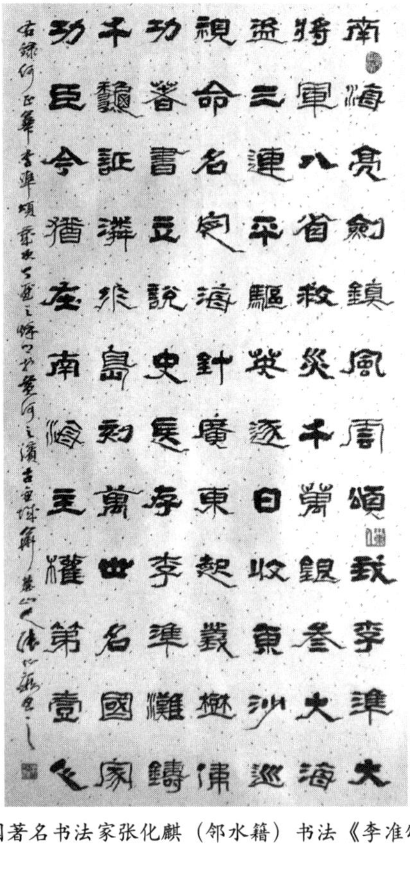

我国著名书法家张化麒（邻水籍）书法《李准颂》

2017年夏于李准家乡四川邻水

主要参考文献资料

一、李准自著

1. 何正华藏《任庵自编年谱》稿本复印件。

2. 何正华藏《任庵六十自述》印本复印件。

3. 何正华藏《国闻周报》《李准巡海记》1933年版原件照。

4. 何正华藏《广东水师国防要塞图说》清宣统二年印本原件照。

5. 何正华藏《光复粤垣记》1912 年印本原件照。

6. 何正华藏《李将军篆书心经》原件，《李将军篆书五箴》原件，《大篆四书》之《中庸》和《大学》，《妙峰山新剧》原件。

7. 何正华藏《清末遗闻》13篇手稿本照。

8. 何正华藏李准编《邻水李氏懋熙堂族谱》清宣统元年（1909）铅印本原件。

9.《记坤伶金月梅母女事》（又名金月梅小传），手稿孤本天津社科院图书馆藏。

10.《记李北海之役》，1926年4月2—3日《申报》。

11.《记张豪仪事》，1926年6月27日《申报》。

二、清宫档案及报刊资料

1. 陶模《奏为二品顶带军机处存记遇缺题奏广东候补道李准倡捐兴学请赏给头品顶戴折》，台北故宫博物院。

2.《署两广总督岑春煊剿办新广东志气军首要区新等情形折》，中国第一历史档案馆（清宫档案馆）。

3. 岑春煊、张人骏《奏为广东补用道李准为监司中不可多得之员请咨赴部引见事》（光绪三十一年二月一日），清宫档案馆。

4.《署两广总督岑春煊等奏剿办广州府属沙所堂众详细情形折》，清宫档案馆。

5. 岑春煊、张人骏《奏为前先补用道李准智勇兼裕请旨以广东水师提督简用事》，清宫档案馆。

6. 岑春煊《奏为特参署广东水陆提督李准捕务渐就废弛请开去署缺调署北海镇总兵事》（光绪三十三年六月初七日），清宫档案馆。

7.《署两广总督张鸣岐奏广东革命会党日炽拟分路清乡折》，清宫档案馆。

8.《两江总督张人骏奏查明广东新军滋事情形折》，何国桢、梁启超编《国风报》第4 册。

9. 陈善同《陈侍御奏稿》之《奏参广东水师提督李准折》，河南信阳县政协《信阳县文史资料》第2辑。

10. 给事中李灼华《参劾北海镇总兵李准》折，《光绪朝东华录》第10 册第5796 页，《两广总督张人骏奏查明总兵被参各款折》。

11.《两广官报》第4册第8 期，台湾：台北文海出版社，1989年版。

12.《清末官报汇编》，北京全国图书馆缩微复制中心。

13.《光绪宣统两朝上谕档》，清宫档案馆。

14.（清）香港《字林西报》。

15.（清）《申报》。

16.（清）《香港华字日报》。

17.（清）《东方杂志》。

18.《晚清珍稀期刊汇编》，全国图书馆文献缩微复制中心。

19. 岭南半翁《辛亥粤乱汇编》。

20.《近代中国史料丛刊三编》之《粤汉铁路广韶段史略》，台湾：台北文海出版社，1989年版。

21.《辛亥革命前十年间民变档案史料》，中国第一历史档案馆，北京师范大学历史系编选，北京：中华书局，1985年版。

22.《庚戌粤东军变记》，李介孺《近代中国史料丛刊续辑》251 册，台湾：台北文海出版社，1976年版。

23.《广东新军庚戌起义资料选编》，广州：中山大学出版社，1990 年版。

24.《辛亥人物碑传集》，南京：凤凰出版社，2011年版。

25.《上海图书馆藏稀见方志丛刊》之《光绪邻水县续志》，北京：国家图书馆出版社，2013年版。

26.《海国闻见录》台湾镇总兵陈伦炯清雍正八年著。

27.《黄兴致孙中山总理述革命计划书》。

三、民国档案及报刊书资料

1.《西沙岛东沙岛成案汇编》，1928年戴季陶签署陈天锡编，国家图书馆藏。

2. 赵尔巽主编：《清史稿》。

3.《北洋画报》，1929 年第351 期第8卷，第415期第9卷。

4.《胡汉民自述》。

5. 金梁《四朝佚文》收入《笔记小说大观》第43 编，景复东印刷局排印本。

6. 冯自由《革命逸史》中册。

7.《金刚钻月刊》，1933年第1 卷第4 期。

8.《四川文史资料选辑》第一二辑，政协四川省委员会、四川省志编委会，《邻水县文史资料辑（一）、（二）》。

9. 《揭阳文史》，1991 年版。

10. 天津市政协文史委编：《京剧艺术在天津》，天津：天津人民出版社，1995年版。

11.《章遏云自传》，北京：中国戏剧出版社，1991年版。

12.《孙中山藏档选编》，北京：中华书局，1986 年版。

13. 中国史学会主编：《辛亥革命》。

14.《朱执信评传》，河南教育出版社，1990 年版。

15. 广州市政协文史委编：《广东辛亥革命史料》《纪念辛亥革命七十周年史料专辑》，广州：广州人民出版社，1981 年版。

16. 广东梅县政协文史委编：《梅县文史资料 》第20 辑，1991 年版。

17.《齐白石的今生今世》，中国友谊出版公司。

18. 蔡元培主编：《中日外交史》。

四、专著论文

1. 张良福：《让历史告诉未来——中国管辖南海诸岛百年纪实》，北京：海洋出版社，2011年。

2. 何正华：《李准故事》，成都：四川大学出版社。2014年。

3. 田建阳：《李准年谱》，2015年暨南大学历史系硕士论文。

4. 林逸恺：《李准、张鸣岐交恶与广东辛亥革命》，2012年中山大学历史系硕士论文。

5. 何文平：《清末广东的盗匪问题与西江缉捕权风波》，《学术研究》，2007第4期。

6. 何文平：《清末广东的盗匪问题与政府清乡——从社会治理看清朝统治的末势》，《中山大学学报》，2008年第1 期。

7 何文平：《清末民初的粤港澳流动与广东社会秩序——以匪患为例》，《中山大学学报》，2013 年第4 期。

8. 覃寿伟：《从西江缉捕权的争夺看清末中外各社会力量的互动》，《江西社会科学》，2006 年第11 期。

9. 陈予欢：《民国广东将领志》，广州：广州出版社，1994 年。

10. 罗尔纲：《绿营兵志》，北京：中华书局，1984 年。

11. 张寄谦：《素磬集》，北京：北京大学出版社，1993 年。

12. 罗玉东：《中国厘金史》，北京：商务印书馆，2010 年。

13.《同盟会时期的孙中山与会党》，《中山大学学报论丛》，1986 年第4 集。

14. 施原：《苏报案与辛亥风云》，北京：语文出版社，2012 年。

15. 郭卫东：《论丁未政潮》，《近代史研究》，1989 年第5 期。

16. 桑兵：《盗匪与庚子勤王运动——南海西樵巨盗区新》，《中国社会历史评论》，2004年第2辑。

17. 李景武：《李景武回忆录》，台北善同文教基金会，2014年12月。